Der Autor

Wolfgang Stürner, geb. 1940. Studium der Fächer Geschichte, Deutsch, Latein und Philosophie in Tübingen und Freiburg. Promotion 1968 mit einer Dissertation über die Konstantinische Schenkung, Habilitation 1975 mit einer Arbeit zum Thema »Natur und Gesellschaft im Denken des Hoch- und Spätmittelalters«. Bis 2006 Professor für Mittlere Geschichte an der Universität Stuttgart. 2004 bis 2012 Präsident der Gesellschaft für staufische Geschichte, Göppingen. Publikationen zu Problemen des Investiturstreits, zu mittelalterlichen Herrschaftsvorstellungen (Peccatum und potestas, 1987), zu Kaiser Friedrich II. (Die Konstitutionen Friedrichs II. für das Königreich Sizilien, 1996; Friedrich II., 3. Auflage, 2009) und zur Stauferzeit (13. Jahrhundert 1198–1273, 2007; Die Zeit der Staufer. Hörbuch, 2010; Staufisches Mittelalter. Ausgewählte Aufsätze zur Herrschaftspraxis Friedrichs II., hg. von Folker Reichert, 2012). 1995 Verleihung des Premio Internazionale »Federico II«, 2014 Verleihung des Wissenschaftlichen Stauferpreises der Stauferstiftung Göppingen.

Wolfgang Stürner

Die Staufer

Band 1: Aufstieg und
Machtentfaltung (975–1190)

Verlag W. Kohlhammer

Dieses Werk einschließlich aller seiner Teile ist urheberrechtlich geschützt. Jede Verwendung außerhalb der engen Grenzen des Urheberrechts ist ohne Zustimmung des Verlags unzulässig und strafbar. Das gilt insbesondere für Vervielfältigungen, Übersetzungen, Mikroverfilmungen und für die Einspeicherung und Verarbeitung in elektronischen Systemen.
Die Wiedergabe von Warenbezeichnungen, Handelsnamen und sonstigen Kennzeichen in diesem Buch berechtigt nicht zu der Annahme, dass diese von jedermann frei benutzt werden dürfen. Vielmehr kann es sich auch dann um eingetragene Warenzeichen oder sonstige geschützte Kennzeichen handeln, wenn sie nicht eigens als solche gekennzeichnet sind.

1. Auflage 2020

Alle Rechte vorbehalten
© W. Kohlhammer GmbH, Stuttgart
Gesamtherstellung: W. Kohlhammer GmbH, Heßbrühlstr. 69, 70565 Stuttgart
produktsicherheit@kohlhammer.de

Umschlagbild: Friedrich I. Barbarossa (ca. 1122–1190) in einer Miniatur aus einer Handschrift »Historia Hierosolymitana« (Vat. Lat. 2001, ca. 1188), Vatikanische Bibliothek, Wiki Commons: https://commons.wikimedia.org/wiki/File:Barbarossa.jpg (letzter Zugriff am 31.07.2019).

Print:
ISBN 978-3-17-022590-9

E-Book-Formate:
pdf: ISBN 978-3-17-035364-0
epub: ISBN 978-3-17-035365-7
mobi: ISBN 978-3-17-035366-4

Für den Inhalt abgedruckter oder verlinkter Websites ist ausschließlich der jeweilige Betreiber verantwortlich. Die W. Kohlhammer GmbH hat keinen Einfluss auf die verknüpften Seiten und übernimmt hierfür keinerlei Haftung.

Inhaltsverzeichnis

1 Die Staufer und die Geschichtswissenschaft unserer Zeit 9

2 Die Staufer als Grafen, Herzöge von Schwaben und
 Gefolgsleute der salischen Kaiser 11
 2.1 Staufisches Selbstverständnis 11
 2.2 Aufstieg aus bescheidenen Anfängen 14
 2.3 Heinrich IV., Gregor VII. und die Reichsfürsten.. 16
 2.4 Herzog Friedrich I. als Gefolgsmann des Kaisers 19
 2.5 Die ersten Amtsjahre Herzog Friedrichs II.
  und Heinrichs V. Kaiserkrönung 30
 2.6 Kaiser Heinrichs wachsende Schwierigkeiten, seine
  zweite Romreise und die Herrschaftspflichten
  Friedrichs II. und seines Bruders Konrad 35
 2.7 Neue Auseinandersetzungen, scheiternde
  Friedensbemühungen und des Kaisers Annahme
  der fürstlichen Forderungen 41
 2.8 Das sogenannte Wormser Konkordat 46
 2.9 Herzog Friedrichs Distanz zum Kaiser,
  die Geburt Friedrichs, des späteren Kaisers,
  und die letzten Jahre Heinrichs V. 49

3 Der Kampf um die Königswürde. Friedrichs Scheitern
 und Lothars Wirken als Herrscher..................... 54
 3.1 Dauer und Wandel: Gesellschaft und Herrschaft
  in der nachsalisch-staufischen Epoche 54

3.2 Die Königswahl von 1125. Lothars Sieg, Friedrichs und Konrads Beharren auf ihrem Machtanspruch und ihr vergeblicher Aufstand 59
3.3 Lothars Romreise und Kaiserkrönung; der Stauferbrüder Wiedergewinnung der kaiserlichen Gunst und ihre Heiratspolitik; Lothars zweiter Italienzug und sein Tod 67

4 Konrad III., der erste Stauferkönig 75
4.1 Konrads Königswahl, die Festigung seiner Position und erste Schwierigkeiten 75
4.2 Die Sicherung Sachsens für Heinrich den Löwen; der Streit um Bayern und des Löwen Griff nach der Grafschaft Stade 83
4.3 Konrads Beziehungen zu Byzanz; Vor- und Nachteile seiner Verwandtenförderung 88
4.4 Die Zusammenarbeit Konrads mit Friedrich und der gefährliche Tatendrang dessen Sohnes 92 Friedrich III. ....
4.5 Kreuzzugsvorbereitungen und die letzten Tage Herzog Friedrichs II. 97
4.6 Konrads Kreuzzug; seine Begegnungen mit Kaiser Manuel von Byzanz 102
4.7 Des Königs Sorgen in Deutschland; seine Verbindung mit dem byzantinischen Kaiserhaus und seine Bemühungen um die Kaiserkrönung 108
4.8 Konrads Stärken und Schwächen 117

5 Friedrich I. Barbarossa 120
5.1 Die Königswahl und die ersten Maßnahmen des Herrschers 120
5.2 Friedrichs Landfrieden, Bischofswahlen und Heinrichs des Löwen Stellung; die Sorge um Burgund und Bayerns Zukunft und die Vorbereitung des Italienzuges 126

5.3 Die Begegnung mit den Städten Oberitaliens und
den dortigen Rechtsgelehrten; die Auseinandersetzung mit Mailand und dessen Verbündeten 135
5.4 Die mit Störungen verlaufende Kaiserkrönung ... 142
5.5 Österreichs Erhebung zum Herzogtum; die
Gründung des künftigen München und des
Kaisers Friedenssorge; seine Heirat mit Beatrix
von Burgund und ihre Bedeutung 147
5.6 Der Konflikt mit Papst Hadrian IV. 158
5.7 Friedrichs vom Herzog von Böhmen unterstütztes
Eingreifen in Polen und sein Bemühen um die
Wahrung und Mehrung seiner territorialen
Machtbasis 162
5.8 Der zweite Italienzug und die doppelte Papstwahl 166
5.9 Ein Herrschaftshöhepunkt (1162–1163) 188
5.10 Das päpstliche Schisma und ein
Deutschlandaufenthalt 195
5.11 Neue Schwierigkeiten in Italien 205
5.12 Des Kaisers gewaltsames Festhalten an Papst
Paschalis, der Konflikt mit seinem Vetter Friedrich
und die Heiligsprechung Karls des Großen 211
5.13 Triumph und Zusammenbruch:
Der vierte Italienzug 221
5.14 Alte Probleme und neue Möglichkeiten:
Friedrichs langer Aufenthalt in Deutschland 232
5.15 Fortgang des Schismas und diplomatische
Aktivitäten 242
5.16 Militärische Misserfolge und der Friedensschluss
mit Papst Alexander 249
5.17 Des Kaisers durch Burgund führende Heimreise
und Christians Einsatz für den Papst 267
5.18 Der Sturz Heinrichs des Löwen 270
5.19 Der Frieden mit der Lombardenliga 281
5.20 Neue Perspektiven und Initiativen 283
5.21 Der letzte Italienaufenthalt 286
5.22 Kaiser Friedrichs letzten Jahre in Deutschland 294

5.23 Des Kaisers Kreuzzug 307
5.24 Friedrich I. – ein Rückblick 319

Anmerkungen 325

Quellen- und Literaturverzeichnis 364
　Abkürzungen 364
　Quellen 365
　Literatur 370

Abbildungsverzeichnis 383

Namensregister 385

1 Die Staufer und die Geschichtswissenschaft unserer Zeit

Die zeitgenössische Geschichtswissenschaft wendet sich ziemlich einhellig gegen alle Versuche einer Stilisierung der staufischen Kaiser und Könige zu souverän agierenden Staatsmännern im modernen Sinn und vollends gegen jede Form ihrer Heroisierung und Mythisierung; sie lenkt den Blick statt dessen besonders aufmerksam auf die Prägung, die jene Herrscher durch die spezifischen Wertvorstellungen, Erwartungen und Strukturen ihrer Zeit erfuhren, und auf ihre daraus resultierenden Bindungen und Abhängigkeiten. Mit dieser Neuorientierung distanzieren sich die Historiker gegenwärtig von einer bis zur Mitte des 20. Jahrhunderts durchaus üblichen Sicht und Vorgehensweise und lassen sich nun im Grunde ihrerseits bewusst oder unbewusst von Erfahrungen, Einsichten und Überzeugungen leiten, die unsere Gegenwart generell kennzeichnen und bestimmen. Natürlich vollziehen nicht alle Geschichtswissenschaftler diese Abkehr gleich konsequent und radikal, und überdies bieten die Schwierigkeiten, Unsicherheiten und Widersprüche, die bei der Suche nach einer angemessenen Interpretation der stauferzeitlichen Quellen vielfach auftauchen, den Forschern ganz offenkundig nach wie vor reichen Spielraum für unterschiedliche, aber doch jeweils durch Quellenbelege gestützte Positionen. Einvernehmen ergibt sich meist nicht ohne weiteres, es stellt sich am ehesten wohl dort ein, wo konkrete Fakten und Abläufe zur Diskussion stehen. Komplizierter liegen die Dinge dagegen in aller Regel, wenn es um die Beurteilung von Personen wie die staufischen Kaiser und Könige geht, stößt man doch meist schon bei dem Versuch, solche Persönlichkeiten in ihrer Individualität genauer kennenzulernen, etwas über ihre Weltsicht, ihre Absichten und Ziele zu erfahren, auf besondere Schwierigkeiten.

1 Die Staufer und die Geschichtswissenschaft unserer Zeit

Zeitbedingte Denkmuster und Vorstellungen, die Struktur der Quellen und schließlich die persönliche Überzeugung, Erfahrung und fachliche Kompetenz des einzelnen Forschers prägen demnach seine Ergebnisse wie auch seine Sicht oder »Version« der Stauferzeit. In der Tat entscheidet für gewöhnlich »der Konsens der Wissenschaftler ... über die Frage, welcher Version der Vorzug gewährt werden soll«.[1] Ähnliches gilt freilich mehr oder weniger für jede Wissenschaft, und sofern der Konsens ihrer Vertreter nicht willkürlich oder zufällig zustande kommt, sondern als Ergebnis gründlicher Prüfung der Methoden, Argumente und Resultate, sofern er jederzeit der Kritik, der Modifizierung aufgrund neuer Erfahrungen und Einsichten offensteht und sich gegebenenfalls durchaus auch einmal auf das Eingeständnis momentan noch nicht zu erreichender Einigkeit beschränkt, ist an seiner Autorität eigentlich nichts auszusetzen. Er ist gewiss, von seiner Lückenhaftigkeit einmal absehen, schon seiner ständigen inhaltlichen Wandlung wegen nicht identisch mit der Wahrheit, aber er führt nach aller Wahrscheinlichkeit doch so weit an sie heran, wie es der Wissenschaft unter den jeweils gegebenen Bedingungen und innerhalb der durch diese spezifischen Bedingungen gezogenen, grundsätzlich immer vorhandenen Grenzen der menschlichen Erkenntnisfähigkeit möglich ist.

2 Die Staufer als Grafen, Herzöge von Schwaben und Gefolgsleute der salischen Kaiser

2.1 Staufisches Selbstverständnis

Wenig wissen wir von der Frühzeit der Staufer, weil die staufischen Herrscher von Anfang an, schon seit Konrad III. und Friedrich I., ihre durch die Kaisertochter Agnes vermittelte unmittelbare Abkunft von den salischen Kaisern für entscheidend hielten und daher eben diese vor allem herausstellten, um so ihren eigenen hohen Rang zu verdeutlichen und zu legitimieren. Die Überzeugung, einer kaiserlichen Familie anzugehören, prägte ihr Selbstverständnis, die Bedeutung ihrer Vorfahren in männlicher Linie trat dagegen zurück. So überrascht es eigentlich auch nicht, dass sie selbst sich im Gegensatz zum heute üblichen Sprachgebrauch kaum einmal als Staufer bezeichneten oder ihren Namen durch den Zusatz »von Staufen« in besonderer Weise mit ihrer Burg auf dem Hohenstaufen verbanden.[1]

Immerhin verwies Friedrich I. Barbarossa in seinen Urkunden des Öfteren und wohl nicht ohne einen gewissen Stolz auf seinen Vater Friedrich II., den Herzog von Schwaben, und Abt Wibald von Stablo und Corvey, der einflussreiche Ratgeber Lothars III. sowie insbesondere Konrads III., stellte in seiner berühmten, vermutlich 1152 entworfenen Tafel über das Verwandtschaftsverhältnis Barbarossas zu seiner ersten Gemahlin Adela von Vohburg den ersten Stauferherzog von Schwaben Friedrich I., den er zunächst als den Erbauer der Burg Staufen präsentierte, gleich anschließend ausdrücklich als *Dux Fridericus de Stophe* vor. Wibalds Übersicht entstand sehr wahrscheinlich im Zusammenhang mit der Ehescheidung Barbarossas. Obwohl sie für das Scheidungsverfahren selbst offenkundig bedeutungslos blieb, weil sich

11

mit ihr eine kirchenrechtlich zu nahe Verwandtschaft der Ehegatten nicht nachweisen ließ, spiegelt sie, und darin liegt ihr Wert, doch wohl einigermaßen zuverlässig das im unmittelbaren Umfeld des Königs lebendige Wissen um dessen staufische Vorfahren wider. Vereinzelt erscheint Barbarossas herzoglicher Großvater denn auch in süddeutschen Chroniken des 12. Jahrhunderts als *Fridericus de Stoufe* (bzw. *Stouphin*).[2]

Allgemeiner und bestimmter drückte sich dann fast hundert Jahre später, wohl im April 1247, Friedrich II. aus, als er in einem Brief an den Adel Frankreichs klagte, der Papst wolle ihm das Kaisertum wegnehmen, das so lange Zeit nicht vom staufischen Haus (*a Stoffensi domo*) getrennt gewesen sei. Während die Erinnerung an die salische Abkunft der Staufer bei ihm wie bei seinen Zeitgenossen allmählich zurückzutreten begann, war ihm demnach die Vorstellung, dem »Stauferhaus« anzugehören, keineswegs fremd. Möglicherweise schien dem kaiserlichen Hof der Begriff »Stauferhaus« damals angebracht und angemessen angesichts der Tatsache, dass Staufer nunmehr annähernd ein Jahrhundert hindurch in fast ununterbrochener Vater-Sohn-Folge und durchaus im Bewusstsein dieser engen verwandtschaftlichen Zusammengehörigkeit im Imperium als Könige und Kaiser herrschten. Friedrich benutzte das Wort jedoch nur dieses eine Mal, allerdings gewiss nicht zufällig in engem Zusammenhang mit der Stellung seiner staufischen Vorfahren als Kaiser. Auf seine herausragende kaiserliche Würde, auf die weite Zeiträume umspannende, einzigartige kaiserliche Tradition, in der er stand, gründete sich wie bei den staufischen Herrschern vor ihm ganz wesentlich auch noch sein Selbstverständnis und Selbstbewusstsein.[3] Diese Gesinnung leitete Friedrich II. bis zuletzt, als er in seinem Testament den Wunsch, in Palermo beigesetzt zu werden, damit erklärte, dass dort bereits seine kaiserlichen Eltern, der *divus imperator Henricus* und die *diva imperatrix Constantia*, ruhten.[4]

Welch zentrale Bedeutung im Zusammenhang mit dieser Grundüberzeugung zur Zeit der frühen Staufer der engen dynastischen Verbindung mit den Saliern zufiel, das führt der davon handelnde Bericht des berühmten Geschichtsschreibers und Bischofs Otto von Freising ebenso eindrücklich wie eigenwillig vor Augen. Otto bezeichnet dort nämlich die Staufer, seine nahen Verwandten, als Angehörige der kai-

2.1 Staufisches Selbstverständnis

serlichen Familie der Heinriche von Waiblingen, also eben der Familie der Salier; beide, Staufer und Salier, so lassen sich seine Worte mit etwas anderer Gewichtung durchaus auch verstehen, bildeten eine einzige Familie – die der Waiblinger.[5] Waiblingen im unteren Remstal, ursprünglich ein karolingischer Königshof, der wohl im Laufe des 10. Jahrhunderts an die Herzöge von Schwaben gelangt war, fiel vermutlich Gisela, der Tochter Herzog Hermanns II. von Schwaben, als Teil ihres väterlichen Erbes zu. Ihr dritter Ehemann, der bald darauf zum ersten salischen König und Kaiser aufsteigende Konrad II., vermochte Giselas Erbe gegen die Ansprüche der Miterben für sich und seine Gemahlin zu behaupten. Waiblingen kam so an die Salier und danach, vielleicht 1125 nach dem Tod Heinrichs V., vielleicht sogar schon früher, an die Staufer. Waiblingen – darin lag für Otto von Freising sehr wahrscheinlich seine herausragende, des Gedenkens werte Bedeutung – erinnerte demnach auf doppelte Weise an die enge, auf Besitz und Blutsverwandtschaft gegründete Beziehung der Staufer zu dem ruhmreichen und verehrungswürdigen Geschlecht der Karolinger: Mit Waiblingen besaßen sie aufgrund direkten Erbgangs karolingisches Gut, und über Gisela, die dieses Gut bei ihrer Heirat in die Familie der salischen Heinriche, eben der Heinriche von Waiblingen, eingebracht hatte, waren sie als Glieder der Heinrich-Familie zugleich Nachkommen der Karolinger.[6]

Der Name Waiblingens blieb mit den Staufern verbunden und dies offenbar gerade auch in Reichsitalien. Nur so nämlich lässt sich erklären, dass 1216 zwei sich in einem heftigen Streit befindende Familien als Partei des Gibellinen, also des Waiblingers, bzw. des Guelfen oder Welfen auftraten und diese Parteinamen danach bis ins 15. Jahrhundert bei Machtkämpfen in vielen Städten erschien.[7]

2.2 Aufstieg aus bescheidenen Anfängen

Das einzige Dokument, das uns einigermaßen verlässlich, freilich nur recht bruchstückhaft und zeitlich begrenzt, über die Anfänge der Staufer Auskunft gibt, ist die schon erwähnte Consanguinitätstafel Wibalds von Stablo. Vermutlich veranlasste die Scheidungsabsicht Friedrich Barbarossas den Abt zur Niederschrift seiner Skizze und er stütze sich bei ihrer Anfertigung wohl auf die am Hof bekannten Informationen, vielleicht sogar auf Erzählungen oder Hinweise des Herrschers selbst. Eine gründliche Analyse des knappen Textes unter Berücksichtigung aller für sein Verständnis einschlägigen, freilich spärlichen Quellenpassagen[8] legt die Annahme zumindest nahe, dass jener Friedrich, der dort als Vater Friedrichs von Büren am Anfang der Stauferreihe steht und deshalb als der älteste für uns einigermaßen sicher faßbare Staufer angesehen werden muss, wohl um 975/980 geboren wurde, als Graf im Ries (um Nördlingen) wirkte und 1027 in Ulm als Wortführer der schwäbischen Grafen öffentlich deren Entscheidung für Kaiser Konrad II. und gegen Herzog Ernst II. von Schwaben begründete.[9] Jeder Versuch, über ihn hinaus in die fernere Vergangenheit der Staufer vorzudringen, erscheint nach unserem gegenwärtigen Wissensstand müßig.

Des ersten Friedrich Sohn Friedrich von Büren, der vermutlich nichts mit dem heutigen Wäschenbeuren bei Göppingen zu tun hatte, war wohl wie sein Vater Graf im Riesgau, dazu vielleicht schwäbischer Pfalzgraf.[10] Möglicherweise begann schon er, den staufischen Einfluss vom Ries aus weiter nach Westen bis in den Raum um die obere Rems mit dem Zentrum Lorch auszudehnen. Sollte es sich bei diesem Gebiet tatsächlich, woran einzelne Beobachtungen denken lassen, um ursprünglich zu einem karolingischen Fiskalbezirk gehörendes oder jedenfalls um eigentlich königliches Land gehandelt haben, könnten ihm bei seinen dortigen Aktivitäten natürlich pfalzgräfliche Befugnisse, so er denn über sie verfügte, sehr hilfreich und nützlich gewesen sein. Besondere Bedeutung kam Friedrichs Heirat mit Hildegard von Schlettstadt zu.[11] Sie stammte nämlich als Tochter Graf Gerhards von Egisheim, eines Bruders Papst Leos IX., aus einem der führenden elsässischen Grafengeschlechter und über ihre Mutter sogar aus dem burgundischen Königshaus, ihre Nachkommen durften sich also zu den herausragenden Adelsfamilien wenigstens des südlichen Deutschland zählen. Zudem brachte sie wohl um Schlettstadt konzentrierten wertvollen Landbesitz in die Ehe, sodass sich das bisher allenfalls bescheidene staufische Gut im Elsass erfreulich vergrößerte. Schwerlich wird man das Elsass hingegen als die Heimat der Staufer ansehen können.[12]

Gewiss gehörte Friedrich von Büren, schon als naher Verwandter der damals aufstrebenden künftigen Zähringer, insbesondere jedoch nach seiner Ehe, also spätestens seit etwa 1040, zum hohen Adel Schwabens. Überregionaler Rang und Einfluss wuchs indessen erst seinem Sohn zu, den wir bereits aus der Verwandtschaftstafel Abt Wibalds als Herzog Friedrich von Staufen und Erbauer der Burg Staufen auf dem Hohenstaufen kennen. Otto von Freising berichtet etwas abweichend, Friedrich habe noch als Graf innerhalb oder bei der offenbar bereits bestehenden Burg Staufen eine Siedlung angelegt; vor allem aber stellt er ihn als Abkömmling der vornehmsten schwäbischen Grafenfamilie vor und rühmt ihn als eine durch klugen Ratschlag wie kühne Waffentat gleichermaßen herausragende und ihrer wertvollen Dienste wegen am kaiserlichen Hof höchst angesehne Persönlichkeit.[13]

Otto schmückte seine Erzählung gewiss phantasievoll aus. Kein Zweifel besteht dank zusätzlicher, präzisierender Belege darüber, dass der König den Grafen am 24. März 1079, dem Osterfest, in Regensburg zum Herzog von Schwaben erhob und ihm wohl gleichzeitig die Ehe mit seiner damals erst siebenjährigen einzigen Tochter Agnes versprach. Vermutlich etwa zehn Jahre später wurde beider Hochzeit in der Tat gefeiert. Zur reichen Mitgift der Königstochter gehörte vor allem ein Drittel des als Heiliger Forst bezeichneten großen Waldgebietes um Hagenau, ein äußerst wertvoller Besitz, der den Staufern als günstige Basis für den weiteren Ausbau ihrer später dominanten Stellung im Unterelsass diente. Überdies gelangten bereits jetzt vielleicht Güter im unteren Remstal um Waiblingen in staufische Hand.[14]

Otto von Freising nannte als Grund für Heinrichs IV. folgenreiche Regensburger Entscheidung gewiss mit Recht seine kritische Lage. Gleichzeitig nämlich hatte er in jenen Tagen schwere Auseinandersetzungen sowohl mit den Fürsten des Reiches wie mit Papst Gregor VII. zu bestehen.[15]

2.3 Heinrich IV., Gregor VII. und die Reichsfürsten

Heinrichs IV. herrscherliches Auftreten und Handeln war von Anfang an stark geprägt von seinen äußerst negativen Erfahrungen mit jenen Reichsfürsten, die nach dem frühen Tod seines Vaters am Hof als Ratgeber dominierten. Deshalb bevorzugte er selbst als Vertraute, Berater und Helfer ihm verpflichtete, zuverlässige und bewährte Gefolgsleute aus der aufstrebenden Schicht der Ministerialen. Auf sie stützte er sich insbesondere bei seinem Versuch, in Sachsen, konzentriert auf das Gebiet um den Harz, entfremdetes Königsgut zurückzugewinnen, das Kronland zu erweitern und von Burgen aus das Umland straff verwalten zu lassen. Heinrichs harter Zugriff indes, die vermutlich nicht immer durch das Recht gedeckte, zumindest örtlichen Rechtgewohnheiten nicht selten widersprechende Vorgehensweise seines meist auswärtigen Personals, dazu dessen zuweilen grausamer Umgang mit der Bevölkerung – dies alles empörte die Betroffenen. 1073 wurde aus der allgemeinen Unzufriedenheit schließlich bewaffneter Widerstand und offener Krieg. Heinrich agierte mit wechselndem Erfolg, schien 1075 sogar dem Sieg nahe, doch sich dauerhaft in Sachsen durchzusetzen vermochte er nicht.

Das lag gewiss auch daran, dass sich sein Verhältnis zu den süddeutschen Herzögen, zum schwäbischen Herzog Rudolf von Rheinfelden, zu Welf IV. von Bayern und zu dem Zähringer Berthold von Kärnten, nach anfänglicher Kooperation bald gleichfalls deutlich verschlechterte, weil diese sich am Hof zurückgesetzt fühlten. Überdies unterstützten sie aktiv die kirchliche Reformbewegung und die von ihnen geförderten oder gegründeten Klöster wirkten als Zentren der Klosterreform.[16] Der König jedoch geriet zusätzlich zum Konflikt in Sachsen bald auch in eine erbitterte Auseinandersetzung mit dem Protagonisten der Kirchenreform Papst Gregor VII.

Gregor VII.[17] gehörte bereits vor seiner Erhebung zum Papst im April 1073 zu den führenden Verfechtern der Kirchenreform. Als Haupt der römischen Kirche, Nachfolger Petri, Inhaber der diesem von Christus zugesprochenen Binde- und Lösegewalt und als solcher

2.3 Heinrich IV., Gregor VII. und die Reichsfürsten

Abb. 1: Darstellung Gregors VII. zu Beginn der »Vita Gregorii VII. Pauls von Bernried«, Heiligenkreuz, Stiftsbibliothek, Cod. 12, fol. 181v.

mit der Sorge für das Seelenheit aller Christen betraut, sah er es dann als seine vornehmste Aufgabe an, die Ziele der Reform innerhalb der Amtskirche zu verwirklichen und die Geistlichen kompromisslos auf die dort geforderte Lebensführung zu verpflichten. In seine seelsorgerliche Verantwortung für die gesamte Christenheit bezog er ganz selbstverständlich nicht anders als gewöhnliche Laien auch die Kaiser und Könige ein. Aus dieser in seinen Augen wesentlichen Abhängigkeit der Herrscher zog er die für seine Zeit neuartige Konsequenz, dass auch deren weltliche Amtsführung päpstlicher Kontrolle unterliege. Nur dann nämlich, wenn sie im Gehorsam dem Papst gegenüber geschehe, sei sie vor Gott gerechtfertigt. Machtausübung aber ohne diese Bindung an den Papst sei eine Erfindung der von Gott abgefallenen, von Egoismus und Überheblichkeit geleiteten Menschen.[18]

Heinrich IV. begegnete dem Papst angesichts seiner Schwierigkeiten in Deutschland zurückhaltend, ja in Krisenzeiten ausgesprochen demütig. Als er jedoch 1075 nach dem von ihm überschätzten Sieg in Sachsen unter Bruch seines dem Papst ausdrücklich gegebenen Versprechens die Erhebung eines ihm vertrauten Klerikers zum Mailänder Erzbischof veranlasste, reagierte Gregor tief enttäuscht, drohte ihm am Ende indirekt aber doch unmissverständlich mit der Absetzung.

Überzeugt, dass er sein königliches Amt unmittelbar Gott verdanke und Rechenschaft allein ihm schuldig sei, rief Heinrich die Fürsten des Reiches Ende Januar 1076 zum Gegenschlag nach Worms. Diese, nicht selten Opfer des straffen päpstlichen Kirchenregiments, verweigerten Gregor nun offen die weitere Anerkennung als Papst, und Heinrich schloss sich ihnen an. Gregor antwortete umgehend und exkommunizierte Heinrich, entzog ihm seine Königsherrschaft und löste alle Christen von den ihm geleisteten Eiden.

Rasch schwand während der kommenden Monate der Rückhalt des Königs bei den Großen des Reiches und er war zum Einlenken gezwungen. Er erschien Ende Januar 1077 als demütiger Büßer vor der Burg Canossa (südöstlich von Parma)[19] und erlangte dort von Gregor die Absolution und Wiederaufnahme in die Kirche sowie die vorläufige Anerkennung als König. Des Königs fürstliche Gegner freilich hielten nun die Zeit für gekommen, ihre eigenen Ordnungsvorstellungen durchzusetzen. Bereits im März 1077 wählten sie einen der Ihren, den Herzog Rudolf von Rheinfelden, zum König und sofort begannen heftige, für beide Seiten verlustreiche Kämpfe zwischen den Anhängern Heinrichs und jenen Rudolfs. Diesem und seinen süddeutschen Genossen hatte Heinrich alle ihre Lehen und Funktionen entzogen und am Osterfest 1079 verlieh er das Herzogtum Schwaben dann in Regensburg dem Grafen Friedrich von Staufen. Wohl kurz darauf erhoben Rudolfs Anhänger Rudolfs Sohn Berthold zum Herzog von Schwaben, und dessen Schwester Agnes heiratete ungefähr zur gleichen Zeit den

Zähringer Berthold, den Sohn des eben verstorbenen Berthold von Kärnten.[20] Zwei Konkurrenten standen sich nun also wie im Reich auch in Schwaben gegenüber, Ehebündnisse sollten beider Stellung festigen.

2.4 Herzog Friedrich I. als Gefolgsmann des Kaisers

Wenn Heinrich IV. das hart umkämpfte schwäbische Herzogtum gerade dem Staufer Friedrich anvertraute, so gab es für ihn dazu angesichts seines geschwundenen Ansehens bei den Großen Schwabens wahrscheinlich kaum Alternativen. Friedrich seinerseits aber gehörte nun zu den engsten Verwandten und Vertrauten des Königs, zu den führenden und einflussreichsten Männern des Reiches.

Kaum zum Herzog berufen, führte er denn auch seine Gefolgsleute aus Ostfranken, aus dem östlichen Schwaben um Augsburg und um das Nördlinger Ries sowie aus dem benachbarten bayerischen Grenzland gegen Ulm, das bislang der wichtigste Aufenthaltsort der salischen Könige in Schwaben gewesen war, nun aber zur Aktionsbasis der schwäbischen Fürstenopposition und ihres Gegenherzogs zu werden drohte.[21] Zwar gelang es ihm in der Tat, Ulm einzunehmen. Er musste den Ort jedoch schnell wieder aufgeben, als das offenbar überlegene Heer Welfs IV. anrückte.

Einige Monate später zog Friedrich dann an der Seite König Heinrichs nach Thüringen zum Kampf gegen dessen Widersacher Rudolf. Ende Januar 1080 kam es bei Flarchheim (südlich von Mühlhausen) zwischen den Truppen der rivalisierenden Herrscher zu einer Schlacht, aus der wohl Rudolf als Sieger hervorging. Gleichzeitig nutzten Friedrichs Gegner im Süden seine Abwesenheit zur Verwüstung seiner Güter im Ries und zur Brandschatzung Augsburgs. Vor allem jedoch gab Gregor VII. eben jetzt die Hoffnung auf Heinrichs demütiges, glaubhaftes Einlenken endgültig auf. Er verhängte Anfang März 1080 erneut die Exkommunikation über den Herrscher, entzog ihm zugleich wiederum die Königswürde und erkannte nun Rudolf als König an. Trotz alledem gelang es Heinrich im Juni in Brixen zahlreiche italienische und deutsche Bischöfe zu einer Synode um sich zu versammeln. Die Anwesenden fällten das Urteil, Gregor sei abzusetzen und zu vertreiben, und einigten sich außerdem auf Wibert, den Erzbischof von Ravenna, als ihren Kandidaten für die Nachfolge Gregors.

Als sich Heinrich im Herbst 1080 mit einem Heer noch einmal nach Sachsen wandte, um Rudolf endlich militärisch zu bezwingen, begleitete ihn der Staufer. Er focht am 15. Oktober also mit in der entscheidenden Schlacht an der Elster im Südosten Sachsens und erlebte, wie sie einmal mehr zugunsten Rudolfs ausging. Der Gegenkönig verlor freilich im Kampf seine rechte Hand, jene Hand, mit der er einst Heinrich den Treueid geleistet hatte, und starb schon einen Tag später an dieser Wunde. Feierlich bestatteten ihn seine Gefolgsleute im Dom zu Merseburg, wo bis heute die Umschrift auf der für ihn geschaffenen berühmten bronzenen Grabplatte von seinem Opfertod für Recht und Kirche kündet.[22] Seine Gegner aber sahen in seinem Tod ein Gottesurteil. Überdies erlangte der schließlich zu seinem Nachfolger gewählte Graf Hermann von Salm nie den Rang und Einfluss seines Vorgängers.

So gewann Heinrich neue Handlungsfreiheit. Im Frühjahr 1081 begab er sich nach Italien, um die Erhebung Wiberts zum Papst durchzusetzen und dann endlich zum Kaiser gekrönt zu werden. Erst Anfang 1084 konnte er allerdings in Rom einziehen. Seinem Willen gemäß wählte eine Synode nach der Absetzung Gregors Wibert zum Papst, und dieser, der sich fortan Clemens III. nannte, krönte an Ostern 1084 Heinrich und seine Gemahlin Bertha zu Kaiser und Kaiserin. Rasch eilte das Kaiserpaar durch Oberitalien nach Deutschland zurück, nur wenig später befreiten die normannischen Verbündeten Gregors ihren Papst.

In Deutschland hatte sich Herzog Friedrich während Heinrichs Italienaufenthalt als entschlossener Verteidiger des salischen Königtums hervorgetan, musste sich jedoch in dem hart umkämpften bayrisch-schwäbischen Grenzgebiet weiterhin gegen Welf IV., den äußerst agilen Führer der anti-salischen Opposition in Süddeutschland be-

2.4 Herzog Friedrich I. als Gefolgsmann des Kaisers

haupten.[23] Zusammen mit Bischof Siegfried von Augsburg gelang ihm beispielsweise im Sommer 1083 die Erstürmung und Zerstörung der welfischen Burg Siebnach (südlich von Augsburg). Andererseits vermochte er nicht zu verhindern, dass Welf zu Beginn des folgenden Jahres Augsburg in seine Gewalt brachte und erst wieder abzog, als sich Heinrich, der eben gekrönte Kaiser, im Sommer von Regensburg her näherte.[24]

Als wertvollen Erfolg konnte Friedrich allerdings verbuchen, dass es auf sein Drängen hin wohl um 1083 zur Wahl seines Buders Otto zum Bischof von Straßburg kam[25] – der erste Staufer in einem hohen geistlichen Amt sollte auch der einzige bleiben, sieht man von der kurzen geistlichen Karriere des jungen Philipp einmal ab. Otto hielt sich im März 1084 am Hof Heinrichs IV. in Rom auf, erlebte also dessen Kaiserkrönung mit und stand wohl generell auf kaiserlicher Seite.[26] Sein entschiedenes Eintreten für die salische Sache im Elsass entlastete natürlich seinen herzoglichen Bruder, verwickelte ihn selbst jedoch bald in schwere kriegerische Auseinandersetzungen.

Als sein hartnäckigster Gegner erwies sich dabei Graf Hugo VI. von Egisheim, sein Vetter zweiten Grades über seine Mutter Mathilde.[27] Otto setzte sich schließlich durch, brauchte dafür jedoch immer wieder die tatkräftige Unterstützung seines herzoglichen Bruders, und nach der Ermordung Hugos im September 1089 argwöhnte man da und dort, dies sei nicht ohne sein Wissen geschehen.[28]

Die Hauptsorge Herzog Friedrichs galt indessen nach wie vor der Sicherung der kaiserlichen wie seiner eigenen Stellung im fränkisch-schwäbischen Grenzgebiet gegen Bayern, während Heinrich IV. in Sachsen durch Kriegszüge, noch vordem jedoch mit einer zuweilen ungewöhnlich flexiblen Verhandlungsführung die Front seiner Gegner zu schwächen und seinen Einfluss zu festigen verstand. Zu einem dauerhaften Einvernehmen der Streitparteien kam es dort freilich nicht und angespannt blieb auch die Lage im Süden.

Als langfristig wesentlich bedeutsamer erwies sich indes, dass an der Spitze der kirchlichen Reformkräfte seit 1088 mit Papst Urban II. wieder eine energische, entschlossene Persönlichkeit stand. Ihm gelang es schon 1089, die Markgräfin Mathilde von Tuszien, seine wie zuvor Gregors wichtigste Stütze, zur Ehe mit Welf V., dem mehr als 25 Jahre jüngeren Sohn Welfs IV., zu bewegen, um auf diese Weise dem Zusammenwirken seiner wichtigsten süddeutschen und oberitalienischen Bundesgenossen eine feste Basis zu schaffen.[29] Offenbar hielt Heinrich die Entwicklung in Italien für besonders gefährlich. Jedenfalls zog er 1090 erneut über die Alpen und bald schien er vollkommen Herr der Lage. Die staufischen Brüder Herzog Friedrich, Bischof Otto und der sonst kaum fassbare Konrad, die den Feldzug des Kaisers wohl bis dahin mitgemacht hatten und noch im September 1091 zu Verona in zwei seiner Urkunden unter seinen Getreuen genannt werden,[30] begaben sich denn auch vermutlich kurz darauf wieder in ihre Heimat zurück.

Heinrichs Widersacher in Schwaben entschlossen sich erst im Mai 1092, zwei Jahre nach dem Tod Herzog Bertholds von Rheinfelden, zur Wahl eines Nachfolgers und einigten sich auf den Schwager und Erben des kinderlosen Rheinfeldeners, den Zähringer Berthold, dessen Bruder Gebhard, Bischof von Konstanz und Legat Papst Urbans in Deutschland, als ein äußerst engagierter Vertreter der Kirchenreform und entschiedener Gegner Heinrichs IV. galt. Von den beiden Zähringern und Welf IV. geführt, agierte die süddeutsche Opposition fortan mit neuer Dynamik. Vermutlich waren Friedrich und seine Mitstreiter vollauf damit beschäftigt, ihre Stellung einigermaßen zu halten, und dies immerhin scheint ihnen gelungen zu sein.

Zur gleichen Zeit veränderten sich die Verhältnisse in Italien dramatisch zu Ungunsten Heinrichs IV. Er musste schwere militärische Rückschläge hinnehmen; dazu verließ ihn 1093 sein ältester Sohn Konrad, ein Jahr darauf seine zweite Frau Adelheid, und beide traten offen in das Lager Papst Urbans und der Markgräfin Mathilde über. Des Kaisers deutsche Gegner sperrten ihm den Weg über die Alpen nach Deutschland, während sein oberitalienischer Einfluss- und Wirkungsbereich zuweilen beängstigend zusammenschrumpfte. Neue Schwierigkeiten seiner Gegner halfen ihm dann doch noch aus seiner fatalen Lage.

Offenbar recht überraschend trennte sich nämlich Welf V. im Jahr 1095 von Mathilde. Seine Motive kennen wir nicht, man kann nur vermuten, dass dem jungen Mann die sachlich-rationalen Gründe, die zu seiner ungewöhnlichen Heirat führten, auf Dauer nicht als Basis für seine Ehe mit einer doch wesentlich älteren Frau genügten. Sein Vater Welf IV. eilte nach Italien und suchte vergeblich eine Aussöhnung des Paares zustande zu bringen. Schließlich nutzte er seine Annäherung an den Kaiser dazu, von ihm doch wenigstens seine Anerkennung als Herzog von Bayern und damit die endgültige, unanfechtbare Legitimierung seiner Stellung im Reich zu erlangen. Als Gegenleistung öffnete er Heinrich den Weg nach Deutschland, sodass dieser das Pfingstfest 1097 in Regensburg feiern konnte.[31]

Der Kaiser bemühte sich nun, auch zwischen den beiden schwäbischen Herzögen eine gütliche Einigung herbeizuführen. Sie kam in der Tat wohl 1098 zustande.[32] Der Zähringer Berthold verzichtete auf die Würde des Herzogs von Schwaben, die der Staufer Friedrich damit künftig allein und unangefochten innehatte. Berthold verstand sich zu diesem Verzicht, weil er den Herzogstitel weiterhin behalten durfte; *Dux de Zaringen*, Herzog von Zähringen, begann er sich denn auch bald darauf zu nennen. Vor allem erhielt er damals jedoch Zürich, seit je ein herausragendes Zentrum königlicher wie herzoglicher Machtausübung in Schwaben. Er empfing die Züricher Reichsvogtei aus der Hand des Kaisers zu Lehen, blieb also wie der staufische Herzog ein unmittelbar dem Herrscher verbundener und verpflichteter Fürst des Reiches, der als solcher nicht mehr wie die Stammesherzöge an der Spitze einer Stammesgemeinschaft stand und somit einen Personenverband anführte und vertrat, sondern über ein bestimmtes Territorium die Herrschaft mit ganz unterschiedlicher Legitimation ausübte.

Freilich beeinträchtigte die für Berthold gefundene Lösung auch die Position des Staufers Friedrich nicht unerheblich. Zwar standen ihm dem Namen nach und rein formal die herzoglichen Befugnisse uneingeschränkt in ganz Schwaben zu. Doch wie schon vor 1098 war daran auch nachher in der Praxis nicht zu denken. Sowohl der zähringische Südwesten des Herzogtums wie dessen Südosten, wo sich das Eigengut des welfischen Bayernherzogs ballte, blieben seinem herzoglichen Zugriff verschlossen. An die Stelle des alten Stammesherzogtums Schwaben waren die Herrschaftsgebiete seiner drei mächtigsten, mit herzoglichem Rang ausgezeichneten Adelsfamilien getreten, und wie die Zähringer ihre Territorialherrschaft über die Grenzen des alten Herzogtums hinweg in Burgund ausbauten, so taten dies die Staufer im Elsass oder in Franken; schon Herzog Friedrich I. vermochte als Vogt des Klosters Weißenburg seinen Einfluss sogar nördlich des Elsass in der Pfalz geltend zu machen.[33] Die noch ungeteilt gebliebenen Stammesherzogtümer des Reiches aber sollten unter Friedrichs Enkel Barbarossa eine ähnliche Umwandlung und Aufteilung erfahren wie zuvor bereits Schwaben.

Heinrich fand in jenen Tagen weithin in Deutschland Anerkennung. Die Fürsten des Reiches verstanden sich 1098 auf einem Hoftag in Mainz dazu, seinem abtrünnigen Sohn Konrad, der bereits drei Jahre darauf starb, die Königswürde zu entziehen und seinen jüngeren Sohn Heinrich dafür zu bestimmen. Im Januar 1099 wurde Heinrich in Aachen zum König gekrönt.[34] Auch danach suchte der Kaiser die Kooperation mit den Fürsten und erreichte vor allem, dass sich im Jahr 1103 auf einem Hoftag zu Mainz die anwesenden Großen wie er selbst eidlich zur Einhaltung eines vier Jahre lang im ganzen Reich geltenden Friedens verpflichteten. Der Text ihres Schwures nannte die vor Gewalt besonders geschützten Institutionen und Personen, die einschlägigen Delikte des Friedensbruchs und die dafür drohenden Strafen.

Mit dem Reichsfrieden von 1103 stellte sich Heinrich als Haupt der Fürsten und des Adels, doch durchaus im Einvernehmen und Zusammenwirken mit ihnen, einer dringlichen Aufgabe, und man kann wohl das damals Geleistete geradezu als den Beginn der herrscherlichen Gesetzgebung in Deutschland ansehen.[35]

Herzog Friedrich von Schwaben hielt sich zu dieser Zeit regelmäßig am kaiserlichen Hof auf und erscheint zwischen 1099 und 1103 recht häufig als Zeuge oder Intervenient in Heinrichs Urkunden.[36] Der Bericht, der uns über den Mainzer Frieden von 1103 informiert, nennt unter den Herzögen, die ihn beschworen, neben Welf V. und Berthold II. allein den Staufer namentlich, und Friedrich scheint sich damals in der Tat intensiv um die Festigung und den Bestand des Friedens in seinem Herzogtum, genauer: in dem unter seiner Herrschaft stehenden Gebiet, gekümmert zu haben. Wohl im Jahr 1104 banden sich wie er selbst die Grafen seiner Gefolgschaft eidlich an einen Friedenspakt, der die Mainzer Bestimmungen im Wesentlichen bekräftigte und präzisierte, jedoch offenbar nicht mehr ganz Schwaben einbezog, dafür zusätzlich Franken, soweit es zum staufischem Einflussbereich gehörte.[37]

Herzog Friedrich I. und sein Bruder Bischof Otto von Straßburg erschienen bisher vor allem als Männer, die die unerwarteten Möglichkeiten der Königsnähe konsequent zu nützen suchten, sich deswegen uneingeschränkt mit der Sache Heinrichs IV. identifizierten und nicht ohne Geschick zugleich ihre eigenen Vorteile wahrzunehmen verstanden. So wird man davon ausgehen dürfen, dass ihre Parteinahme für Heinrich auch ihre Einstellung zu den damals strittigen Fragen der Kirchenreform wesentlich bestimmte. Eine gewisse Eigenständigkeit scheinen sie sich auf diesem Feld indes doch bewahrt zu haben.

Wie der Kaiser und wie ihre adligen Standesgenossen taten sich Friedrich und Otto als Stifter hervor. Aus einer Urkunde, die ihre Mutter Hildegard zusammen mit ihnen und ihren zum Teil nur aus diesem Dokument bekannten Geschwistern im Jahr 1094 ausstellte, erfahren wir, dass die Genannten die in Schlettstadt von Hildegard errichtete, von Bischof Otto geweihte Kirche St. Fides mit allen zugehörigen Gebäuden und eigens aufgeführten Gütern der Benediktinerabtei St. Fides in Conques (südlich von Aurillac) mit der Auflage übergaben, dort Mönche anzusiedeln. In der Tat wurde aus Hildegards Gründung ein Kloster, dessen Prior dem Abt in Conques unterstellt war. Zwei Urkunden aus dem folgenden Jahr, in denen Bischof Otto und seine Geschwister den Klosterbesitz bestätigten und erweiterten, erlauben gewisse Einblicke in die damaligen staufischen Besitzverhältnisse im Elsass, sie informieren uns am Rande zugleich darüber, dass Hildegard spätestens im Januar 1095 starb.[38]

Die im ersten Drittel des 12. Jahrhunderts niedergeschriebene Gründungsgeschichte des Schlettstadter Klosters berichtet, Herzog Friedrich, Bischof Otto und ihr Bruder Konrad seien bei einer Wallfahrt nach Conques angesichts der tief beeindruckenden Frömmigkeit der dortigen Mönche auf den Gedanken gekommen, ihnen ihre Kirche anzuvertrauen.[39] Möglicherweise wählten sie diesen Sonderweg, weil er ihnen erlaubte, Vorsorge für ihr Seelenheil zu treffen, ohne sich durch die Form und Ausgestaltung ihrer Stiftung offen für oder gegen eines der Reformklöster in ihrer Heimat zu entscheiden. Dies würde freilich auf eine gewisse Distanzierung von der kaiserlichen Linie wenigstens in spezifisch religiösen Fragen hindeuten.

Noch deutlicher weist in diese Richtung der Entschluss Ottos von Straßburg, im Frühjahr 1096, also noch zu Lebzeiten Clemens III., Papst Urban in Tours aufzusuchen, um seine Lösung vom Bann zu erwirken. Urban erfüllte seinen Wunsch, verlangte von ihm aber offenbar Belege aufrichtiger Buße für seine Verbrechen. Leider verrät unser Gewährsmann Bernold von Konstanz nicht, welche Verbrechen damit gemeint sind. Zum Jahr 1098 vermerkt er dann aber immerhin, Otto habe sich damals auf dem Weg nach Jerusalem befunden und sei bald nach seiner Rückkehr gestorben – er starb am 3. August 1100. Bernold bezeichnet Otto in diesem Zusammenhang als den »Straßburger Schismatiker«. Bei dem Verbrechen, das ihm Urban vorhielt, handelte es sich demnach offensichtlich um seine hartnäckige Ablehnung und Bekämpfung des Reformpapsttums.[40]

Wohl um 1100 entschloss sich Herzog Friedrich I. zur Gründung eines Klosters in Lorch, also in unmittelbarer Nähe seiner Burg auf dem Hohenstaufen. Die Urkunde, die uns darüber informiert und die das Datum des 3. Mai 1102 trägt, entstand zwar in Wahrheit erst um die Mitte des 12. Jahrhunderts. Sie gibt jedoch wesentliche Teile eines tatsächlich im Mai 1102 abgefassten Dokumentes offenbar korrekt wieder. Seinem Wortlaut zufolge übertrug Friedrich zusammen mit seiner Frau Agnes und seinen beiden Söhnen Friedrich und Konrad die Abtei Lorch um des Seelenheils seiner Vorfahren willen dem hl. Petrus.[41]

Mit seiner Lorcher Gründung näherte sich Friedrich, anders als noch im Fall Schlettstadts, deutlich den Vorstellungen der in Süddeutschland aktiven Reformbewegung. Das zeigt sich insbesondere in der Übergabe seiner Stiftung an Petrus und den neuen Papst Paschalis II., im Zugeständnis der freien Abtswahl oder in der Heranziehung führender Reformäbte, an der Spitze dessen von Hirsau, zur Regelung wichtiger Lorcher Probleme. Überdies kam der erste Abt von Lorch aus dem eng mit Hirsau verbundenen Kloster Komburg. Erleichtert wurde Friedrich dieser Wandel vielleicht dadurch, dass sich auch Heinrich IV. zunächst Hoffnung auf einen Ausgleich mit Paschalis machte. Die Gegensätze zwischen Kaiser und Papst traten jedoch im März 1102 erneut in unveränderter Schärfe zutage, und vielleicht reagierte Paschalis deswegen auch nicht auf das Ansinnen Friedrichs.[42] Zudem entsprach die für Lorch vorgesehene strenge Bindung der Vogtei an die Stifterfamilie schwerlich seinen Vorstellungen. Jedenfalls nahm erst Papst Innozenz II. 1136 das Kloster in den Schutz des apostolischen Stuhls.[43] Die Vogtei blieb freilich in staufischer Hand und fiel in der Regel wie die Burg auf dem Hohenstaufen dem Inhaber der Herzogswürde von Schwaben zu.[44]

Vermutlich sah Friedrich in seinem Kloster die künftige Begräbnisstätte seiner Familie, den zentralen Ort des liturgischen Gedenkens. Er wurde nach seinem Tod am 3. September 1105 allerdings zunächst offenbar in der Lorcher Pfarrkirche bestattet, ehe seine beiden Söhne wohl 1139 seine Gebeine zusammen mit denen anderer staufischer Vorfahren von dort feierlich in die Klosterkirche überführten. Wie sie fand hier Heinrich, der 1150 erst dreizehnjährig verstorbene ältere Sohn Konrads III., seine letzte Ruhestätte.[45] Mit einiger Gewissheit gilt dies ebenso für Herzog Konrad von Schwaben, den Sohn Friedrich Barbarossas, und für Irene, die Gemahlin König Philipps, dazu wohl für früh verstorbene Kinder Barbarossas und Philipps, doch weder für die Söhne des Stifters noch für einen der späteren Stauferherrscher.[46]

So wurde Lorch nicht das staufische Hauskloster. Doch eine gewisse Beachtung und Förderung erfuhr es durchaus. Besonders Konrad III. fühlte sich offenbar der väterlichen Stiftung eng verbunden. Sein Neffe und Nachfolger Barbarossa bestätigte 1154 Lorchs Besitz und im Juni 1215 gewährte Friedrich II., Barbarossas Enkel, dem Kloster seinen Schutz und übernahm für sich und seine Nachkommen dessen Vogtei. Trotz alldem spielte Lorch für die staufischen Herrscher zweifellos keine wirklich zentrale Rolle, es war zu einem Ort ihrer Sorge unter vielen anderen geworden.[47]

Die Zeit des kaiserlich-fürstlichen Einvernehmens und damit des Friedens in Deutschland ging bereits im Jahr 1104 wieder zu Ende. Erneut fühlten sich offenbar einige Große von Heinrich IV. benachteiligt und zurückgesetzt. Andere, unter ihnen eine besonders aktive Gruppe einflussreicher junger bayerischer Grafen um Diepold III. von Vohburg und Berengar I. von Sulzbach, scheinen im Fortgang der Kirchenreform eine geradezu existenzielle Notwendigkeit gesehen zu haben, in Heinrich IV. aber ein unüberbrückbares Hindernis für diesen Reformprozess. Ihnen gelang es, Heinrich V., den bereits gekrönten Sohn des Kaisers, für ihre Sache zu gewinnen.

2 Die Staufer als Grafen, Herzöge von Schwaben und Gefolgsleute

Abb. 2: Rückseite der Goldbulle Friedrichs II. als König von Sizilien aus dem Jahr 1212.

Offen muss bleiben, ob dieser sich tatsächlich ihre Überzeugungen und Sorgen zu eigen machte oder ob er die rasch sich zuspitzende Lage nicht einfach als willkommene Chance betrachtete, die königliche Macht sofort auch praktisch in vollem Umfang auszuüben. Jedenfalls trennte sich Heinrich im Dezember 1104 offen von seinem Vater, sofort vom Bann gelöst und energisch unterstützt vom Papst. Dazu standen in Deutschland auf seiner Seite neben anderen Gegnern des Kaisers natürlich insbesondere die engagierten Anhänger der Kirchenreform.

Heinrich IV. geriet Ende 1105 in die Gewalt seines Sohnes, wurde gefangengesetzt und zur Abdankung gezwungen. Er flüchtete nach Lüttich, wo er die Angiffe seines Sohnes erfolgreich zu parieren vermochte. Ehe es daraufhin erneut zu Verhandlungen kam, starb Heinrich IV. am 7. August 1106. Seinem letzten Wunsch gemäß wurde er

2.4 Herzog Friedrich I. als Gefolgsmann des Kaisers

in Speyer bestattet, allerdings erst 1111 nach der Aufhebung seiner Exkommunikation.[48]

Abb. 3: Im Evangeliar von St. Emmeram (Regensburg) wird der Gedanke der dynastischen Kontinuität zum Ausdruck gebracht: Beide Söhne Heinrichs IV. stehen trotz ihrer Rebellionen einträchtig neben ihrem Vater. Krakau, Bibliothek des Domkapitels 208, fol. 2v.

Abb. 4: Die Grabkrone Heinrichs IV. aus der Domschatzkammer des Doms zu Speyer, in dem auch Heinrichs Grabstätte liegt.

2.5 Die ersten Amtsjahre Herzog Friedrichs II. und Heinrichs V. Kaiserkrönung

Friedrich I., der erste staufische Herzog, erlebte noch, wie nach Konrad auch Heinrich von seinem kaiserlichen Vater abfiel. Vergeblich reiste er zusammen mit den Erzbischöfen von Köln und Trier bereits Anfang 1105 im Auftrag des Kaisers zu dessen Sohn, um ihn zum Einlenken zu bewegen, und eine friedliche Übereinkunft zwischen ihnen kam auch später nicht zustande.[49] Leider wissen wir nichts Konkretes über des Staufers Haltung in dem ihn so nahe berührenden Konflikt. Sein Tod im September 1105 kurz vor der dramatischen Schlussphase des Thronstreites ersparte ihm wohl eine endgültige Parteinahme.

Heinrich V. nutzte damals sofort die Gunst der Stunde: Er nahm seine verwitwete Schwester Agnes und ihre beiden 15 und 12 Jahre alten Söhne Friedrich und Konrad in Schutz und Obhut. Mehr noch: Als wohl Ende Oktober seine Truppen denen seines Vaters nördlich

2.5 Die ersten Amtsjahre Herzog Friedrichs II. und Heinrichs V. Kaiserkrönung

von Regensburg kampfbereit gegenüberstanden, gelang es ihm offenbar, den Babenberger Markgrafen Leopold III. von Österreich mit dem Versprechen, ihm seine Schwester Agnes zur Frau zu geben, zum Verlassen des kaiserlichen Heeres zu bewegen. Andere wichtige Parteigänger Heinrichs IV. folgten, dieser zog ab und seither schwand seine Macht.[50] Doch nicht nur das Ende der väterlichen Herrschaft in Familie und Reich zeichnete sich ab. Zugleich band Heinrich V. die heranwachsende Generation der Staufer eng an das nun durch ihn repräsentierte salische Königtum und sicherte so auch für seine Herrschaft deren wertvolle Gefolgschaft. Während Agnes und Markgraf Leopold wohl im Jahr 1106 heirateten, übertrug er dem älteren Sohn seiner Schwester, fortan Friedrich II., das schwäbische Herzogtum.[51]

Über die ersten Amtsjahre des jugendlichen Herzogs erfahren wir kaum etwas. Als besonders bedeutsam sollte sich die Ehe erweisen, die Friedrich wohl um 1120–1121 mit der Welfin Judith schloss, mit der Tochter Heinrichs des Schwarzen, der eben 1120 Herzog von Bayern geworden war. Vermutlich im Dezember 1122 gebar Judith ihren Sohn Friedrich, den späteren Kaiser, danach die Tochter Bertha, die künftige Gattin des Herzogs Matthäus von Lothringen.[52] Merkwürdigerweise lassen sich auch Aufenthalte Friedrichs II. am Hof oder sonst in der Umgebung des Königs bis 1110 nicht nachweisen. Zu einem guten Teil mag dies daran liegen, dass er dort tatsächlich noch keinen erwähnenswerten Einfluss ausübte, weil damals jene reformerisch gesinnten Großen dominierten, denen Heinrich seine Königswürde verdankte.[53] Doch wird man vor allem angesichts der 1110 fast schlagartig einsetzenden engen Kooperation des Herzogs mit seinem königlichen Onkel davon ausgehen dürfen, dass es auch zuvor schon eine Reihe von Begegnungen und Absprachen zwischen ihnen gab.

In Deutschland stieß Heinrich V. zunächst auf keine besonderen Schwierigkeiten. Noch im Jahr 1106 übertrug er die sächsische Herzogswürde nach dem Tod des Herzogs Magnus an den Grafen Lothar von Süpplingenburg (westlich von Helmstedt), der bald eine führende Rolle in Sachsen spielte. Als einem der beiden Schwiegersöhne des Magnus fielen Heinrich dem Schwarzen reiche Güter um Lüneburg zu, und er öffnete so den Weg zur künftigen welfischen Präsenz und schließlich Dominanz in Sachsen. Im November 1107 sah sich der König in Flandern, danach in Böhmen, Polen und Ungarn zu militärischem Eingreifen veranlasst. Sein Unternehmen gegen Polen scheiterte indes ebenso wie dasjenige gegen Ungarn im Sommer 1108, an dem sich vielleicht Herzog Friedrich II. beteiligte.[54]

Vorrang hatte für Heinrich V. von Anfang an die Frage der Investitur der Bischöfe durch den König, die Paschalis wie bereits seine Vorgänger strikt ablehnte. In Frankreich und England gelangen in den Jahren bis 1107 dennoch Kompromisslösungen, die grundsätzlich vorsahen, dass die Könige freie Bischofswahlen zugestanden, die neu Gewählten ihnen für die Temporalien jedoch nach wie vor einen Treueid leisten mussten. Die Kaiser und Könige Deutschlands hatten den hohen Repräsentanten der Kirche im Laufe der Zeit allerdings in weit größerem Umfang als die Monarchen Frankreichs und Englands sowohl Güter des Reiches als auch wichtige herrscherliche Rechte und Aufgaben übertragen. Angesichts dieser zentralen Bedeutung der Bischöfe für seine Herrschaftsausübung glaubte Heinrich V., ganz seinem Vater folgend, ohne ihre feste Bindung an den König durch die vor der Weihe vorzunehmende Investitur mit Ring und Stab einschließlich der Leistung von Treu- und Mannschaftseid lasse sich sein königliches Amt nicht ausüben. Selbst engagierte Vertreter der Reformbewegung in Deutschland fanden an seiner Position offensichtlich nichts auszusetzen.[55]

Paschalis II. indessen sah in der außerordentlich intensiven Beschäftigung der Bischöfe des Reiches mit weltlichen Angelegenheiten etwas ihrem geistlichen Amt Fremdes und Abträgliches und jedenfalls nichts, was ihn davon abbringen konnte, an dem Verbot der Laieninvestitur beharrlich festzuhalten. Da König Heinrich in vollem Einverständnis mit den Fürsten genauso unbeugsam bei seiner konträren Auffassung blieb, scheiterten die Bemühungen um eine einvernehmliche Lösung immer wieder, so im Oktober 1106 in Oberitalien oder im Mai 1107 in Châlons-en-Champagne (südöstlich von Reims).[56]

Deshalb entschloss sich Heinrich am Ende, selbst nach Rom zu ziehen, um dort zu einer tragfähigen Regelung der strittigen Frage zu kommen und vom Papst zugleich seine Krönung zum Kaiser zu erlangen. Eine an die päpstliche Kurie gesandte Delegation brachte ihm An-

2.5 Die ersten Amtsjahre Herzog Friedrichs II. und Heinrichs V. Kaiserkrönung

fang 1110 in der Tat günstige Nachrichten zurück, kurz darauf verlobte er sich mit Mathilde, der erst achtjährigen Tochter König Heinrichs I. von England.[57] Mitte August 1110 brach der König dann in den Süden auf, begleitet von zahlreichen Fürsten, unter ihnen Herzog Friedrich II. von Schwaben. Seit dem Beginn des neuen Jahres entwickelte sich zwischen dem Papst und ihm, dem sich Rom nähernden Herrscher, ein reger Gesandtenverkehr, in dessen Verlauf Paschalis einen überraschenden Lösungsvorschlag unterbreitete. Danach sollte der König ganz auf die Investitur der Bischöfe verzichten; im Gegenzug hätten die Bischöfe sämtliche vom Reich stammenden Rechte und Güter für alle Zukunft dem König zurückzugeben, den er, Paschalis, überdies zum Kaiser krönen werde.

Der Vorschlag war aus päpstlicher Sicht gewiss naheliegend und konsequent. Mit der Rückgabe der vom Reich herkommenden Güter und Rechte, der Regalien, entfiele in der Tat beides, die Notwendigkeit der Investitur durch den König und damit das zentrale Ärgernis des Papstes. Zugleich verlöre die ungute Verstrickung der Bischöfe in weltliche Geschäfte wesentlich an Bedeutung und die Kirche könnte sich, ganz im Sinne der Reformer, ihrer eigentlichen geistlichen Aufgabe wieder intensiver widmen. Wohl deshalb beeindruckte das päpstliche Angebot den engen Kreis, der mit dem König darüber beriet, offenbar durchaus, gehörten zu ihm doch vor allem die engagierten Anhänger der Kirchen- und Klosterreform. Herzog Friedrich II., der jetzt als Neffe des Herrschers anscheinend eine gewichtige Rolle am Hof zu spielen begann, teilte offenbar die Auffassung der übrigen Ratgeber. Freilich gab es im königlichen Beratergremium durchaus starke Bedenken hinsichtlich der Durchsetzbarkeit des päpstlichen Planes.[58]

Trotz solcher Zweifel ging der König am Ende auf das Angebot des Papstes ein. Unverständlich bleibt, dass er zuvor nicht mit den Reichsfürsten, vor allen den geistlichen, über den Gang der Dinge sprach. Vielleicht hielt er es für das Beste, Paschalis zunächst die Rolle des Handelnden zu überlassen; misslang sein Vorhaben, konnte er immerhin als der allein Schuldige gebrandmarkt werden.

Feierlich zog der König am 12. Februar 1111 durch Rom zur Peterskirche, wo ihn der Papst nach festem Zeremoniell empfing. Wie vereinbart, verkündete Heinrich seinen Verzicht auf die Bischofsinvestitur, Paschalis anschließend seine Aufforderung an die Bischöfe, dem König die Regalien zurückzugeben. Damit aber rief er sofort die befürchtete Empörung unter den Bischöfen und Fürsten hervor, der ausbrechende Tumult und die Vergeblichkeit aller Ausgleichsversuche führten zum Abbruch der Veranstaltung unter Verzicht auf die geplante Kaiserkrönung. Heinrich hielt es allerdings für richtig, den Papst und die Kardinäle in Haft zu nehmen, um von ihnen doch noch eine Einigung und seine Erhebung zu erzwingen. Erst nach dreitägigem Kampf gegen die aufständischen Römer konnte er dann die Stadt verlassen, und bis in den April verhandelte er bei Tivoli mit seinen hohen Gefangenen. Ein päpstliches Privileg gestattete dem König schließlich die Investitur der frei gewählten Bischöfe mit Ring und Stab vor ihrer Weihe, er gab daraufhin seinen Gefangenen ihre Freiheit wieder und am 13. April krönte ihn der Papst zum Kaiser. Auf dem Weg zurück nach Deutschland vermochte Heinrich überdies die Markgräfin Mathilde dazu zu bewegen, ihm ihren Privatbesitz zu vermachen.[59]

Zwar wurde der Kaiser seiner gewaltsamen Übergriffe wegen bereits kurze Zeit später exkommuniziert, zwar verwarf ein Laterankonzil das Privileg des Paschalis als ein erpresstes, deshalb ungültiges »Pravileg«. Doch Heinrich sah sich wohl auf der Höhe seiner Macht und seines Ansehens, als er seinen Vater am 7. August 1111 feierlich im Dom zu Speyer bestatten ließ. Öffentlich bekräftigte er so die Zugehörigkeit Heinrichs IV. zur salischen Dynastie und ebenso eindrücklich bekannte er sich selbst zu ihr als ihr gegenwärtiger Repräsentant.[60]

Für Friedrich II., den jugendlichen Herzog von Schwaben, hatte die Teilnahme an Heinrichs Romzug gewiss prägende Bedeutung. Er lernte den Hof, den Herrscher und seine engere Umgebung ebenso unmittelbar kennen wie die im Reich dominierenden Persönlichkeiten und ganz offenbar wuchs er selbst rasch in eine führende Position am Hof seines kaiserlichen Onkels hinein. Vermuten darf man wohl auch, dass er die Speyrer Feierlichkeiten zu Ehren seines salischen Großvaters als äußerst einprägsames Zeugnis für den Rang und Wert seiner kaiserlichen Abstammung wahrnahm.

Zum einen begegnet uns Friedrich fortan als aktiv sein Amt ausübender Herzog von Schwaben. Wir hören, dass er 1112 einen Landtag nach Ulm berief, einen weiteren 1114 nach Rottenacker an der oberen Donau (südwestlich von Ulm). 1116 tagte wiederum in Rottenacker geradezu ein schwäbischer Fürstentag, zu dem sich neben Friedrich auch die Herzöge Welf V. und Berthold III. von Zähringen einfanden, dazu Grafen und zahlreiche andere Adlige. Grundsätzlich wird Friedrich die Eigenständigkeit seiner herzoglichen Kollegen damals indessen schwerlich angetastet haben.[61]

Eher noch bedeutungsvoller scheint, dass sich der schwäbische Herzog in den Jahren nach seiner Rückkehr aus Italien bis zum neuerlichen Aufbruch Heinrichs V. in den Süden verhältnismäßig oft am Kaiserhof aufhielt. Nur wenige Große erschienen damals häufiger als er. Mit einer gewissen Vorliebe besuchte er den Hof seines kaiserlichen Onkels, wenn dies einigermaßen im Einklang mit seinem eigenen Aktionsradius stand. Einmal treffen wir ihn im Gefolge des Kaisers immerhin in Dollendorf (wohl bei Bonn) an, ein anderes Mal sogar in Münster.[62]

2.6 Kaiser Heinrichs wachsende Schwierigkeiten, seine zweite Romreise und die Herrschaftspflichten Friedrichs II. und seines Bruders Konrad

Bereits während Heinrichs Romfahrt hatte sich das bisher den Herrscher und seine fürstliche Gefolgschaft verbindende Einvernehmen gelockert. Die geistlichen Reichsfürsten hielten den damals drohenden Verlust ihrer weltlichen Rechte und ihres Territorialbesitzes für vollkommen untragbar, denn sie befürchteten als dessen Folge die drastische Einschränkung ihrer eben neu erworbenen Mittel und Möglichkeiten zur Verteidigung der kirchlichen Freiheit und zur Durchsetzung von Frieden und Recht. Der päpstliche Vorschlag stand daher im Widerspruch zu ihren kirchlichen Reformidealen.[63]

Heinrich hatte den Fürsten offenbar glaubwürdig darzulegen vermocht, dass dem Papst die alleinige Verantwortung für den radikalen Neuordnungsplan zufiel. Nach dessen Scheitern trugen jedenfalls führende Bischöfe sein gewaltsames Vorgehen gegen Paschalis mit, und noch im Sommer 1111 versammelten sich um ihn in Speyer und in Mainz zahlreiche hohe Geistliche.[64] Enttäuschung, Argwohn und ein gewisses Misstrauen hinsichtlich seiner künftigen Absichten rief seine Geheimdiplomatie aber sicherlich hervor, und vermutlich gilt dies auch für die rücksichtslose Gefangennahme des Papstes. Immerhin hatte einer der damals anwesenden Fürsten, Konrad, der Erzbischof von Salzburg, offenbar sofort leidenschaftlich gegen dieses allem Recht widersprechende Verbrechen an einem Unschuldigen protestiert.[65]

Das sich zunächst kaum merklich wandelnde Verhältnis der Fürsten zu Heinrich erfuhr bald eine zusätzliche, ernste Belastung, als der Herrscher, stolz auf seine italienischen Erfolge, mit gestärktem Selbstbewusstsein anfing, seine überlegene kaiserliche Autorität zur Geltung zu bringen. Grundsätzlich – man denke etwa an seinen Zeitgenossen Ludwig VI. von Frankreich[66] – war dieses Bemühen sicher verständlich, wollte er den energisch um die Mehrung ihrer Befugnisse besorgten Fürsten gegenüber seinem Amt einen nennenswerten Vorrang bewahren. Doch eben, weil er ihre Absichten seither eher begünstigt hatte, konnte sein neuer Ansatz nur zu einem gewissen Erfolg führen, wenn er mit Augenmaß praktiziert wurde. Eben diese Einsicht jedoch fehlte ihm offenbar.

Zwar erhielt Heinrich in dem Konflikt, der Anfang 1112 zwischen ihm und Herzog Lothar von Sachsen ausbrach, noch die Unterstützung der meisten Fürsten. Doch als er kurz darauf einen wiederum in Sachsen ausbrechenden heftigen Erbstreit dazu nützen wollte, das wertvolle Erbe für das Reich einzuziehen, wandten sich die sächsischen Großen rasch fast geschlossen gegen ihn.[67]

Die Situation war umso prekärer, da Heinrich zur gleichen Zeit auch einen schweren Konflikt mit Erzbischof Adalbert von Mainz ausfocht. In dessen Aktivitäten aber sah er vermutlich eine ernste Gefährdung der salischen Territorialbasis am Mittelrhein. Jedenfalls ließ er Adalbert Ende 1112 gefangen nehmen und hielt ihn drei Jahre in Haft. In einer an die Fürsten gerichteten ausführlichen Begründung seines

2.6 Kaiser Heinrichs wachsende Schwierigkeiten, seine zweite Romreise

schroffen Gewaltaktes hob er insbesondere des Erzbischofs verräterische, auf des Kaisers Sturz zielende Umtriebe hervor; Adalbert habe sogar versucht, seinen Neffen, den schwäbischen Herzog Friedrich, zur Verschwörung gegen seinen kaiserlichen Onkel zu gewinnen, was freilich misslang. War dem tatsächlich so, dann verband das Geschehen Kaiser und Herzog gewiss noch enger als zuvor. In jedem Fall aber macht Heinrichs Schilderung die Bedeutung sichtbar, die Friedrich inzwischen zukam.[68]

Glanzvoll feierte der Kaiser in Anwesenheit seines herzoglichen Neffen und zahlreicher anderer Fürsten im Januar 1114 zu Mainz seine Hochzeit mit Mathilde, der englischen Königstochter. Doch neuerliche kaiserliche Willkürakte vergällten vielen fürstlichen Gästen ihre Festesfreude, und vielleicht bereiteten einige unter ihnen tatsächlich, wie Otto von Freising berichtet, schon jetzt den nächsten Aufstand gegen Heinrich vor.[69]

Jedenfalls sagte sich im Sommer darauf der Kölner Erzbischof Friedrich während eines Kriegszugs gegen die Friesen nach einem heftigen Streit vom Kaiser los. Wie mancher Bischof sonst hatte er den beunruhigenden Eindruck gewonnen, dass Heinrich sein Investiturrecht zur Einschränkung der kirchlichen Freiheit benutzte. So trat bei ihm und seinen Gesinnungsgenossen die Sorge um die seelsorgerische Aufgabe der Kirche wieder bestimmender neben jene um deren weltlichen Befugnisse und Möglichkeiten.[70] Zunächst aber führte des Erzbischofs Abfall vom Kaiser zu einer Erhebung, die von Köln aus rasch die ganze Region am Niederrhein erfasste. Ihr Erfolg veranlasste die Sachsen zur Wiederaufnahme ihres Kampfes. Im Februar 1115 schlugen sie den Kaiser und sein Heer am Welfesholz (nördlich von Mansfeld) in die Flucht.

Der Norden Deutschlands war damit dem kaiserlichen Einfluss weitgehend entzogen. Überdies zwangen die Mainzer Bürger den Kaiser, ihren Erzbischof endlich wieder frei zu lassen, und dieser verband sich daraufhin sofort mit Heinrichs Gegnern. Nur wenige Große, darunter Friedrich von Schwaben, waren um den Kaiser, als er trotz allem seinen zweiten Italienzug vorbereitete, um sich das Erbe der im Mai 1115 gestorbenen Markgräfin Mathilde zu sichern.[71]

Er musste freilich vor seiner Abreise noch erleben, dass sich seine geistlichen Widersacher in großer Zahl in Köln trafen und dort öffentlich seine Exkommunikation verkündeten, dass ferner Bischof Erlung von Würzburg auf ihre Seite übertrat. Voller Zorn entzog er dem Würzburger Bistum daraufhin die ihm bislang zustehenden herzoglichen Rechte in Ostfranken und verlieh sie seinem staufischen Neffen Konrad, dem jüngeren Bruder Herzog Friedrichs also, der hier zum ersten Mal als eigenständige Persönlichkeit erscheint, indessen vermutlich schon bisher die staufischen Belange in Franken wahrnahm. Friedrich und ihm sowie dazu vielleicht dem rheinischen Pfalzgrafen Gottfried von Calw, seinem verlässlichen Gefolgsmann, übertrug Heinrich die Aufgabe, während seiner Abwesenheit seine kaiserliche Würde zu verteidigen. Eine präzise Aussage über ihre Stellung und ihre Kompetenzen erlauben die Quellen freilich nicht. Im Februar 1116 brach er mit kleinem Gefolge auf, bis zum Herbst 1118 blieb er in Italien.[72]

Heinrich ließ ein tief gespaltenes Reich zurück. In Sachsen und am Niederrhein dominierten seine Gegner. Ihnen standen im Süden seine Neffen, die Herzöge von Schwaben und Ostfranken, sowie Pfalzgraf Gottfried als seine Sachwalter gegenüber. Dazu hielten sich Herzog Berthold III. von Zähringen, Herzog Welf V. von Bayern und Herzog Heinrich III. von Kärnten auf der kaiserlichen Seite. Wie der Kärntner Herzog begleitete dann Welfs Bruder Heinrich der Schwarze den Herrscher wenigstens bis Anfang April 1116 auf seiner Italienfahrt. Vermutlich ging es ihm dabei nicht zuletzt darum, neben den kaiserlichen Ansprüchen auf das Erbe Mathildes von Tuszien jene Welfs, ihres Gatten, geltend zu machen.[73]

Für die Belange des abwesenden Kaisers setzten sich vor allem Friedrich von Schwaben und Pfalzgraf Gottfried ein. Dessen war sich Heinrich V. offenbar wohl bewusst, als er im Juni 1116 den Regensburger Bischof Hartwig in einem Brief eigens bat, Friedrich und seine Getreuen zu unterstützen, und als er im Dezember jenes Jahres den Klerus und die Bürger von Mainz aufforderte, zusammen mit dem schwäbischen Herzog und dem Pfalzgrafen gegen die Unruhestifter um Erzbischof Adalbert vorzugehen.[74] Noch vierzig Jahre später hob folglich Otto von Freising ausdrücklich hervor, dass die staufischen Brüder und der rheinische Pfalzgraf während Heinrichs zweitem Italienaufenthalt fast als einzige unter den Fürsten nicht von dem Herrscher abfielen. Mit unverhüllter Bewunderung schilderte er in diesem Zusammen-

2.6 Kaiser Heinrichs wachsende Schwierigkeiten, seine zweite Romreise

hang die glanzvollen Taten Herzog Friedrichs, eines im Kampf mutigen und in allen seinen Unternehmungen umsichtigen, dazu bei seinen zahllosen Getreuen äußerst beliebten Mannes. Im Laufe jener schwierigen Zeit habe Friedrich das ganze Gebiet am Rhein zwischen Basel und Mainz seiner Herrschaft unterworfen und damit die Region gewonnen, der die größte Kraft des Königreiches innewohnte – die überragende Bedeutung Kölns und des Niederrheins blieb bei dieser Beurteilung allerdings unbeachtet. Den höchst wertvollen Raum habe der Herzog zudem durch so viele Burgen gesichert, dass über ihn das Sprichwort umging, er ziehe am Schwanz seines Pferdes stets eine Burg mit sich. Um seine Stellung weiter zu festigen, habe Friedrich dann dem Erzbischof Adalbert von Mainz den Kampf angesagt, vor Mainz die Truppen seines Gegners zurückgeschlagen und die belagerte Salierburg Limburg an der Haardt samt dem Kloster befreit – in allem ein verlässlicher Mitstreiter und unentbehrlicher Freund des Kaisers.[75]

Otto von Freising besaß über das hier Geschilderte wohl recht verlässliche Informationen, war Herzog Friedrich doch sein, wenngleich über zwanzig Jahre älterer Halbbruder. Andererseits bot Friedrich gewiss eine einseitige, ihn ins rechte Licht rückende Darstellung des Geschehens, und Otto selbst tat dann ein Übriges. Friedrich vermochte sich des Landes zwischen Basel und Mainz keineswegs vollständig zu bemächtigen. Es scheint ihm damals jedoch immerhin gelungen zu sein, seine Position im Elsass merklich auszubauen und zu festigen, wobei ihn die Sorge um den eigenen Vorteil wohl mindestens so sehr leitete wie jene um die Wahrung der kaiserlichen Positionen. Vermutlich gründete er jetzt Burg und Dorf Hagenau im Süden des Heiligen Forstes und begann, die Benediktinerabtei St. Walburg (nördlich von Hagenau) gezielt zu fördern. Von dieser Basis aus, später zusätzlich gestützt auf seine eigenen Stiftungen, das 1131 oder 1133 im Westen des Heiligen Forstes entstandene Zisterzienserkloster Neuburg sowie das um 1140 im Osten des Forstes errichtete Zisterzienserinnenkloster Königsbrück, setzte er nach und nach seine Dominanz im Gebiet des Heiligen Forstes wie im ganzen Unterelsass durch; überdies gelang es ihm, den Einfluss des Straßburger Bischofs merklich zu schmälern.[76] Diese Entwicklung bestätigen die an keine Partei besonders gebundenen Paderborner Annalen, wenn sie berichten, Friedrich habe zur Befreiung des belagerten Klosters Limburg ein großes, aus allen Teilen des Elsass zusammengezogenes Heer herbeigeführt, und ihn anschließend *dux Alsatiae*, Herzog des Elsass, nennen.[77]

Mit seinen über das Elsass nach Norden ausgreifenden Aktivitäten, die sich vorwiegend gegen Erzbischof Adalbert von Mainz richteten, trat Friedrich in erster Linie als Verteidiger der kaiserlich-salischen Stellung auf, ohne deswegen freilich die eben dort schon seit geraumer Zeit bestehenden eigenen Interessen zu vergessen. Sein zweifellos energischer Einsatz scheint indessen nicht immer ganz erfolgreich verlaufen zu sein. Bereits im August 1116 etwa konnte er die von den Gegnern des Kaisers belagerte Stadt Worms, eine bedeutende Stütze der salischen Herrschaft, offenbar nur dadurch retten, dass er mit den Belagerern Friedensverhandlungen in Frankfurt vereinbarte und später umging. Nach der eindrucksvollen Befreiung Limburgs verwickelte er den Erzbischof Adalbert dann in heftige Kämpfe um Mainz, vermochte ihn aber weder dauerhaft aus der Stadt zu vertreiben, noch 1118 die Zerstörung seiner eigenen Burg in Oppenheim zu verhindern.[78]

Im Ganzen gelang es Friedrich wohl dennoch, die salische Herrschaftsbasis am Mittelrhein zu halten. Dass er es dabei in Erzbischof Adalbert mit einem Gegner zu tun hatte, der vor keinen Ränken und Schlichen zurückschreckte, das stellte selbst ein dem Reformpapsttum eng verbundener Zeitgenosse wie Ekkehard, der Abt des Klosters Aura (nordwestlich von Schweinfurt) fest. Er beklagte, dass während des Kaisers Abwesenheit die Mächtigen ganz generell allein ihren Vorteil verfolgten, und schloss in seine heftige Kritik ausdrücklich auch Herzog Friedrich ein. Im Bistum Würzburg aber tat sich nach seinen Worten des Herzogs Bruder Konrad durch seine Rücksichtslosigkeit besonders hervor. Konrad nützte demnach seine herzoglichen Befugnisse äußerst offensiv, um dort seine Stellung auf Kosten des zu den Gegnern des Kaisers übergegangenen Würzburger Bischofs Erlung auszubauen. Seine zunächst eher schmale territoriale Basis hatte sich bereits deutlich vergrößert, als ihm Heinrich nach dem Aussterben des Comburg-Rothenburger Grafenhauses wohl noch 1116 dessen umfangreiche Güter übertrug.[79]

Die anhaltende Wirrnis und Friedlosigkeit in Deutschland beunruhigte nicht zuletzt auch viele geistliche Fürsten – mochten sie sich dabei um die Freiheit der Kirche sorgen oder eher um die Wahrung ihres persönlichen Ranges. Eine dauerhafte Lösung der deutschen Konflikte setzte aber voraus, dass sich die päpstlich-kaiserlichen Beziehungen entscheidend verbesserten. Die Bemühungen des in Oberitalien weilenden Kaisers um eine Übereinkunft mit Paschalis II. waren freilich gescheitert, und dessen Nachfolger Gelasius II. flüchtete wohl aus Furcht vor kaiserlicher Gewalt noch vor seiner Weihe aus Rom. Als sich der Salier daraufhin dazu hinreißen ließ, die Erhebung des rasch jede Bedeutung verlierenden Gegenpapstes Gregors VIII. herbeizuführen, antwortete Gelasius unverzüglich mit der Exkommunikation des Kaisers und seines »Götzen«, wie er Gregor nannte.[80]

Wie von Gelasius gefordert, verkündete sein Legat, der Kardinalbischof Kuno von Praeneste, im Sommer 1118 auf Synoden in Köln und Fritzlar öffentlich den vom Papst über den Kaiser und über alle seine Anhänger verhängten Bann. Der Bericht Ekkehards von Aura legt die Annahme nahe, dass sich damals Heinrichs Gegner wie Anhänger darauf verständigten, einen allgemeinen Hoftag in Würzburg abzuhalten, wo der Herrscher sich verantworten oder aber, erscheine er nicht, abgesetzt werden sollte. Einhellig hätten die Fürsten demnach angesichts des kaiserlichen Versagens die Verantwortung für die Geschicke des Reiches übernommen, vielleicht sogar die staufischen Brüder eingeschlossen. Einigermaßen sicher ist immerhin, dass Heinrich angesichts der Nachrichten aus dem Norden sofort dorthin aufbrach. Wohl im September traf er in Deutschland ein und verhinderte wenigstens die Würzburger Tagung.[81]

2.7 Neue Auseinandersetzungen, scheiternde Friedensbemühungen und des Kaisers Annahme der fürstlichen Forderungen

Leider erfahren wir sonst über die Aktivitäten des Kaisers, wie im Übrigen auch über jene seiner beiden staufischen Neffen, während des ersten Jahres nach seiner Rückkehr kaum etwas, nicht zuletzt weil die kaiserliche Kanzlei damals offenbar fast keine Urkunden ausstellte.[82] Allerdings scheint sein Verhalten die Kritik der Fürsten derart angeheizt zu haben, dass es schließlich Ende Juni 1119 bei Mainz zu einem Treffen Heinrichs mit seinen fürstlichen Anhängern und Gegnern kam. Die Anwesenden einigten sich, künftig Frieden untereinander zu halten, und die Bischöfe unter ihnen gelobten dem neuen Papst Calixt II. Gehorsam und die Teilnahme an der von ihm für den Herbst in Reims angesagten Synode. Vermutlich beschloss die Versammlung überdies, insbesondere die beklagenswerte Lage der Kirche vor dem Papst in Reims zu behandeln.[83] Der Kaiser entschied über sein weiteres Vorgehen erst während eines Aufenthaltes in Straßburg im September oder Anfang Oktober. Unter den Zeugen der Urkunde, die er damals ausstellte, finden sich nach langer Zeit wieder seine Neffen, Herzog Friedrich und, ohne Titel, Konrad, zudem noch Pfalzgraf Gottfried.[84] Die engsten Vertrauten früherer Jahre standen ihm also wohl während der folgenden turbulenten Wochen mit ihrem Rat zur Seite, wenngleich unsere wichtigste Quelle für jene Vorgänge nur Gottfried namentlich nennt.

Bei dieser Quelle handelt es sich um den ausführlichen Bericht Hessos, des Leiters der Straßburger Domschule. Hesso war offenbar Augenzeuge des referierten Geschehens, seine Sympathie galt allerdings nicht der kaiserlichen, sondern der päpstlichen Seite.[85]

Wohl auf päpstlichen Wunsch suchten den Kaiser im September in Straßburg zwei Vermittler auf. Ihnen gelang es in schwierigen Verhandlungen, dem Herrscher nicht nur das Versprechen abzuringen, er werde sich zu der Reimser Synode begeben; er erklärte sich am Ende sogar bereit, auf jede Investitur von Kirchen zu verzichten, wenn er dadurch keinen Verlust seiner Rechte erleide und echten Frieden mit dem Papst erlange. Calixt, der sich damals in Paris aufhielt, sandte daraufhin eine Delegation an Heinrichs Hof mit dem Auftrag, eine von beiden Seiten akzeptierte schriftliche Fassung der mündlich vorgetragenen kaiserlichen wie päpstlichen Zusagen zu erarbeiten, damit auf deren Basis der Friede zwischen Kaiser und Papst in Mouzon an der Grenze des Reiches besiegelt werden könne. Die Gesandtschaft erledigte ihre Aufgabe wie erhofft. So unterbrach Calixt am 22. Oktober tatsächlich die schon

2.7 Neue Auseinandersetzungen, scheiternde Friedensbemühungen

eröffnete Synode in Reims und begab sich nach Mouzon. Merkwürdigerweise erst dort, also unmittelbar vor der entscheidenden Begegnung mit Heinrich, beschäftigte sich der päpstliche Beraterkreis offenbar gründlich mit den dabei zu ratifizierenden Schriftstücken.[86] Er kritisierte unscharfe Formulierungen und forderte deren Präzisierung; klarzustellen sei insbesondere die Freiwilligkeit jeder kirchlichen Hilfe für den Herrscher. Diese Änderungswünsche lehnte Heinrich zunächst empört ab, bestand dann wenigstens auf einen Aufschub, um derart wichtige Fragen mit den Fürsten beraten zu können. Darauf jedoch ging Calixt nicht ein. Ohne Heinrich gesehen zu haben, verließ er Mouzon.

Nach Reims zurückgekehrt, bannte der Papst den Kaiser samt seinem Gegenpapst erneut, dazu eine Reihe seiner namentlich aufgeführter Anhänger. Zu ihnen gehörte neben Pfalzgraf Gottfried auch Herzog Friedrich, den Hesso allerdings nicht eigens nannte, sondern offenbar zu den dort pauschal erwähnten »übrigen Fürsten« rechnete.[87]

Hessos zum Teil etwas unpräzise Ausdrucksweise erschwer die Beurteilung des Geschehens. Dass Heinrich, zumal wenn es um das brisante Investiturproblem ging, im letzten Moment einschneidende Änderungen des Vereinbarten ohne ausreichende Beratung und vor allem ohne Einbeziehung der Fürsten billigen würde, das war nach 1111 indes schwerlich noch zu erwarten. Welche Fallstricke die Investiturfrage nach wie vor barg, das erfuhr Calixt im Übrigen am Ende der Synode zu Reims selbst.

Leider hören wir nirgendwo etwas über den Einfluss, den die Begleiter des Kaisers auf den Gang der Verhandlungen im Oktober 1119 nahmen. Nichts spricht freilich für gravierende Meinungsverschiedenheiten am kaiserlichen Hof, und ebenso wie etwa Pfalzgraf Gottfried galt offensichtlich Herzog Friedrich an der päpstlichen Kurie nach wie vor als enger Vertrauter Heinrichs. Das war grundsätzlich wohl auch richtig, so sehr die wachsende Erfahrung, vor allem jene während der nicht in jeder Hinsicht einleuchtenden Abwesenheit des Kaisers, Friedrichs Selbstbewusstsein gegenüber seinem Onkel gewiss stärkte, seinen Blick für dessen Schwächen schärfte und sein Verständnis für dessen fürstliche Kritiker förderte.

Wie zuvor widmete sich der Staufer nach dem Scheitern der jüngsten päpstlich-kaiserlichen Versöhnungsinitiative offenbar wieder vorwiegend dem Süden der Reiches. Heinrich dagegen suchte im Norden neu Fuß zu fassen und erreichte, dass sich Herzog Lothar und andere Große Sachsens im Januar 1120 in Goslar mit ihm versöhnten.[88] Möglicherweise bei dieser Gelegenheit sandten die versammelten Großen Boten an Herzog Friedrich mit der Bitte, er möge versuchen, Erzbischof Adalbert von Mainz zur Beendigung seines Streits mit dem Kaiser zu bewegen, und ihm ankündigen, dass er andernfalls in Isolation gerate. Wenn die Fürsten dem Staufer eine derartige Mission übertrugen, so spricht dies zweifellos für sein in ihrem Kreis inzwischen erworbenes Ansehen. Ganz im Einklang mit dieser Entwicklung bemühte sich damals offenbar Friedrichs Bruder Konrad ebenfalls um die Überwindung alter Grenzen. Jedenfalls traf er im April 1120 an der Seite Herzog Lothars von Sachsen in Halberstadt mit dem dortigen Bischof Reinhard zusammen, also mit einem bislang dem Kaiser wie den Staufern ablehnend gegenüberstehenden leidenschaftlichen Vertreter der Reformbewegung.[89]

Die während Konrads Besuch in Halberstadt ausgestellte bischöfliche Urkunde führte ihn in ihrer Zeugenliste noch als Herzog der Ostfranken auf. Bereits zwei Wochen später jedoch, am 1. Mai 1120, verlieh sein kaiserlicher Onkel dem Würzburger Bischof Erlung im Rahmen ihrer eben zustande gekommenen Aussöhnung erneut die Herrschaftsrechte in Ostfranken, die er ihm vor über vier Jahren entzogen und Konrad übergeben hatte. Es lässt sich kaum entscheiden, ob Heinrich mit diesem Akt seinen Neffen die Grenzen ihrer Eigenständigkeit demonstrieren wollte, oder ob sein Schritt als Teil gemeinsamer Friedensanstrengungen in der Weise mit ihnen abgestimmt war, dass Konrad für seinen Verlust durch eine Aufwertung seiner Rechte im staufischen Kernbereich Ostfrankens entschädigt wurde. In jedem Fall musste Konrad das kaiserliche Vorgehen freilich als eine kränkende Zurücksetzung empfinden.[90] Nur noch zweimal, in dichter Folge im März und Mai 1123, scheint er danach den Hof Heinrichs besucht zu haben. Doch auch früher schon verkehrte er dort kaum. Lediglich in drei Urkunden Heinrichs überhaupt erscheint er als Zeuge. So kennzeichnet ihn als den jüngeren Bruder Friedrichs vielleicht ganz generell eine gewisse Distanz zu seinem kaiserlichen Oheim.[91]

2.7 Neue Auseinandersetzungen, scheiternde Friedensbemühungen

Indessen schien im Ringen um den Frieden im Reich endlich ein entscheidender Durchbruch gelungen, als Anfang November 1120 eine große Zusammenkunft des Kaisers und der Fürsten angeblich völliges Einvernehmen erzielte. Wir erfahren freilich nichts Näheres darüber, ausgenommen dies, dass Adalbert von Mainz und einige andere Bischöfe die Vereinbarung ablehnten.[92] Herzog Friedrichs Zureden war also, wenn es überhaupt dazu kam, vergeblich gewesen.

Als wirkungslos erwiesen sich allerdings schnell auch die Abmachungen vom November selbst. Schon im Februar des nächsten Jahres führten Herzog Lothar und andere Große Sachsens nämlich Dietrich, den aus ihrem Kreis stammenden, doch mit des Kaisers Billigung vertriebenen Bischof von Münster, gewaltsam zurück in seine Stadt. Adalbert von Mainz, inzwischen päpstlicher Legat, doch nach Sachsen geflohen, nutzte die neue Situation. Er verstand es, die sächsischen Adligen zum Kampf für die Wiedereinsetzung der vom Kaiser anderswo vertriebenen Bischöfe und zum Einsatz für seine eigene Metropole zu gewinnen. Denn Mainz während des Erzbischofs Abwesenheit einzunehmen, dazu hatte sich inzwischen Heinrich V. entschlossen. So standen sich Ende Juni 1121 vor Mainz zwei Heere gegenüber, das aus dem Elsass stammende des Kaisers – Herzog Friedrich spielte damals also eine bedeutsame Rolle an seiner Seite – und das sächsische seiner Gegner.[93]

Im letzten Augenblick aber siegte in beiden Lagern doch noch der Friedenswille und der zur weiteren Präzisierung vereinbarte Hoftag fand dann in der Tat Ende September 1221 zu Würzburg statt. Die Fürsten formulierten dort, als *consilium*, also Ratschlag bezeichnet, die Forderungen an den Kaiser, und wie versprochen, sagte Heinrich zu, sich an ihre Beschlüsse zu halten.[94] Diese sahen insbesondere vor, dass er sich dem Papst füge, dass der erstrebte dauerhafte Friede indessen dem Kaiser das sichern solle, was ihm und dem Reich gehörte.

Nach Überzeugung der Fürsten war das Wohl des Reiches demnach durch Heinrichs Willkürakte schwer gefährdet. Im Bewusstsein ihrer inzwischen gewonnenen herausragenden Stellung hielten sie sich angesichts des kaiserlichen Versagens für verpflichtet zur entschlossenen Wahrnehmung ihrer Verantwortung für das Reich. Hinter diesem situationsbedingten Zusammenwirken stand indes wohl kein Anspruch auf die Führung des Reiches als einer selbständigen, vom Kaiser unabhängigen Institution. Nach dem ausdrücklichen Willen der Fürsten sollte alles dem Reich Zugehörige ja eben in des Kaisers Hand bleiben. Mit ihrem *consilium* boten die Fürsten Rat und Hilfe, sie beanspruchten dafür allerdings in ebenso traditioneller Weise, doch mit unmissverständlicher Dringlichkeit das gebührende Gehör.[95] Man darf annehmen, dass des Kaisers Neffe Friedrich diese Sicht der Dinge teilte.

Bald gab Heinrich ihm und seinem Bruder zudem neuen Grund zu Unmut und Distanzierung. Während nämlich drei Kardinäle, mit weitreichender päpstlicher Vollmacht versehen zu Friedensverhandlungen nach Deutschland aufbrachen, kam es eben in Würzburg zu einem schweren Streit um die Nachfolge des Ende Dezember 1121 verstorbenen Bischofs Erlung. Dabei unterstützte und investierte Heinrich den von einer Minderheit des Domkapitels favorisierten Gebhard, einen noch keine geistlichen Weihen besitzenden jungen Mann, der dem Grafenhaus der Henneberger angehörte und dessen Vater das Burggrafenamt in Würzburg innehatte. Die Mehrheit der Würzburger Domherren jedoch wählte, offenbar kirchenrechtlich korrekt, Rugger, einen der Ihren, und wie der Mainzer Erzbischof Adalbert anerkannten diesen die beiden Staufer Friedrich und Konrad. Heinrich jedoch hielt an seinem Kandidaten Gebhard fest, und sein Ärger über die staufischen Neffen war angeblich so groß, dass diese es fürs Erste vorzogen, seine Gegenwart zu meiden. Stattdessen trafen sie sich mit Adalbert, den inzwischen in Deutschland eingetroffenen päpstlichen Legaten sowie sächsischen Fürsten, um Ruggers Wahl und Investitur zu bekräftigen.[96]

2.8 Das sogenannte Wormser Konkordat

Heinrich ging es wohl darum, gerade jetzt, da die Verhandlungen mit der Kurie in ihre entscheidende Phase traten, noch einmal klar und kraftvoll seine Vorstellung vom herrscherlichen Investiturrecht zu

2.8 Das sogenannte Wormser Konkordat

praktizieren. Freilich erschwerte, ja gefährdete er mit seinem Tun die aktuellen Friedensgespräche und handelte damit im Widerspruch zu Sinn und Ziel der eben mit den Fürsten getroffenen Vereinbarung. Die Sorge um eine einvernehmliche Lösung der zwischen Papst und Kaiser strittigen Probleme und dazu der Ärger über die kaiserliche Unzuverlässigkeit veranlassten Adalbert von Mainz, die aus Rom gekommenen Legaten wie auch die Mehrheit der übrigen Fürsten zur einmütigen Zurückweisung der Würzburger Aktion Heinrichs. Dass die staufischen Brüder, die diesen Standpunkt uneingeschränkt teilten, in dem kaiserlichen Vorgehen zudem eine neuerliche Brüskierung sahen, daran wird man kaum zweifeln dürfen.[97]

Bemühungen der päpstlichen Legaten gelang es offenbar, die Fürsten auf den Weg des Friedens zurückzuführen. Möglicherweise wuchs zugleich unter dem Eindruck der Haltung seiner staufischen Verwandten, seiner bisher zuverlässigsten Stützen, auch Heinrichs Bereitschaft zum Einlenken, zumal nach den Gesprächen mit Herzog Friedrich, der sich im Sommer wieder an seinem Hof aufhielt.[98]

An der großen Synode, zu der die päpstlichen Legaten zum 8. September nach Mainz einluden, nahm er freilich nicht persönlich teil, er verhandelte vielmehr durch Boten von Worms aus. Vor den Mauern dieser Stadt fand dann nach dem Abschluss der schwierigen Beratungen am 23. September 1122 zunächst die Wiederaufnahme des nun anwesenden Kaisers und seiner Gefolgsleute in die Gemeinschaft der Kirche statt und darauf folgte die feierliche Verkündung der endlich zustande gekommenen, seit Leibniz »Wormser Konkordat« genannten Abmachungen.

In der kaiserlichen Urkunde verzichtete Heinrich auf jede Investitur mit den geistlichen Symbolen Ring und Stab, gestand den Kirchen seines Herrschaftsgebietes kanonische Wahlen und freie Weihen zu und gelobte, für die Rückgabe der Regalien, die der römischen Kirche weggenommen worden waren, zu sorgen; dass dies alles mit ihrem Einverständnis geschehe, bestätigten am Schluss achtzehn namentlich genannte Fürsten, je neun geistliche und weltliche. In der päpstlichen Urkunde verlieh Papst Calixt Heinrich das Recht, bei allen Bischofs- und Abtswahlen im deutschen Königreich anwesend zu sein und bei Streit unter den Wählern nach bischöflichem Rat und Urteil die vernünftigere Seite (*sanior pars*) zu unterstützen. Der Gewählte sollte von ihm durch das Zepter die Regalien erhalten und ihm danach das leisten, was er ihm nach Recht dafür schulde. Dies sollte in Deutschland vor der Weihe, in Italien und Burgund hingegen innerhalb von sechs Monaten nach der Weihe geschehen.[99]

Die Texte enthalten eine Reihe vager, unklarer Formulierungen oder schweigen zu manchen wichtigen Fragen ganz – wohl auch Zeichen des Friedenswillens der verhandelnden Parteien sowie ihrer Uneinigkeit in wichtigen Details. So fehlt etwa eine Definition des Begriffs der Regalien oder eine präzise Aussage darüber, was deren Empfänger dem Kaiser dafür zu leisten habe. Lange blieb in der Forschung sogar umstritten, ob die Vereinbarungen überhaupt rechtliche Geltung erlangten.[100]

Dennoch bildete die Wormser Übereinkunft, wo nötig ergänzt, durch die gewohnte Praxis künftig und damit während der Herrschaft der Staufer den rechtlichen Rahmen für die Bischofs- und Abtserhebungen im Imperium. Sie gewährte dem Herrscher weiterhin Möglichkeiten zur Beeinflussung der Wahlen, bestätigte die Herkunft der Regalien vom Reich und die Verpflichtung der damit ausgestatteten Geistlichen zu den üblichen Leistungen. Zu ihnen gehörte damals in Deutschland der Akt der Huldigung mit dem zentralen Treueid sowie zuvor dem Handgang oder Hominium, dem Legen der gefalteten Hände in die sie umschließenden Hände des Herrschers als Zeichen der Unterordnung und Dienstbereitschaft. Als lehnsrechtliche Bindung fasste man die so begründete Beziehung in den 1120er Jahren offenbar noch nicht auf. Die mit dem Wormser Konkordat schließlich doch zustande gekommene relativ praktikable Regelung ermöglichte diese Deutung freilich. Barbarossa und seine Berater gingen jedenfalls von Anfang an von ihr aus und sahen in den Bischöfen wie bald auch in den Laienfürsten Vasallen des Herrschers mit lehnsrechtlich bestimmten Pflichten.[101]

Die Fürsten, unter ihnen Herzog Friedrich II., spielten bei Verhandlungen zu Mainz eine gewichtige Rolle und billigten deren Ergebnis. Eindrucksvoll wird so sichtbar, welche Bedeutung ihnen inzwischen zufiel. Wie ein Jahr zuvor handelten sie auch jetzt nicht gegen den Herrscher, sondern neben ihm zum Wohl des Reiches und damit vielfach zu seinen Gunsten, so etwa als ihr zähes Beharren die päpstliche Seite dazu bewog, seine Anwesenheit bei den Bischofswahlen hinzunehmen.[102]

2.9 Herzog Friedrichs Distanz zum Kaiser, die Geburt Friedrichs, des späteren Kaisers, und die letzten Jahre Heinrichs V.

Nach 1122 wahrte Friedrich offenbar eine gewisse Distanz zum kaiserlichen Hof und konzentrierte sich auf seine regionalen Aufgaben. Wie bisher herrschte zwischen ihm und den Repräsentanten der beiden anderen in Schwaben tonangebenden Adelshäuser der Welfen und der Zähringer grundsätzliches Einvernehmen. In dieser friedlichen Eintracht präsentierten sich die drei Herzöge Friedrich, Heinrich und Konrad, seit kurzem Herzog von Zähringen, mit ihrem großen Gefolge der gewiss beeindruckten Öffentlichkeit im November 1123 zu Konstanz. Die Teilnehmer des dort anberaumten schwäbischen Fürstentages beschäftigten sich nämlich nicht nur mit aktuellen Tagesfragen, sie feierten vor allem die kurz zuvor vom Papst vollzogene erste Heiligsprechung eines Angehörigen des Welfenhauses, des Bischofs Konrad von Konstanz (934–975). Natürlich besaß das Ereignis vor allem für Heinrich den Schwarzen, den bayerischen Herzog, herausragende Bedeutung; umso wirkungsvoller demonstrierten Friedrich und Konrad durch ihre Anwesenheit die unter den Großen Schwabens herrschende Harmonie.[103]

Wohl schon etwas früher, im Dezember 1122, war Herzog Friedrichs erstes Kind aus seiner Ehe mit Judith geboren worden, jener Friedrich, der einst als erster Staufer die Kaiserwürde erlangen sollte. Wie in seiner Familie schon seit ihren uns fassbaren Anfängen üblich, gab der Vater also den zu deren Merkmal gewordenen Namen Friedrich an seinen erstgeborenen Sohn weiter. Mochte der Stolz auf die salische, die kaiserliche Herkunft bei ihm auch dominieren, geringgeachtet hat er seine Ahnen der männlichen, also »staufischen« Linien nicht, ebenso wenig wie einst sein Vater.

Vermutlich im Verlauf des Jahres 1123 wurde Friedrich getauft, ein denkwürdiges Fest nicht zuletzt des Taufpaten wegen, des Grafen Otto von Cappenberg (nördlich von Dortmund), eines Verwandten der Staufer. Kurz zuvor hatten sein Bruder Gottfried und er die Güter ihrer Familie dem neuen Prämonstratenserorden vermacht und ihre Burg Cappenberg in ein Stift umgewandelt, in das sie beide bald darauf selbst eintraten. Otto verband seinen Taufbesuch mit dem Verkauf zweier Burgen bei Böblingen und Pforzheim an Herzog Friedrich. Im Kloster Cappenberg wusste man um 1158 zu berichten, dieser habe Otto als Gegenleistung neben einer Geldsumme auch noch ein Kreuz mit wertvollen Johannesreliquien übergeben, die Otto dann in einem besonderen, vergoldeten Kopfreliquiar verwahrte – es handelt sich dabei wohl um den berühmten, doch wahrscheinlich zu Unrecht bis heute so bezeichneten »Cappenberger Barbarossakopf« (siehe hierzu S. 179, Abb. 10). Allerdings führte Otto, seit 1156/58 Propst in Cappenberg, in seinem Testament neben Herzog Friedrichs goldenem Kreuz tatsächlich eine als Abbild Barbarossas geschaffene Büste auf. Sie war nach seinen Worten jedoch aus Silber gefertigt und ging offenbar verloren. Erhalten blieb indes die von Otto gleich anschließend genannte silberne Taufschale, die Barbarossa seinem Taufpaten geschenkt hatte. Otto ließ in sie nach Barbarossas Kaiserkrönung eine Darstellung des Taufaktes eingravieren sowie eine Umschrift, die den Kaiser als den Schenkenden und ihn selbst als den beschenkten Paten vorstellt. Gewiss nicht ohne Stolz gedachte er also noch immer des so bedeutsamen Ereignisses, zumal der Kaiser nicht nur ihm persönlich verbunden blieb, sondern mehrfach auch dessen klösterliche Stiftung unter seinen besonderen Schutz nahm.[104]

Heinrich V. hielt sich in den Jahren nach 1122 vorwiegend am Rhein zwischen Straßburg und Worms auf. Obwohl dies seinem herzoglichen Neffen den persönlichen Kontakt eigentlich erleichtert hätte, besuchte Friedrich den Kaiser zwar regelmäßig, doch in relativ großen Abständen.[105] Er beteiligte sich demnach auch nicht an dem im Sommer 1123 ausbrechenden Konflikt Heinrichs mit Bischof Godebald von Utrecht und der Gräfin Gertrud von Holland. Herzog Lothar von

2.9 Herzog Friedrichs Distanz zum Kaiser

Sachsen, ihr Halbbruder, verletzte den Kaiser damals zusätzlich schwer, indem er gegen dessen Willen die Mark Meißen an Konrad von Wettin und die Mark Lausitz an den Askanier Albrecht den Bären ausgab. Trotz der tiefen kaiserlichen Empörung blieb es jedoch bei der herzoglichen Entscheidung.[106]

Statt gegen Sachsen zog Heinrich nämlich im August 1124 mit einem freilich recht kleinen Heer gegen König Ludwig VI. von Frankreich. Vermutlich wollte er seinen Schwiegervater Heinrich I. von England im Kampf gegen Ludwig unterstützen, zumal seine Gattin Mathilde des Königs allein noch lebendes Kind und damit dessen Erbin war. Doch es blieb bei der bloßen Absicht. Angesichts der Bedrohung durch den Kaiser gelang es König Ludwig im Zusammenwirken mit seinem vertrauten Ratgeber Abt Suger von St. Denis, den Patriotismus der Großen vor allem im Norden des Landes zu wecken. Er erbat für sich und sein Reich den Schutz des hl. Dionysius, nahm dessen bald darauf Oriflamme genanntes Banner vom Altar und begab sich nach Reims, wo sich um ihn ein mächtiges Heer versammelte – ein erstes Zeichen des Bewusstseins nationaler Zusammengehörigkeit zumindest bei der adligen Oberschicht Frankreichs. Heinrich jedenfalls wich der Übermacht und kehrte schon bei Metz wieder um.[107]

Doch nicht nur seine militärische Schwäche bewog ihn wohl zum Rückzug, sondern auch die Nachricht aus Worms, wonach die dortigen Bürger gegen seinen Willen ihren Bischof Burchard in die Stadt geholt hatten – Ekkehard von Aura berichtet sogar, Herzog Friedrich sei ihnen dabei behilflich gewesen. Der Kaiser drohte so erneut in einen Konflikt mit seinem herzoglichen Neffen zu geraten und zugleich seinen Einfluss in Worms zu verlieren. Lange hatte er die Wiederbesetzung des dortigen Bischofsstuhles verhindert, um die Stadtherrschaft ausüben und an den bischöflichen Einnahmen partizipieren zu können. Nun schritt er eilends zur Belagerung von Worms, zwang die Bürger zur Unterwerfung und den Bischof zum neuerlichen Exil.[108]

Wir wissen weder, wie stark sich Friedrich in Worms engagierte, noch welche Motive ihn dabei bestimmten. Angesichts seiner merklich gewachsenen Aufgeschlossenheit für die Anliegen der kirchlichen Reformbewegung kann man immerhin vermuten, dass ihm ganz ähnlich wie im Falle Würzburgs Heinrichs Umgang mit dem Wormser Bischofsamt als ein Missbrauch seiner herrscherlichen Befugnisse erschien, der sein kaiserliches Ansehen schädigte. Natürlich mag der Herzog überdies konkrete Vorteile für sich erhofft haben.[109] Eher noch schwerer lässt sich die Frage beantworten, ob Friedrich die Konsequenzen bedachte, die sein Vorgehen für sein künftiges Verhältnis zu Heinrich haben würde. Irgendwelche kaiserlichen Reaktionen auf seinen Wormser Auftritt sind, wenn es sie gab, heute nicht mehr erkennbar. Friedrich besuchte den kaiserlichen Hof im Januar 1125 in Straßburg, und er war wieder zur Stelle, als sein kaiserlicher Onkel am 23. Mai in Utrecht starb.[110]

Sein Bruder Konrad fehlte dort.[111] Im Mai 1123 hatte er Heinrichs Hof wohl zum letzten Mal aufgesucht. Im Februar darauf versetzte ihn, wenn wir Ekkehard von Aura glauben dürfen, das Erlebnis einer Mondfinsternis in solchen Schrecken, dass er, deswegen von vielen hoch geachtet, reumütig gelobte, er werde seinen Lebensstil grundsätzlich ändern und zudem für die Sache Christi kämpfen. Wohl noch 1124 reiste er nach Palästina und beteiligte sich vermutlich an den Kämpfen zur Verteidigung und Erweiterung des Königreichs Jerusalem. Spätestens im Frühjahr 1127 kehrte er nach Deutschland zurück.[112] Ekkehards Bericht zeigt, so knapp er ausfiel, Konrad doch von einer bislang unbekannten Seite, als einen Mann, der ähnlich wie sein Bruder religiösen Fragen keineswegs fernstand und sich um sein Seelenheil sorgte. Indes zog ihn offenbar gerade das Ideal des ritterlich dem Ruhm Christi dienenden Kreuzfahrers besonders an, ein Ideal, dem er als König verbunden bleiben sollte.

Die Chronisten notieren meist knapp lediglich den Tod Heinrichs V. und seine Beisetzung zu Speyer. Nur Ekkehard von Aura erzählt etwas ausführlicher, dass der Kaiser seine Gemahlin Mathilde und seinen Neffen Friedrich von Schwaben an sein Sterbebett rief, dazu andere wohl gerade am Hofe anwesende Große, dass er ihnen Ratschläge zur Lage des Reiches gab und der Fürsorge Friedrichs, seines Erben, seine Besitztümer und die Königin anvertraute, die Krone und die übrigen Herrschaftszeichen jedoch bis zur Zusammenkunft der Fürsten auf den Trifels bringen ließ.[113]

Ganz wie dies Ekkehards Schilderung nahelegt, äußerte sich der Kaiser wohl nicht zu seiner Nachfolge. Etwas vage klingt seine Verfügung über sein Erbe – vielleicht weil er diesen Punkt nicht mehr eindeutig geklärt hatte. Jedenfalls erscheint Friedrich einerseits uneingeschränkt als Heinrichs Erbe, andererseits wird ihm das Erbgut gewissermaßen treuhänderisch übertragen, ohne dass freilich andere Erben genannt würden. Tatsächlich aber fielen die salischen Güter wohl zum größten Teil an die staufischen Brüder und ergänzten ihren Besitz aufs Beste. Möglicherweise hatte sich Agnes schon früher, etwa anlässlich ihrer zweiten Heirat, mit jenen salischen Erbgütern am Rhein zufriedengegeben, die nach 1130 offenbar Heinrich Jasomirgott, ihr ältester Sohn aus ihrer Ehe mit Leopold III., verwaltete. Nicht zuletzt deshalb hätte dann Konrad III. Heinrich 1140 zum rheinischen Pfalzgrafen erhoben, ehe er ihm Ende 1141 die Markgrafschaft Österreich verlieh.[114] Jedenfalls scheint es immerhin zwischen den nahen Verwandten zu keinem Streit um das Saliererbe gekommen zu sein.

Ekkehard von Aura beschloss sein Werk mit einem negativen Urteil über den letzten Salier, der zwar klug und tapfer, vordem aber auf Geld versessen und habgierig gewesen sei, das Reich nachlässig verwaltet und, Grund seines Scheiterns, die Päpste äußerst ungerecht behandelt habe. Das Versagen des Herrschers schien im Zustand seiner Lande widergespiegelt, in Pest, Unwetter, Überschwemmungen oder Missernten.

Ganz anders sah damals wohl Schwabens Herzog Friedrich seine Gegenwart und nahe Zukunft. Im Kreis der Fürsten wegen seiner Bemühungen um Frieden und Ausgleich geschätzt, dazu gestärkt durch den neuerlichen bedeutsamen Zuwachs an Land und Ressourcen blickte er der bevorstehenden Nachfolgeregelung gewiss mit hohen Erwartungen entgegen.

3 Der Kampf um die Königswürde. Friedrichs Scheitern und Lothars Wirken als Herrscher

3.1 Dauer und Wandel: Gesellschaft und Herrschaft in der nachsalisch-staufischen Epoche

Die gesellschaftlichen Entwicklungen, die im letzten Abschnitt der Salierzeit als neu und bemerkenswert auffielen, behielten meist auch in den Jahrzehnten nach 1125 Gewicht und Bedeutung, ja sie entfalteten vielfach erst jetzt ihre prägende Wirkung.[1] Das gilt zunächst für das gewachsene Selbstbewusstsein der Fürsten und ihren Anspruch auf Mitverantwortung für das Reich an der Seite des Herrschers. Stolz auf ihre hohe adlige Herkunft achteten die Herzöge, Mark- und Pfalzgrafen oder sonst herausragenden weltlichen Großen streng auf die Anerkennung ihres Ranges und ihrer Vorrechte, und die Erzbischöfe, Bischöfe und Äbte der großen Klöster sahen es überdies als ihre besondere Pflicht an, ihre im Zuge der Kirchenreform gewonnene Unabhängigkeit zu verteidigen, um frei ihre geistlichen und seelsorgerlichen Pflichten erfüllen zu können.

Alle diese fürstlichen Aktivitäten und Anstrengungen intensivierten sich indes im 12. und 13. Jahrhundert noch erheblich, was zu einem guten Teil daran lag, dass sich die Bevölkerung wie überall in Europa nun auch in Deutschland stark vermehrte. Zwar beruhen präzise Angaben, nach denen sich die Einwohnerzahl hier zwischen 1100 und 1300 von vier auf zwölf Millionen erhöhte, auf höchst unzuverlässigen Grundlagen. Dennoch können wir mit aller Vorsicht von einer Zunahme der Bevölkerung während der genannten Zeitspanne um ungefähr das Drei- bis Dreieinhalbfache ausgehen. Einigermaßen ausreichend ließ sie sich nur dann ernähren, wenn man die landwirtschaftlich genutzte Fläche deutlich erweiterte, und dies geschah mit anhaltender Intensität. In großem Umfang kam es zur Rodung von Wäldern und zur Gründung neuer Siedlungen auf dem so gewonnenen Land. Diese Erschließungsmaßnahmen erforderten zunächst beachtliche Vorleistungen. Vorwiegend die Angehörigen der Führungsschicht, also eben der hohe Adel, Bischöfe oder Äbte, setzten denn auch derartige Unternehmungen in Gang. Sie besaßen das nötige Land und Geld und sie verfügten in Deutschland insbesondere im Kreis ihrer Dienstleute, der Ministerialen, über das unentbehrliche sachkundige Personal. Zweifellos verbesserten sich die Lebensbedingungen der Bauern, die einen derartigen Neubeginn wagten. Sie genossen eine gewisse existentielle Sicherheit und konnten auf ihrem Land selbständig wirtschaften. Freilich hatten sie einen Pachtzins an den Grundherrn zu zahlen, dieser beanspruchte mancherlei sonstige Abgaben, und seine Dienstleute kontrollierten die dörfliche Verwaltung und Gerichtsbarkeit.

So zogen die Initiatoren auf Dauer erheblichen Nutzen aus ihren Bemühungen um den zeitgemäßen Ausbau ihrer Lande. Sie erhöhten auf diese Weise nicht nur ihre Einnahmen ganz beträchtlich, die Herrschaft über eine große Zahl von Untertanen erweiterte zudem ihre Handlungsmöglichkeiten, vergrößerte ihren Einfluß und mehrte ihr herrscherliches Ansehen.

Manche Fürsten wie Sachsens Herzog Heinrich der Löwe oder Albrecht der Bär, der künftige Markgraf von Brandenburg, richteten ihren Blick deshalb bald auch auf die von Slawen bewohnten, doch nur äußerst dünn besiedelten Territorien östlich von Elbe und Saale und suchten ihre Siedlungspläne dort nicht selten mit militärischer Gewalt durchzusetzen. Spätestens in den 1140er Jahren setzte die deutsche Ostsiedlung in nennenswertem Maße ein und sie ging im 13. Jahrhundert eher noch verstärkt weiter, jetzt in aller Regel ohne militärischen Druck, sondern getragen von den slawischen Fürsten Mecklenburgs, Pommerns oder Schlesiens, die sich, inzwischen durchweg christlichen Glaubens, von ihren Projekten gleichfalls – und meist mit Recht – die Erhöhung ihrer Einkünfte wie die Steigerung ihrer Macht und ihres Ansehens versprachen.

3 Der Kampf um die Königswürde

Nicht wenige Menschen erhofften sich jedoch eine echte Verbesserung ihrer Situation vom Neuanfang in einer Stadt, als Bauer, als Handwerker, als kleiner Händler oder gar als Kaufmann. In der Tat wuchsen die bestehenden Städte außerordentlich und überdies entstanden neue städtische Zentren in großer Zahl. Italien ging dabei voran. Bereits im 11. Jahrhundert setzte dort die Blüte der Städte ein, begünstigt durch den lebhaften Zuzug der Landbevölkerung und vor allem durch die engen Wirtschaftsbeziehungen zum westlichen wie noch vordem zum östlichen Mittelmeerraum. Fast überall in den großen Zentren nahmen statt der vom Kaiser belehnten bischöflichen Stadtherren die Vertreter der wohlhabenden Aufsteigerschicht der Kaufleute und Bankiers zusammen mit Angehörigen des grundbesitzenden Adels immer selbständiger das Stadtregiment in die Hand. Zu einem ähnlich bedeutsamen Aufschwung kam es in Frankreich, und in Flandern bildete sich, konzentriert um Gent und Brügge, geradezu ein Netz wirtschaftlich außerordentlich reger Städte.

Einzelne Städte Italiens und Frankreichs gewannen früh auch herausragende Bedeutung als Zentren des höheren Bildungswesens. Bald genoss Paris mit seiner Kathedralschule, den zahlreichen anderen Abtei-, Stifts- und Privatschulen und den dort wirkenden Gelehrten großes Ansehen, während gleichzeitig die auf das Studium des römischen Rechts und später zusätzlich des Kirchenrechts konzentrierten Rechtsschulen zu Bologna als führende Ausbildungsstätten für angehende Juristen galten.

In Deutschland entfaltete sich das Städtewesen mit einem gewissen Verzug im Laufe des 12. Jahrhunderts. Nun aber wuchsen auch hier die bestehenden Städte recht stürmisch; zugleich setzte eine wahre Neugründungswelle ein. Der Prozess erfasste zunächst den Westen, den Raum am Niederrhein mit dem Zentrum Köln, der für lange Zeit die wirtschaftlich führende Region Deutschlands bleiben sollte. Allerdings verhalf die staufische Territorialpolitik dem Reichslandgebiet gleichfalls zu einer großen Zahl neuer städtischer Zentren und zum Anschluss an das hohe niederrheinische Niveau.

Wie beim Landesausbau generell taten sich auch als Gründer und Förderer von Städten bis weit ins 13. Jahrhundert hinein vorwiegend die Könige und Kaiser sowie die geistlichen und weltlichen Fürsten hervor. Sie partizipierten als Stadtherren an den in ihren Städten erwirtschafteten Erträgen und sie nutzten die städtischen Zentren zugleich als wertvolle administrative und militärische Schwerpunkte. Eine kleine Elite vertrat ihnen gegenüber für gewöhnlich die Bürgerschaft. Der entscheidende Schritt zur Autonomie gelang indessen erst mit der Einführung der Ratsverfassung im Laufe des 13. Jahrhunderts. Den Herrschenden brachte der intensive Ausbau ihrer Lande neben unbestreitbaren Vorteilen auch manche Schwierigkeit. Sie standen in einem harten Konkurrenzkampf mit ihren fürstlichen Nachbarn, der oft genug zu schweren Zerwürfnissen und militärischen Auseinandersetzungen führte. Doch auch die komplizierter gewordenen Aufgaben der Territorialverwaltung erforderten in weit größerem Umfang als früher Engagement sowie immer wieder erhebliche Geldmittel, dazu ebenso sachkundige wie zuverlässige Spitzenkräfte, die in Deutschland überwiegend aus der Ministerialität stammten. Obwohl streng rechtlich als Unfreie an ihren Herrn gebunden, waren die Ministerialen ihrer fachlichen Qualitäten wegen unentbehrlich und sie wussten dies durchaus. Geschlossen und entschlossen traten sie ihren Herren entgegen, um ihre Forderungen durchzusetzen und ihre Privilegien zu sichern.

Gewiss gab es unter den Großen des Reichs eine im Laufe der Stauferzeit wachsende Neigung, ihr Engagement für das Reich zurückzustellen, um sich ganz der Entwicklung ihrer eigenen Lande widmen zu können. Gerade die führenden Repräsentanten des hohen Adels jedoch waren nach den Erfahrungen der letzten salischen Jahrzehnte nicht bereit, auf die aktive und durchaus dem allgemeinen Frieden dienende fürstliche Mitwirkung bei der Lösung der im Reich anstehenden zentralen Fragen zu verzichten, sie beanspruchten diese Partizipation am Reichsregiment neben dem König und im Einvernehmen mit ihm nun vielmehr geradezu als eine Selbstverständlichkeit.

Angesichts dieser Lage der Dinge stand jeder Herrscher künftig vor schwer lösbaren Aufgaben. Wollte er sich neben den effizient ihre Territorien ausbauenden Fürsten behaupten, musste er selbst gleichfalls die Möglichkeiten nützen, die sich auf diesem Feld boten. Auch er brauchte dafür finanzielle Mittel und eine kompetente Verwaltung, auch er drohte bei derartigen Projekten in Streitigkeiten mit fürstlichen

3 Der Kampf um die Königswürde

Nachbarn verwickelt zu werden. Alle Bemühungen des Königs aber, seine Autorität im ganzen Reich zur Geltung zu bringen und seine herrscherlichen Pflichten dort wahrzunehmen, hatten nur dann Aussicht auf Erfolg, wenn er dabei im Einvernehmen mit den in ihren Herrschaftsbereichen recht unabhängig schaltenden Fürsten handelte. Deren Unterstützung für sich und sein Königtum aber konnte er allein dadurch gewinnen, dass er ihre Vorstellungen von der fürstlichen Teilhabe am Reichsregiment akzeptierte, dass er sie also in seine Entscheidungen einbezog.

Neuartige Probleme galt es auch in Italien zu meistern. In den groß und mächtig gewordenen Städten Reichsitaliens fand sich die neue bürgerlich-adlige Oberschicht kaum bereit, ihre eben erst gewonnenen städtischen Führungspositionen ohne weiters ganz oder auch nur teilweise zugunsten der bischöflichen Stadtherren oder gar des Herrschers selbst wieder aufzugeben. Von ihrer Seite war allenfalls dann ein gewisses Entgegenkommen zu erwarten, wenn es die kaiserliche Unterstützung gegen die feindlichen Nachbarn einbrachte.

Als mindestens ebenso heikel erwies sich für die Nachfolger der Salier an der Spitze des Reiches das Verhältnis zum Papsttum. Dank des päpstlichen Einsatzes für die Kirchenreform war die Stellung des Papstes als geistliches Oberhaupt der Kirche in der lateinischen Christenheit unumstritten. Doch die zentrale Grundfrage nach dem rechten, gottgewollten Verhältnis von weltlicher und geistlicher Gewalt, Kaiser und Papst, blieb ungelöst. Die Nachfolger Gregors VII. vertraten wie er selbst die feste Überzeugung, aus ihrer von Petrus ererbten Binde- und Lösegewalt ergebe sich der menschlichen Sündhaftigkeit wegen ihr Recht, ja ihre Pflicht zur übergeordneten Kontrolle der Kaiser und Könige auch in weltlichen Dingen. Doch natürlich fehlte es nicht an Widerspruch von Seiten der Herrscher, welche die weltliche Gewalt als eine von Gott gesetzte, nur vor ihm zu verantwortende Institution zur Sicherung von Recht und Frieden betrachteten.

Nicht nur Schwierigkeiten für künftige Könige und Kaiser offenbart der Blick auf die ausgehende Salierzeit, er verrät wenigstens in Ansätzen auch einige neue Möglichkeiten herrscherlicher Aktivität. Dazu gehören der Ausbau des direkten territorialen Einflussbereiches, die Ausgestaltung und Fortentwicklung des Lehnsrechtes oder die aktive

Sorge für Frieden und Recht mit dem bisher kaum genützten Mittel der Gesetzgebung.

3.2 Die Königswahl von 1125. Lothars Sieg, Friedrichs und Konrads Beharren auf ihrem Machtanspruch und ihr vergeblicher Aufstand

Bei den ersten Königserhebungen der nachsalischen Zeit gab es anders als bis dahin keine etwa zu berücksichtigenden Söhne der verstorbenen Herrscher. Die fürstlichen Wähler entschieden sich freilich auch gegen deren nächste Verwandte und Erben und nach dem Tod Konrads III. dann sogar gegen dessen allerdings minderjährigen Sohn. Man darf in dieser Entwicklung gewiss eine eindrucksvolle Konsequenz des gewachsenen Selbstbewusstseins der Fürsten und ihres ausgeprägten Willens sehen, sich an der Gestaltung des Reiches mitverantwortlich zu beteiligen. Ganz folgerichtig kam dieser Wille gerade in Zeiten der Thronvakanz besonders klar zur Geltung, zumal wenn Zufälle wie der söhnelose Tod eines Herrschers begünstigend hinzutraten. Natürlich stärkte die sich so in Deutschland endgültig durchsetzende freie Wahl des Königs durch die Fürsten nicht gerade die Position des Königtums, während eben jetzt in den westeuropäischen Königreichen Frankreich und England, wie im Königreich Sizilien von Beginn an, das Erbrecht auf den Thron zur unbestrittenen Normalität wurde.

Die Fürsten, die wohl Anfang Juni 1125 an der Beisetzung Kaiser Heinrichs V. in Speyer teilgenommen hatten, luden anschließend ihre Standesgenossen zur Wahl eines neuen Königs ein.[2] Wie geplant, tagte die von zahlreichen Fürsten besuchte Wahlversammlung dann vom 24. August bis in die ersten Septembertage hinein in Mainz. Viele zeitgenössischen Geschichtsschreiber meldeten die einhellige Wahl Lothars von Sachsen.

3 Der Kampf um die Königswürde

Abb. 5: Siegel Kaiser Lothars III. auf einer Urkunde aus dem Jahr 1131.

Otto von Freising war in seiner Chronik kaum ausführlicher, charakterisierte Lothars Regiment allerdings als eine Zeit der Unterdrückung der staufischen Neffen Heinrichs V. Noch deutlicher aus staufischer Sicht bezeichnete er dann in seiner Friedrich-Biographie Barbarossas Vater als den Wunschkandidaten vieler Fürsten; dessen Erfolg habe freilich Adalbert von Mainz aus Hass auf seinen Widersacher verhindert. Die ihrer ungewöhnlichen Ausführlichkeit wegen von der Forschung stark beachtete »Narratio de electione Lotharii« hingegen schilderte den Wahlvorgang mit entschiedener Ablehnung des Staufers.[3]

3.2 Die Königswahl von 1125. Lothars Sieg

Wahrscheinlich stand der Verfasser des Berichts dem Kreis strenger Reformer um Erzbischof Konrad I. von Salzburg nahe; reformerische Ideale leiteten ihn jedenfalls bei seiner Darstellung und Beurteilung der Vorgänge in Mainz, die er offenbar selbst miterlebte. Möglicherweise enthält der uns heute vorliegende Text überdies Änderungen und Ergänzungen, die erst unter dem Eindruck von Barbarossas rigiden Kampfmaßnahmen gegen den Salzburger Erzbischof Konrad II. entstanden. Immerhin trifft wohl zu, dass die Fürsten einer Kommission die Aufgabe übertrugen, einen neuen König zu bestimmen, dass dieser Ausschuss der fürstlichen Versammlung dann aber drei herausragende Kandidaten als Basis für ihre Entscheidung nannte, nämlich die Herzöge Friedrich und Lothar sowie den Markgrafen Leopold von Österreich. Leopold und Lothar lehnten daraufhin eine eventuelle Wahl ab und bejahten ohne Umschweife die Frage, die der Wahlleiter Erzbischof Adalbert jedem stellte, ob er nämlich dem einhellig Gewählten vorbehaltlos zu gehorchen verspreche. Friedrich aber, dem Adalbert offenbar, weil er gewisse Erbansprüche auf die Krone geltend machen konnte, zusätzlich noch eigens das ausdrückliche Bekenntnis zur freien Königswahl abverlangte, zögerte mit der Antwort und wollte zuvor mit seinen Getreuen beraten. Anscheinend sahen viele, die dem Staufer bislang durchaus zuneigten, in dieser Reaktion ein Anzeichen dafür, dass er letztlich doch auf einem erbrechtlich begründeten Thronanspruch beharre, und sie wandten sich von ihm ab. Als einige Ungeduldige schließlich Lothar zum König ausriefen, führte dies zum Tumult unter den Anwesenden, und nur das beherzte Eingreifen einiger besonnener Geistlicher rettete den Fortgang des Unternehmens. Nach der Rückkehr Herzog Heinrichs von Bayern kam es zur einhelligen Wahl Lothars, dem nach den übrigen Fürsten am Ende doch noch auch Friedrich huldigte.

Die Narratio zeichnet gewiss voller Vorurteile den Gegensatz zwischen dem selbstverständlich mit seiner Wahl rechnenden, doch seines Hochmuts wegen scheiternden Staufer und seinen beiden Konkurrenten, deren Verhalten dem Reformideal der Demut perfekt entsprach. Indes zeigt Adalberts geradezu provozierende Frage an Friedrich wohl zutreffend, dass er des Staufers Wahl keinesfalls begünstigte. Andererseits spricht auch nichts dafür, dass er Lothar als seinen Wunschkandidaten gefördert hätte. Dessen Erhebung geschah vielmehr offenbar, als ihm die Leitung der Wahlversammlung bereits entglitten war. Begegnete er Friedrich schon ihrer territorialpolitischen Gegensätze wegen mit Vorbehalten, so belastete sein Verhältnis zu Lothar neben ähnlichen Schwierigkeiten auch dessen problematischer Umgang mit der Kirchenreform.[4]

Nichts Sicheres wissen wir darüber, was Heinrich den Schwarzen nach seinem anfänglichen Auftreten an der Seite seines Schwiegersohnes Friedrich bewog, sich für die Wahl Lothars einzusetzen. Er tat dies wohl erst, als die Aussichtslosigkeit von Friedrichs Kandidatur klar erkennbar wurde. Dass Lothar des Herzogs Entscheidung erleichterte, indem er eine Ehe seiner Tochter Gertrud, seines einzigen Kindes, mit dessen Sohn Heinrich dem Stolzen anregte, lässt sich nicht belegen. Dafür spricht indes, dass Heinrich offenbar bereits im Januar 1126, kurz bevor ihm die bayerische Herzogswürde zufiel, von Lothar mit dem Herzogtum Sachsen belehnt wurde und dass ihn eine Urkunde schon im Sommer 1126, fast ein Jahr vor dem Hochzeitsfest, als Schwiegersohn des Königs aufführte. Er blieb denn auch Lothars verlässlicher Helfer.[5]

Friedrich von Schwaben konnte sein Scheitern gewiss nur schwer hinnehmen. Seine offenbar tiefe Überzeugung, dass ihm die Königswürde gebühre, stützte sich nicht einfach auf einen erbrechtlichen Anspruch; sie gründete sich vielmehr wohl auf das feste Bewusstsein der ihn auszeichnenden überragenden Stellung und Leistung, des besonderen Ranges, der ihm nicht nur seiner Abkunft wegen zukam, sondern ebenso wegen seiner Dienste für das Reich, sei es im Auftrag und sogar in Vertretung des Kaisers oder im Kreis der Fürsten.

Trotzdem befremdet es gerade angesichts Friedrichs Kenntnis der Erwartungen seiner fürstlichen Standesgenossen, dass er, der zunächst ja durchaus Erfolgsaussichten besaß, mit seinem Verhalten diese Erwartungen der Versammelten offenbar vollkommen enttäuschte. Gewiss war die Sonderfrage, die Adalbert an ihn richtete, nicht ganz korrekt, und er empfand sie vermutlich sogar als ungerecht und demütigend. Doch die Mehrheit der Anwesenden sah dies allem Anschein nach nicht so, und eine etwas konziliantere, mit Friedrichs Selbstverständnis dennoch zu vereinbarende Reaktion lässt sich durchaus denken.[6]

3.2 Die Königswahl von 1125. Lothars Sieg

Mochte er sich dies im Rückblick vielleicht selbst eingestanden haben, so war er offensichtlich doch nicht bereit, nun eine Schmälerung seiner bisherigen territorialen Machtstellung hinzunehmen. Jedenfalls gewann König Lothar bald den Eindruck, der Staufer denke als Erbe Heinrichs V. nicht daran, auf das Reichsgut zu verzichten, ja er verweigere ihm die Anerkennung als König. Um eine sichere Rechtsbasis für sein weiteres Vorgehen zu schaffen, ließ er sich deshalb im November 1125 auf einem Hoftag zu Regensburg durch einen Fürstenspruch grundsätzlich bestätigen, nur das Hausgut eines Herrschers falle nach seinem Tod an seine Erben, das Reichsgut aber stehe seinem Nachfolger im Herrscheramt zu. Das Reichsgut trägt nach der hier durchscheinenden Grundvorstellung die den Herrscherwechsel überdauernde transpersonale Existenz des Regnum ganz wesentlich, diese Transpersonalität wird im Reichsgut geradezu sichtbar.[7]

Angesichts der engen Verflechtung von Haus- und Reichsgut und der vielfach, namentlich in Franken, kaum mehr zweifelsfrei möglichen Zuordnung der einzelnen Besitztümer und Rechte ließ sich ihre Trennung und Neuverteilung im Sinne des Fürstenurteils in der Praxis freilich allenfalls annäherungsweise auf dem Verhandlungsweg bewerkstelligen. Friedrich ging darauf jedoch nicht ein. Er besuchte auch nicht den für Ende Dezember 1125 in Straßburg anberaumten Hoftag und wurde dort geächtet. Im Januar darauf folgte in Goslar der fürstliche Beschluss zum militärischen Vorgehen gegen ihn.[8]

Erst im Herbst 1126 fand der König Gelegenheit, von Straßburg aus Friedrich im Elsass anzugreifen, kehrte jedoch ohne Erfolg um. Entschlossener belagerte er im Sommer 1127 die zum Reichsgut gehörende, sich aber in staufischer Hand befindende Stadt Nürnberg. Doch als Friedrich und sein Bruder Konrad zum Entsatz herbeieilten, musste er das Unternehmen aufgeben. Nicht besser erging es im Herbst darauf seinem Schwiegersohn Heinrich, als er von Bayern aus nach Schwaben vorstieß.[9]

Möglicherweise veranlassten diese Erfolge die staufischen Brüder, sich zu ihren Ansprüchen nun in aller Offenheit zu bekennen. Jedenfalls wählten vorwiegend schwäbische und fränkische Stauferanhänger am 18. Dezember 1127 Konrad bei Rothenburg zum König. Unklar bleibt, warum sich die Akteure nicht für Friedrich entschieden, ob dieser etwa selbst die Initiative zur Erhebung seines Bruders ergriff.[10] Vielleicht verzichtete er auf eine neuerliche Kandidatur wegen des freilich kaum glaubwürdigen Verlustes eines Auges,[11] vielleicht wollte er sich nach der Enttäuschung von 1125 auch einfach nicht noch einmal einer vergleichbaren Situation aussetzen.

Ziemlich fest steht, dass sich die Brüder bei ihrem Vorgehen einig waren. Nicht so leicht lässt sich dagegen sagen, welche Absichten sie damit verfolgten, zumal sich die Rechtmäßigkeit der am Ende einstimmigen Wahl Lothars ja nur schwer anfechten ließ. Dessen ungeachtet bestimmte sie zu ihrem Tun wohl die Überzeugung, sie seien ihrer Herkunft und ihrem Rang diesen Akt des Widerstandes schuldig. Wenigstens ebenso stark drängte sie dazu gewiss die Einsicht, dass sich die von Lothar drohende Zerschlagung ihres Herrschaftsbereiches nur verhindern ließ, wenn sie neben ihrem erblichen Recht auf das salische Hausgut ganz so wie er ihr königliches Recht auf das Reichsgut geltend machen konnten. Aus dem Kampf um die salische Gütermasse war somit ein Kampf um die Krone geworden.[12]

Zunächst schien sich dieser Konflikt weiter zugunsten der Staufer zu entwickeln. Im April 1128 eroberten die Brüder Speyer und die Einwohner empfingen sie offenbar mit spürbarem Wohlwollen als die staufischen Nachfahren und Erben des salischen Kaiserhauses.[13] Zwei Monate später brach Konrad nach Italien auf, am 29. Juni krönte ihn der Erzbischof von Mailand in Monza in einer glanzvollen Feier zum König Italiens, und kurz darauf schloss sich in Mailand zur Freude der Bewohner eine Festkrönung an. Man kann nur vermuten, dass Konrad sich, etwa durch den Zugriff auf die Mathildischen Güter, eine Erweiterung seiner territorialen und finanziellen Machtbasis versprach und damit zugleich die Festigung seiner Stellung und seines Ansehens Lothar gegenüber, dem er die italienische Königswürde nun sozusagen voraushatte. Immerhin boten ihm die Kommunen von Mailand, Verona oder Parma verlässlichen Rückhalt. Modena, Mantua und andere Städte der Lombardei und der Toskana waren ihm durchaus freundlich gesonnen, und möglicherweise kehrte er erst 1132, kurz bevor Lothar zum Romzug aufbrach, nach Deutschland zurück. Allerdings lässt sich ein greifbarer Nutzen seiner Italienjahre für die staufische Sache nicht erkennen.[14]

3.2 Die Königswahl von 1125. Lothars Sieg

Auch in Deutschland zeigten sich damals immer deutlicher die überlegenen Möglichkeiten König Lothars. Bereits im Herbst 1127 hatte er den Anspruch Konrads von Zähringen auf das wertvolle Erbe des Grafen Wilhelm von Burgund bestätigt und den Herzog zugleich zum Rektor von Burgund ernannt. Konrad baute insbesondere die zähringische Position in der heutigen Westschweiz weiter aus, und künftig hatten die Staufer in ihm neben Heinrich dem Stolzen im Osten auch im Südwesten einen mächtigen Gefolgsmann Lothars zum Nachbarn.[15]

Als der König am darauffolgenden Weihnachtsfest in Würzburg die Nachricht von der staufischen Königswahl erhielt, veranlasste er sofort, dass die anwesenden Erzbischöfe und Bischöfe Konrad wie vermutlich auch seinen Bruder exkommunizierten; Papst Honorius II. bekräftigte ihre Maßnahme im April 1128. Außerdem wurde während des Würzburger Hoftages Embricho zum Bischof von Würzburg erhoben. Der neue Bischof schuf sich, indem er die ihm zustehende uneingeschränkte Gerichtsbarkeit in seinen Territorien intensiv nutzte, dort eine durchaus herzogsgleiche Stellung.[16]

Bald stellten sich auch militärische Erfolge Lothars ein. Zwar fiel die von den Stauferbrüdern gewonnene Stadt Speyer, die er im November 1128 in seine Gewalt gebracht hatte, schnell wieder von ihm ab. Doch eine neuerliche Belagerung zwang ihre Bürger Ende 1129 zur endgültigen Aufgabe. Feierlich hielt der König Einzug in der Stadt, um dort das Erscheinungsfest zu begehen. Judith, der Gemahlin Herzog Friedrichs, die dieser in der belagerten Stadt zurückgelassen hatte, begegnete er mit königlicher Milde und sandte sie, die Schwester seines Schwiegersohnes, reich beschenkt zu ihrem Mann zurück.[17]

Bezeichnenderweise trat Friedrich dem König nicht entgegen, als dieser Mitte Juni 1131 von Straßburg aus in das Elsass einmarschierte und staufische Burgen zerstörte. Vielleicht erhob er bereits damals auch die Habsburger im oberen und die Hüneburger im unteren Elsass zu Landgrafen. Eine mit der ihres thüringischen Vorbildes vergleichbare Bedeutung erlangten die süddeutschen Landgrafschaften indes nie.[18]

Zu einer weiteren empfindlichen Schwächung der staufischen Position führte die Ehe Welfs VI. Dieser nämlich heiratete wohl im Jahr 1130 Uta, die reiche Erbtochter des kurz nach dieser Hochzeit verstorbenen Pfalzgrafen Gottfried von Calw. Zwar meldeten Utas Vetter Adalbert von Löwenstein wie auch Herzog Konrad von Zähringen gleichfalls Erbansprüche an und es kam zu Kämpfen, in die vermutlich im Herbst 1132 auf Adalberts Seite auch Friedrich und Konrad eingriffen. Doch Welf konnte sich den wertvollen Calwer Besitz im Wesentlichen sichern.[19] Als schweren Rückschlag musste man auf staufischer Seite überdies verbuchen, dass es den Truppen Lothars wohl im September oder Oktober 1130 gelang, die stauferfreundliche Stadt Nürnberg zur Kapitulation zu zwingen.[20]

War König Lothar zweifellos der entscheidende Gegner der Staufer und ihrer Aktionen, so blieb doch Heinrich, der Herzog von Bayern, als der führende Vertreter der königlichen Interessen im Süden ständig in die Auseinandersetzungen einbezogen. Natürlich führte dies auch zu direkter militärischer Konfrontation mit seinem staufischen Schwager.

So suchte sich Herzog Friedrich offenbar an Heinrich zu rächen, weil dieser ihn während des Kampfes um Speyer zur Flucht bis nach Schwaben gezwungen hatte. Er drang deshalb 1130 oder 1131 in dessen oberschwäbische Kernlande ein und brannte die Dörfer in deren Umgebung nieder. Heinrich revanchierte sich ein Jahr darauf mit einem Verwüstungszug, der ihn nun seinerseits in das staufische Machtzentrum um den Hohenstaufen führte.[21]

Zu einem weiteren Zusammentreffen kam es westlich von Ulm im Kloster Zwiefalten. Berthold, Mönch und von 1139 bis 1169 mit Unterbrechungen Abt des Klosters, berichtet, Friedrich von Staufen habe um 1130 einmal während der Fastenzeit mit wenigen Begleitern, demnach in friedlicher Absicht, im Kloster übernachtet. Heinrich sei ihm jedoch heimlich gefolgt, um ihn zu töten; er habe auf der Suche nach ihm in den Räumen des Klosters viele Zerstörungen angerichtet und sei erst abgezogen, als Friedrich sich, unerreichbar für ihn, auf den Turm der Klosterkirche gerettet hatte.

Unser Autor stand Friedrich eher distanziert gegenüber und äußerte sich etwa über dessen Reaktion auf die ihm entgangene Königswürde zurückhaltend. Enttäuscht notierte er indessen, dass der Herzog, undankbar für die Hilfe der Zwiefaltener Mönche, später ein Dorf des Klosters niederbrennen ließ, weil dessen Bauern ihn mit seinen Truppen nicht aufnehmen wollten. Herzog Heinrich hingegen war für Berthold als der vom Kloster gewählte Vogt ein Mann von zentraler Bedeutung; er kümmerte sich zu des künftigen Abtes tiefem Bedauern allerdings nicht um die ihm aus seinem Amt erwachsenden Pflichten. Aufgebläht vom Stolz auf seine Macht an der Seite des Königs beschäftigte er sich vielmehr, wie wir erfahren, fast ausschließlich mit seinen Aufgaben im Reich. So bildete sein Anschlag auf Friedrich nur den letzten Anlass, ihn zum Rücktritt als Vogt zu nötigen und Welf VI., seinen jüngeren Bruder, zum Nachfolger zu wählen. Berthold mag Einzelnes dramatisieren, doch es gibt eigentlich keinen Grund, die wesentlichen Aussagen seines Berichtes in Zweifel zu ziehen. Eindringlich führt er uns überdies vor Augen, welche Nöte die Ehrsucht und der Kampf der Großen den weniger Mächtigen brachten.[22]

Größeres Misstrauen scheint allerdings gegenüber der zwanzig Jahre später entstandenen Version Ottos von Freising angebracht, der, deutlich unter dem Eindruck der gewandelten Verhältnisse seiner Gegenwart, den Vorfall ganz zum Ruhme des Staufers umgestaltet: Friedrich, den Heinrich mit falschen Versprechungen nach Zwiefalten lockt, um ihn dort in seine Gewalt zu bekommen, entdeckt mit göttlicher Hilfe im letzten Moment den rettenden Aufstieg in den Klosterturm, von wo er seinen Gegner freundschaftlich und mit Erfolg zur Aufgabe seines unrechten und sinnlosen Unterfangens ermahnt.[23]

3.3 Lothars Romreise und Kaiserkrönung; der Stauferbrüder Wiedergewinnung der kaiserlichen Gunst und ihre Heiratspolitik; Lothars zweiter Italienzug und sein Tod

Ein Ereignis von Bedeutung für die ganze lateinische Christenheit zwang Lothar, seinen Kampf gegen die Staufer zu unterbrechen. In Rom war es im Februar 1130 zu einer Doppelwahl gekommen. Eine Minderheit erhob Gregor Papareschi, der sich fortan Innozenz II.

nannte, zum neuen Papst, die Mehrheit entschied sich für Petrus Pierleoni, den künftigen Anaklet II. Beide hatten sich als Kardinäle in wichtigen Missionen bewährt, doch viel stärker wogen bei der Wahl persönliche Bindungen und Beziehungen. Anaklet gewann bald Rom und Süditalien für sich. Noch 1130 verlieh er Roger II. die erbliche Königswürde in dessen zum Königreich erhobenen sizilischen Herrschaftsgebiet; Roger schwor ihm dafür einen Lehnseid und blieb sein verlässlichster Verbündeter. Innozenz dagegen musste Rom verlassen und begab sich nach Frankreich, wo er dank seiner regen Kontakte Anerkennung und Rückhalt fand.[24]

Sofort hatte er, ganz wie Anaklet, Lothar seine Wahl angezeigt und ihn zum Romzug und zur Kaiserkrönung aufgefordert. Doch der König blieb zunächst unschlüssig. Beraten vornehmlich wohl von Konrad von Salzburg und Norbert von Xanten, dem Gründer des Prämonstratenserordens und Erzbischof von Magdeburg, entschied er sich dann im Oktober 1130 für Innozenz,[25] den er im März darauf persönlich in Lüttich traf. Er leistete ihm dort den Strator- und vielleicht den Marschalldienst[26] und versprach, nach Rom zu ziehen, um Anaklet zu vertreiben und von Innozenz zum Kaiser gekrönt zu werden. Sein Wunsch, ihm wieder die Investitur der Bischöfe mit Ring und Stab zuzugestehen, stieß indes auf so heftigen Widerspruch, offenbar vor allem Bernhards von Clairvaux, dass er sein Anliegen zurückstellte.[27]

Zunächst stand Lothar vor deutschen Aufgaben, er führte unter anderem einen kurzen Feldzug gegen staufische Stellungen im Elsass. Mitte August 1132 brach er dann nach Süden auf, stieß in Oberitalien verschiedentlich auf zeitraubenden Widerstand und zog schließlich Ende April 1133 zusammen mit Innozenz II. in Rom ein. Am 4. Juni fand seine Krönung zum Kaiser statt, allerdings in der Lateranbasilika und nicht, wie üblich, in der Peterskirche, die fest in der Hand von Anaklets Anhängern blieb.[28]

Offenbar wiederholte Lothar seinen Wunsch nach der Bischofsinvestitur mit Ring und Stab damals vergeblich, doch er erreichte von Innozenz immerhin die Klarstellung, dass die Bischöfe des deutschen Königreiches die Regalien erst in Besitz nehmen durften, nachdem sie dem König erneut das ihm rechtmäßig Geschuldete geleistet hatten.

Offen blieb allerdings, ob darunter tatsächlich Treueid und Hominium zu verstehen waren.[29] Eine einvernehmliche Lösung fand auch die Frage nach der Zukunft der Mathildischen Güter. Vermutlich um etwaigen Ansprüchen der Staufer als Saliererben die Basis zu entziehen, anerkannte Lothar, dass die Markgräfin ihr Allod der römischen Kirche vermacht habe; er ließ sich von Innozenz, symbolisch mit einem Ring, in diese Güter einweisen und gestand ihm dafür eine jährliche Zahlung und den Rückfall der Güter an die Kirche nach seinem Tod zu. In der Praxis sollten diese Güter allerdings an Heinrich den Stolzen und seine Frau Gertrud übergehen und bei ihrem Tod an die Kirche zurückfallen; vor allem jedoch hatte Heinrich dem Papst einen Treueid sowie das Hominium zu leisten. Die Rolle, die Lothar selbst dabei übernahm, konnte freilich leicht als Bestätigung jener Interpretation erscheinen, welche die nach der Kaiserkrönung im Lateranpalast geschaffenen Fresken durch eine erklärende Unterschrift erhielten. Ihr zufolge nämlich zeigten die Bilder, Darstellungen von Lothars Sicherheitseid und der damit verbundenen, wohl einer Kommendation ähnlichen Geste sowie seiner Krönung, dass er Lehnsmann des Papstes geworden sei, ehe dieser ihn krönte.[30] Ganz der kaiserlichen Absicht entsprach indes Innozenz' damals getroffene Entscheidung, die Bistümer Skandinaviens dem Erzbischof von Hamburg-Bremen, jene Polens dem Erzbischof von Magdeburg zu unterstellen; allerdings erlangte die Regelung kaum praktische Bedeutung.[31]

Im August 1133 kehrte Lothar nach Deutschland zurück, mit deutlich gewachsener Autorität als gekrönter Kaiser. Die Staufer jedoch, Lothars Hauptgegner in Deutschland, waren ihrem erfolgreichen, vom Glanz der Kaiserwürde umstrahlten Widersacher gegenüber nun deutlich ins Hintertreffen geraten.

Wohl Anfang Juni 1134 traf Lothar Vorbereitungen für den Feldzug, der die staufischen Brüder endgültig besiegen sollte, und Mitte August brach er zum Kampf gegen sie auf. Diese hatten zwar versucht, sich auf das Kriegsgeschehen vorzubereiten. Doch dem Angriff, den der Kaiser und sein Schwiegersohn Heinrich der Stolze gegen Schwaben führten, waren sie nicht gewachsen.

Friedrich gestand sich offenbar als Erster die Aussichtslosigkeit der Lage ein und reiste im Oktober an den kaiserlichen Hof nach Fulda.

3 Der Kampf um die Königswürde

Dort weigerte sich der Herrscher zwar, ihn zu empfangen, doch die Kaiserin gewährte dem demütig und barfuß vor ihr Erscheinenden, wie gewiss vorher abgesprochen, die erbetene Huld und der am Hof weilende päpstliche Legat löste ihn vom Bann. Danach kam es am 18. März 1135 in Bamberg zu dem von Lothar anscheinend geforderten öffentlichen Bußgang. Friedrich warf sich dem Kaiser zu Füßen und bat demütig um dessen Gnade, die er, wie wohl gleichfalls zuvor ausgehandelt, erlangte.

Sein Bruder Konrad erschien erst ein halbes Jahr später, im September, am Kaiserhof, wo die Kaiserin anscheinend erneut eine Vermittlerrolle spielte. Auch Konrad trat demütig und natürlich ohne alle Zeichen königlicher Würde auf, er erhielt die Absolution vom Bann, und Lothar, zu dessen Füßen er sich niedergeworfen hatte, schenkte ihm wieder seine Gunst.[32]

Erstaunlicherweise berichten unsere Quellen nichts über territoriale Verzichtsleistungen, die der Kaiser den Staufern abverlangt hätte, obwohl der Streit zwischen ihnen doch eben um den staufischen Territorialbesitz ausgebrochen war. Die Chronik des Erfurter Petersklosters stellt sogar ausdrücklich fest, Lothar habe Konrad seinen früheren Besitz vollständig zurückgegeben, wobei die Formulierung – von der Glaubwürdigkeit der Aussage abgesehen – allerdings offen läßt, ob dem Staufer tatsächlich neben seinem Allod auch sein Reichsgut bleiben sollte.[33]

Vermutlich sah Lothar, der eben noch Schwaben verwüstet hatte, auch danach keinen Grund zu besonderer Milde gegenüber seinen staufischen Gegnern. Andererseits forderte ihn Innozenz II. dringend auf, diese nicht mit zu großer Härte zu behandeln, damit er mit der ganzen Kraft den Kampf gegen Anaklet führen könne. Im gleichen Sinn wirkten neben anderen etwa der Legat Dietwin oder Bernhard von Clairvaux,[34] und der Herrscher musste diese Wünsche wichtiger Verbündeter zweifellos berücksichtigen. Vereinzelt wandelte sich in der Chronistik dann seine Not zur Tugend, wurde seine vermutlich keineswegs ganz freiwillige Nachsicht zum Beispiel vollkommener herrscherlicher Milde.

Dennoch hatte die Auseinandersetzung der letzten Jahre die Stellung der Staufer wohl deutlich geschwächt. Zwar hielten sich die territorialen Einbußen im Westen offenbar in Grenzen, aber viele Landstriche waren verwüstet. Dazu mussten die Staufer zumindest in Ostfranken schmerzliche Gebietsverluste hinnehmen, so insbesondere den Nürnbergs und der Reichslande in seiner Umgebung. Indes führte ihr Frieden mit dem Kaiser, wie immer etwa damit zusammenhängende weitere Zugeständnisse aussahen, kaum zu dauerhaften Veränderungen. Die drei Jahre bis zur Königswahl Konrads waren dafür zu kurz und danach konnten die Dinge ohnehin wieder den staufischen Vorstellungen gemäß umgestaltet werden.[35]

Wohl im Februar 1130 oder 1131 war Judith, die Gemahlin Friedrichs II., gestorben, und vermutlich 1135 heiratete der Herzog in zweiter Ehe Agnes, die Tochter des Grafen Friedrich von Saarbrücken und Nichte des Erzbischofs Adalbert von Mainz. Zwei Kinder gingen aus dieser Verbindung hervor: Konrad, der einst rheinischer Pfalzgraf werden sollte, und Jutta, die künftige Gattin des Landgrafen Ludwigs II. von Thüringen. Man darf die nicht ganz standesgemäße Ehe wohl als Indiz dafür betrachten, dass sich der Staufer künftig vor allem auf seine Position im deutschen Südwesten zu konzentrieren gedachte und angesichts dieses Zieles die Kooperation mit seinen Nachbarn in Saarbrücken und Mainz für angezeigt hielt; gewisse Vorbehalte Adalberts dem Kaiser gegenüber mochten diese Neuorientierung erleichtern.[36]

Ganz ähnlich wie Friedrich reagierte damals sein Bruder Konrad auf die veränderte Lage. Er vermählte sich um 1135/36 (vielleicht sogar bereits 1132/1133) mit Gertrud von Sulzbach, der Schwester des im bayerischen Nordgau über beachtlichen Besitz verfügenden Grafen Gebhard von Sulzbach. Auch in diesem Fall galt die Sorge des staufischen Ehemanns wohl vornehmlich der Festigung seiner geschmälerten Stellung in Ostfranken. Konrads auffallend liebevollen Würdigungen seiner Gemahlin in seinen Königsurkunden lassen allerdings schließen, dass ihn und Gertrud durchaus herzliches Einvernehmen verband. 1137 wurde dem Paar der erste Sohn geboren, der 1147 zum König gewählte, doch schon 1150 verstorbene Heinrich; 1144 oder 1145 kam ihr zweites Kind zur Welt, Friedrich von Rothenburg.[37]

Die Neuausrichtung der staufischen Brüder spielte möglicherweise bereits bei der Planung der Ehe eine Rolle, die Gertrud, ihre allein sicher nachweisbare Schwester, wohl 1128/1129 mit Graf Hermann von Höchstadt-Stahleck schloss. Dessen Besitz lag in Mainfranken, dazu am Mittelrhein um die Burg Stahleck bei Bacharach, und die Staufer erhofften von ihm gewiss Unterstützung in diesen für sie so bedeutsamen Regionen. In der Tat erfüllte Hermann, den Konrad III. 1142/43 zum rheinischen Pfalzgrafen erhob, im Ganzen wohl die in ihn gesetzten Erwartungen.[38]

Im Frühjahr 1136 hielt der Kaiser die Lage in Deutschland offenbar für so gefestigt, dass er den von Innozenz dringend erwarteten Italienzug nun glaubte antreten zu können. Mitte August versammelte sich dann eine Streitmacht von beeindruckender Größe, die unter kaiserlicher Führung auszog, um im Reich südlich der Alpen für Recht und Ordnung zu sorgen, dazu den Usurpator Roger aus Apulien zu verjagen und so Innozenz' unangefochtene Stellung endgültig zu sichern.[39]

Zu den Großen, die sich an dem Unternehmen beteiligten, gehörte neben Heinrich dem Stolzen Konrad, der Bruder Herzog Friedrichs. Von Lothar zum kaiserlichen Bannerträger ernannt, zeichnete er sich wohl mehrfach, so vor Pavia oder am Gargano in Nordapulien, durch sein militärisches Engagement und Geschick aus. Wiederholt erscheint er, jeweils unmittelbar auf Heinrich von Bayern folgend, in den Zeugenlisten der Kaiserurkunden, in der Regel mit dem bloßen Herzogstitel versehen, einmal indes als Konrad von Schwaben bezeichnet. Dass sich damals offenbar dank seiner Kontaktfreudigkeit engere, zum Teil geradezu freundschaftliche Beziehungen zu einer Reihe seiner hochgestellten Kampfesgenossen entwickelten, sollte vor allem im Fall des Erzbischofs Albero von Trier bald unerwartete Bedeutung erhalten.[40]

Der Kaiser zog mit seinem Heer zunächst durch Oberitalien. Dem dauerhaften Frieden hoffte er mit der Vergabe von Privilegien ebenso zu dienen wie mit der Behandlung von Streitfällen, so etwa mit der Klärung des Konflikts zwischen Mailand und Cremona. Das Urteil erging in diesem Fall zugunsten Mailands, das Bernhard von Clairvaux mit Mühe zur Anerkennung von Innozenz und Lothar bewogen hatte; auf umso größere Empörung stieß die Entscheidung deshalb im bislang zu deren verlässlichen Anhängern zählenden Cremona – mit ähnlich schwierigen Konstellationen sollten auch des Kaisers Nachfolger konfrontiert werden. An Künftiges lässt auch denken, dass Lothar in Roncaglia durch ein Gesetz die Weitergabe oder gar Veräußerung von Lehen verbot.[41] Bei Imola trennte sich Heinrich der Stolze vom Hauptheer, zwang Lucca, Florenz und Grosseto zur Unterwerfung und geriet in Viterbo mit dem inzwischen zu ihm gestoßenen Papst Innozenz in einen heftigen Streit. Rom meidend, gelangte er dann Ende Mai 1137 nach Bari, wo eben jetzt auch Lothar eintraf.[42]

Roger II. war während des kaiserlichen Einmarsches in Sizilien geblieben. Nun übermittelte er Lothar ein Friedensgesuch, das dieser jedoch ablehnte. In seinem Heer wünschten freilich viele eine baldige Heimkehr und reagierten nun mit Bestürzung auf seine Absage.

Erhebliche Spannungen gab es überdies zwischen Kaiser und Papst des ehrwürdigen Klosters Montecassino wegen. Während Innozenz dort die gleichen päpstlichen Befugnisse wie bei allen anderen Klöstern beanspruchte, bestand Lothar auf den kaiserlichen Rechten und nur in Montecassino als einem Reichskloster kam mit Mühe ein Kompromiss zustande. Bald danach freilich führte das Problem der dauerhaften Sicherung der eroberten Gebiete zu einem weiteren heftigen Konflikt, da Kaiser und Papst gleichermaßen die Lehnshoheit über Unteritalien beanspruchten. Auch in dieser Frage fand man schließlich eine notdürftige Übergangslösung: Beide, Lothar und Innozenz, hielten gemeinsam den Schaft der Fahnenlanze, mit der sie Rainulf von Alife, den neuen Herzog von Apulien, symbolisch in sein Lehen einwiesen.[43]

Ende September trat der Kaiser mit seinem Heer endlich den Rückweg nach Norden an. Im November erkrankte er in Trient und am 4. Dezember 1137 starb er nach dem Übergang über Brenner und Fernpass in dem Dorf Breitenwang bei Reutte in Tirol. Knapp vier Wochen danach wurde er in der von ihm gestifteten Klosterkirche zu Königslutter bestattet.[44]

Lothar hatte es verstanden, mithilfe der ihm in seinem königlichen Amt zu Gebote stehenden Möglichkeiten die Basis seiner Herrschaft in Sachsen auszubauen, seinen Einfluß am Mittel- und Niederrhein zu festigen und außerdem die Stellung Heinrichs des Stolzen im Süden Deutschlands wie in Reichsitalien erheblich zu stärken. Diesem Ziel diente etwa Heinrichs Belehnung mit Nürnberg oder die Übertragung der Grafschaft Garda sowie der Markgrafschaft Tuszien an ihn.[45] Überdies verschaffte Lothars energisches Auftreten in Italien als verlässlicher Schützer des rechtmäßigen Papstes wie als entschlossener Verteidiger der Reichsrechte zweifellos ihm selbst wie seiner Kaiserwürde Geltung auch über das Imperium hinaus.

Freilich blieb das Verhältnis Lothars zu den selbstbewussten, streng auf die Wahrung ihres Ranges und ihrer Rechte achtenden Fürsten problematisch. Zusätzlich zu territorialpolitischen Gegensätzen erschwerten vielfach kirchenrechtliche Fragen die Beziehungen zu geistlichen Fürsten, vom Papst ganz zu schweigen. Schließlich vermochte der Kaiser an den schwer überschaubaren, krisenanfälligen Strukturen Reichsitaliens nichts Grundsätzliches zu ändern, und in Unteritalien gewann Roger II. schnell seine frühere Stellung zurück. Zwar wähnte sich Innozenz nach dem Tod Anaklets II. im Januar 1138 stark genug für ein militärisches Vorgehen gegen ihn, doch sein Unternehmen scheiterte völlig, und wie neun Jahre zuvor Anaklet sah sich nun auch er gezwungen, Roger im Juli 1139 als König anzuerkennen und mit seinem Sizilien und Unteritalien umfassenden Reich zu belehnen.[46]

4 Konrad III., der erste Stauferkönig

4.1 Konrads Königswahl, die Festigung seiner Position und erste Schwierigkeiten

Heinrich der Stolze scheint, seinem Schwager Friedrich gleich, selbstverständlich mit seiner Wahl zum Nachfolger seines Schwiegervaters gerechnet und sich deshalb um die Gunst der Fürsten nicht sonderlich bemüht zu haben. Aktiv für seine Erhebung zum König setzte sich indessen die verwitwete Kaiserin Richenza ein. Sie lud die Fürsten Sachsens zum 2. Februar 1138 nach Quedlinburg, vermutlich um sie dort zu einem möglichst einhelligen Votum zugunsten ihres Schwiegersohnes zu bewegen. Freilich verhinderte Albrecht der Bär, der Markgraf der sächsischen Nordmark, das Treffen, wohl weil er eine Vorentscheidung für das künftige Königtum Heinrichs, seines Vetters, grundsätzlich ablehnte. Etwas später kamen die Fürsten überein, einen allgemeinen Fürstentag zu Pfingsten, also zum 22. Mai, nach Mainz einzuberufen, damit dort ein neuer König bestimmt werde. Wir erfahren leider nicht, wann genau dies geschah und welche Fürsten die Initiative ergriffen, die vergeblich nach Quedlinburg Gereisten, einige aus ihrer Mitte oder eine ganz andere Gruppierung.[1]

Als sicher darf allerdings gelten, dass unter ihnen keiner der drei vornehmsten geistlichen Fürsten des Reiches war, deren Auftritt als Einladende allenfalls an eine gewisse Verbindlichkeit für die übrigen Großen des Reiches denken lassen könnte. In Mainz gab es noch keinen Nachfolger für Adalbert. Albero aber, der Erzbischof von Trier und seit Oktober 1137 überdies ständiger päpstlicher Legat für Deutschland, ging eigene Wege und ihm schloss sich Arnold an, der zwar gewählte, doch noch nicht geweihte künftige Kölner Erzbischof. Beide fürchteten offenbar, aus der Wahl zu Mainz werde Heinrich der Stolze als Sieger hervorgehen. Nach Beratungen mit Gesinnungsgenossen beschlossen sie deshalb, bereits am 7. März in Koblenz eine Wahlversammlung abzuhalten, und die dort zusammentreffenden Fürsten wählten den Staufer Konrad zum König. Aus dem Kreis der Wähler kennen wir neben Albero und Arnold namentlich nur den Bischof Burchard (Bucco) von Worms und Herzog Friedrich von Schwaben; außerdem gehörten zu ihm vielleicht Bischof Heinrich von Regensburg und Herzog Sobeslav von Böhmen sowie gewiss eine Reihe uns unbekannter Teilnehmer, und anwesend war überdies der päpstliche Legat und Kardinal Dietwin.[2] Wir sehen auch bei Konrad nicht, dass er sich um die Königswürde besonders bemüht hätte.

Angesichts der engen Beziehungen, die sich während des Italienzuges zwischen ihm und Albero von Trier entwickelt hatten, dürfen wir jedoch davon ausgehen, dass beide ihre Absichten aufeinander abstimmten, sobald sie die unerwarteten Handlungsmöglichkeiten erkannten, die ihnen der Zufall der gleichzeitigen Vakanz auf dem Königsthron und auf den Bischofsstühlen in Mainz und Köln eröffnete. Zudem hinderte Konrad sein früheres Scheitern offenkundig nicht, noch einmal den Griff nach der Krone zu wagen. Ihn leitete wohl die Überzeugung, dass sie ihm aufgrund seiner Erfahrung gebühre und die feste Zuversicht, dass er sie nun doch noch erlangen und damit zugleich die Schmach vergangenen Geschehens tilgen könne.

Als treibende Kraft der Wahlinitiative wirkte, mit päpstlicher Billigung vom Kardinallegaten Dietwin bestärkt, zweifellos Albero von Trier. Er galt während des Italienzuges als Vertrauter des Papstes und stand damals wohl in der Tat auf Innozenz' Seite – etwa bei dessen Konflikten mit dem Kaiser. Schließlich geriet er selbst in einen heftigen Zwist mit Lothar, weil dieser die künftige Entwicklung der rheinischen Pfalzgrafschaft mit der Einsetzung von zwei mit ihm verwandten Pfalzgrafen, Wilhelm von Orlamünde und Otto von Rheineck, dauerhaft in seinem Sinn zu gestalten hoffte. Albero hingegen lag daran überhaupt nichts, weil Wilhelm wie Otto gerade an der unteren Mosel, einer ihm besonders wichtigen Region, eine sehr intensive Territorialpolitik betrieben. Von Heinrich erwartete er offenbar weder hinsichtlich seiner

4.1 Konrads Königswahl, die Festigung seiner Position

Abb. 6: König Konrad III. in einer Miniatur aus der »Chronica Regia Coloniensis«, Köln; um 1240 (Brüssel, Bibliothèque Royale, Ms. 467, fol. 64v).

kirchenrechtlichen noch seiner territorialpolitischen Sorgen eine Wendung zum Besseren, und in anderen Fürsten mochte die überragende Machtstellung Heinrichs zusammen mit seinem hochmütigen Auftreten ähnliche Befürchtungen hervorrufen.[3]

Wie bei der Beurteilung der Wahl von 1125 hoben moderne Historiker auch mit Blick auf diejenige von 1138 zuweilen die positiven Aspekte einer denkbaren Herrschaft des Übergangenen hervor, in diesem

Fall die außerordentlich günstigen Voraussetzungen, die Heinrich der Stolze für sein Königtum vorgefunden hätte. Die beiden Wahlen spiegeln freilich die Realität jener Zeit wider, den selbstbewussten Anspruch der Fürsten auf Mitsprache im Reich, und es bleibt doch sehr ungewiss, ob Heinrich es vermocht hätte, seinen weit auseinander liegenden Besitz effizient zu nützen und zugleich die Fürsten ohne ernste Konflikte an sich zu binden. Wie müßig solche Überlegungen indessen sind, lehrt eindrücklich der frühe Tod Heinrichs.[4]

Das rasche, entschlossene Vorgehen von Konrads Wählern löste gewiss Verstimmung aus. Doch bindende Regelungen für den Wahlvorgang gab es damals noch kaum, und soweit wir das aufgrund der vagen Quellenberichte beurteilen können, verstieß weder die Einberufung des Wählergremiums noch sein bescheidener Umfang gegen irgendeine derartige Regel. Von einem »Staatsstreich« lässt sich also schwerlich reden.[5] Entscheidend blieb, dass es der Gewählte verstand, den nötigen Rückhalt bei den Großen des Reiche zu gewinnen, und dies gelang Konrad.

Anscheinend fand schon seine Krönung am 13. März in Aachen unter reger Beteiligung statt und den Hoftag, den er kurz darauf in Köln abhielt, besuchte dann eine überraschend große Zahl von Fürsten. Zu ihnen gehörten neben Albero von Trier und Arnold von Köln, geistliche und weltliche Große vornehmlich aus Lothringen, darunter erstaunlicherweise Pfalzgraf Wilhelm und Graf Otto von Rheineck, doch auch einige Bischöfe aus Sachsen sowie sogar Embricho von Würzburg, der bald Konrads Vertrauen gewinnen sollte. Ein sehr enges Vertrauensverhältnis hatte sich auf dem Italienzug zwischen Konrad und dem gleichfalls nach Köln gereisten Abt Wibald von Stablo entwickelt. Eigens würdigte der Staufer die Verdienste des Abtes um seine Erhebung zum König, und Wibald stieg in der Tat rasch zu seinem wichtigsten Helfer auf.[6] Auch in Mainz, wohin sich Konrad anschließend begab, versammelten sich zahlreiche Große um ihn. Vor allem traf er hier seinen Bruder Friedrich von Schwaben. Der Herzog hatte offenbar die Wahl Adalberts, des Bruders seiner zweiten Frau und Neffen des verstorbenen Mainzer Erzbischofs, zu dessen Nachfolger vorbereitet; nun fand sie mit Billigung des Königs statt.[7] Nicht immer erfüllen solche verwandtschaftlichen Beziehungen indes die in sie gesetzten Erwar-

4.1 Konrads Königswahl, die Festigung seiner Position

tungen. Erzbischof Adalbert II. etwa gehörte bereits 1141 zu den Gegnern des Königs, er starb allerdings noch im selben Jahr.[8] Es verwundert kaum, dass Konrads Wahl vor allem bei Heinrich dem Stolzen und seinen Getreuen Verärgerung hervorrief. Der König hoffte, diese gewichtigen Kritiker auf einem nach Bamberg geladenen Hoftag umzustimmen, was ihm offenbar in der Tat zu einem guten Teil glückte. Auch die Großen Sachsens erkannten den Staufer nun als König an. Überraschenderweise war unter ihnen sogar die Kaiserin Richenza. Heinrich der Stolze fehlte freilich. Konrad forderte ihn deshalb auf, ihm die Reichsinsignien, die Lothar dem Herzog auf dem Sterbebett anvertraut hatte, beim nächsten Hoftag Ende Juni in Regensburg zu übergeben.[9]

Weit herzlicher lud der König noch einen anderen mit dem Gang seiner Wahl Unzufriedenen nach Regensburg ein: Konrad, den Salzburger Erzbischof. Der hoch geachtete Streiter für die kirchliche Freiheit hatte seine Empörung darüber, dass man ihn bei der Königswahl überging, in einem Brief an seinen Amtsbruder Albero von Trier offenbar sehr deutlich zum Ausdruck gebracht, worauf dieser ihm eilends versicherte, das Ergebnis der Wahl habe dem Willen der römischen Kirche wie dem gemeinsamen Wunsch der Fürsten entsprochen, es spiegle in seiner Einhelligkeit also die Absicht Gottes wider.

Von Bamberg aus ging darauf im Namen aller Versammelten ein weiteres Schreiben nach Salzburg. Ausführlich verwiesen seine Autoren erneut auf die göttliche Führung des Geschehens zu Koblenz, in dem Konrad schon deswegen keine Schmälerung seiner Ehre sehen könne und dürfe, weil er im Geiste doch überall präsent sei, wo Gutes bewirkt werde. Die große Bedeutung, die der König selbst dem Salzburger Erzbischof als höchstem Repräsentanten der Kirche in Heinrichs Herzogtum Bayern beimaß, zeigt sich darin, dass er sich in einem besonderen Schreiben gleichfalls an ihn wandte, sein Wissen und seinen Rang rühmte und ihn als kaum entbehrlichen Ratgeber dringend um seine Anwesenheit in Regensburg bat.[10]

Konrad von Salzburg erschien tatsächlich und bekannte sich so öffentlich zum neuen König. Dem Einvernehmen drohte jedoch ein rasches Ende, als Herzog Konrad von Zähringen vor allen Anwesenden erklärte, der Erzbischof schulde dem König das Hominium. Der Salzburger Bischof, ein leidenschaftlicher Gegner der Leistung des Hominiums durch Geistliche, wies mit bissigem Spott des Herzogs vorauseilende Sorge um das Recht seines königlichen Herrn zurück, und der König unterband einen weiteren Wortwechsel mit der Feststellung, er erwarte von dem Erzbischof nichts als seinen guten Willen. Mit seinem geschickten Eingreifen hielt er Konrad auf seiner Seite und präsentierte sich den Versammelten zugleich als ein um des Friedens willen zum Verzicht bereiter Herrscher.[11]

Wie vom König verlangt, kam auch Heinrich der Stolze zur Übergabe der Reichsinsignien nach Regensburg. Ihm wohlgesinnte Quellen berichten, falsche Versprechungen hätten ihn zu seinem Schritt bewogen. Fanden damals tatsächlich Sondierungen statt, so führten sie jedenfalls zu keiner Einigung, denn der König empfing ihn zu Regensburg nicht einmal persönlich, sondern verwies ihn zur weiteren Behandlung der Streitpunkte auf eine neuerliche Tagung nach Augsburg.[12]

Auch dort scheiterten eine Woche später die Bemühungen der Vermittler. Konrad verlangte von Heinrich als Preis für Frieden und Versöhnung ganz offenkundig spürbare Verzichtleistungen. Möglicherweise dachte er dabei zunächst an Reichsgut wie Nürnberg.[13] Doch die Verhandlungen endeten ohne jedes Einvernehmen, und an ihre Stelle musste nun der Kampf der Waffen treten. Da der bestens darauf vorbereitete Herzog imstande war, jederzeit loszuschlagen, verließ der König eilends die Stadt. Mitte Juli verhängte das in Würzburg um ihn versammelte Fürstengericht die Acht über Heinrich, dem zugleich – vielleicht auch erst Ende Juli in Quedlinburg – das Herzogtum Sachsen abgesprochen wurde. Jedenfalls erscheint in einer damals in Quedlinburg ausgestellten Königsurkunde als sächsischer Herzog erstmals Albrecht der Bär, der sich von Anfang an auf Konrads Seite gehalten hatte.[14]

Militärisch wandte sich der König zunächst gegen Nürnberg, das er im August einnahm. Man darf diese Priorität des Nürnberger Raumes vielleicht auch auf Konrads Bedürfnis zurückführen, dessen schmachvollen Verlust rückgängig zu machen, zumal ihm der im November 1125 gegen seinen Bruder und ihn selbst gerichtete Regensburger Fürstenspruch nun eine kaum anfechtbare Rechtfertigung an die Hand gab. Eben an diesen rechtlichen Aspekt und Heinrichs Verweigerungshaltung könnte Konrad im Übrigen auch während des Ächtungs- und

4.1 Konrads Königswahl, die Festigung seiner Position

Abb. 7: Denkmalstatue des askanischen Markgrafens Albrecht der Bär, seit 1978 in der Zitadelle Spandau.

Absetzungsverfahrens gegen den Herzog eindringlich erinnert und sein Vorgehen damit begründet haben. Zumindest scheint es wenig naheliegend, dass er, wie der Chronist Helmold von Bosau dreißig Jahre später erzählte, die Aberkennung Sachsens mit der ungewöhnlichen Begründung betrieb, wenn ein Fürst zwei Herzogtümer innehabe, so sei dies ungerecht. Unnachgiebig standen sich fortan jedenfalls König und Herzog gegenüber.[15]

Im Dezember 1138 hielt sich Konrad zusammen mit seinem Bruder Friedrich in Nürnberg auf.[16] Man kann nur vermuten, dass sich beide in den zurückliegenden Monaten auf die Verwaltung ihres engeren Herrschaftsbereiches konzentrierten und zugleich Heinrich den Stolzen beobachteten. Der Herzog suchte zunächst nämlich seine Stellung in Bayern abzusichern. Doch nun rächte sich offenbar die Gewaltsamkeit, mit der er seine herzogliche Macht dort gegen alle Widerstände durchgesetzt hatte. Viele Großen des Landes nutzten seinen Konflikt mit dem König, um sich aus der Abhängigkeit von ihm zu lösen. So sehr schwand schließlich sein Rückhalt, dass er sich entschloss, das Herzogtum zu verlassen – für Otto von Freising Grund genug, am Beispiel dieses einst so stolzen Mannes auf Gottes Ratschluss zu verweisen, der die Hochmütigen stürze, die Erniedrigten aber wie etwa den Staufer Konrad auf den Königsthron erhebe.[17]

Wohl um den Jahreswechsel gelangte Herzog Heinrich nach Sachsen, wo Albrecht der Bär es inzwischen vermocht hatte, seine neue Herzogswürde im Ganzen erfolgreich durchzusetzen. Dazu suchte der König wohl seine Position noch weiter zu festigen, indem er einen Hoftag nach Goslar lud und dafür sorgte, dass dessen Teilnehmer Heinrich auch das Herzogtum Bayern aberkannten. Unklar bleibt dabei, ob dem Herzog mit dem Aufschub etwa noch eine letzte Frist zum Einlenken gewährt werden sollte, die er nicht zu nutzen gedachte.[18]

Wahrscheinlich im März 1139 erhob der König seinen babenbergischen Halbbruder Leopold IV., den Markgrafen von Österreich, zum Herzog von Bayern, wo man ihn zunächst weithin anerkannte. Konrads anschließender Aufenthalt im Elsass sowie in Niederlothringen diente wohl in erster Linie der Vorbereitung seines Feldzuges nach Sachsen. In Sachsen nämlich war es Heinrich dem Stolzen rasch gelungen, seinen Rivalen Albrecht in die Defensive zu drängen und schließlich sogar zur Flucht an den Königshof zu zwingen.[19]

So sammelte sich Ende Juli bei Hersfeld ein stattliches Heer um den König. Mitte August traf es bei Creuzburg (nördlich von Eisenach) auf die Truppen Heinrichs des Stolzen, doch zur Entscheidungsschlacht kam es nicht. Offenbar setzten sich die den König begleitenden Bischöfe sehr eindringlich für eine friedliche Lösung des Konflikts ein, und Konrad stimmte schließlich zu, weil er nun auch selbst ein Blutvergießen vermeiden wollte. Möglicherweise wussten die Geistlichen aus Kontakten mit ihren sächsischen Amtsbrüdern um die Bereitschaft der anderen Seite zu einer Geste des Einlenkens, die es dem König dann immerhin erlaubte, ohne Schaden für seine Autorität in einen Waffenstillstand bis zum nächsten Pfingstfest einzuwilligen. Bereits zum 2. Februar lud er die sächsischen Fürsten zu weiteren Verhandlungen nach Worms.[20]

4.2 Die Sicherung Sachsens für Heinrich den Löwen; der Streit um Bayern und des Löwen Griff nach der Grafschaft Stade

Der unerwartete Tod Heinrichs des Stolzen am 20. Oktober 1139 schuf eine neue Situation. Heinrichs Witwe Gertrud und ihre Mutter Richenza taten alles, um ihrem damals wohl etwa sechs Jahre alten Sohn und Enkel Heinrich dem Löwen das herzogliche Erbe seines Vaters zu sichern, und sie gewannen die Großen des Landes zu einem guten Teil für ihr Anliegen. Neue Kämpfe brachen jedoch mit Albrecht dem Bären aus. Sie hinderten die sächsischen Fürsten vermutlich daran, zu den Hoftagen zu reisen, die der König in Worms und im April 1140 in Frankfurt abhielt. Vor allem aber zeigte sich rasch die Aussichtslosigkeit der Bemühungen Albrechts.[21]

In Bayern hatte Heinrich der Stolze wohl Welf VI. mit seiner Vertretung betraut, und dieser forderte nach dem Tod seines Bruders vom König die bayerische Herzogswürde als sein väterliches Erbe, um so seinem herzoglichen Rang die fehlende eindeutige Rechtsgrundlage zu verschaffen. Zwar konnte er zur Untermauerung seines Anspruchs auf zeitlich sehr naheliegende vergleichbare Fälle verweisen. Sie ließen sich auf seine Situation jedoch nur dann übertragen, wenn er zugestand, dass die Absetzung seines Bruders durch König Konrad rechtens war. Andernfalls gebührte die bayerische Herzogswürde dessen Sohn, den zu übergehen sein Onkel aber offenbar bereit war. Der König sah sich indes an Präzedenzfälle nicht gebunden, lehnte Welfs Forderung ab und hielt an Leopold IV. fest. So führte der Konflikt einmal mehr zur kriegerischen Auseinandersetzung.[22] Zunächst vermochte Welf VI. dem seiner Sache wohl allzu sicheren bayerischen Herzog Leopold eine empfindliche Niederlage zuzufügen. Darauf wandte er sich gegen den König selbst, der seit November 1140 die zum Calwer Erbe von Welfs Gemahlin gehörende Feste Weinsberg (östlich von Heilbronn) belagerte. Welfs Versuch, die dort Eingeschlossenen zu befreien, scheiterte jedoch nach schweren Verlusten völlig, und die Burgbesatzung ergab sich. Einzelne Quellen berichten, der siegreiche König habe damals den Frauen von Weinsberg freien Abzug und die Mitnahme dessen gewährt, was sie tragen konnten, woraufhin sich diese ihre Männer auf die Schultern geladen und mit ihnen die Burg verlassen hätten. Man mag bezweifeln, dass sich die Geschichte tatsächlich so zutrug. Sie zeigt aber immerhin, welch vorbildliche herrscherliche Gesinnung ihre Erzähler dem Stauferkönig zutrauten.[23]

Die Probleme aber blieben. Zu dem Hoftag am Pfingstfest 1141 in Würzburg kamen nun zwar auch die Fürsten Sachsens. Die Bemühungen um ein Einvernehmen scheiterten jedoch an unüberbrückbaren inhaltlichen Differenzen. Die Sachsen schieden im Unfrieden, und ein Fürstenbeschluss erklärte sie wohl sogar zu Reichsfeinden.[24] Allerdings schlug sich nun neben dem Mainzer Erzbischof, der freilich schon kurz darauf starb, auch der eben erst erhobene Bischof Burchard von Straßburg auf die sächsische Seite. Die darin liegende Gefahr schien Konrad so groß, dass er sich diesem neuen Krisenherd zuwandte. Er nahm neben bischöflichen Burgen auch Straßburg ein und leitete so die neuerliche Durchsetzung der früheren staufischen Dominanz ein, die rasch völlig gelang, zumal sich Burchard bald zum verlässlichen Partner wandelte.[25]

Erzbischof Adalberts Tod im Juli 1141 sowie jener Herzog Leopolds im Oktober erzwangen gleichfalls Neuregelungen. So gelang es Markolf, dem neuen Erzbischof von Mainz, wohl noch 1141, Albrecht den Bären zum Friedensschluss mit seinen sächsischen Gegnern zu bewegen. In der Tat erscheint er bereits im Januar 1142 in einer Königs-

4.2 Die Sicherung Sachsens für Heinrich den Löwen

urkunde nur noch als Markgraf.[26] Wohl gleichfalls Ende 1141 erhob Konrad den Bruder Leopolds, seinen eigenen Halbbruder Heinrich Jasomirgott, der seit dem Frühjahr 1140 das rheinische Pfalzgrafenamt innegehabt hatte, zum österreichischen Markgrafen. Seine Nachfolge als Pfalzgraf trat Hermann von Stahleck an, der Gemahl von Konrads Schwester Gertrud. Das Herzogtum Bayern blieb jedoch einstweilen in der Hand des Königs. Dieser konnte also, sofern Welf VI. tatsächlich erneut die bayerische Herzogswürde beanspruchte, hinhaltend auf die offene Lage verweisen.[27]

Indes einigte man sich schließlich über die Zukunft der Herzogtümer Sachsen und Bayern, sodass auf dem Anfang Mai 1142 in Frankfurt versammelten Hoftag geradezu eine Art Friedensordnung für das Reich beschlossen werden konnte. Albrecht erhielt nach dem Verzicht auf die sächsische Herzogswürde seinen Besitz zurück und konzentrierte sich fortan sehr erfolgreich auf die Ausdehnung seiner Herrschaft in die slawischen Gebiete östlich der Nordmark, also in die künftige Mark Brandenburg. Konrad verlieh die sächsische Herzogswürde an den künftigen Heinrich den Löwen, den damals etwa neunjährigen Sohn Heinrichs des Stolzen, versicherte seine fürstlichen Gegner in Sachsen wieder seiner Gunst und empfing von ihnen das Versprechen künftiger Treue. Vor allem aber war es ihm gelungen, Gertrud, die Witwe Heinrichs des Stolzen, zu einer zweiten Ehe mit seinem Bruder, dem Markgrafen Heinrich Jasomirgott von Österreich, zu bewegen. Angeblich zwei Wochen lang feierte man zu Frankfurt auf seine Kosten ihre Hochzeit. Damit schienen die babenbergischen Interessen wie die Gertruds und ihres Sohnes und letztlich auch diejenigen des Königs durch dessen glücklichen Schachzug gewahrt und so rühmte denn auch der Autor der Kölner Königschronik das Geschehen.[28]

Eine Friedensvereinbarung durch eine Ehe zu bekräftigen und abzusichern, das war weithin üblich. Doch Konrad gelang wenigstens vorläufig gewiss die Lösung eines besonders schwierigen Problems. Grundsätzlich hing deren Effizienz natürlich von der Entwicklung und Dauer der jeweiligen Ehe ab, also von kaum vorweg einzuschätzenden Faktoren. Zudem war die Entscheidung über den künftigen Herzog Bayerns noch immer nicht gefallen und Welf VI. ganz unberücksichtigt geblieben.

Zunächst fand Konrad jetzt Zeit, den vor einem Adelsaufstand an seinen Hof geflüchteten böhmischen Herzog Vladislav II. mit einem Heer nach Prag zurückzuführen. Vladislav war mit einer Schwester des österreichischen Markgrafen Heinrich verheiratet, somit auch ein Schwager des Königs; enge verwandtschaftliche Beziehungen sicherten weiterhin den böhmisch-österreichischen Frieden.[29]

Im Übrigen zeigt der Vorgang einmal mehr, welch besondere Bedeutung für Konrad seine babenbergischen Verwandten besaßen, und bereits im Januar 1143 stellte er dies erneut unter Beweis. Damals hielt er sich in Goslar und Hildesheim auf, wo Konrad, ein weiterer babenbergischer Halbbruder, dank des königlichen Einflusses das wichtige Amt des Dompropstes erhielt; 1148 sollte er Bischof von Passau und schließlich Salzburger Erzbischof werden.[30] Danach zog der Staufer, festlich empfangen von der Herzogin Gertrud in Braunschweig ein. Vermutlich jetzt bestimmte Gertrud ihren Sohn Heinrich den Löwen dazu, förmlich auf die bayerische Herzogswürde zu verzichten, und der König erhob nun endlich seinen Bruder Heinrich, den Markgrafen von Österreich, zum Herzog von Bayern.[31] Er bestätigte damit das Anrecht der Babenberger auf die Führungsrolle in Bayern und würdigte mit der Erhöhung ihres Gatten zugleich den Gertrud zukommenden hohen Rang.[32]

Freilich erwiesen sich alle irgend mit der Heirat Gertruds und Heinrichs verbundenen Hoffnungen rasch als vergeblich, denn Gertrud starb bereits im April 1143 bei der Geburt ihrer Tochter Richardis. Zudem hatte sich Welf VI. schon im März auf die Nachricht von Heinrichs Erhebung zum Herzog hin entschlossen, für sein Recht zu kämpfen. Er fiel in Bayern ein, Heinrich zog ihm zusammen mit dem König entgegen, worauf Welf zurückwich. Schrecklich verwüsteten die Heere das Land, wie Otto von Freising durchaus kritisch berichtet.[33]

Gab es unter den Babenberger Geschwistern also gewisse Differenzen, so galt dies für den staufischen Familienkreis offenbar ebenso. Die Paderborner Annalen berichten nämlich, Friedrich, der Sohn Herzog Friedrichs, also der Neffe des Königs und spätere Kaiser, habe seinen Onkel Welf VI. auf dessen Feldzug begleitet. Davon wissen die übrigen zeitgenössischen Quellen freilich nichts, und nur im Paderborner Text wendet sich Welf mit seinem Neffen überdies nach Schwaben

4.2 Die Sicherung Sachsens für Heinrich den Löwen

und unmittelbar gegen den König, um dessen Land zu verwüsten.[34] Darf man der Nachricht demnach im Einzelnen kein allzu großes Vertrauen schenken, so lässt sich gewiss nicht völlig ausschließen, dass Friedrich seinem welfischen gegen seinen staufischen Onkel und dessen Babenberger Halbbruder tatsächlich in irgendeiner Form Hilfe leistete. Der Ärger über die Missachtung Welfs könnte zu einem derartigen Eingreifen geführt haben, darüber hinaus ganz allgemein der Unwille über die auffallende Bevorzugung der babenbergischen Verwandtschaft durch den königlichen Onkel. Bereits im Juli 1143 sorgten freilich König und Herzog in Straßburg gemeinsam für den Ausbau des staufischen Einflusses im Elsass und Anfang September 1143 besuchte zusammen mit Herzog Friedrich auch sein Sohn des Königs Hoftag in Ulm.[35]

Als schwerwiegend erwies sich der Streit, der im Frühjahr 1144 um das wertvolle Erbe des kinderlos verstorbenen Grafen Rudolf von Stade ausbrach. Sein Bruder Hartwig, Dompropst zu Bremen und seit 1148 dortiger Erzbischof, vermachte das ihm zufallende Erbe dem Erzbischof von Bremen, damals noch Adalbero, und ließ es sich von ihm als Lehen auf Lebenszeit übertragen. Doch diese Regelung, die wohl den überkommenen sächsischen Rechtsvorstellungen entsprach, stieß sofort auf den heftigen Widerspruch Herzog Heinrichs des Löwen, genauer: der maßgebenden Berater des wohl noch Unmündigen. Sie vertraten vermutlich die Ansicht, die Grafen stünden in einem unmittelbaren Lehnsverhältnis zum Herzog. Folglich machten sie Ansprüche Heinrichs auf das Stader Erbe geltend, als der Konflikt Ende Dezember auf einem Hoftag König Konrads behandelt wurde. Der Spruch der vorwiegend sächsischen Fürsten, dem der König folgte, bestätigte freilich Hartwigs Verfügung. Bald darauf jedoch entschloss sich Heinrichs Beraterkreis, die herzoglichen Ansprüche mit Gewalt durchzusetzen. Zwar kam es im Sommer 1145 erneut zur Behandlung der Angelegenheit vor dem König. Aber dort prallten die Meinungen so unversöhnlich aufeinander wie zuvor, und dies nahmen die Begleiter des Herzogs zum willkommenen Anlass, Adalbero von Bremen sowie seinen Dompropst in ihre Gewalt zu bringen und mit ihnen die Versammlung zu verlassen. Rasch beugte sich der inhaftierte Erzbischof daraufhin den Forderungen Heinrichs des Löwen und verzichtete auf die Stader Graf-

schaft. Weder der König noch Hartwig als Adalberos Nachfolger vermochten daran noch etwas zu ändern.[36]
Im Vorgehen Heinrichs und seiner Getreuen kündigte sich ein noch ungewohntes, auf die möglichst vollkommene Konzentration der Macht in der Hand des Herzogs zielendes Herrschaftsverständnis an. Schon der erste Schritt in diese Richtung musste die Großen Sachsens grundsätzlich bedenklich stimmen und tief beunruhigen vor allem der Brutalität wegen, mit der die Akteure den Frieden brachen und gewohnte Rechtsverfahren missachteten.
Mit Enttäuschung registrierte vermutlich auch König Konrad, dass die kurze Zeit relativer Ruhe und des Einvernehmens in Sachsen bereits wieder zu Ende ging, dass sein Einfluss dort schwand und seine Bemühungen um Verständigung und Frieden ins Leere liefen.

4.3 Konrads Beziehungen zu Byzanz; Vor- und Nachteile seiner Verwandtenförderung

Konrad hatte früh begonnen, grenzüberschreitende Verbindungen zu knüpfen, und etwa 1139 die Verlobung seines zweijährigen Sohnes Heinrich mit Sophia, einer Tochter des ungarischen Königs Bela II., vereinbart, die danach in der Tat nach Deutschland kam.[37] In den Vordergrund aber traten bald die Kontakte zum byzantinischen Kaiser Johannes Komnenos. Zu dessen Reich gehörten in Kleinasien nur noch die Küstengebiete, und deshalb hatte sich vor allem der wirtschaftliche Schwerpunkt des Reiches auf den Balkan verschoben. Dies aber führte zu Konflikten mit den dortigen Nachbarn, mit dem Königreich Ungarn und dem normannischen Königreich Sizilien im Westen. Überdies betrachtete man die Kreuzfahrerstaaten gleichfalls als ständige Bedrohung.[38]
So gewannen für Byzanz jetzt gute Beziehungen zu den Herrschern des lateinischen Abendlandes zunehmende Bedeutung. Johannes Komnenos war es denn auch, der sich mit dem Vorschlag an Konrad III.

4.3 Konrads Beziehungen zu Byzanz

wandte, die zwischen ihm und Kaiser Lothar 1135 zustande gekommenen Bündnisgespräche wieder aufzunehmen.

Vermutlich im Sommer 1139 überbrachten byzantinische Gesandte das Kooperationsangebot ihres Kaisers, worauf Konrad seinen Notar Albert mit einer grundsätzlich positiven Antwort nach Konstantinopel sandte. Dadurch ermuntert, schlug die byzantinische Seite wohl im Frühjahr 1141 ein Bündnis sowie zu dessen Bekräftigung die Ehe Manuels, des jüngsten Kaisersohnes, mit einer Prinzessin aus der Familie des Königs vor. Konrad reagierte offenbar mit einer gewissen Zurückhaltung auf dieses Projekt. Er informierte den Papst Innozenz II. darüber und beriet sich danach mit den Reichsfürsten. Im Februar 1142 übermittelte er dann sein generelles Einverständnis und benannte Bertha von Sulzbach, die Schwester seiner Frau, als Braut Manuels. Kaiser Johannes äußerte sich sehr erfreut und Bertha wurde im Sommer 1142 feierlich am byzantinischen Hof empfangen.

Im Jahr 1143 starb Kaiser Johannes, und die nun erforderliche Neufassung des Abkommens mit Byzanz erwies als nicht ganz einfach. Recht unerwartet trat nämlich nach dem Tod zweier älterer Brüder Manuel die Nachfolge seines Vaters an, und er suchte anscheinend neue, weitergehende Zugeständnisse Konrads mit der Drohung zu erzwingen, er werde andernfalls seine für einen Kaiser nicht mehr standesgemäße Braut in ihre Heimat zurückschicken. Dieses Vorgehen dürfte die tiefe, zornige Empörung ausgelöst haben, die Konrad in seinem wohl im April 1145 an Manuel abgehenden Brief mit drastischen Worten schildert. Seine Erbitterung ließ kurz zuvor seine Unterredungen mit dem byzantinischen Gesandten Nikephoros mehrere Tage lang stocken. Erst als dieser einlenkte und nachdem, so muss man annehmen, der König Bertha adoptierte, sodass sie in Byzanz als Kaisertochter gelten konnte, kam es zur Einigung über ein neuerliches Freundschaftsbündnis. Konrad erklärte, er werde künftig Manuels Freunde als seine Freunde, dessen Feinde als die seinen betrachten, allerdings unter der Bedingung, dass Manuel sich ihm und seinem Reich gegenüber zum gleichen Verhalten verpflichte.

Noch im Frühjahr 1145 brach eine große Delegation nach Byzanz auf. Ihrem Führer Bischof Embricho von Würzburg gelang es, die letzten noch strittigen Punkte zu klären, und so konnte im Januar 1146

4 Konrad III., der erste Stauferkönig

endlich mit allem gebührenden Glanz die Hochzeit des byzantinischen Kaiserpaares gefeiert werden, auf die Bertha, die sich künftig Eirene nannte, so schmerzlich lange hatte warten müssen.

Die Annäherung an das byzantinische Kaiserhaus und vor allem die enge verwandtschaftliche Beziehung zu ihm waren für Konrad gewiss wertvoll. Sie bestätigten die königliche und eigentlich bereits kaisergleiche Stellung und Würde, die er für sich beanspruchte. Als römischer Kaiser trat er denn auch in den Briefen an seine byzantinischen Adressaten auf, um sogar einen gewissen Vorrang vor Konstantinopel, dem neuen Rom, geltend zu machen. Freilich gingen seine kaiserlichen Briefpartner über derartige Ansprüche offenbar schweigend hinweg.[39]

Die politische Wirklichkeit gab indessen wohl eher Byzanz Grund, das Einvernehmen mit dem deutschen König zu suchen als umgekehrt. Manuel musste angesichts der Erfolge Rogers II. ernstlich einen Angriff von dieser Seite fürchten und die Unterstützung durch Konrad als äußerst wünschenswert empfinden.[40] Ganz dem entsprechend behandelte Konrad die Frage eines Bündnisses mit Byzanz, soweit sich dies überhaupt beurteilen läßt, mit Bedacht und einer gewissen Vorsicht und vermied die Übernahme konkreter, insbesondere das sizilische Königreich betreffender Verpflichtungen.

Trotz Konrads Zurückhaltung zeigten sich freilich bald auch problematische Konsequenzen seiner Annäherung an Byzanz. Sie bestärkte Roger von Sizilien in seinem Bemühen, Welf VI. durch regelmäßige hohe Geldzahlungen zu militärischen Aktionen gegen ihn anzuhalten, und veranlasste Geza II., Ungarns König, schließlich zum gleichen Schritt.[41]

Allerdings hatte sich Gezas Verhältnis zu Konrad nicht nur deswegen verschlechtert, weil er sich durch dessen Paktieren mit dem feindlichen Byzanz zusätzlich bedroht fühlte. Ärgerlich fand er zudem gewiss die lieblose Behandlung seiner Schwester Sophia durch den staufischen Hof. Sophia hielt am Ende jedes weitere Warten auf eine Heirat mit Konrads Sohn Heinrich für sinnlos, kehrte freilich nicht in ihre Heimat zurück, sondern trat wohl 1145 als Nonne in das Kloster Admont in der Steiermark ein.[42]

Ebenso litten die Beziehungen zwischen dem deutschen und dem ungarischen König sicher darunter, dass Vladislav, ein Vetter und zu-

4.3 Konrads Beziehungen zu Byzanz

gleich Gegner Vladislavs II. von Böhmen, bei Geza in seinem Kampf gegen den böhmischen Herzog, gegen König Konrads Schwager also, Unterstützung fand. Nun stritt allerdings auch mit Geza selbst ein Konkurrent um den Thron, nämlich Boris, ein Vetter seines Vaters, der im Januar 1146, begleitet von Vladislav von Böhmen, mit König Konrad zusammentraf, um leidenschaftlich den königlichen Beistand in Ungarn zu erbitten. Vladislav und seine Gemahlin Gertrud, Konrads Halbschwester, setzten sich dringend für sein Anliegen ein, und so erlangte er von Konrad wohl eine entsprechende Zusage. Boris warb nun eine Söldnertruppe an und diese überfiel, geführt von bayerischen Grafen, die ungarische Stadt Preßburg. Geza vermochte sie zwar rasch zurückzugewinnen, er hielt freilich Bayerns Herzog Heinrich für den eigentlichen Anstifter. Im September kam es zur Schlacht, die für Heinrich mit seiner Niederlage und Flucht endete.[43]

Zum persönlichen Eingreifen entschloss sich Konrad damals zugunsten seiner babenbergischen Verwandten in Polen. Er hatte im April 1146 den mit einer seiner babenbergischen Halbschwestern verheirateten Fürsten von Schlesien Wladyslaw II., dem als Ältestem der Piastendynastie gewisse Vorrechte zustanden, mit dem ganzen Herzogtum Polen belehnt. Wladyslaw scheiterte jedoch bei dem Versuch, seine Alleinherrschaft militärisch durchzusetzen, und bat den König bereits im Sommer um Hilfe. Konrad gewährte sie, vermochte gegen seine Feinde aber nichts auszurichten. So überließ er ihnen auf Rat seiner sächsischen Mitstreiter vorläufig die Herrschaft in Polen und zog mit Wladyslaw ab. Bis zu dessen Tod blieb es dann bei der vermeintlichen Zwischenlösung.[44]

Obwohl Konrad neben den Vorteilen seiner Verwandtenförderung auch reichlich die mit ihr verbundenen Lasten kennenlernte, baute er auf diesen Personenkreis. Allerdings scheint er, nachdem im April 1146 kurz hintereinander die Königin Gertrud und Diepold, der Markgraf des bayerischen Nordgaus, gestorben waren, die Situation ohne besondere Rücksicht zu seinen Gunsten genutzt zu haben. Vor allem sorgte er dafür, dass sein Sohn Heinrich von seinem Onkel Gebhard die ihm und seinem Bruder als Erbe ihrer Mutter zustehenden Güter erhielt. Überdies löste er das Egerland von der Markgrafschaft und zog es an sich. Bereits sein Sohn Friedrich betrachtete es offensichtlich als Allod, und genauso dachten die späteren Staufer. Nichts Sicheres wissen wir darüber, wie die geschilderten Vorgänge mit der Ehe zusammenhängen, die Friedrich III., Schwabens Herzog und künftiger Kaiser, 1146 oder 1147 mit Adela von Vohburg, der Tochter des verstorbenen Markgrafen Diepold, schloss. Vielleicht sollte die so gewonnene Königsnähe Adelas Familie über die eben erlittenen Gebietsverluste hinwegtrösten. Freilich bescherte ihr Adelas Heirat auch neue Einbußen, bestand deren Mitgift doch aus beachtlichen Teilen des Diepoldinger Besitzes in Schwaben.

Dass Konrad wie bisher selbstverständlich weiterhin zuverlässige und kompetente Gefolgsleute, die nicht zu seinem Verwandtenkreis gehörten, für ihn wichtige Positionen zu gewinnen suchte, zeigt beispielhaft die Karriere des von ihm hoch geschätzten Wibald von Stablo. Ihn wählten die Mönche des Klosters Corvey im Herbst 1146 auf königlichen Wunsch auch zu ihrem Abt, und Konrad sicherte sich dadurch einen verlässlichen Stützpunkt in Sachsen.[45]

4.4 Die Zusammenarbeit Konrads mit Friedrich und der gefährliche Tatendrang dessen Sohnes Friedrich III.

Neben seinem königlichen Bruder trat Herzog Friedrich, der Ältere und früher Dominierende, merklich zurück. Er besuchte freilich sehr regelmäßig vor allem im Süden und Westen Deutschlands die Hoftage Konrads, immer wieder begleitet von seinem gleichnamigen Sohn, dessen Anwesenheit erstmals bereits eine Königsurkunde vom April 1138 bestätigt.[46] An den Kriegszügen seines Bruders scheint sich der Herzog nach dem erfolgreichen Kampf um Weinsberg Ende 1140 allerdings nicht mehr beteiligt zu haben. Wie jener aber fühlte er sich dem Kloster Lorch, der Gründung ihres Vaters, verbunden und verantwortlich für dessen Wohl. Gemeinsam hielten sich die Brüder wohl im Novem-

4.4 Die Zusammenarbeit Konrads mit Friedrich

ber oder Dezember 1139 dort auf und veranlassten die feierliche Überführung der Gebeine Herzog Friedrichs I. und vermutlich weiterer staufischer Vorfahren aus der Lorcher Pfarrkirche in die eben vollendete Klosterkirche.

Abb. 8: Heutige Ansicht vom Kloster Lorch.

Zugleich legte Konrad in einer Urkunde die künftige Stellung und Ordnung des Klosters fest. Sie sicherte dem Abt und den Mönchen die freie Vogtwahl zu und bestimmte den von ihnen gewünschten und gewählten Herzog Friedrich zum neuen Vogt. Zum Nachfolger Friedrichs sollte nach seinem Tod der Älteste aus seiner Verwandtschaft gewählt werden.[47]

Rasch erkannten die Brüder offenbar die Bedeutung der unmittelbar nördlich des Bodensees gelegenen Zisterzienserabtei Salem. Guntram von Adelsreute hatte die Entstehung des Klosters im Jahr 1134 mit einer großzügigen Stiftung ermöglicht, die er auf einem Gerichts- und

Landtag bestätigen ließ. Die darüber ausgestellte Urkunde bietet also nicht nur wertvolle Informationen zur Frühgeschichte Salems; sie gibt zugleich die seltene Gelegenheit, Friedrich wenigstens für einen kurzen Augenblick als amtierenden Herzog in Schwaben zu erleben.[48]

Das schnell an Besitz und Geltung zunehmende Zisterzienserkloster Salem indes trat bald in eine noch wesentlich engere Beziehung zur staufischen Herrschaft. Im März 1142 nämlich bestätigte ihm König Konrad im Beisein von Herzog Friedrich und dessen Sohn seinen Besitz und versprach auf Wunsch seines Abtes, er werde Salem als sein alleiniger Vogt stets seinen Schutz gewähren. In der Tat vermochte sich Salem die damit erlangte Reichsunmittelbarkeit durchs ganze Mittelalter zu bewahren.[49]

Neben durchaus zu vermutenden politischen Erwägungen bestimmte die beiden Staufer bei ihrem Einsatz für Salem wohl doch auch eine ganz grundsätzliche Sympathie für die zu jener Zeit neu und engagiert auftretenden klösterlichen Gemeinschaften der Prämonstratenser und noch vordem der Zisterzienser. Die Cappenberger Grafen, beide selbst Angehörige des von ihnen gegründeten Prämonstratenserstiftes, waren Verwandte der Staufer, und insbesondere Friedrich dürfte sich bei Otto, dem Paten seines ältesten Sohnes, über die Ziele dieses Ordens informiert haben. Wesen und Eigenart des Zisterzienserordens aber konnte ihnen aufs Beste ihr eigener Bruder nahebringen, der Bischof Otto von Freising, der bis zu seinem Lebensende auch Abt der bedeutenden Zisterzienserabtei Morimond blieb. Nicht nur das dem Gebet und Gottesdienst gewidmete Leben der Zisterzienser mochte sie dabei beeindrucken, sondern auch die von ihnen geleistete praktische Arbeit, ihr Sinn für technische Neuerungen, ihre Tätigkeit in Handwerk und Handel und natürlich die klare Ordnung ihrer Gemeinschaft.

König Konrads besondere Aufmerksamkeit galt wohl noch vor Salem dem 1127 von Zisterziensern gegründeten Kloster Ebrach. Jedenfalls verkehrte Ebrachs Abt Adam regelmäßig am königlichen Hof, und Konrads Einfluss und seine Hilfe verschafften dem Kloster manchen Vorteil. In Ebrach ließ er 1146 seine Gemahlin Gertrud bestatten, und sein jüngerer Sohn Friedrich wurde 1167 gleichfalls dort beigesetzt.[50]

Fast noch stärker als sein Bruder engagierte sich Herzog Friedrich für die Zisterzienser. Zusammen mit Graf Reinhold von Lützelburg er-

4.4 Die Zusammenarbeit Konrads mit Friedrich

möglichte er im Jahr 1131 oder wenig später Zisterziensermönchen die Gründung des Klosters Neuburg am Westrand des Heiligen Forstes, das offensichtlich rasch wuchs, denn bereits 1138 vermochte es den Gründungskonvent des Klosters Maulbronn zu stellen. Kurz nach 1140 stiftete Friedrich zudem noch das Zisterzienserinnenkloster Königsbrück im Osten des Heiligen Forstes und als Graf Reinhold 1143 kinderlos starb, brachte er das ihm noch fehlende letzte Drittel des Heiligen Forstes in seine Hand. Zugleich fiel ihm nun endgültig der bestimmende Einfluss auf das Kloster Neuburg zu. Diese Nähe zum Stauferhaus hatte für die Neuburger Mönche auf Dauer gewiss manchen Vorteil. Für unbefriedigend hielten sie jedoch die Entschädigung, die ihnen der Herzog für jene Güter gewährte, die er für sich eingezogen hatte.[51]

Noch konnte der Herzog indes nicht ganz uneingeschränkt über den Heiligen Forst verfügen. Auch die östlich des Waldgebiets am Rhein gelegene Reichsabtei Selz nämlich machte dort Rechte geltend. Allerdings hatte Konrad, gestützt auf seine Befugnisse als König, bereits 1139 Einfluss auf dieses Kloster genommen. Wesentlich einschneidender für die Abtei war dann freilich die Neuordnung, die ihr der König auf die Bitte seines Bruders und in engem Zusammenwirken mit ihm sowie im Einvernehmen mit dem Straßburger Bischof vier Jahre später, im Juli 1143, abverlangte. Sie sah vor, dass der neu geschaffene Parochial- und Zehntbezirk des Heiligen Forstes künftig der Pfarrkirche zustand, die Herzog Friedrich in Hagenau bauen werde. Die dem Kloster Selz als Entschädigung zugestandene Kirche in Nierstein (bei Mainz) wog den Verlust schwerlich auf.[52]

Das staufische Hagenau aber gewann durch die Neuregelung weiter an Bedeutung. Die von Herzog Friedrich zusammen mit der Burganlage wohl kurz vor 1120 gegründete Siedlung hatte sich dank seiner für die Einwohner verhältnismäßig vorteilhaften Festlegung der zu leistenden Abgaben, der für sie zuständigen Gerichte oder des für sie geltenden Erbrechts rasch zu einem wirtschaftlichen und administrativen Zentrum entwickelt und war nun also zudem kirchlich selbständig und unabhängig geworden. Zugleich verfügte Friedrich fortan mit dem riesigen Waldbezirk, den ihn umgebenden Zentren und dem bedeutsamen Schwerpunkt Hagenau über ein äußerst günstig gelegenes, relativ geschlossenes, weitgehend seiner Herrschaft unterstehendes Territorium als verlässliche Basis für künftige Aktivitäten.[53] Gewiss brachte es die unterschiedliche Stellung der staufischen Brüder mit sich, dass ihre Tätigkeit seit 1138 unterschiedlichen sachlichen und regionalen Schwerpunkten galt. So widmete Konrad seiner übergeordneten Verpflichtungen wegen seiner fränkischen Kernregion wohl weniger Aufmerksamkeit als Friedrich etwa dem Elsass. Lorch indes blieb allem Anschein nach der von beiden gleichermaßen geschätzte Ort der Memoria, des Gedenkens an die Vorfahren. Vor allem aber unterstützte Konrad Friedrichs territorialpolitische Initiativen insbesondere im Elsass, vermutlich weil er sie als Unternehmen von gemeinsamem Interesse betrachtete. Für ein ernstliches Zerwürfnis zwischen ihnen gibt es jedenfalls keine Anhaltspunkte.

Friedrich III. blieb allerdings seines offenbar kaum zu bremsenden Tatendrangs wegen ein schwer berechenbarer Unruhefaktor. Er profilierte sich gern in Turnieren und hatte nichts dagegen, wenn diese in ernsten Kampf ausarteten, sodass er seine Tapferkeit belegen konnte. Otto von Freising erzählt von diesen Taten mit Bewunderung, tut dies freilich erst in seiner dem Kaiser Friedrich gewidmeten Biographie. Jene, die das Draufgängertum des jungen Friedrich unmittelbar erlebten, mögen es eher mit einer gewissen Besorgnis registriert haben. In der Tat störte Friedrich wohl im Herbst 1146 den Frieden im deutschen Südwesten empfindlich, indem er dem Herzog Konrad von Zähringen die Fehde ansagte. Wir erfahren nicht, ob ihn dazu einfach Ruhmsucht verleitete oder ob er daran dachte, dem Herzogtum Schwaben als dessen künftiger Herzog schon jetzt seine alte Größe zurückzugewinnen. Doch sein Unternehmen glückte anscheinend. Zumindest berichtet Otto von Freising, dass seinem Gegner am Ende nichts anderes übriggeblieben sei, als den König und Herzog Friedrich flehentlich um Friedensvermittlung zu bitten. Was weiter geschah, meldet uns Otto leider nicht. Möglicherweise sah sich Friedrich angesichts der Kreuzzugsvorbereitungen genötigt, um des Friedens willen auf seine Eroberungen wieder zu verzichten.[54]

4.5 Kreuzzugsvorbereitungen und die letzten Tage Herzog Friedrichs II.

Ganz sicher zwang der bevorstehende Kreuzzug den König, eine Unternehmung, die ihm bisher vordringlich schien, seinetwegen zurückzustellen. Konrad beabsichtigte wohl, zum Romzug aufzubrechen, um die päpstliche Herrschaft wieder durchzusetzen und endlich die Kaiserkrone zu erlangen.1144 setzten die Bewohner Roms nämlich einen Senat und einen Patricius als maßgebende Organe des bürgerlichen Stadtregiments ein, seit 1147 ideologisch unterstützt von Arnold von Brescia, einem radikalen Kirchenreformer, der leidenschaftlich für die Armut des Klerus und den Verzicht des Papstes auf jede weltliche Gewalt eintrat. Papst Eugen III., dem Bernhard von Clairvaux in seinem hohen Amt mit Ermahnung, Rat und tatkräftiger Hilfe beistand, verließ 1145 denn auch sofort nach seiner Wahl die Stadt, wandte sich an König Konrad mit der Bitte, er möge die römische Kirche vor ihren Widersachern schützen, und stieß offenbar durchaus auf Verständnis und Hilfsbereitschaft. Die Reisen, die Otto von Freising und Wibald von Stablo an den päpstlichen Hof unternahmen, dienten wohl dem Ziel, dort Konrads feste Entschlossenheit zu einem baldigen Romzug zu bekräftigen.[55] Doch soweit sollte es nicht kommen.

Ende 1144 war es dem türkischen Heerführer Zangi gelungen, die Stadt Edessa und den größten Teil des am oberen Euphrat gelegenen gleichnamigen Kreuzfahrerstaates zu erobern. Dieser Verlust war aus christlicher Sicht an sich schon höchst beklagenswert, er erschwerte zudem die künftige Verteidigung der übrigen Gründungen des ersten Kreuzzuges. So trugen Gesandtschaften aus den bedrohten Gebieten dem Papst ihren dringenden Wunsch um Hilfe vor, und Eugen III. forderte in der Tat König und Adel von Frankreich auf, die Christen im Heiligen Land militärisch zu unterstützen. Kurz danach, am Weihnachtsfest 1145, gab Ludwig VII. öffentlich seine Absicht bekannt, zu einem Feldzug nach Palästina aufzubrechen.

Am 1. März 1146 rief der Papst den König und alle Gläubigen Frankreichs erneut zur Verteidigung der Christen im Osten auf und, von ihm eigens zur Kreuzzugspredigt bevollmächtigt, wirkte Bernhard von Clairvaux dann bald als überaus erfolgreicher Werber für das Vorhaben. Seine Beredsamkeit faszinierte seine Zeitgenossen und ließ sie seinem Ruf folgen. Bereits am 31. März nahmen König Ludwig VII. und unzählige andere in Vézelay das Kreuz.[56] Da Eugen III. nicht an eine Palästinafahrt König Konrads dachte, sondern dringend auf seinen Romzug wartete, hielt sich Bernhard mit der Kreuzzugswerbung in Deutschland zunächst zurück. Als jedoch auch hier, besonders am Rhein, die Begeisterung für das Vorhaben stetig wuchs und überdies Hetzpredigten zu schlimmen Ausschreitungen gegen die jüdischen Einwohner führten, glaubte er schließlich, eingreifen zu müssen. Er zog, überall predigend und zur Kreuzfahrt aufrufend, an den Rhein und machte der Judenverfolgung ein Ende.

Vor allem aber bemühte er sich darum, König Konrad III. zur Teilnahme am Kreuzzug zu bewegen, gewiss weil er in ihm einen kompetenten Führer des Kreuzheeres sah und wohl zudem erwartete, dass das königliche Beispiel viele andere zur Nachahmung veranlassen werde. Konrad aber lehnte Bernhards dringenden Wunsch während einer ersten Begegnung im November 1146 in Frankfurt offenbar ab. Man darf annehmen, dass er seine Haltung mit den andauernden Konflikten im Inneren seines Reiches begründete, mit dem Zwist zwischen dem Staufer Friedrich III. und dem Zähringer Konrad etwa oder den fortdauernden Übergriffen Welfs VI.[57]

Bernhard ließ freilich auch weiterhin in seinem Eifer nicht nach. Auf Bitten des Konstanzer Bischofs Hermann reiste er in dessen Metropole, warb dort wie auch unterwegs für den Kreuzzug, und durchaus plausibel scheint, dass sich Welf bereits damals in Bernhards Gegenwart zur Kreuznahme entschloss, ehe er sie dann am 24. Dezember in Peiting feierlich vollzog.[58]

Konrad III., der die Kaiserkrönung als sein dringlichstes Ziel ansah, war sich grundsätzlich wohl im Klaren darüber, dass er als künftiger Kaiser und vornehmster Schützer der Christenheit an dem bevorstehenden Zug nach Palästina teilnehmen musste und dessen Leitung keinesfalls dem französischen König überlassen durfte, wenn er nicht seinem Ansehen empfindlich schaden wollte. Seine Abwesenheit vom eigenen Königreich drohte freilich zu ähnlich negativen Konsequenzen zu führen, sofern es nicht zuvor gelang, dort den Frieden so gut wie

4.5 Kreuzzugsvorbereitungen und die letzten Tage Herzog Friedrichs II.

möglich zu sichern. In der Tat bemühte er sich darum nach dem Frankfurter Treffen, und so spielten in dem Gespräch, das er mit seinem schwer erkrankten Bruder Friedrich Anfang Dezember in Alzey führte, die mit seiner eventuellen Kreuznahme zusammenhängenden Probleme vermutlich eine wichtige Rolle. Vielleicht kam die wünschenswerte Königswahl seines Sohnes Heinrich zur Sprache, vielleicht diskutierten die Brüder zudem darüber, wie sich der Konflikt zwischen Friedrich III. und dem Zähringer Konrad ohne Gefahr für des Herzogs ältesten Sohn und das schwäbische Herzogtum schlichten lasse.[59]

Dazu suchte Konrad sehr geduldig einvernehmliche Lösungen der strittigen Fragen, die mit Wibalds neuer Würde als Abt des Klosters Corvey zusammenhingen. Vor allem aber gelang nun die Beilegung des schweren Konfliktes zwischen Erzbischof Albero von Trier und Graf Heinrich von Namur-Luxemburg. Zu ihm war es gekommen, nachdem Konrad im Mai 1139 die von Albero dringend gewünschte Übertragung der Reichsabtei St. Maximin vor Trier an den Erzbischof vorgenommen hatte. Unzufrieden mit der ihm allein noch gebliebenen Vogtei, beanspruchte Heinrich daraufhin nämlich die uneingeschränkte Oberherrschaft über das Kloster. Erst weil schließlich auch der König entschieden gegen ihn Stellung bezog, begann er offenbar einzulenken. Die Friedensgespräche intensivierten sich, sodass Konrad III. Anfang Januar 1147 die Details der Einigung beurkunden konnte.[60]

Als Konrad einen Hoftag zum Weihnachtsfest 1146 nach Speyer berief, wusste er demnach dank seiner eigenen Bemühungen sowie aus Bernhards Berichten, dass für eine ganze Reihe jener Konflikte, die seinem Zug ins Heilige Land entgegenstanden, eine Lösung greifbar nahe war. Zwar bat er Bernhard vielleicht tatsächlich noch um einige Tage Bedenkzeit. Doch als dieser sich am 27. Dezember während der Predigt direkt an ihn wandte und ihn zur Fahrt in den Osten aufrief, entschloss er sich, offenkundig tief bewegt, dem Appell zu folgen, und nahm sofort vor den Augen aller Anwesenden aus Bernhards Hand das Kreuz. So schilderte er wohl doch sein echtes Empfinden, als er dem Papst auf dessen Klage, er sei vom königlichen Kreuzzugsbeschluss nicht unterrichtet worden, antwortete, der Heilige Geist habe damals sein Herz wundersam berührt und keine Zeit zur Überlegung oder Ratsuche gelassen.[61]

Dem Beispiel des Königs folgten viele Besucher des Hoftags, unter ihnen auch sein Neffe Friedrich III., nicht jedoch Herzog Konrad von Zähringen. Von diesem drohte dem jungen Friedrich während seiner Abwesenheit nun also ein Rachefeldzug mit Gefahren auch für das ihm anvertraute Wohl seiner Stiefmutter und seiner noch unmündigen Halbgeschwister. Herzog Friedrich, sein kranker, aber offenbar dennoch nach Speyer gekommener Vater, empörte sich darüber, wie Otto von Freising berichtet, dass Konrad seinem Neffen die Kreuznahme erlaubte. Dieser Vorwurf macht eigentlich nur Sinn, wenn Konrad nach des Herzogs Überzeugung bei ihrer Alzeyer Unterredung zugesagt hatte, er werde eine Situation, wie sie jetzt einzutreten schien, unbedingt verhindern.[62]

In den ersten Monaten des Jahres 1147 intensivierten sich die Kreuzzugsvorbereitungen. Bereits Mitte März tagten dann der König und die Großen des Reiches in Frankfurt, um letzte wichtige Beschlüsse zu fassen. Konrad verkündete einen im ganzen Königreich geltenden Landfrieden und erreichte, dass die Fürsten seinen erst zehnjährigen Sohn Heinrich zum König wählten. In der Pfalzkirche Karls des Großen zu Aachen empfing Heinrich kurz darauf, am 30. März, dem Sonntag Laetare, die Krone. Erzbischof Heinrich von Mainz sollte während Konrads Abwesenheit für seinen Sohn und das Reich Sorge tragen. So schien der Übergang der Königswürde vom Vater auf den Sohn gesichert. Freilich hatte der Wille der Fürsten zweifellos die entscheidende Rolle gespielt.[63]

Den im Sinne des Königs reibungslosen Ablauf der Frankfurter Versammlung drohte Heinrich der Löwe, der junge Herzog von Sachsen, empfindlich zu stören. In aller Öffentlichkeit forderte er nämlich das Herzogtum Bayern als Erbe für sich, da es seinem Vater widerrechtlich entzogen worden sei. Ein ausgerechnet in dieser Zeit ausbrechender neuer Streit über die bayerische Frage musste Konrads Kreuzzugsvorhaben schwer gefährden, und eben diese Zwangssituation gedachte der Herzog wohl zu nützen. Zwar akzeptierte er nach gutem Zureden des Königs schließlich dessen Wunsch, die Behandlung der Angelegenheit bis zu seiner Rückkehr aus dem Osten aufzuschieben. Doch dies änderte nichts daran, dass sich Konrad mit dem Problem der bayerischen Herzogswürde in absehbarer Zeit erneut auseinander zu setzen hatte.[64]

4.5 Kreuzzugsvorbereitungen und die letzten Tage Herzog Friedrichs II.

Eine weitere Schwierigkeit galt es sofort aus dem Weg zu räumen: die Weigerung der in Frankfurt erschienen sächsischen Fürsten, angesichts der ihnen unmittelbar benachbarten heidnischen Slawenvölker ins Heilige Land zu ziehen. Mochten sie ihr territorialpolitisches Interesse an den slawischen Gebieten oder die während des Kreuzzugs erhöhte Gefahr eines Angriffes von dort zum Grund ihrer Ablehnung bestimmen – ihre Haltung behinderte jedenfalls das Kreuzzugsprojekt. Vielleicht auf Vorschlag des Königs und der Fürsten verpflichteten sie sich schließlich immerhin dazu, einen Kreuzzug gegen ihre slawischen Nachbarn zu unternehmen. Der in Frankfurt anwesende Bernhard von Clairvaux billigte den Kompromiss, um den Zug nach Palästina zu sichern; er legte fest, dass für beide Unternehmungen die gleichen Regelungen gelten sollten, und forderte die Teilnehmer des Slawenkreuzzugs auf, die Heidenstämme entweder zum Christentum zu bekehren oder zu vernichten.[65]

Friedrich III., den die königlichen Urkunden nun erstmals als Herzog aufführten, gehörte ebenso zu den Besuchern des Frankfurter Hoftages wie Herzog Konrad von Zähringen. Wir erfahren indes weder, wie es damals um beider Beziehungen zueinander stand, noch ob Konrad schon damals das Kreuz nahm oder erst Ende April 1147 in Nürnberg. Dort nämlich versammelten sich neben den beiden süddeutschen Kontrahenten besonders viele sächsische Fürsten um den König. Es ging wohl vor allem um Einzelheiten des Slawenkreuzzugs, und für eben jene weniger riskante Alternative entschied sich schließlich auch Konrad.[66] So mochte der von Schmerzen gepeinigte Herzog Friedrich II. zwar eine gewisse Genugtuung empfinden, als ihn Bernhard von Clairvaux an einem der letzten Märztage zum Zeichen der Anteilnahme und Hochschätzung an seinem Krankenlager besuchte. Doch seine Sorge um das Schicksal von Frau, Kind und Erbe blieb ihm erhalten, bis er kurz danach am 6. April starb. In St. Walburg, dem von ihm geförderten Kloster am Nordrand des Heiligen Forsts, wurde er an der Seite Judiths, seiner ersten Gemahlin, bestattet.[67]

Friedrich II. wusste die besonderen Möglichkeiten, die ihm die Kaisernähe bot, sehr tatkräftig zu nützen, um seinen Landbesitz auszudehnen und ebenso zielstrebig seine herrscherlichen Rechte zu erweitern sowie seinen politischen Einfluss zu vergrößern. Dabei spielten die

Förderung von Klöstern und die Übernahme von Vogteien eine bedeutende Rolle. Natürlich bescherten ihm die Jahre als Vertreter des Kaisers zusätzliche Erfahrungen. Sie ließen ihn allerdings auch Heinrichs Schwächen deutlicher sehen und entschlossener als zuvor fürstliche Vorstellungen und Forderungen vertreten. Andererseits glaubte er 1125, wenig sensibel für das fürstliche Selbstverständnis, dass ihm aufgrund seiner Herkunft und seiner Leistungen ohne weiteres die Königskrone gebühre. Nach dem Scheitern seines gewaltsamen Aufbäumens gegen seine Niederlage fand er sich offenbar mit ihr ab und konzentrierte sich fortan wieder auf seinen engeren, herzoglichen Herrschaftsbereich, den er erfolgreich sicherte und ausbaute. Dabei profitierte er durchaus von der Kooperation mit seinem königlichen Bruder, den er notfalls auch seinerseits unterstützte. Friedrichs Wirken erhielt seine wesentliche Prägung gewiss durch das politische Problem seiner Zeit, den konfliktreichen Wandel der Machtverhältnisse zwischen Königtum und Fürsten; zweifellos gehörte er zu den herausragenden Akteuren in dem schwierigen Ringen um die Neugestaltung dieser Verhältnisse, vielleicht gerade weil er alle ins Gewicht fallenden Positionen, die fürstliche und die königliche wie auch die vermittelnde, zeitweise einnahm.

4.6 Konrads Kreuzzug; seine Begegnungen mit Kaiser Manuel von Byzanz

Ende Mai 1147 brach das in Regensburg um König Konrad versammelte Kreuzfahrerheer zu seiner zunächst entlang der Donau führenden Reise nach Osten auf; wenig später, im Juni, folgte ihm auf dem gleichen Weg König Ludwig VII. mit dem französischen Heer. Ungefähr zur gleichen Zeit zogen die sächsischen Kreuzritter gegen die Slawen. Eine Heeresabteilung wandte sich gegen die Abodriten, deren Fürst Niklot seine Burg Dobin am Schweriner See so hartnäckig verteidigte, dass sich seine Gegner mit einer für die Abodriten meist bedeu-

4.6 Konrads Kreuzzug; seine Begegnungen mit Kaiser Manuel von Byzanz

tungslos bleibenden Massentaufe zufrieden gaben und ihre Aktion abbrachen. Die andere Heeresgruppe marschierte über Havelberg nach Vorpommern. Als jedoch ihre Belagerung von Demmin (südwestlich von Greifswald) ebenso scheiterte wie ihr Vorstoß gegen Stettin, entschloss auch sie sich zur Aufgabe. Bereits im Herbst war der Slawenkreuzzug damit zu Ende.[68]

Gewiss erschwerten die Interessengegensätze zwischen den weltlichen Fürsten und ihren geistlichen Mitstreitern ein geschlossenes Handeln. Grundsätzlich jedoch empfanden die meisten wenig Neigung, das Land, das in ihren Planungen eine bedeutende Rolle spielte, durch einen Krieg zu verwüsten, und darin lag sicher der entscheidende Grund für das Resultat des Unternehmens.

Zumindest eine bemerkenswerte Folge hatte es indes. Der sächsische und der zähringische Herzog kamen wohl überein, künftig enger zusammenzuwirken und noch im Jahr 1147 heiratete Heinrich der Löwe Clementia, die Tochter Konrads von Zähringen. Konrad mochte auf Heinrichs Beistand bei neuen Streitigkeiten mit Herzog Friedrich III. hoffen, der Löwe auf zähringische Unterstützung seiner bayerischen Ambitionen.[69]

Konrad III. und sein Heer hatten inzwischen Ungarn hinter sich gelassen und zogen seit Ende Juni durch das byzantinische Reich. Dort führten Plünderungen und Streitigkeiten mit der Bevölkerung immer wieder zu ernsten Konflikten. Anfang September zerstörte überdies kurz vor Konstantinopel ein schweres Unwetter das Lager des Kreuzheeres und viele Menschen ertranken. Allein Herzog Friedrich III. und sein Onkel Welf VI. blieben mit ihren Gefolgsleuten von allem Schaden verschont, weil sie ihre Zelte gemeinsam etwas erhöht aufgeschlagen hatten. Otto von Freising sah in der Katastrophe deshalb zugleich ein Beispiel dafür, dass Friedrich bereits in seiner Jugend unter dem besonderen Schutz Gottes stand.[70]

Wohl um den 10. September 1147 schlugen die Kreuzfahrer im Norden Konstantinopels ihr Lager auf. Eine persönliche Begegnung Konrads und Manuels kam nicht zustande. Sie vermochten sich offenbar nicht auf eine Empfangszeremonie zu einigen, die die Gleichrangigkeit ihrer Stellung für beide gleichermaßen befriedigend zur Geltung brachte. So ergab sich die doch recht eigenartige Situation, dass Konrad weder Schwägerin noch Schwager sah. Immerhin ermöglichte Manuel Ende September die Überfahrt des Heeres über den Bosporus und dessen Weitermarsch nach Nicaea (Iznik).[71]

Von dort aus führte Otto von Freising einen kleineren Truppenteil an der Küste entlang weiter, während der König mit dem Haupteer über Iconium (Konya) direkt nach Edessa vorzustoßen gedachte. Ottos Abteilung verließ jedoch gleichfalls die Küstenroute und wurde bei Laodikeia (nördlich von Denizli) in einen äußerst verlustreichen Kampf mit türkischen Angreifern verwickelt. Die Überlebenden schlugen sich danach zwar noch nach Süden zur Mittelmeerküste durch, fanden dort jedoch meist den Tod. Nur wenige, unter ihnen Otto von Freising, konnten sich im Frühjahr 1148 zu Schiff nach Palästina retten.[72]

Noch schneller scheiterte das Heer des Königs. Von seinem griechischen Führer offenbar falsch beraten, litt es bald empfindlich unter Hunger und Durst, und das erste ernsthafte Gefecht mit dem seldschukischen Gegner bei Dorylaeum (nördlich von Eskisehir) endete mit einer schmerzlichen Niederlage. Rasch schien die Sache so aussichtslos, dass sich König und Fürsten zum Rückzug nach Nicaea entschlossen. Zugleich sandte Konrad seinen Neffen Friedrich III. in das Lager König Ludwigs VII., um Hilfe zu erbeten. Der junge Herzog gehörte nun offenbar trotz seiner Nähe zu Welf VI. zum Kreis der engsten Vertrauten des Königs.

Das französische Kreuzheer hatte eben damals den Bosporus überquert und erfuhr durch Friedrich nun vom schlimmen Schicksal der Deutschen. Natürlich entsprach diese Situation in keiner Weise dem Selbstverständnis König Konrads, der als künftiger Kaiser gegenüber Frankreichs König einen übergeordneten Rang beanspruchte. In seinem Bericht an Wibald von Stablo hob er dennoch die ehrenvolle Behandlung hervor, die er von König Ludwig erfahren habe.

In der Tat schildert auch Odo von Deuil, der Kaplan Ludwigs, ziemlich genau, wie einfühlsam Ludwig Konrads Rang und Würde beachtet habe und er selbst nennt Konrad stets *imperator*. Andererseits machte freilich gerade Ludwigs betonte Hilfsbereitschaft bei seinem Besuch in Konrads Lager dessen Schwäche und die damit verbundene Minderung seiner Autorität unübersehbar deutlich.[73]

4.6 Konrads Kreuzzug; seine Begegnungen mit Kaiser Manuel von Byzanz

Konrad entschloss sich zwar, gemeinsam mit Ludwig erneut aufzubrechen. Doch die Deutschen empfanden vor allem den französischen Spott über ihr militärisches Desaster als kränkend, und ihrem König fiel es immer schwerer, die Situation, die er als ständige Herabsetzung seiner und seines Reiches Ehre wahrnahm, noch weiter zu ertragen. Als er dann auch noch ernstlich erkrankte – vermutlich an Malaria Tertiana, die ihn seitdem immer wieder heimsuchen sollte –, konnte er an eine Fortsetzung des Unternehmens schon deswegen nicht mehr denken. So trennten sich die Wege nach der gemeinsamen Feier des Weihnachtsfestes in Ephesus (Efes) bereits wieder. Ludwig zog weiter nach Süden, wurde bei Laodikeia geschlagen und musste sich mit dem Rest seiner Truppen auf byzantinischen Schiffen nach Antiochia (Antakya) retten.

Konrad aber begab sich nach Konstantinopel, vielleicht von Kaiser Manuel persönlich geleitet. Jedenfalls bereiteten Kaiser und Kaiserin ihrem Gast einen angemessenen und äußerst harmonischen Empfang. Der Hof feierte Konrads Anwesenheit mit glanzvollen Festen und die kaiserlichen Ärzte pflegten den Kranken so sachkundig, dass er sich im März zur Überfahrt nach Jerusalem imstande fühlte. Sein kaiserlicher Schwager stellte die nötigen Schiffe zur Verfügung sowie Geld für ein neues Heer.[74]

Das geschah indes nicht ohne Gegenleistungen. Voller Dankbarkeit verpflichtete sich der König offenbar konkreter als früher, von Palästina nach Konstantinopel zurückzukehren, um mit Manuel militärisch gegen Roger II. vorzugehen, der des Kaisers Gebundenheit durch die Kreuzheere zum Überfall auf griechische Städte genutzt hatte. Vermutlich versprach Konrad damals zudem, seinem Schwager einen Teil der künftigen unteritalienischen Eroberungen als Mitgift Eirenes zu überlassen. Allerdings berichtet allein Kinnamos von dieser zusätzlichen Abmachung und dies recht knapp.[75]

Konrad III. gelangte, begleitet unter anderem von Friedrich III., Heinrich Jasomirgott und Welf VI., Mitte April 1148 nach Jerusalem. Er besuchte die heiligen Stätten, kam mit König Balduin III. von Jerusalem, den Templern und anderen wichtigen Repräsentanten des Landes überein, im Juli gemeinsam gegen Damaskus zu ziehen, und bemühte sich, Ritter mit Manuels Geld anzuwerben. Inzwischen hatte der französische König Ludwig den Fürsten Raimund von Antiochia im Streit verlassen, weil er mit seiner kleinen Truppe nicht zu einem Feldzug gegen Aleppo bereit war und zudem das vertrauliche Einvernehmen zwischen seiner Frau Eleonore von Aquitanien und ihrem fürstlichen Onkel Raimund höchst misstrauisch registrierte.

In Akkon traf Ludwig mit Konrad III. zusammen und stimmte der geplanten Aktion gegen Damaskus zu. Ein Feldzug gegen Edessa kam wohl der Entfernung wegen nicht mehr in Frage, da viele Mitkämpfer nur bis zum Herbst im Land zu bleiben gedachten. Zudem traten die Großen des Königreiches Jerusalem, wenig interessiert an fernen Zielen, ohnehin eindeutig für den Angriff auf Damaskus ein. Gerade sie aber drohten mit diesem Vorstoß einen wichtigen Bundesgenossen zu verlieren, denn Damaskus hatte in den vergangenen Jahren auf ein gutes Verhältnis zu Jerusalem Wert gelegt.

Der Angriff der drei Könige auf Damaskus scheiterte kläglich. Schon nach kaum einer Woche brachen ihre Streitkräfte die Belagerung der bestens befestigten Stadt ab. Die auf rasche Heimkehr bedachten palästinensischen Barone gaben ihren Kampfgenossen wohl absichtlich den falschen Rat, das Lager an eine angeblich besser geeignete Stelle zu verlegen. Dort aber zwangen dann Hitze, Wasser- und Nahrungsmangel die Belagerer rasch zum Abzug.[76]

Der totale Misserfolg des so energisch und hoffnungsvoll vorbereiteten Kreuzzugs bedurfte der Erklärung. Otto von Freising tadelte knapp aber unmissverständlich, dass die beiden Könige Ludwig und Konrad einander voller Hochmut und Ehrsucht zu begegnen pflegten, andere verwiesen auf die mangelnde Kooperationsbereitschaft der Byzantiner und der palästinensischen Großen wie auch auf die belastenden Wetterverhältnisse oder führten das Scheitern auf die menschliche Sündhaftigkeit zurück. Natürlich musste Bernhard von Clairvaux besonders heftige Kritik erdulden, hatte er doch so leidenschaftlich wie niemand sonst für das Unternehmen geworben. Bei weitem nicht jedermann ließ sich von seinen Rechtfertigungsversuchen überzeugen, und die Begeisterung für die Kreuzzugsidee war für geraume Zeit dahin.[77]

Konrad III. trat Anfang September 1148 von Akkon aus zu Schiff die Heimreise an und besuchte zunächst wohl in Thessalonike den byzantinischen Kaiser. Die Unterredungen mussten allerdings bald unter-

4.6 Konrads Kreuzzug; seine Begegnungen mit Kaiser Manuel von Byzanz

brochen werden, weil Konrad einen schweren gesundheitlichen Rückschlag erlitt. Erst im März 1149 kamen sie zum Abschluss. Die Verhandlungspartner erneuerten ihr Bündnis gegen Roger II. Der für das kommende Jahr vereinbarte gemeinsame Feldzug gegen Roger sollte nur dann verschoben werden, wenn einer der Vertragschließenden starb oder schwer erkrankte. Nach dem Bericht des Kinnamos erinnerte Manuel Konrad auch an seine frühere, also vermutlich Anfang 1148 gemachte Zusage, ihm Italien als Mitgift der Eirene zu übergeben, worauf der König und Friedrich dieses Versprechen gleichfalls eidlich bekräftigten. Detaillierte Regelungen erwähnt unser Gewährsmann indes nicht. Schließlich feierte man die Vermählung des bayerischen Herzogs Heinrich Jasomirgott mit Theodora, einer Nichte Kaiser Manuels. Manuel wie Heinrich mochten sich von der Verbindung Rückhalt gegenüber Ungarn erhoffen, Heinrich sah in ihr zudem gewiss eine Aufwertung seines Rangs und Ansehens.[78]

Später als Konrad, im Frühjahr 1149, trat Ludwig VII. die Heimfahrt an. In Unteritalien führte er Gespräche mit dem eigens herbeigeeilten König Roger. Doch weder diese Begegnungen noch Rogers spätere Bemühungen um eine gemeinsame Aktion gegen Byzanz führten zu greifbaren Ergebnissen.[79] Desto erfolgreicher verliefen indes die Verhandlungen des sizilischen Königs mit Welf VI.

Welf hatte bereits im Juli 1148 die Kreuzfahrer verlassen, vermutlich um in Deutschland ungehindert den weiteren Kampf um seine herzogliche Würde vorzubereiten. In Sizilien traf er Roger II., der das gegen Konrad gewandte Bündnis mit ihm verlängerte und ihn mit den nötigen Finanzmitteln für seine Aktivitäten ausstattete. Offenbar gab Roger damals Welfs Begleitern überdies Briefe mit auf den Weg, um gewisse Fürsten zur Erhebung gegen Konrad aufzustacheln. Die Dokumente wurden freilich in Rom abgefangen. Roger aber erreichte trotz der kleinen Briefpanne sein Ziel, König Konrad durch Welfs militärische Aktivitäten an einem ihm gefährlich werdenden Auftreten in Italien zu hindern. In der Tat begann Welf bald gegen den König vorzugehen. Friedrich III., den Konrad nach Deutschland vorausgeschickt hatte, damit er dort für geordnete Verhältnisse sorge, scheint sich auch entsprechend eingesetzt zu haben. Von einem direkten Eingreifen gegen Welf hören wir allerdings nichts.[80]

4.7 Des Königs Sorgen in Deutschland; seine Verbindung mit dem byzantinischen Kaiserhaus und seine Bemühungen um die Kaiserkrönung

Im Mai 1149 betrat König Konrad wieder den Boden seines Reiches. In Salzburg versammelten sich die Großen aus der weiteren Umgebung um ihn, Anfang Juni in Regensburg. Vermutlich ging es dem Herrscher bei diesen Treffen vor allem darum, sich den Rückhalt der Anwesenden gegen Welf VI. zu sichern. Vielleicht sollte die Zusammenkunft, zu der er die Fürsten Sachsens zum 25. Juli nach Würzburg einlud, dem gleichen Ziel dienen. Doch seinem Ruf folgten offenbar neben Albrecht dem Bären nur minder einflussreiche Adlige und Ministerialen.[81]

Wenigstens äußerlich beeindruckend verlief dann der große Hoftag, zu dem sich im August 1149 zahlreiche Fürsten in Frankfurt einfanden. Albero, der Trierer Erzbischof, tat sich bei dieser Gelegenheit besonders hervor; er reiste nämlich, begleitet von zwei Herzögen und acht Grafen, mit einem riesigen Gefolge auf vierzig Wohnschiffen an.[82] Der sachliche Ertrag der Frankfurter Verhandlungen scheint allerdings nicht ganz so spektakulär gewesen zu sein. Durchaus erfreulicherweise bemühte sich der anwesende Kardinal Guido, der päpstliche Legat in Polen, auf Wunsch Konrads darum, die Rückkehr seiner babenbergischen Schwester Agnes und ihres Gatten Herzog Wladyslaw in ihre polnische Heimat in die Wege zu leiten. Weder der Bann noch das gleichzeitig verhängte Interdikt änderten freilich etwas an der misslichen Lage der Vertriebenen.[83] Der König selbst führte auf eine Klage der Abtei Saint-Remi in Reims hin die grundsätzliche Klärung wichtiger mit der Ausübung der Klostervogtei zusammenhängender Rechtsfragen herbei, sodass ihm Wibald von Stablo-Corvey einen auffallenden Eifer für die Rechtsprechung und die Gerechtigkeit zuschrieb.[84] Zugleich beklagte er seinerseits den Widerstand gegen die Übertragung der Reichsklöster Kemnade und Fischbeck (beide an der oberen Weser) an die Abtei Corvey, die anläßlich seiner Wahl zum dortigen Abt von Konrad vorgenommen worden war. Zwar setzte sich

4.7 Des Königs Sorgen in Deutschland

Konrad erneut für die Rechte Corveys ein, doch der Streit ging weiter und Fischbeck blieb am Ende selbständig.[85] Auch wenn derartigen Bemühungen des Königs der erhoffte konkrete Erfolg keineswegs immer beschieden war, so motivierten sie wohl doch seine unentbehrlichen Ratgeber zur weiteren engagierten Mitarbeit. Freilich blieben zentrale Probleme ungelöst, und die in Frankfurt von Konrad angekündigte Romreise seines Kanzlers Arnold und Abt Wibalds, die wohl seinen eigenen Romzug in die Wege leiten sollte, kam nicht zustande.[86]

Zwischen König Konrad und Papst Eugen III. herrschte auch nach dem Kreuzzug grundsätzlich Einvernehmen, erwartete der Herrscher doch vom Papst die längst geplante Kaiserkrönung und dieser vom künftigen Kaiser die Wiederaufrichtung der päpstlichen Stadtherrschaft in Rom. Freilich weckte Konrads enge Zusammenarbeit mit Byzanz das päpstliche Misstrauen, zumal als deren Konsequenz die dauerhafte byzantinische Präsenz in Unteritalien zu drohen schien. Umgekehrt reagierte der König offenbar mit einem gewissen Unwillen auf die seit Mitte 1149 zu beobachtenden Kontakte des Papstes mit Roger II. und dachte wohl sogar daran, eine Gesandtschaft nicht nur zu Verhandlungen mit dem Papst, sondern auch zu Gesprächen mit den Führern der Kommune nach Rom zu senden.[87]

Doch die Kommune kam ihm zuvor. Als sich Eugen III. nämlich dazu durchrang, von Roger militärische Hilfe gegen die Römer anzunehmen, wandten sich diese ihrerseits mit einem ausführlichen Schreiben direkt an Konrad. In völligem Einklang mit seinen Vorstellungen von dem ihm zustehenden Rang gingen sie ganz selbstverständlich davon aus, dass ihm von Gott mit der Königskrone auch die Kaiserwürde und die Herrschaft über das Imperium Romanum übergeben worden sei. Dessen Glanzzeit gelte es zu erneuern. Schon tage der Senat wieder, mache der Kampf gegen die Feinde von Kaiser und Reich unübersehbare Fortschritte. Nun aber bedürfe es der tatkräftigen Mithilfe Konrads, damit er, von den Römern zum Kaiser gekrönt, von Rom aus sein Deutschland und Italien umfassendes Reich künftig unbehindert regieren könne.[88]

Die Repräsentanten der Kommune waren auf die Billigung ihrer Konzeption durch Konrad und auf seine Bereitschaft angewiesen, aktiv an deren Realisierung mitzuwirken, und daran war eigentlich nicht zu denken. Konrad wünschte wie seine kaiserlichen Vorgänger mit seiner Kaiserkrönung durch den Papst vor aller Öffentlichkeit deutlich zu machen, dass seine Erhebung den Willen Gottes erfülle und verwirkliche. Eine vergleichbare Legitimierung vermochten ihm die Römer nicht zu bieten. Überdies hätte ihm die Annahme ihres Vorschlags die Gegnerschaft des dann verstärkt auf die Monarchen Westeuropas angewiesenen Papstes wie wohl auch der Geistlichkeit eingebracht und nicht zuletzt die Missbilligung seiner Ratgeber und Helfer in Deutschland. Der König ließ das Schreiben folglich ebenso unbeantwortet wie zwei etwas später eintreffende Briefe ähnlichen Inhalts. Kurz darauf musste die römische Kommune den Papst wieder als Stadtoberhaupt anerkennen; sie erreichte aber immerhin, dass ihre Organe weiterbestanden.[89]

König Konrad war in den letzten Augusttagen erneut an der Malaria erkrankt. Sie suchte ihn offenbar in Schüben bis zum Frühjahr 1150 heim, schränkte seine Aktivität spürbar ein und trug vielleicht auch bei zu der distanzierten Haltung seinen bewährten Beratern gegenüber, die Wibald in jenen Tagen zu spüren glaubte.[90]

Damals hatte sich Welf VI. offenbar entschlossen, mit einem kühnen militärischen Schlag endlich die ihm gebührende herzogliche Stellung zu erringen. Anfang Februar 1150 drang sein Heer tatsächlich in königliches Gebiet bis zur Burg Flochberg (östlich von Nördlingen) vor und trat dort allzu unvorsichtig den Rückzug an. Dies nützten die in der Nähe zusammengezogenen königlichen Truppen, die Konrads Sohn, der sicherlich von kampferfahrenen Männern beratene dreizehnjährige König Heinrich, anführte. Sie attackierten ihre Feinde, schlugen sie in die Flucht und nahmen viele von ihnen gefangen.[91]

Die Nachricht von diesem wichtigen Sieg über den gefährlichsten Gegner des Königs verbreitete sich bereits kurz nach der Schlacht in Speyer, wo Konrad einen Hoftag abhielt, und er erwähnte das Ereignis gleich noch am Schluss eines eben an Kaiser Manuel abgehenden Schreibens. Einen ausführlichen Bericht mit der Schilderung der glanzvollen Bewährung seines Sohnes Heinrich sandte er etwas später zudem der Kaiserin Eirene, die gleichzeitig auch von dem jungen Helden selbst, ihrem Neffen, über den Verlauf der Dinge unterrichtet wurde.

4.7 Des Königs Sorgen in Deutschland

Wibald von Stablo, der Verfasser aller dieser Dokumente, informierte seinerseits sofort Papst Eugen über den Flochberger Triumph, der nun einen baldigen Italienzug des Königs ermögliche, und seinem Freund, dem Kanzler Arnold von Wied, kündigte er an, dass der wieder aktive König plane, eine Gesandtschaft nach Rom zu senden.[92] In der Tat drängte Konrad jetzt auf eine zügige Vorbereitung seiner Kaiserkrönung. Die dem Papst erneut angekündigte Entsendung einer hochrangigen Delegation stieß allerdings auf Schwierigkeiten. Der königliche Kanzler Arnold, der mit Wibald zusammen für diese Aufgabe vorgesehen war, fürchtete offenbar, in Rom auch Kontakte zur Kommune knüpfen zu müssen; vor allem aber wollte er wohl zur Sicherung seiner Interessen in Köln zugegen sein, wenn es dort zu einer Neuwahl des Erzbischofs kommen würde. Im Übrigen sah er sich außerstande, die Kosten einer Italienfahrt aufzubringen, und zumindest diese Sorge teilte Wibald mit ihm. So reiste zunächst der Kanzleinotar Heinrich von Wiesenbach im königlichen Auftrag an die Kurie, dem im Herbst 1150 die Bischöfe von Konstanz und Basel folgten; ein greifbares Ergebnis scheinen diese Missionen jedoch nicht erbracht zu haben.[93]

Des Königs geistliche Berater standen zweifellos vor einem gewissen Dilemma. Während Konrad erwartete, dass sie sich, ohne sein enges Verhältnis zu Byzanz zu berühren, mit dem Papst über seine Kaiserkrönung einigten, hielten führende französische Geistliche wie Bernhard von Clairvaux einen Vergeltungsschlag gegen das verräterische Byzanz oder einen neuen Kreuzzug für vordringlich, bauten bei deren Realisierung auf die tatkräftige Unterstützung Rogers II. und suchten deshalb Konrad III. zum Verzicht auf jede Feindseligkeit gegen diesen der Kirche gerade jetzt so nützlichen Herrscher zu bewegen. Einflussreiche Kardinäle wandten sich im gleichen Sinn an den König oder betrachteten es doch als selbstverständlich, dass hoch geschätzte Geistliche wie etwa Wibald alles taten, um Konrad von seinem gefährlichen Bund mit dem byzantinischen Kaiser abzubringen und zur Annäherung an Roger zu bewegen. Wibald entgegnete auf diese Ermahnungen beruhigend, doch auch etwas unbestimmt, er habe den König, von dessen Vertrag mit Byzanz die Kirche nichts befürchten müsse, in intensiven Gesprächen bereits zum demütigen Gehorsam zurückführen können. Wenn er dann aber bekannte, ähnlichen Einfluss vermöge er hinsichtlich des Verhältnisses zu Roger II. derzeit nicht zu nehmen, da ihm des Papstes Haltung dazu noch nicht klar sei, so war dies anscheinend keine Ausflucht. Sein Briefpartner, der Kardinaldiakon Guido, antwortete ihm nämlich Ende Juni 1150, Papst Eugen habe von den Bemühungen um eine Aussöhnung Konrads mit Roger gar nichts gewusst. Gleichzeitig schrieb der Papst an Konrad selbst, er erwarte mit Freude seine Gesandtschaft.[94]

Konrad und seine Berater waren also wohl mit einem gewissen Recht der Meinung, des Königs enge Verbindung mit Manuel und geordnete Beziehungen zum Papst schlössen sich grundsätzlich nicht aus. Andererseits mussten sie sich spätestens seit dem Herbst 1149 dessen bewusst sein, dass ein Übergang auch nur von Teilen Süditaliens in byzantinische Herrschaft von der Kirche als existenzielle Bedrohung betrachtet wurde,[95] und so verwundert es etwas, dass Wibald wenige Monate darauf eine Gefährdung kirchlicher Interessen durch Byzanz offenbar gerade nicht sah.

Seine Zuversicht hängt wahrscheinlich mit jener Serie von Briefen zusammen, die im April 1150 von Würzburg aus an das byzantinische Kaiserpaar hinausgingen. Offensichtlich sollten diese Briefe, indem sie das anhaltende Interesse des deutschen Königs an einem engen, vertrauensvollen Zusammenwirken bekundeten, das Kaiserhaus günstig stimmen für das eigentliche Anliegen Konrads, das er der Eirene am Schluss seines ausführlichen Briefes vortrug. Er teilte ihr dort nämlich mit, er wolle die verwandtschaftlichen Bande sofort in der Weise verwirklichen, dass sein Sohn Heinrich unverzüglich eine Nichte Manuels zur Frau nehme.[96]

Obwohl Konrad seine Adressatin an die ihr ja bekannte Übereinkunft vom Frühjahr 1149 nur pauschal erinnerte, legen seine knappen Worte doch die Vermutung nahe, dass man bereits damals die Vermählung des jungen Königs Heinrich mit einer Nichte Kaiser Manuels verabredet hatte. Allerdings war manches offen geblieben. Konrad kündigte denn auch an, Graf Alexander von Gravina begebe sich, um die noch nötigen Abmachungen zu treffen, in Kürze nach Byzanz.[97]

Die auffallende Eile, mit der Konrad gerade jetzt auf die rasche Heirat seines Sohnes drängte, lässt annehmen, dass er hoffte, auf diesem Wege könne er sein Mitgiftversprechen für Eirene ablösen und damit

4.7 Des Königs Sorgen in Deutschland

die Besorgnis des Papstes über eine drohende byzantinische Festsetzung in Unteritalien sowie die daraus für seine Kaiserkrönung erwachsenden Schwierigkeiten aus der Welt schaffen. Folgerichtig kann man vermuten, dass Konrad in die noch zu fertigende Endfassung des Heiratsvertrages eine Regelung eingefügt wissen wollte, nach der die ursprünglich Eirene als Mitgift versprochenen Landanteile als Mitgift der künftigen Gemahlin Heinrichs an diesen zurückfallen sollten, oder aber, dass man eine solche Regelung bereits im März 1149 ins Auge fasste.[98]

Die Sicherheit, mit der Konrad und seine Ratgeber anscheinend glaubten, für eine derart bedeutsame Entscheidung in kürzester Frist die Zustimmung ihrer byzantinischen Partner zu erhalten, spricht gewiss für die zweite Möglichkeit, und als Hinweis auf ein problemloses Einvernehmen müsste es auch gelten, wenn Heinrichs Braut tatsächlich, wofür es Anhaltspunkte gibt, schon im Frühherbst 1150 in Deutschland eingetroffen wäre und dort vom Tod Heinrichs erfahren hätte.[99] Freilich sind die Formulierungen der einschlägigen Briefe dort, wo es um Heinrichs Heiratsvertrag geht, meist zu allgemein gehalten, als dass sie wirklich präzise Aussagen über den Inhalt der erwähnten Vereinbarungen erlauben würden. Wir wissen leider auch nichts über den Inhalt der dann in Byzanz geführten Verhandlungen, die nach dem überraschenden Tod des vermutlich im September 1150 verstorbenen Königs Heinrich[100] gewiss abgebrochen wurden.

Wibalds Brief an Konrad III. vom August 1150, genauer: seine dortige Bemerkung, eine Gesandtschaft zum Papst mache jetzt noch keinen Sinn, weil man noch nichts über die Unterredungen des Grafen Alexander mit Kaiser Manuel wisse,[101] verrät immerhin, welch entscheidende Bedeutung man im Umfeld des Königs dem Ergebnis der Gespräche in Byzanz für den Verlauf der Unterredungen an der Kurie zumaß. Eine derartige Abhängigkeit konnte ihre Ursache eigentlich nur in der Unteritalienfrage haben.

Wie ernst der König dieses Problem offensichtlich nahm, das zeigt der wahrscheinlich im September 1151 auf Wibalds Rat hin im Zusammenhang mit dem Romzugsplan gefasste Entschluss des bald Sechzigjährigen, nun selbst eine byzantinische Prinzessin zu heiraten. Der deshalb nach Byzanz gesandte Bischof Albert von Meißen starb jedoch während der Reise und Konrad bald darauf ebenfalls.[102]

Ungelöst blieb indes auch der Streit um die bayerische Herzogswürde. Bei den vielleicht noch im Februar 1150 stattfindenden Beratungen über das weitere Vorgehen riet Wibald, Welf in einem letzten, entscheidenden Feldzug zur endgültigen Aufgabe zu zwingen. Er stieß mit seinem Vorschlag allerdings auf den starken Widerstand einer vielleicht von Konrad von Zähringen angeführten Fürstengruppe. Man kam zu keiner Einigung, und so geschah zunächst überhaupt nichts.[103]

Erst dem Vermittlungsgeschick Herzog Friedrichs gelang es dann vermutlich Ende 1151, zwischen König Konrad und Welf VI. eine Einigung herbeizuführen. Welf verzichtete auf alle weiteren Bemühungen um die bayerische Herzogswürde, der König übertrug ihm Einkünfte aus Reichsgut sowie das Dorf Mertingen (südlich von Donauwörth) und schließlich schenkten beide Seiten ihren Gefangenen die Freiheit.[104]

Soweit sich dies überhaupt beurteilen lässt, stand Friedrich seinem welfischen Oheim seit jeher etwas näher als dem staufischen. Vermutlich hatte er für Welfs Anspruch auf herzoglichen Rang und speziell auf die bayerische Herzogswürde mehr Verständnis als für die Erhebung von Heinrich Jasomirgott, zumal er die Bevorzugung, die sein königlicher Onkel seiner babenbergischen Verwandtschaft zuteilwerden ließ, wohl ganz generell ohne große Sympathie beobachtete. Andererseits scheint er während des gemeinsamen Kreuzzugs loyal an Konrads Seite aufgetreten zu sein und dessen Vertrauen als umsichtiger und verlässlicher Ratgeber in hohem Masse gewonnen zu haben. Welfs neuerlichen Aufruhr gegen den König verfolgte er denn auch aus neutraler Distanz. So wurde er, auf Ausgleich und Versöhnung zwischen seinen zerstrittenen Verwandten bedacht, zum idealen Friedensstifter zwischen ihnen.[105]

Heinrich der Löwe hatte sich während Konrads Abwesenheit auf dem Kreuzzug bemüht, seine Stellung in Sachsen und vor allem nördlich der Elbe auszubauen. Er geriet darüber erneut in Streit mit Hartwig von Stade, seit kurzem Erzbischof von Bremen, der dem nordelbischen Raum eine neue kirchliche Ordnung zu geben gedachte. Wie er nahm jedoch auch der Herzog in dieser Angelegenheit Kontakte mit dem Papst auf, und um ihm zuvorzukommen, weihte Hartwig im September 1149 kurz entschlossen Bischöfe in Oldenburg und Mecklenburg. Sein Vorgehen widersprach allerdings dem Wormser Konkordat. Diesen Mangel machte sich der Herzog sofort zunutze, er beanspruchte seinerseits das Investiturrecht und dem massiven Druck des Herzogs mussten sich die Bischöfe schließlich beugen. Heinrich der Löwe übte künftig nördlich der Elbe der Kirche gegenüber also königliche Rechte aus.[106]

In die Auseinandersetzung seines Onkels Welf mit dem König um das bayerische Herzogtum griff der Herzog von Sachsen nicht ein. Offenbar gab es zwischen Oheim und Neffen manche Meinungsverschiedenheit, und was die Herzogswürde in Bayern anlangte, betrachtete Heinrich Welf VI. wohl als seinen Konkurrenten.[107] Vielleicht nicht zufällig im Sommer 1150, also nach Welfs Flochberger Niederlage, nannte er sich erstmals Herzog von Bayern und Sachsen. Da dies in einem Brief an Wibald geschah, wurde gewiss auch Konrad III. spätestens jetzt deutlich, dass Heinrich seine im März 1147 nur vertagte Forderung nicht aufgegeben hatte.[108]

In der Tat lud der König den Herzog auf Rat der Fürsten zum 13. Januar 1151 auf einen Hoftag nach Ulm, wo über sein Anliegen entschieden werden sollte. Doch Heinrich setzte offenbar keine große Hoffnung auf dieses Verfahren. Er erschien nicht, leistete auch einer neuerlichen Ladung im Juni 1151 keine Folge und blieb schließlich dem Würzburger Tag im September ebenfalls fern. Statt dessen versuchte er, Bayern mit Waffengewalt in seine Hand zu bringen. Allzu viel vermochte er freilich nicht auszurichten, da der König seinen Bruder Heinrich Jasomirgott wirkungsvoll unterstützte. Dem Ruf sächsischer Fürsten folgend, zog Konrad schließlich sogar nach Norden. Allerdings kehrte er rasch wieder um, als es Heinrich gelungen war, sich nach Braunschweig durchzuschlagen. Das ›Bayernproblem‹ blieb also weiterhin ungelöst.[109]

Mit Freude erfuhr der König indes, dass sein Kanzler Arnold von Wied nach der Wahl zum Erzbischof von Köln deren Annahme erst in seiner Gegenwart auszusprechen gedachte. So machte er im April 1151 Halt in Köln und vollzog dort glanzvoll vor Klerus und Volk die Investitur Arnolds mit den Regalien des Bistums und denen des Herzogtums. Vermutlich wollte der Herrscher auf diese Weise den Verband der erzbischöflichen Lehnsleute bezeichnen und zugleich dessen übergeordnete Bindung an den König öffentlich sichern. In der Pfalz Nimwegen aber wartete auf Konrad der erbitterte Streit zweier Bewerber um die Bischofswürde zu Utrecht. Erst im Juli gelang es ihm schließlich, den von ihm bevorzugten Kandidaten durchzusetzen.[110] Trotz solcher Widrigkeiten trat nun die Realisierung des Romzuges mehr und mehr in den Vordergrund. Bereits auf dem Regensburger Hoftag im Juni 1151 billigten die Fürsten den von Konrad geplanten Zug nach Italien, und Mitte September bekräftigten die in Würzburg Versammelten eidlich ihre Absicht, ihren König auf seiner Romfahrt zur Kaiserkrönung zu begleiten. Als Aufbruchsdatum legte man offenbar den 8. September 1152 fest. Erzbischof Arnold von Köln, Abt Wibald und der Kanzleinotar Heinrich von Wiesenbach klärten in Rom und anderen Städten die Details des Unternehmens, während Konrad brieflich den Papst, die Römer und die Stadt Pisa über den Stand der Dinge informierte. Die Pisaner bat er um die Bereitstellung von Schiffen für das ins Auge gefasste Sizilienunternehmen und versprach angemessene Belohnung. Mit wenig Begeisterung lasen dagegen wohl die Repräsentanten der römischen Kommune die recht späte Antwort Konrads auf ihren Brief, denn der König würdigte die ihm seinerzeit unterbreiteten Vorschläge keines Wortes.[111]

Anfang Januar 1152 gelang dem König vermutlich noch die Versöhnung mit Konrad von Zähringen auf dem königlichen Hoftag in Konstanz, wo dieser dann freilich starb. Schwer erkrankte kurz darauf von neuem auch Konrad selbst. Er reiste zwar trotzdem noch nach Bamberg, um den am 2. Februar beginnenden Hoftag zu leiten, starb dort jedoch bereits am 15. Februar. Auf dem Sterbebett hatte er die Reichsinsignien und seinen etwa siebenjährigen Sohn Friedrich der Obhut seines Neffen Friedrichs III. anvertraut. Nicht in Lorch fand er seine letzte Ruhestätte, sondern in Bamberg, an der Seite Kaiser Heinrich II., des eben heilig gesprochenen Gründers von Dom und Bistum und gewiss zur Genugtuung von Bambergs Bischof und Klerus. Es scheint, dass diese ebenso würdige wie leicht zu realisierende Lösung auch Friedrich III. durchaus gelegen kam.[112]

4.8 Konrads Stärken und Schwächen

Konrad III. fand nicht nur überraschend schnell Anerkennung bei der Mehrheit der Fürsten. Auch später stießen seine Hoftage für gewöhnlich auf reges Interesse und er erreichte sogar die Königswahl seines kleinen Sohnes. Wohl ohnehin ein Mann von gewinnenden Umgangsformen, achtete der König offenbar die Erwartungen, die die Fürsten mit ihrem Rang verbanden. Nicht zuletzt wohl deshalb suchte er mit der gleichen Geduld, mit der er seine langen Krankheitsanfälle ertrug, Konflikte mit oder unter ihnen möglichst friedlich zu lösen. Wo er damit scheiterte wie beispielsweise im Falle Welfs VI., scheute er allerdings die militärische Auseinandersetzung keineswegs.

Das Selbstbewusstsein, mit dem er vor allem den byzantinischen Herrschern seine gleichberechtigte, ja überlegene Stellung als von Gott durch die Wahl der Fürsten bestimmter erhabener Kaiser der Römer betonte, stieß auf eine gewisse Sympathie auf fürstlicher Seite. Er dachte jedoch nicht ernstlich daran, auf die Bestätigung seiner gottgewollten Auszeichnung durch die päpstliche Krönung zu verzichten. Überdies bewährte er sich durchaus als fürsorglicher Förderer und Schützer der Kirchen und Klöster, der sehr dezent seinen Einfluss auf kirchliche Wahlen geltend machte und hochrangige Geistliche wie seinen Kanzler Arnold von Wied oder Otto von Freising und nicht zuletzt den Abt Wibald zu seinen engsten Beratern zählte. Andererseits forderte er streng die korrekte Regalieninvestitur der Geistlichen und beauftragte vor allem Bischöfe und Äbte mit zeitraubenden und kostspieligen, deshalb keineswegs immer beliebten Gesandtschaftsreisen. Schließlich nahm er mit Vorliebe Aufenthalt in Bischofsstädten, während er eigene Pfalzorte, auch so leistungsfähige wie Nürnberg, eher schonte.

Als Konrads vertrautester Ratgeber darf gewiss sein Bruder Friedrich gelten und beide kooperierten bewusst, um die staufische Position zu festigen. Für den frühen Wiedergewinn des Reichsgutes um Nürnberg wie dann für die Einnahme von Weinsberg sorgten beide Staufer gemeinsam, doch grundsätzlich boten sich natürlich vor allem dem König Möglichkeiten der Initiative, und er nutzte sie. Er stützte Friedrichs Bemühungen im Elsass, vergrößerte seinen eigenen Einfluss in Ostfranken und verstärkte seine Präsenz in Frankfurt und dessen Umgebung. Dazu brachte er nach dem Tod des Markgrafen Diepold das Egerland an sich; es sollte fortan in staufischer Hand bleiben. Weitere Erwerbungen kamen hinzu, so Oppenheim am Rhein oder die Reichsburg Cochem an der unteren Mosel. Eine sehr auffallende, zunehmend bedeutsamere Rolle fiel bei der Verwaltung und dem Ausbau des Territorialbesitzes ganz offenkundig den Reichsministerialen zu. Acht von ihnen, darunter die Inhaber der Hofämter, erscheinen wiederholt als Zeugen in Konrads Urkunden und begleiteten den Herrscher zuweilen wohl auch auf Reisen, um ihm militärischen Schutz zu bieten. Einzelne wie Truchsess Arnold von Rothenburg oder der südlich wie nördlich von Frankfurt reich begüterte Konrad II. von Hagen-Arnsburg besaßen aufgrund ihrer Verantwortung beachtliches Gewicht am Hof.[113]

Indessen wurden diese respektablen Bemühungen und Leistungen vielfach geschmälert, ja zunichte gemacht etwa durch des Herrschers Krankheit, durch den frühen Tod seiner Gemahlin, seines bereits gekrönten Sohnes oder Gertruds, der Mutter Heinrichs des Löwen und Garantin des Reichsfriedens. Als eher noch hinderlicher muss man manche Maßnahmen betrachten, die auf Konrad selbst zurückgehen. Dazu gehört vor allem seine enge Bindung an seine hochgeschätzten babenbergischen Halbgeschwister. In aller Regel brachten ihm diese intensiven verwandtschaftlichen Beziehungen mehr Belastungen als Vorteile. Sie zwangen, Wichtigeres wie den Romzug aufzuschieben, und die Erhebung der Babenberger zu bayerischen Herzögen machte es Konrad unmöglich, seinen welfischen Widersachern flexibel gegenüberzutreten und etwa ihren Interessengegensatz zwischen Welf VI. und Heinrich dem Stolzen oder später dessen Sohn für eine Friedensregelung zu nutzen. Ähnlich führte die zunächst distanziert betriebene Annäherung an Byzanz nach Eirenes Eheschließung zu engen verwandtschaftlichen Kontakten, die Konrad mit einem gewissen Stolz als weithin sichtbare Zeichen seiner gleichberechtigten kaiserlichen Würde pflegte, die Manuel während des Kreuzzugsdesasters dann jedoch geschickt nützte, um hinsichtlich Unteritaliens zu für ihn vorteilhaften Vereinbarungen zu gelangen. Sie bestärkten Roger II., den ungarischen

4.8 Konrads Stärken und Schwächen

König und Welf VI. in ihrer feindseligen Haltung gegen Konrad und drohten dessen Verhältnis zum Papst einzutrüben. Der Königshof bemühte sich denn auch intensiv, allerdings mit etwas bizarr anmutenden Vorschlägen, um ihre Entschärfung.

5 Friedrich I. Barbarossa

5.1 Die Königswahl und die ersten Maßnahmen des Herrschers

Man kann mit Otto von Freising annehmen, dass Konrad III. ursprünglich beabsichtigte, vor seinem Romzug seinen kaum achtjährigen Sohn Friedrich zum König wählen und krönen zu lassen. In keiner Quelle aus jener Zeit findet sich jedoch ein Hinweis darauf, dass er sich mit den Fürsten bereits auf einen Wahltermin geeinigt hatte, den Friedrich Barbarossa dann praktischerweise hätte übernehmen können. Wibald von Stablo, der nach seiner Rückkehr aus Italien am 17. Februar vom Tod Konrads erfuhr und daraufhin sofort nach Köln weiterreiste, berichtete seinen Briefpartnern denn auch von den regen Aktivitäten der Fürsten zur Vorbereitung der Wahl eines neuen Königs und den Bemühungen, eine gemeinsame Tagung zur Neuordnung der Reichsspitze zustande zu bringen. Obwohl man mit wenigen Besuchern rechnete, sei doch eine große Zahl hochrangiger Persönlichkeiten am 4. März 1152 in Frankfurt zusammengekommen, die noch am selben Tag einhellig Friedrich, den bisherigen Herzog von Schwaben, zum König wählten.[1]

Friedrich Barbarossa nahm offensichtlich bereits auf die von Wibald geschilderten intensiven Wahlvorbereitungen bestimmenden Einfluss. Gewiss erfüllte ihn die Überzeugung, er sei aufgrund seiner Herkunft und Erfahrung zum Königsamt berufen, und sein hohes Selbstbewusstsein war keineswegs verborgen geblieben. So hielt etwa Wibald in seiner durchaus positiven Charakterisierung des jugendlichen Herrschers auch sein Streben nach Ruhm für erwähnenswert. Deutlich negativer

5.1 Die Königswahl und die ersten Maßnahmen des Herrschers

scheint das Urteil des Erzbischofs Heinrich von Mainz ausgefallen zu sein. Er war noch kurz vor König Konrads Tod in einen Konflikt mit dem Herrscher geraten. Als er dann vor der Frankfurter Wahl feststellen musste, dass die Entscheidung bereits für Konrads Neffen gefallen war, suchte er offenbar den Gang der Dinge noch zu wenden, indem er Friedrichs Hochmut brandmarkte. Des Erzbischofs Anschuldigung blieb damals folgenlos. Später allerdings tauchte die Kunde von der Rücksichtslosigkeit, mit welcher der Staufer angeblich die Macht an sich riss, bei einzelnen Geschichtsschreibern wieder auf.[2]

Vermutlich betrachtete Friedrich den Empfang der Herrschaftszeichen aus der Hand seines sterbenden Onkels durchaus als ermutigende Einwilligung in seine Nachfolge, als Frucht der Einsicht, dass die Fürsten sich schwerlich bereit finden würden, eine minderjährige Vollwaise zum König zu erheben. Indes hatte Konrads Geste keine rechtliche Bedeutung, und er selbst empfahl seinem Neffen, folgt man der Kölner Königschronik, denn auch die rasche Kontaktaufnahme mit den Fürsten.[3]

Friedrich bedurfte freilich kaum dieses Rates. Zwar mochte unter den Motiven für sein rasches Handeln auch der Wunsch eine Rolle spielen, am Sonntag Laetare gekrönt zu werden, um so die seinem Vater von Kaiser Lothar einen Tag nach Laetare zugefügte Schmach der öffentlichen Unterwerfung im gegenwärtigen Glanz endgültig aufzuheben.[4] Anders als für seinen Vater stand für ihn freilich das Bestreben, die Zustimmung der maßgebenden Fürsten möglichst schnell zu erreichen, ganz im Vordergrund. So sollte das Vorpreschen einer kleinen, aber anders gesonnenen Gruppe vermieden werden, konnte doch deren entschlossenes Agieren, wie die Wahl seines Onkels gezeigt hatte, alle Planungen zunichte machen.

Beim Tod Konrads hielten sich in Bamberg Friedrich selbst und Bambergs Bischof Eberhard auf und einigten sich, den verstorbenen König in Bamberg beizusetzen. Offenbar empfand nicht jedermann diese Entscheidung als angemessen, sie entsprach freilich durchaus dem hohen Rang des Toten und bestätigte zudem zur Genugtuung Eberhards Bambergs herausragende Stellung. Friedrich aber hatte einen einleuchtenden Grund, auf die zeitraubende Überführung seines toten Onkels etwa nach Lorch zu verzichten. Am 17. oder 18. Februar fand Konrads Beisetzung im Bamberger Dom statt.[5]

5 Friedrich I. Barbarossa

Man darf davon ausgehen, dass sich die beiden Fürsten schon damals zugleich über die Wahl Friedrichs verständigten und am 19. Februar bei einem Gespräch mit Gebhard, dem Bischof des benachbarten Würzburg, auch ihn für ihr Vorhaben gewannen.[6] Einer Urkunde über die Gründung des Klosters Altenburg (südöstlich von Gießen) verdanken wir unser Wissen über die vielleicht wichtigste Zusammenkunft jener Tage, denn das Dokument wurde offenkundig bei dieser Gelegenheit auf Veranlassung des Klosterstifters Konrad von Hagen-Arnsburg abgefasst und führt als Zeugen die damals Anwesenden wohl zu einem guten Teil auf. Demnach trafen sich gegen Ende des Monats Februar in oder bei Mainz neben Herzog Friedrich und Bischof Gebhard die Erzbischöfe Heinrich von Mainz und Arnold von Köln, Bischof Gunther von Speyer, Herzog Heinrich der Löwe sowie der rheinische Pfalzgraf Hermann von Stahleck, dazu Grafen, Pröpste und Ministerialen. Gewiss warb Friedrich gerade jetzt noch einmal besonders intensiv für seine Wahl und offensichtlich reagierte lediglich der Mainzer Erzbischof mit tiefem Unmut auf das Geschehen.[7]

Friedrichs Großzügigkeit im neuen Amt lässt vermuten, dass seine Wähler als Lohn für die ihm versprochene Unterstützung die erwarteten Vorteile auch erlangten. So dürfte er insbesondere bei der Unterredung mit seinem Vetter Heinrich dem Löwen dessen Recht auf die bayerische Herzogswürde schon damals anerkannt haben.[8]

Wieviele Fürsten am 4. März 1152 an der Frankfurter Wahl teilnahmen, lässt sich nicht sicher sagen. Wie Wibald hob Otto von Freising die große Zahl der Anwesenden hervor, und Friedrich selbst meldete dem Papst gar, alle Fürsten des Reiches hätten sich, vom Geist Gottes getrieben, eingefunden. Tatsächlich darf man immerhin mit der Präsenz der aus den Vorverhandlungen bekannten Männer, dazu sicherlich mit zum Kommen aufgeforderten Besuchern rechnen, im Ganzen also von einer durchaus ansehnlichen Versammlung ausgehen. Heinrich von Mainz leitete sie wohl, musste sich jedoch dem gut vorbereiteten einhelligen Votum für Friedrich Barbarossa fügen.[9]

In seiner vielbesprochenen Deutung des Frankfurter Geschehens überging Otto von Freising Heinrichs Auftritt ebenso wie des Staufers Vorarbeit und führte den harmonischen Verlauf der Wahl allein auf Gottes Willen zurück. Gott selbst habe dem Reich nämlich um des

5.1 Die Königswahl und die ersten Maßnahmen des Herrschers

Friedens willen in Friedrich einen Fürsten geschenkt, der durch seine Geburt jene beiden Familien, die die Ruhe im Land störten, einem Eckstein gleich verbinde und deshalb wie niemand sonst zum Friedensstifter geschaffen sei. Die fürstlichen Wähler aber hätten dies erkannt und ihn um des allgemeinen Wohles willen zum Herrscher erhoben. Ottos Darstellung ist geprägt von seiner Hoffnung, Friedrich Barbarossa werde es gelingen, das Königreich in eine neue Phase des Friedens zu führen und schließlich auch das Zusammenwirken von weltlicher und geistlicher Gewalt zu intensivieren. Erfüllt von diesem Optimismus, sah er die Absichten des Königs wie die der Fürsten zweifellos in einem idealisierenden Licht.[10] Ganz verfehlt scheint seine Sicht andererseits nicht, stellte im adligen Selbstverständnis doch die Befriedigung der eigenen Ansprüche und Erwartungen die Voraussetzung und feste Basis für einen dauerhaften Frieden dar, die der Herrscher als Garant des Friedens schaffen und sichern musste, soweit die an ihn herangetragenen Forderungen als gerechtfertigt und erfüllbar gelten konnten. Nichts spricht dagegen, dass man Friedrich tatsächlich aufgrund seines wiederholt bewiesenen Verhandlungs- und Schlichtungsgeschicks sowie wegen seiner so hilfreichen verwandtschaftlichen Verbindungen mit den führenden Männern des Reiches als besonders prädestiniert für diese Friedensarbeit betrachtete.

Noch in Frankfurt leisteten die Anwesenden dem neuen König den Treueid und das Hominium. Fünf Tage danach, am Sonntag Laetare, vollzog der Erzbischof Arnold von Köln in der Aachener Marienkirche vor einer offenbar eindrucksvollen Zahl hochgestellter Gäste und vielen Neugierigen feierlich Friedrichs Salbung und Krönung; die hohen Geistlichen geleiteten ihn darauf zum Thron Karls des Großen, wo er den Krönungseid ablegte.[11]

Noch einige Tage blieb der Herrscher in der Aachener Pfalz, um mit besonders geschätzten Fürsten über die in nächster Zukunft nötigen Maßnahmen zu beraten. Dabei zeichnete sich bald ab, dass am Hof neben den bislang dominierenden Ratgebern von Friedrich geschätzte neue Pesönlichkeiten Einfluss gewannen. Das bekam besonders Wibald zu spüren. Er verfasste zwar die ersten der nun in Friedrichs Namen ausgefertigten Urkunden, der König bestätigte den Besitzstand des Klosters Stablo und gewährte seinen Schutz auch der

Abtei Corvey, wobei er Wibalds treues Wirken mit Lob bedachte. Unvergleichlich großzügiger fiel Friedrichs Belohnung allerdings für den zu seinem engen Vertrauten gewordenen Bischof Eberhard von Bamberg aus; ihm und seiner Kirche schenkte er nämlich ebenfalls noch in Aachen die Reichsabtei Niederaltaich an der Donau (östlich von Deggendorf).[12]

Nicht geringen Verdruss brachte Wibald der vom König gewiss als Zeichen der Hochschätzung gedachte Auftrag, die Fertigung neuer Stempel für seine Siegel und Goldbullen zu besorgen. Als die dringend benötigten Instrumente nämlich nicht pünktlich bei Eberhard von Bamberg eintrafen, gab der königliche Notar Heinrich von Wiesental in herablassendem Ton ihm die Schuld dafür, und der empörte Abt sah sich veranlasst, nicht nur seine Unschuld darzulegen, sondern zugleich kritisch anzumerken, dass sich die Dinge am Hof doch sehr verändert hätten, seit dort unerfahrene Kräfte das Regiment führten.[13]

Die hier anklingenden Vorbehalte Wibalds dem Bamberger Bischof gegenüber hatten ihre Wurzel wohl darin, dass ihm zwar die ehrenvolle Aufgabe zufiel, des Königs Wahlanzeige an Papst Eugen zu verfassen, dass er jedoch gehalten war, dabei insbesondere die Vorstellungen Eberhards zu berücksichtigen. Überdies hatte ihn Friedrich bei der Berufung jener Gesandten, welche die königliche Botschaft dem Papst überbringen sollten, völlig übergangen. Dass Wibald die Situation als kränkend empfand, zeigt das Schreiben, in dem er Eberhard von Bamberg so dezent wie unmissverständlich vor dem leichtfertigen Handeln unerfahrener Legaten warnte.[14] Trotz dieser anfänglichen Enttäuschungen blieb Wibald ein geschätzter Ratgeber Friedrichs – vor allem, wenn es um die Beziehungen zum Papst oder die Kontakte mit Byzanz ging.

Wohl im April 1152 hielt Papst Eugen Friedrichs Wahlanzeige in Händen. Der Herrscher berichtete dort ausführlich, wie rasch und einvernehmlich die Fürsten ihn, vom Geist Gottes geleitet, gewählt und gekrönt hätten. Darauf bekundete er, Gelasius' Zweigewaltenlehre zitierend, seinen festen Willen, die Kirche zu schützen und dafür Sorge zu tragen, dass sie Gottes Wort ungehindert verkünden könne, damit sie dank seiner unermüdlichen Anstrengung ihren erhabenen Rang bewahre und zugleich das Römische Reich seine frühere Kraft und Würde zurückgewinne.[15]

5.1 Die Königswahl und die ersten Maßnahmen des Herrschers

Mit der Erweiterung seines Titels *Romanorum rex* durch die vor Konrad III. dem Kaisertitel vorbehaltenen Worte *et semper augustus* knüpfte Friedrich an seinen königlichen Onkel an[16] und gab zugleich seinen Anspruch auf die Kaiserwürde zu erkennen, den seine Zusage, er werde seine besonderen Verpflichtungen Papst und Kirche gegenüber zuverlässig erfüllen, ergänzte und zugleich erhärtete. Angesichts der von Friedrich so stark hervorgehobenen, auf die Gleichrangigkeit von geistlicher und weltlicher Gewalt weisenden Lenkung seines Aufstiegs durch Gott selbst schien sich eine päpstliche Billigung des Geschehens wohl zu erübrigen und sie wurde auch, wie bereits nach der Krönung von Konrads Sohn Heinrich, nicht erbeten.

In seiner sehr freundlichen und verbindlichen Antwort ließ es sich Papst Eugen nicht nehmen, sein wohlwollendes Einverständnis mit dem, was sich dank der göttlichen Gnade ereignet hatte, ausdrücklich zu erklären. Vor allem aber sprach er die Hoffnung aus, dass Friedrich das Vorhaben seines Vorgängers verwirklichen werde, und kündigte an, bald einen Legaten zur Besprechung des weiteren Vorgehens zu ihm zu senden.[17] Das Interesse am Einvernehmen überwog offenkundig auf beiden Seiten.

Während der ersten Monate nach seiner Krönung besuchte Friedrich auf dem üblichen Umritt alle wichtigen Regionen seines Königreiches. Deren maßgebenden Repräsentanten versammelten sich aus diesem Anlass um ihn, sein Kommen gab Gelegenheit zum Meinungsaustausch über aktuelle Probleme. Vor allem aber stellten seine Hoftage den Anwesenden seine Würde und Stellung ebenso eindrücklich vor Augen wie die mitentscheidende Rolle der Fürsten an seiner Seite.[18]

Wie man vom König erwartete, bemühte sich Friedrich auf seiner Reise, die allerorts ihm vorgetragenen Streitigkeiten zu schlichen und Recht zu schaffen. Zu strittigen Rechtsfragen erbat er einen Spruch der Fürsten, dem sein bestätigendes Urteil Rechtskraft gab. Mit neuen Argumenten oder Beweisen vermochte eine Partei zuweilen auch eine Revision seiner Entscheidung herbeizuführen, so im Streit um die Grafschaft Chiavenna, die Friedrich zunächst den Konsuln der Stadt, einige Monate später aufgrund der nun vorgelegten Urkunden dem Bischof von Como zuwies. Am Ende jedoch, wohl im Februar 1157, ließ er sich von den Großen Schwabens davon überzeugen, dass die Grafschaft seit alters zum Herzogtum Schwaben gehörte, und vergab sie wieder an Chiavennas Konsuln, unbeschadet der Rechte des Herzogs von Schwaben. Die Sicherung der nahen Alpenübergänge mag ihn zusätzlich für diese Lösung eingenommen haben.[19]

5.2 Friedrichs Landfrieden, Bischofswahlen und Heinrichs des Löwen Stellung; die Sorge um Burgund und Bayerns Zukunft und die Vorbereitung des Italienzuges

Neben die Konfliktlösung durch Schlichtung oder Rechtsprechung trat bei Barbarossa sehr früh die Gesetzgebung als ein zusätzliches Instrument zur dauerhaften Festigung des Friedens. Bereits auf dem Ulmer Hoftag Ende Juli 1152 ließ der neue Herrscher mit Unterstützung der Fürsten vermutlich von sachkundigen Beratern eine Reihe von Gesetzen zusammenstellen, die gewährleisten sollten, dass jedermann sein Recht erhielt, die Geistlichen Schutz genossen und im Land der ersehnte Frieden einkehrte. Kraft seiner königlichen Vollmacht verkündete Friedrich daraufhin den künftig im ganzen Königreich geltenden Frieden und unter seinem Namen ging der Text anschließend an die Großen des Landes hinaus.

Der Landfrieden befasste sich besonders mit jenen Verbrechen, die den Frieden vor allem störten, also mit Mord, Körperverletzung oder Gefangennahme, Diebstahl oder Raub. Er begrenzte das Recht des Waffentragens, verpflichtete aber etwa auch die Grafen zur Festlegung angemessener Getreidepreise sowie zu deren Kontrolle. Bei Missachtung seiner Bestimmungen drohten Strafen je nach der Schwere des Vergehens.[20]

In seinem Friedensdokument suchte Friedrich den Frieden vor allem dadurch zu sichern, dass er entschlossen daranging, die Fehde, also die rechtliche Selbsthilfe, zugunsten fester Gesetze und Strafnor-

5.2 Friedrichs Landfrieden, Bischofswahlen und Heinrichs des Löwen Stellung

men zurückzudrängen. Er verfolgte mit diesem zentralen Anliegen gewiss ein hoch gestecktes Ziel, das sich schwerlich in übersehbarer Zeit durchsetzen ließ. Den an der Abfassung Beteiligten war dies sicher bewusst. Angesichts der Gründlichkeit ihrer Arbeit muss man jedoch davon ausgehen, dass sie und vielleicht noch vor ihnen den königlichen Initiator dennoch die Überzeugung erfüllte, ihr Werk weise den richtigen Weg zu der erwünschten Friedensordnung des Landes, und dass sie entschlossen waren, diesen Weg zu fördern.[21] In der Tat spielte für Friedrich, der sich auch künftig wiederholt des neuartigen Herrschaftsinstruments der Gesetzgebung insbesondere zur Friedenssicherung bediente, das Problem der Fehde und ihrer Einschränkung weiterhin eine bedeutende Rolle.

Des Königs Sorge für die Kirche schloss von Anfang an gerade auch die Bischofserhebungen ein. Bereits in Utrecht bestätigte er den von Konrad III. unterstützten Bischof Hermann. Im Juli darauf griff er in den Streit um die Neubesetzung des Bischofsstuhls ein, der in Augsburg entbrannt war, und bestärkte die Geistlichen in der Wahl des von ihnen favorisierten Konstanzer Domherrn Konrad.[22]

Weit größere Bedeutung kam der damals anstehenden Berufung eines neuen Erzbischofs in Magdeburg zu. Die Spaltung des Domkapitels hatte dort zu einer Doppelwahl geführt, die beiden zerstrittenen Parteien wandten sich schließlich an den König und er brachte eine der Parteien dazu, einen Dritten zu wählen, Wichmann, den Bischof von Naumburg-Zeitz, dem er daraufhin wohl Mitte Mai 1152 die Regalien des Erzbistums verlieh. Man war sich am Hof offenbar bewusst, dass des Königs Vorgehen die kirchenrechtlichen Voraussetzungen für die Versetzung eines Bischofs schwerlich erfüllte, glaubte indes wohl, den Papst dennoch zur Hinnahme des Geschehens bewegen zu können. Dem sollte ein ausführliches Schreiben dienen, das herausragende Erzbischöfe und Bischöfe an Eugen III. sandten. Eugen jedoch tadelte sie scharf, weil sie zum Schaden der Kirche die Absichten des Königs unterstützt hätten. Beide Seiten blieben freilich bei ihrer Auffassung, und erst Eugens Nachfolger Anastasius IV. sah am Ende offenbar über Friedrichs Handlungsweise hinweg, und Wichmann konnte im Frühsommer 1154 in Rom das Pallium entgegennehmen.[23]

5 Friedrich I. Barbarossa

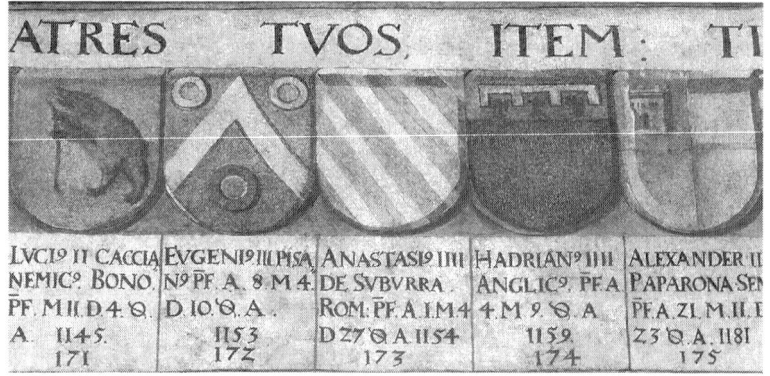

Abb. 9: Festsaal im Schloss Obernzell mit Wappengalerie der Päpste Lucius II., Eugen III., Anastasius IV., Hadrian IV. und Alexander III.

Friedrich nahm die zu erwartenden Schwierigkeiten wohl bewusst auf sich, weil ihm an der Durchsetzung seines Kandidaten viel lag. Gewiss kannte er Wichmann noch nicht allzu lange, doch sein vorläufiges Urteil fiel vermutlich positiv aus. Dazu sprach für Wichmann seine nahe Verwandtschaft mit Markgraf Konrad von Wettin, seinem Onkel, der seinerseits enge Beziehungen zu Albrecht dem Bären besaß. So konnte der König hoffen, neben Wichmann, dem wichtigsten geistlichen Fürsten Ostsachsens, zugleich zwei dort maßgebende weltliche Große für sich gewonnen, ihre Sorgen wegen seiner Begünstigung Herzog Heinrichs fürs Erste ausgeräumt und so den Frieden gesichert zu haben.[24]

Trotz seiner Verärgerung blieb Papst Eugen, um das rasche Zustandekommen des königlichen Romzugs nicht zu gefährden, weiterhin an guten Beziehungen zu Friedrich interessiert. So setzten im Frühjahr 1153 zwei von ihm nach Deutschland entsandte Kardinallegaten im Einvernehmen mit dem König die Bischöfe von Eichstätt, Hildesheim und Minden sowie den Mainzer Erzbischof Heinrich ab. Ob Alter oder Amtsunfähigkeit dabei tatsächlich immer den Ausschlag gaben, sei dahingestellt. Dass Friedrich jedoch die Amtsenthebung seines Gegners Heinrich besonders energisch betrieb, das wird man Otto von Freising glauben dürfen. Unmittelbar nach deren Verkündung auf dem

5.2 Friedrichs Landfrieden, Bischofswahlen und Heinrichs des Löwen Stellung

Anfang Juni 1153 in Worms abgehaltenen Hoftag veranlasste er die dort anwesenden Mainzer Kleriker und Bürger, seinen Kanzler, den aus einer bedeutenden Mainzer Ministerialenfamilie stammenden Arnold von Selenhofen, zu Heinrichs Nachfolger zu wählen, kurz darauf feierte er in Mainz festlich dessen Aufstieg zum mächtigsten geistlichen Fürsten des Königreichs. Er durfte nach seinem Einsatz für Arnold sicher sein, in ihm künftig einen verlässlichen Helfer vorzufinden.[25]

Der Merseburger Hoftag vom Mai 1152 galt Barbarossa nicht nur wegen Wichmanns Berufung als besonders bemerkenswert, sondern ebenso wegen seines dortigen Wirkens als erfolgreicher Schlichter des dänischen Thronstreits, führte es doch allen Anwesenden eindrucksvoll seine Geltung über die Grenzen des Königreiches hinaus vor Augen. Auf seine Ladung hin erschienen vor ihm nämlich Sven und Knut, beide Angehörige des dänischen Königshauses. Lange schon kämpften sie erbittert gegeneinander um die Krone, nun jedoch gelobten sie, sich Friedrichs Schiedsspruch zu fügen. Die folgenden Verhandlungen führten zu dem Ergebnis, dass Knut sich mit einzelnen Gebieten Dänemarks abfand und Sven Barbarossa den Treueid und das Hominium leistete, wonach dieser ihm eigenhändig die Krone aufsetzte. Unmissverständlich verdeutlichte die Szene die künftige Bindung Dänemarks an das deutsche Königreich. Sven allerdings verlor schon 1157 im Kampf gegen Waldemar Krone und Leben.[26]

Zwar lehnten die Fürsten auf dem Regensburger Hoftag im Juni 1152 einen Feldzug gegen die Ungarn ab, die Friedrich unter die Oberhoheit des Reiches zurückzuführen gedachte.[27] Im Ganzen jedoch anerkannten die Fürsten seine Autorität und er konnte mit ihrer Bereitschaft zur Zusammenarbeit rechnen.

Friedrich stand Welf VI. und Heinrich dem Löwen besonders nahe. Welf erscheint erstmals in einer königlichen Urkunde vom Oktober 1152 als Herzog von Spoleto und Markgraf von Tuszien. Vermutlich erhielt er während des damals in Würzburg stattfindenden Hoftages die genannten Gebiete sowie das Fürstentum Sardinien und das Hausgut der Gräfin Mathilde als Lehen. Aus der Hand des Königs empfing er nun also endlich die Herzogswürde. Regelmäßig besuchte er während der folgenden Jahre seinen italienischen Besitz und bemühte sich, seiner Herrschaft dort eine feste Basis zu verschaffen. Seine Anstrengungen blieben jedoch, trotz der Mithilfe seines Sohnes Welfs VII., ohne dauerhaften Erfolg.[28]

Heinrich dem Löwen übergab der König wahrscheinlich bereits im Mai 1152 die wegen der reichen Silbervorkommen am Rammelsberg äußerst wertvolle Reichsvogtei Goslar als Lehen. Jedenfalls wirkte von da an Anno von Heimburg, der Kämmerer Heinrichs, als Vogt von Goslar. Der dortige Pfalzbezirk blieb allerdings in der Hand des Königs.[29] In dem Streit, den Heinrich und Albrecht der Bär um das Erbe des letzten Grafen von Plötzkau (südlich von Magdeburg) und nach der Ermordung Hermanns von Winzenburg (südlich von Hildesheim) zusätzlich um dessen Grafschaft miteinander ausfochten, erreichte Friedrich indes erst mit viel Mühe eine einvernehmliche Lösung, die Heinrich freilich etwas bevorzugte.[30]

Mit einem ganz außergewöhnlichen Privileg zeichnete der König seinen Vetter freilich eineinhalb Jahre später aus. Er gestand Heinrich nun in aller Form zu, was dieser zur Zeit Konrads III. nördlich der Elbe eigenmächtig beansprucht hatte, nämlich das Recht, dort neue Kirchen und Bistümer zu gründen und die Bischöfe zu investieren. Zwar betonte Barbarossa, dass der Herzog die nordelbische Provinz dank seiner Milde innehabe. Dennoch wuchsen dem Welfen dort nun fast königliche Befugnisse zu.[31]

Für kurze Zeit schien dem Schwager Heinrichs, dem Zähringer Herzog Berthold IV., ein ähnlicher Aufstieg möglich. Friedrich, der einst den Vater Bertholds bekriegt hatte, suchte nun angesichts der ihm zugefallenen größeren Aufgaben das Einvernehmen mit dem Sohn. Wohl im Mai 1152 kam es zwischen beiden zu einer Übereinkunft. Sie sah vor, dass der König dem Herzog die Herrschaft in Burgund übergab; ausgenommen sollten lediglich die ihm direkt zugeordneten Bistümer bleiben. Er versprach, Berthold bei der Unterwerfung des Landes beizustehen und ihm zu seinem Recht zu verhelfen. Berthold seinerseits verpflichtete sich, den König auf seinem Kriegszug nach Burgund mit 1 000 Panzerreitern und auf dem geplanten Italienzug mit 500 Reitern zu begleiten.[32]

Das Abkommen verlangte von dem Zähringer gewiss große Anstrengungen, es versprach auch außerordentlich lohnenden Gewinn. Wibald von Stablo erfuhr allerdings bereits Ende Juli 1152, dass wie

5.2 Friedrichs Landfrieden, Bischofswahlen und Heinrichs des Löwen Stellung

der ungarische so auch der burgundische Feldzug im laufenden Jahr nicht stattfinde. Zudem fiel es Berthold offenbar schwer, seine Truppenzusage zu erfüllen. Jedenfalls erschien er, als Friedrich Ende Januar 1153 tatsächlich nach Burgund aufbrach, ohne besondere militärische Begleitung am Hof und kehrte danach bereits wieder um. Der König aber traf Mitte Februar in Besançon ein und führte den Bewohnern des königsfernen Landes, soweit sie ihn erlebten, seinen hohen Rang, seine Befugnis und Würde als ihr König vor Augen. Anders als Berthold war Wilhelm von Mâcon, sein gewichtigster Widerpart in Burgund, nach Besançon gereist, um den König zu treffen, und möglicherweise kam es zu einer Annäherung zwischen ihnen. Andererseits begann sich Friedrich wohl zu fragen, ob Berthold der geeignete Vertreter des Reichs in Burgund sei.[33]

Aufsehen erregte indessen Friedrichs Trennung von seiner Gemahlin Adela aus dem nordbayerischen Markgrafengeschlecht der Diepoldinger. Der König konnte nachweisen, dass er mit ihr näher verwandt war, als dies die Bestimmungen des kanonischen Rechts für Ehegatten zuließen, dass seine Ehe deshalb annulliert werden musste. Wollte sich Papst Eugen in diesem Fall ebenso streng an das Kirchenrecht halten, wie er dies sonst tat, blieb ihm keine andere Wahl, als dem königlichen Anliegen nachzukommen. Anfang März 1153 vollzogen seine Legaten im Münster zu Konstanz Friedrichs Scheidung.

Der König erreichte sein Ziel auf dem rechtlich einzig möglichen Weg, doch der Respekt vor den einschlägigen kirchlichen Vorschriften gab ihm wohl kaum den entscheidenden Anstoss zu seinem Schritt. Dass ihn ein Ehebruch Adelas dazu veranlasste, das hielt man schon zu seinen Lebzeiten für möglich. Dazu kann man, zumal Friedrich seine Frau nirgends namentlich nennt, an unüberwindliche Abneigung, an die Furcht vor dauernder Kinderlosigkeit oder an Friedrichs Absicht denken, in Anbetracht seines unerwarteten Aufstiegs zur Königswürde und der wohl bald folgenden Kaiserkrönung eine neue Ehe mit einer Frau von standesgemäßer Herkunft zu schließen. Leider lässt sich über solche Vermutungen nicht hinauskommen.[34]

Eine empfindliche Schmälerung seiner bisherigen Geltung und Macht drohte nach der Herrschaftsübernahme Friedrich Barbarossas seinem Onkel Heinrich Jasomirgott. Angesichts der Vorzugsstellung, die Heinrich der Löwe nun am Hof innehatte, musste der Babenberger davon ausgehen, dass dessen Anspruch auf die bayerische Herzogswürde künftig die Unterstützung des Königs fand. Während Friedrich in der Tat bereits Mitte Mai 1152 ausgerechnet in jener Urkunde als Zeuge fungierte, in welcher der Löwe wohl erstmals den Titel eines Herzogs von Bayern und Sachsen trug, blieb Heinrich Jasomirgott denn auch, vom Regensburger Hoftag abgesehen, dem königlichen Hof zunächst fern.[35]

Bald zeigte sich indes, dass Barbarossa zwar die Forderung seines Vetters Heinrich als berechtigt ansah, dass es ihm zugleich jedoch darum ging, auch in diesem besonders schwierigen Fall eine friedliche Einigung herbeizuführen. Ganz offensichtlich leitete ihn die Überzeugung, dass eine Eskalation des Streits der beiden Heinriche den Frieden im Reich nachhaltig stören würde. Eine solche Wiederkehr der Zeiten Konrads III. aber würde die von seinen Wählern in ihn gesetzten Erwartungen enttäuschen und widerspräche überdies seinen eigenen Herrschaftsvorstellungen. Um des Friedens willen galt es also, eine Lösung zu finden, die dem Babenberger Heinrich wenigstens annähernd zubilligte, was er für seine Ehre und seinen Rang angemessen erachtete und zudem die Zustimmung des Welfen Heinrich fand. Mit viel Geduld und außerordentlichem Geschick meisterte Friedrich am Ende diese kaum zu bewältigende Aufgabe.

Zunächst lud er die beiden Konkurrenten im Oktober 1152 zum Hoftag nach Würzburg. Doch Heinrich Jasomirgott erschien nicht. Zwei weiteren Ladungen Friedrichs im nächsten Jahr folgte er zwar; mit der Begründung, er sei nicht ordnungsgemäß eingeladen worden, lehnte er aber jedesmal ab, sich an der Diskussion der Bayernfrage zu beteiligen, und verhinderte so die Behandlung des brisanten Themas. Er mag darauf gebaut haben, dass Friedrich kurz vor seinem Italienzug eine ernsthafte Auseinandersetzung mit ihm zu vermeiden suchte und die fernere Zukunft ihm günstigere Konstellationen bescheren mochte.

Andererseits zwang eben das bevorstehende Italienunternehmen den König, in dem Streit der Heinriche endlich eine Entscheidung herbeizuführen. Wie Otto von Freising berichtet, drängte vor allem Heinrich der Löwe auf ein solch abschließendes, natürlich zu seinen Gunsten ausfallendes Urteil, also gerade derjenige, mit dessen Waffenhilfe in

5.2 Friedrichs Landfrieden, Bischofswahlen und Heinrichs des Löwen Stellung

Italien Friedrich besonders fest rechnete. So lud er die beiden Kontrahenten im Sommer 1154 zum entscheidenden Hoftag nach Goslar. Da der Babenberger der Versammlung abermals fernblieb, sprachen die Anwesenden Bayern nun in der Tat dem Welfen Heinrich zu. Sie bekräftigten damit des Königs grundsätzliche Haltung. Friedrich hatte allerdings die Hoffnung offenbar noch immer nicht ganz aufgegeben, eine Form der Übergabe Bayerns zu finden, mit der sich sein Onkel abzufinden vermochte, und die scharfe Kritik der nicht nach Goslar gekommenen Fürsten bestärkte ihn vermutlich noch in dieser Absicht. Jedenfalls schob er die Belehnung seines Vetters auf.[36]

Bereits im Oktober 1152 hatten sich die Fürsten zu Würzburg eidlich verpflichtet, in zwei Jahren zur Kaiserkrönung Friedrichs nach Rom zu ziehen; überdies dachte man wohl an einen anschließenden Feldzug nach Süditalien. Doch insbesondere die Situation in Rom schien sich damals gefährlich zuzuspitzen. So berichtete Papst Eugen in einem Brief an Wibald, etwa 2 000 von Arnold von Brescia verführte einfache Leute beabsichtigten, in Kürze die Wahl eines aus 100 Mitglieder bestehenden Rats, zweier Konsuln sowie eines Kaisers vorzunehmenm. Dringend forderte er den Abt deshalb auf, den König zu warnen und ihn zu raschem Handeln zu bewegen.[37]

Am Hof besaß man allerdings bereits ein Schreiben, dessen Verfasser namens Wezel vielleicht Arnold von Brescia nahestand, und dessen Inhalt die radikale Gesinnung der von Eugen geschilderten Umstürzler unverblümt wiedergibt. Ohne Beachtung diplomatischer Gepflogenheiten wandte sich Wezel an Friedrich, tadelte ihn heftig, weil er die Stadt Rom weder konsultiert, noch von ihr die Bestätigung seiner Wahl erbeten oder sie auch nur darüber informiert habe. Barsch und hochmütig belehrte er seinen Adressaten danach über die Verderbtheit der nur auf Reichtum und weltliche Macht erpichten Kirche. Nicht dem Papst stehe deshalb die Erhebung des Kaisers zu; vielmehr besäßen Volk und Senat von Rom gemäß der *Lex regia* die Vollmacht, den Kaiser frei zu wählen, und Friedrich tue gut daran, sich umgehend an sie zu wenden.

Die tiefe Enttäuschung über Barbarossa mag den Autor und seine Gesinnungsgenossen dazu verführt haben, weder die Stellung von Papst und Kirche noch die Bedeutung des Kaisertums und dessen transzendenter Legitimation für den deutschen König zu berücksichtigen. Dieser ließ Wezels Botschaft folgerichtig unbeantwortet, und eine Kaiserwahl der Römer fand anscheinend ebenfalls nicht statt.[38] Dagegen reiste in Friedrichs Auftrag wohl im November 1152 eine Delegation an die päpstliche Kurie, um dort Verhandlungen über Friedrichs Kaiserkrönung zu führen. Beide Seiten einigten sich auf ein Abkommen, dessen Verpflichtungen Papst und Kardinäle vor den Gesandten des Königs zu erfüllen gelobten. Gleiches versprach dieser dann im März 1153 auf einem Hoftag zu Konstanz für seine Person und ließ seine Zusage überdies in seinem Namen beschwören.[39]

In der als »Konstanzer Vertrag« bekannten Übereinkunft sicherte jeder der beiden Vertragspartner dem anderen erneut ganz allgemein zu, er werde dessen *honor*, also den ihm gebührenden Rang mit den zugehörigen Privilegien, Rechten und Besitztümern, schützen und mehren, ohne sich auf konkretere Aussagen festzulegen. So versprach Friedrich, sich darum zu bemühen, dass Papst und Kirche die Herrschaft über die Römer wieder uneingeschränkt ausüben konnten, und ohne ihre Einwilligung weder mit den Römern noch mit König Roger von Sizilien einen Waffenstillstand zu schließen. Der Papst seinerseits kündigte an, er werde den König zum Kaiser krönen, sobald dieser nach Rom komme, und auf seinen Wunsch hin gegen Feinde des Reiches mit den Mitteln des Kirchenrechts vorgehen. Beide Vertragsparteien bevorzugten den sicheren Weg der Gemeinsamkeiten und suchten auf ihm zu möglichst befriedigenden Absprachen über die naheliegenden, wichtigen Probleme zu kommen. Zugleich vermieden sie es jedoch, sich zu weit vorzuwagen, sich zu eindeutig zu binden. Fast durchweg schränkten sie deshalb ihre Zusagen durch Vorbehalte ein.[40]

Deutlich von Konrad III. unterschied sich Friedrich durch seine mit dem Papst gemeinsame strikte Ablehnung jeder byzantinischen Landnahme in Italien, und er sah sich nicht an die diesbezügliche Zusage seines Onkels gebunden. Die von Konrad geschaffenen engen Beziehungen zu Byzanz suchte er allerdings aufrechtzuerhalten. Nachdem Kaiser Manuel anscheinend sein Interesse an deren Weiterbestand bekundet hatte, erklärte er sich wohl im September 1153 gleichfalls zur Fortsetzung und Vertiefung ihrer Freundschaft bereit.

Vermutlich hatte Friedrich dem Abt Wibald von Corvey die Abfassung seines Briefes anvertraut. Wie Konrad im gleichen Fall trug denn auch er jetzt den Titel *Romanorum imperator augustus*, während er seinen Adressaten etwas schlichter als Kaiser von Konstantinopel ansprach. Dies mag Manuel irritiert haben. Jedenfalls kennen wir keine direkt an Barbarossa gerichtete Antwort von seiner Seite, sondern nur einen Ende November an Wibald abgesandten Brief, in dem er sich selbst Kaiser der Römer, Friedrich jedoch nur den König von Rom nannte. Er lobte Wibald für seinen Einsatz und bekräftigte seinen eigenen Willen zur Kooperation. Wibald, der in seiner Erwiderung nun Friedrich wie Manuel als Kaiser der Römer bezeichnete, legte dort eindringlich dar, wie sehr er sich eine positive byzantinische Reaktion auf Friedrichs Vorschläge erhoffe. Zu Verhandlungserfolgen kam es in den folgenden Monaten jedoch nicht.[41]

5.3 Die Begegnung mit den Städten Oberitaliens und den dortigen Rechtsgelehrten; die Auseinandersetzung mit Mailand und dessen Verbündeten

Wohl im Sommer 1153 hatte Friedrich Barbarossa die Großen aller Regionen des Reiches aufgefordert, sich am 29. September des kommenden Jahres auf der Ebene von Roncaglia (nordöstlich von Piacenza) zum Italienfeldzug einzufinden. Ganz ließ sich dieser Termin indes nicht einhalten, unter anderem vermutlich, weil der König im Juni oder Juli davor an der Malaria quartana erkrankte.[42] Jedenfalls versammelte sich sein Heer erst Anfang Oktober 1154 auf dem Lechfeld bei Augsburg. Mit ihm zog er über den Brenner und an Verona vorbei, um etwas weiter südlich, bei Povegliano, eine erste Rast einzulegen. Die Repräsentanten lombardischer Städte erschienen dort und legten vor ihm Treueide ab, während Heinrich der Löwe die Markgrafen von Este zur Anerkennung seines erbrechtlichen Anspruchs auf einen Teil ihrer Güter zu bewegen vermochte.[43]

5 Friedrich I. Barbarossa

Bei seinem Weitermarsch, so erzählt Otto Morena, sei es dem königlichen Heer erst nach einem heftigen Gefecht mit den Bewohnern von Lodi Vecchio (südöstlich von Mailand) gelungen, diese Stadt zu erobern. Das irritiert etwas, denn kurz zuvor schilderte derselbe Autor, wie Barbarossa auf dem Konstanzer Hoftag im März 1153 von zwei Lodeser Bürgern, die sich gerade dort aufhielten, von der Bedrückung ihrer Stadt durch Mailand erfahren und darauf sofort seinen Legaten Sicher ausgesandt habe mit dem schriftlichen Befehl an die Mailänder, den Lodeser Markt unverzüglich wieder zu dulden. Als er und seine Fürsten dann von ihrem Boten hören mussten, dass die Mailänder Konsuln seinen Brief am Boden zertraten, hätten sie sofort einen Heereszug in die Lombardei beschlossen. Die Bitte der Bürger von Lodi um seinen dauernden Schutz aber habe der König freudig erfüllt.[44]

Bezweifeln darf man auch manch andere Aussage Morenas. So scheint es doch recht unwahrscheinlich, dass Friedrich, bestärkt durch die Fürsten, allein auf die Klagen zweier durch nichts legitimierter Privatleute hin deren Anliegen als die ihrer Heimatstadt betrachtete und sich sofort mit seiner ganzen Autorität für sie einsetzte. Auch der Umstand, dass Friedrichs Gesandter in dieser anscheinend so folgenreichen Angelegenheit sich sonst offenbar nirgends nachweisen läßt, stimmt etwas misstrauisch. Im Übrigen scheint Friedrich noch im Frühjahr 1154 eine so treue Verbündete Mailands wie die Stadt Tortona seines Schutzes versichert zu haben.[45] Im Ganzen muss man wohl davon ausgehen, dass der Staufer im Spätherbst 1154 durchaus mit der Absicht in die Lombardei kam, dort die ihm bekannt gewordenen Klagen zu behandeln, jedoch keineswegs, wie Morena will, bereits bei seiner Ankunft auf den Ronkalischen Feldern am 30. November entschlossen war, in erster Linie gegen Mailand vorzugehen, um es für die Unterdrückung Lodis und noch vordem für die Verletzung seiner eigenen Ehre zu bestrafen. Dazu sollte es künftig noch reichlich Anlass geben.[46]

Eine Woche lang, bis zum 6. Dezember, blieb Barbarossa mit seinem nun durch italienische Kontingente verstärkten Heer in Roncaglia bei Piacenza und hielt dort zunächst Heerschau. Jenen, die auf seinem Ruf hin nicht erschienen, ohne von der Teilnahme am Italienzug befreit zu sein, entzog er daraufhin ihre Lehen. Diese Strafe traf Laien,

5.3 Die Begegnung mit den Städten Oberitaliens

doch auch Bischöfe wie Hartwig von Bremen und Ulrich von Halberstadt, deren bischöfliche Güter Abgesandte des Königs beschlagnahmten.[47] Das offenbar nicht befriedigende Ergebnis seiner Heeresmusterung scheint Barbarossa und seine Berater auf die unklare rechtliche Grundlage für die Heerfolge aufmerksam gemacht zu haben, und das Zusammentreffen mit italienischen Rechtskundigen zu Roncaglia bestärkten sie vermutlich noch in dem Vorsatz, unverzüglich lehnrechtliche Regelungen für die vordringlichsten Probleme bindend festzulegen. Jedenfalls konnte der König das Lehnsgesetz, das unter der Leitung des hochgebildeten Bamberger Bischofs Eberhard mit Unterstützung italienischer Sachkenner entstand, noch in Roncaglia verkünden.

Es verbot zunächst die Verpfändung oder sonstige Weitergabe von Lehen ohne Erlaubnis des Lehnsherrn, der in jedem Fall die betroffenen Lehen zurückerhalten sollte. Weiter wurden die Lehnsleute an ihre Pflicht erinnert, die Mutung vorzunehmen, also die Belehnung durch den jeweiligen Herrn zu erbitten; bei Fristversäumnis fiel das Lehen an diesen zurück. Vor allem jedoch legte der König wie für Italien ausdrücklich auch für Deutschland eindeutig fest, dass jeder, der nach der Ankündigung eines Romzugs zur Kaiserkrönung trotz der Aufforderung seines Lehnsherrn nicht zur Teilnahme erscheine, sein Lehen an seinen Herrn verliere.[48]

Barbarossas erstes ronkalisches Lehnsgesetz fand in Deutschland bald Beachtung. Das zeigt sich etwa daran, dass der Herrscher jetzt nicht selten einzelne Fürsten förmlich von der Pflicht zur Heerfolge befreite, oder auch an den zunehmenden Bemühungen der Großen, den von ihren Vasallen zu ihrem eigenen Heeresaufgebot zu leistenden Beitrag möglichst genau vorzuschreiben. So brachte das knappe Gesetz die Entwicklung des deutschen Lehnrechtes doch ein ansehnliches Stück weiter.[49] Im Übrigen nutzte Barbarossa, indem er sich der Gesetzgebung verstärkt bediente, ein bis dahin in Deutschland oder sonst in Europa noch kaum herangezogenes Instrument, das die Gestaltung der gesellschaftlichen Ordnung durch schriftlich niedergelegte und so die Rechtssicherheit erhöhende Normen vorsah.

Noch ein zweites Mal gewann der König einen unmittelbaren Eindruck vom hohen Stand der Rechtswissenschaft in Oberitalien. Als er nämlich mit seinem Heer Mitte Mai 1155 vor Bologna lagerte, empfing er dort die Repräsentanten der Bologneser Rechtsschule, die aufgrund ihrer vorbildlichen wissenschaftlichen Deutungsarbeit am justinianischen Corpus iuris civilis eben jetzt zum führenden rechtswissenschaftlichen Zentrum Europas aufstieg. Sie baten ihn, für die Beseitigung gewisser Missstände zu sorgen, und nach weiterer Beratung erließ er das als *Authentica Habita* oder auch Scholarenprivileg bekannte Gesetz, das auf seinen Befehl sogar in den Codex Iustinianus aufgenommen wurde. Der Herrscher gewährte dort allen Scholaren ihres rühmenswerten Einsatzes für die Wissenschaft wegen seinen Schutz, verbot dann, Studenten zur Zahlung der unbeglichenen Schulden ihrer Landsleute zu zwingen, und gestattete den in einen Rechtsstreit verwickelten Scholaren, ihren Professor oder den Bischof der Stadt als Richter zu wählen.[50]

Früh begegnete Friedrich also jener Welt der Wissenschaft, die sich im Süden wie im Westen Europas mit neuartigen Methoden alten wie vor allem neuen Wissensgebieten und Themen zuwandte, und deren Zentren gerade jetzt begannen, sich zu Universitäten zu entwickeln. Ob er für das, was er darüber erfuhr, tatsächlich echte Hochachtung empfand, lässt sich nicht sagen. Sicher scheint indes, dass er die Bedeutung insbesondere der Rechtswissenschaft durchaus erkannte.

Die problematische Seite Oberitaliens, die Neigung der großen Städte, an ihrer Spitze Mailands, sich die kleineren Herrschaftsmittelpunkte ihres Umlands zu unterwerfen, und die daraus resultierenden ständigen Konflikte – dies war Barbarossa beim Antritt seiner Italienfahrt gewiss nicht unbekannt.[51] Einen unmittelbaren Einblick in die Realität gewann er vermutlich erst, als die maßgebenden Persönlichkeiten im Dezember 1154 in Roncaglia vor ihm erschienen und ihm ihre kontroversen Meinungen über die Verhältnisse in ihrer Heimat schilderten.

Der König hörte die Klagen der bei ihm ihr Recht Suchenden an und verkündete nach dem Rat der um ihn versammelten geistlichen und weltlichen Großen sein Urteil. Als folgenreich erwies sich die Anklage, die Markgraf Wilhelm von Montferrat und Bischof Anselm von Asti gegen die Bürger von Asti und Chieri (beide östlich von Turin) erhoben, weil diese sich trotz eines entsprechenden königlichen Befehls

5.3 Die Begegnung mit den Städten Oberitaliens

weiterhin weigerten, die rechtlich fundierten Ansprüche insbesondere des Markgrafen anzuerkennen.

Im Zentrum der Beschwerden stand freilich die übermächtige Stadt Mailand. Die Konsuln von Lodi wie jene von Como schilderten das vielfache Unrecht, das sie von den Mailändern hatten erdulden müssen, die Vertreter Novaras und Pavias schlossen sich an und sie alle baten um die Unterstützung des Königs. Freilich wussten sich die Repräsentanten Mailands klug zu wehren. Sie beschuldigten ihre Gegner zahlreicher schwerer Verbrechen und erbaten ihrerseits die Hilfe des Herrschers. Friedrich scheint daraufhin die Städte aufgefordert zu haben, Frieden zu halten und den Gesetzen sowie seinen Befehlen zu gehorchen. Offenbar war den Konsuln Mailands jedoch bereits klar, dass ein solcher Gehorsam für ihre Stadt zum Verlust ihrer dominanten Stellung zu führen drohte. Sie suchten den König deshalb zur Bestätigung ihrer Vorherrschaft zu bewegen und versprachen ihm dafür ein großes Geldgeschenk. Doch dieser wies ihr Angebot zurück. Gewiss war er verärgert, weil ihm die Mailänder Bestechlichkeit zutrauten, während diese die brüske Ablehnung ihres Geschenks kränkte.[52]

Immerhin bat Friedrich beim Aufbruch in das westliche Oberitalien die Mailänder Konsuln um ortskundige Führung. Doch die Mailänder scheinen in der Tat, wie Friedrich selbst später bestätigte, ihre fruchtbaren Landstriche gemieden und das königliche Heer durch verwüstete Gebiete geführt zu haben, sodass sich bald ein empfindlicher Mangel an Nahrung und Futter einstellte. Schließlich befahl ihnen der König voller Zorn, für den Abzug der Wachmannschaft aus der Mailänder Burg Rosate zu sorgen und dann nach Hause zurückzukehren. Seine Ritter aber nahmen die in der Burg reichlich lagernden Vorräte an sich und brannten die Gebäude nieder.[53]

Zwar suchten die Mailänder offenbar, den König wieder günstiger zu stimmen. Möglicherweise reiste eine Mailänder Delegation sogar eigens zu ihm, um endlich das versprochene Geldgeschenk zu überreichen. Doch wie es scheint, lehnte er dies erneut ab und erklärte zudem eine künftige Wiederannäherung an die Mailänder, die er nun als wortbrüchige Betrüger kennengelernt habe, erst dann für denkbar, wenn sie seiner Forderung entsprechend Lodi und Como bedingunslos

5 Friedrich I. Barbarossa

in die frühere Unabhängigkeit entließen. Dafür freilich sahen sie nach wie vor keinen Grund.[54]

Friedrich konnte angesichts seiner eigentlich vorrangigen Kaiserkrönung an einen direkten Kampf gegen Mailand nicht denken. Sollte sein Ansehen bei den Großen seines Heeres jedoch keinen Schaden nehmen, musste er andererseits deutlich machen, dass er fest entschlossen war, Mailands stolzen Widerstand gegen sein königliches Regiment zu brechen.

In dieser Absicht ließ er während der folgenden Monate eine Reihe jener Burgen zerstören, von denen aus die Mailänder ihre Herrschaft über das Umland ausbauten, oder die Brücken abreißen, die ihnen den raschen Vorstoß gegen ihre Feinde ermöglichten.[55] Weiter galt es, Chieri und Asti zu bestrafen, da deren Bürger bei ihrer Ablehnung der königlichen Weisung von Roncaglia blieben. Anfang Januar 1155 zog Barbarossa gegen die beiden Städte. Als ihre Bewohner auf die benachbarten Berge flohen, überließ er ihre Heimstätten seinem Heer zur Plünderung und anschließenden Einäscherung. Gerade damals häuften sich indes die Gewalttaten unter seinen eigenen Truppen anscheinend derart, dass er allen Heeresangehörigen unter schwerer Strafe verbot, das Schwert gegen einen Mitstreiter zu ziehen.[56]

Eine unerwartet langwierige Auseindersetzung stand Friedrich noch bevor, diejenige nämlich mit Tortona, der Verbündeten Mailands und entschiedenen Feindin Pavias. Die Bürger Pavias aber setzten auf den König und beklagten vor ihm das schwere Unrecht, das sie von Seiten Tortonas zu erdulden hätten. Ohnehin ungehalten über Tortonas Bündnis mit den aufsässigen Mailändern fordete Barbarossa daraufhin die Bürger Tortonas offenbar mehrfach auf, sich von dem aufrührerischen Mailand loszusagen und den Pavesen das ihnen Zustehende zu überlassen. Sie lehnten sein Ansinnen jedoch ab, wohl vor allem weil sie darauf bauten, dank des Beistandes der Mailänder vor einem ernstlichen Zugriff Friedrichs sicher zu sein. Diesem freilich galten sie nun gleichfalls als Reichsfeinde, und er beschloss, nicht zuletzt als Warnung für mächtigere Widersacher, sie mit militärischen Mitteln zur Unterwerfung zu zwingen.[57]

Nach den vorbereitenden Erkundungen einer kleinen Truppe, zu der Friedrichs Halbbruder, der hier erstmals aktiv auftretende Konrad

5.3 Die Begegnung mit den Städten Oberitaliens

gehörte, begann Mitte Februar 1155 die Belagerung Tortonas, die mehr als zwei Monate dauern sollte. Zwar gelang Heinrich dem Löwen rasch die Einnahme der Unterstadt.[58] Doch die Erstürmung der Kernstadt auf einer bestens befestigten Bergeshöhe erwies sich als fast unmöglich. Obgleich das königliche Heer, tatkräftig unterstützt von Pavia, Tortona völlig einschloss und mit Belagerungsgerät aller Art berannte, baten dessen Bürger erst um Verhandlungen, nachdem ihre Feinde das Trinkwasser ihrer Stadt ungenießbar gemacht hatten. Das weitere Geschehen läßt sich der unterschiedlichen Berichterstattung wegen kaum klar erkennen.[59] Friedrich verwies vermutlich auf seine durchweg vergeblichen Aufforderungen an Tortona, sich von Mailand zu trennen, und lehnte nun jede Milde ab. Kurz darauf unterwarfen sich Tortonas Bewohner. Der König gewährte ihnen Leben und Freiheit, doch ihre Stadt ließ er plündern und anzünden. Eine Woche lang sollen die Pavesen ihr Zerstörungswerk noch fortgesetzt haben. Doch Tortona wurde unter energischer Mailänder Leitung offensichtlich sehr rasch wieder aufgebaut.

Barbarossas erste Auseinandersetzung mit Mailand und Tortona zeigt die Grundhaltung, die sein Vorgehen in Reichsitalien bestimmen sollte. Der Herrscher sah sich ganz selbstverständlich von Gott dazu bestellt, im italienischen Reichsteil für Frieden und Recht zu sorgen. Ganz folgerichtig betrachtete er seine Gegner rasch zugleich als Feinde der gottgewollten Ordnung, die niedergerungen werden mussten. Umgekehrt galten ihm seine Anhänger und Verbündete als Mitstreiter für die gerechte Sache, und der Verdacht lag nahe, dass er zu Gunsten seiner Freunde einseitig und ungerecht urteile. Otto von Freising ließ denn auch die Geistlichen Tortonas in einer langen Klagerede nicht nur die Leiden des Klerus im Krieg schildern, sondern zudem die Tortonas Vergehen weit in den Schatten stellenden Untaten der vom König begünstigten Pavesen. Mit aller Zurückhaltung, aber doch unmissverständlich suchte der Bischof, so darf man wohl vermuten, seinen königlichen Neffen an dieser Stelle vor den negativen Folgen seines Handelns zu warnen und zur Gerechtigkeit auch gegenüber seinen Widersachern zu ermahnen.[60]

5.4 Die mit Störungen verlaufende Kaiserkrönung

Nach einer festlichen Siegesfeier in Pavia wandte sich Barbarossa endlich seinem eigentlichen Ziel Rom zu. Bereits im Januar 1155 waren an seinem Hof Kardinallegaten erschienen, um im Auftrag Hadrians IV. des im Dezember zuvor gewählten Papstes, den Konstanzer Vertrag mit ihm zu erneuern. Dazu kam es in der Tat offenbar ohne besondere Schwierigkeiten. Noch während der Belagerung von Tortona drängten den König dann päpstliche Gesandte angesichts der misslichen Lage des Papstes zur Eile.[61] Friedrich hielt sich auf seinem Weg folglich kaum irgendwo länger auf. Immerhin nutzte er sein Treffen mit den Repräsentanten Pisas, um sie zur Bereitstellung von Schiffen aufzufordern. Noch immer beabsichtigte er offenbar, im Anschluss an seine Krönung nach Unteritalien weiterzuziehen.[62] Bereits bevor der Herrscher Anfang Juni in die Gegend von Viterbo gelangte, kam es zu regem Kontakt zwischen ihm und Hadrian. Dabei spielte der eben erst aus Byzanz zurückgekehrte Bischof Anselm von Havelberg sogleich wieder eine wichtige Rolle, war Friedrich mit dem uns unbekannten Ergebnis von dessen Reise doch so zufrieden, dass er unverzüglich für seine Erhebung zum Erzbischof von Ravenna sorgte.[63] Die Verhandlungen mit der päpstlichen Seite verliefen allerdings durchaus nicht ganz problemlos. Auf den entschiedenen Widerspruch Hadrians stieß beispielsweise die Selbstverständlichkeit, mit der Friedrich Reichsrechte im Gebiet des Patrimonium Petri, etwa in der Abtei Farfa, beanspruchte.[64] Andererseits übergab er dem Papst ohne weiteres den in seine Hände geratenen Arnold von Brescia, den der römische Stadtpräfekt darauf hinrichtete.[65] Vor allem aber lag Friedrich wie Hadrian grundsätzlich an einer Partnerschaft, weil beide Vorteile von ihr erwarteten. So fanden sie in den wesentlichen inhaltlichen Fragen zumindest zu einer vorläufigen Übereinkunft. Freilich reichte die knappe danach noch verbliebene Frist bis zu ihrer ersten persönlichen Begegnung anscheinend nicht aus, um die jenes Ereignis prägenden zeremoniellen Details genau festzulegen.

5.4 Die mit Störungen verlaufende Kaiserkrönung

Dies sollte sich als ein gefährliches Versäumnis erweisen. Als sich Hadrian am 8. Juni dem bei Sutri errichteten königlichen Zeltlager näherte, empfingen ihn die Fürsten und geleiteten ihn zum Zelt des Königs. Dieser führte des Papstes Pferd wohl noch ein Stück weit am Zügel und hielt, während Hadrian abstieg, den Steigbügel. Er leistete den Marschalldienst vermutlich so, wie er dies von seinen Vorgängern annahm, und um damit wie sie seine tiefe Verehrung für Petrus und die Apostel zu bekunden. Umso empörter reagierte er, als Hadrian ihm den Friedenskuss mit der Begründung verweigerte, er habe seinen Dienst nicht so versehen, wie dies der päpstlichen Ehre gebühre, und habe deshalb zunächst Genugtuung zu leisten.

Was der Papst am Verhalten des Königs im Einzelnen als tadelnswert empfand, läßt sich nicht genau erkennen. Jedenfalls bestand er auf einer korrekten Wiederholung der Zeremonie, während Friedrich seinen Auftritt als freiwilligen Akt der Ehrerbietung betrachtete. Ein heftiger Streit war die Folge. Das völlige Scheitern der Krönung betrachteten beide indes wohl als ein noch weit schlimmeres Übel. Deshalb suchte man Klarheit über deren korrekten Ablauf zu gewinnen, und Friedrich erklärte sich schließlich zum Einlenken bereit. So kam es am 10. Juni etwas weiter südlich zu einer Wiederholung des päpstlichen Empfangs, die Hadrians Erwartungen nun vollkommen entsprach und folgerichtig mit dem Friedenskuss für Friedrich endete. Gemeinsam zogen danach beide mit ihrem Gefolge Rom entgegen.[66]

Doch noch einmal kam es zu einer Störung. Kurz vor Rom nämlich fand sich eine Gesandtschaft des Senats und der Bürgerschaft dieser Stadt im Lager des Königs ein und informierte ihn über die Forderungen ihrer Auftraggeber. Danach stand es allein ihnen zu, eine Krönung vorzunehmen; zuvor freilich hatte der künftige Herrscher zu geloben, dass er für die Geltung der alten Rechte und Gesetze der Stadt sorgen, Unheil von ihr abwehren und ihren Amtsträgern als Ersatz für ihre Ausgaben 5 000 Pfund zahlen werde. Empört unterbrach Friedrich hier die römischen Gesandten und erinnerte an den Niedergang der Kaiserherrschaft des alten Rom und die Erneuerung ihres Glanzes durch die überlegene Tatkraft der Franken und ihrer Nachfolger. Wie vordem sie, seien nun er und seine deutschen Mitstreiter ihrer Stärke wegen die rechtmäßigen Besitzer und Beschützer des römischen Imperiums. Daher bestehe für ihn keinerlei Verpflichtung zu irgendeiner Rechenschaft den Römern gegenüber oder gar zu Zahlungen an sie. Die Barbarossa von Otto von Freising in den Mund gelegten Vorstellungen mögen seiner Auffassung wie auch der seiner Umgebung durchaus nahe gestanden haben. Sie hätten freilich, so unverblümt in aller Öffentlichkeit ausgesprochen, Hadrian wohl erneut irritiert. So wird er es bei einer gewiss schroffen Zurückweisung der römischen Zumutungen belassen und damit ganz im Sinne des Papstes gehandelt haben. Hadrian warnte ihn dann auch vor der drohenden Rache der Römer, und auf seinen Rat hin ließ er in aller Eile die Leostadt mit der Peterskirche durch seine Truppen sichern.[67]

Am 18. Juni 1155 wurde Friedrich Barbarossa zum Kaiser gekrönt. Begleitet von seinem vornehmen Gefolge und seinem Heer begab er sich am Morgen jenes Tages durch die abgeschirmte Leostadt zur Peterskirche, auf deren Stufen ihn der Papst und die Kardinäle erwarteten. In der neben dem Atrium von Sankt Peter stehenden kleinen Kirche S. Maria in Turribus leistete er Hadrian, kniend und seine Hände zwischen dessen Hände legend, den üblichen Sicherheitseid, danach betrat die Festgemeinde die Petersbasilika. Hadrian selbst zelebrierte dort feierlich die Messe und von ihm empfing Friedrich schließlich mit dem päpstlichen Segen die Kaiserkrone.[68]

Friedrichs Geste in der Marienkirche sollte ein Nachspiel haben. Der äußeren Form nach handelte es sich dabei um einen Handgang der damals in ganz verschiedenen Situationen mit unterschiedlicher Bedeutung gebräuchlich war und etwa, was Friedrich zweifellos beabsichtigte, demütige Ehrerbietung zum Ausdruck bringen konnte; doch auch bei der Lehnsübergabe wurde er als Zeichen der Unterordnung des Vasallen zunehmend üblich. Der Kaiser reagierte freilich einigermaßen ungehalten, als er erfuhr, eine Freskengruppe im Lateranpalast, die Lothars III. Kaiserkrönung darstelle, habe die erklärende Unterschrift, hier erhalte der König nach seiner Eidesleistung und nachdem er Lehnsmann (*homo*) des Papstes geworden sei, von diesem die Krone. Auf päpstlicher Seite, so musste er demnach verärgert annehmen, deute man den Akt Lothars als dessen Bestätigung seiner Lehnsbindung an den Papst. Dringend bat er deshalb Hadrian, das Ge-

5.4 Die mit Störungen verlaufende Kaiserkrönung

mälde samt der Unterschrift beseitigen zu lassen, und wenigstens die Letztere scheint man tatsächlich entfernt zu haben.[69]

Bereits am Krönungstag bekam der Kaiser sehr direkt die Wut zu spüren, die bei den Römern die Nachricht auslöste, seine Krönung sei ganz ohne ihre Beteiligung vonstatten gegangen. Noch während seines Festmahles erstürmten sie die Leostadt, und erst bei Anbruch der Nacht gelang es den kaiserlichen Rittern nach schweren Kämpfen, ihre Gegner zur Flucht aus der Leostadt zu zwingen. Darauf blieben ihnen am nächsten Tag Roms Märkte verschlossen, sodass der Kaiser sich genötigt sah, mit Hadrian, dessen Begleitern und seinem Heer einen Rastplatz außerhalb der Stadt zu beziehen. Alle Beteiligten erkannten damals wohl, dass mit der Wiederaufrichtung der päpstlichen Herrschaft in Rom, wenn überhaupt, erst zu einem späteren Zeitpunkt gerechnet werden durfte.[70]

Der Kaiser nutzte den Aufenthalt in der Umgebung Roms, um dem Reich das ihm dort Zustehende zu sichern. Allerdings war man sich am Hof der unklaren Rechtslage im Patrimonium Petri offenbar bewusst. Jedenfalls löste Friedrich die Bürger von Tivoli nach heftigem päpstlichem Widerspruch von ihrem Treueid und verwies sie vorbehaltlich des Reichsrechtes an den Papst als ihren rechtmäßigen Herrn. Bei Tivoli feierte er mit Hadrian zusammen das Fest der Apostel Petrus und Paulus und verbrachte mit ihm noch einige Tage in Albano, ehe er Mitte Juli mit seinem Heer nach Norden aufbrach.[71]

Unterwegs kam es vor Spoleto zu einem Zwischenfall. Dessen Bürger nämlich bezahlten das übliche Fodrum nicht. Überdies hatten sie den aus Apulien zurückkehrenden Gesandten des Kaisers, den Grafen Guido Guerra, in Haft genommen und weigerten sich, ihn freizugeben. Darin aber sah Friedrich eine besonders schwere Verletzung seiner kaiserlichen Würde, und er befahl die Einnahme Spoletos, das geplündert und zerstört wurde.[72] Im August näherte sich das kaiserliche Heer dann Ancona, und die Frage gewann höchste Dringlichkeit, was aus dem gegen Wilhelm I. von Sizilien geplanten Feldzug werden sollte. Friedrich hielt es angesichts des in Unteritalien rasch wachsenden Widerstandes gegen den König für richtig, durch Gesandte in Kontakt mit den dort sehr erfolgreichen, doch auf seine Hilfe hoffenden Aufständischen zu bleiben. Vermutlich ergab jedoch bereits eine im

Juli am Hof geführte Debatte, dass nur eine Minderheit geistlicher Fürsten einen Kriegszug in den Süden befürwortete.[73] Nun aber suchte den Kaiser eine vornehme Gesandtschaft des byzantinischen Kaisers Manuel auf, die ihn vor allem für einen gemeinsamen Eroberungszug nach Unteritalien gewinnen wollte. Mit der Begründung, das Heer sei nach den zahlreichen Kämpfen erschöpft, lehnten die Fürsten einen weiteren Feldzug freilich ab und Friedrich schloss sich ihrem Urteil an. Dass er dies ungern tat, wie Otto von Freising berichtet, sagte er selbst nicht, und für vordringlicher als das Süditalien-Unternehmen hielt er damals nach der Sicherung des Friedens in Deutschland wohl in der Tat die Durchsetzung der Rechte des Reiches bei seinen oberitalienischen Gegnern, allen voran Mailand, das er kurz darauf denn auch wegen seiner schweren Vergehen förmlich bannte. Die Verbindung mit Manuel sollte indessen nicht abbrechen, und so machte sich Wibald von Stablo im kaiserlichen Auftrag auf den Weg nach Griechenland.[74]

Er selbst und seine Begleiter gerieten auf der Rückreise nördlich von Verona noch einmal in ernste Bedrängnis. An einem Engpass des Etschtales hinderte sie eine Schar Veroneser am Weitermarsch. Dank der List einer Gruppe kühner Kämpfer, an ihrer Spitze Otto von Wittelsbach, gelang es jedoch, die Wegelagerer einzuschließen, und wer von ihnen auf der Flucht nicht umkam, den ließ der Kaiser am Galgen aufhängen.[75]

Etwa zur gleichen Zeit begaben sich Friedrichs byzantinische Gesprächspartner von Ancona aus in den Süden Italiens und unterstützten dort mit ihren Finanzmitteln sehr effizient die gegen König Wilhelm kämpfenden Aufständischen. Offenbar führten sie überdies versiegelte Briefe Friedrichs mit sich, von denen sie vielleicht öffentlich behaupteten, der Kaiser erkläre darin die Abtretung der Küstenregionen Unteritaliens an Byzanz. Dass die Briefe tatsächlich eine solche Erklärung enthielten, scheint allerdings angesichts Friedrichs damaliger Einstellung kaum denkbar. Gewiss jedoch fiel bald ganz Unteritalien von Wilhelm ab, zumal dieser Ende 1155 schwer erkrankte. Umso energischer wandte er sich im Frühjahr darauf gegen die Rebellen und unterwarf den süditalienischen Teil seines Reiches wieder seiner Herrschaft.[76]

5.5 Österreichs Erhebung zum Herzogtum; die Gründung des künftigen München und des Kaisers Friedenssorge; seine Heirat mit Beatrix von Burgund und ihre Bedeutung

Kaiser Friedrich hatte Deutschland kaum wieder betreten, da wandte er sich erneut intensiv der ihm dort offenkundig dringlichsten Aufgabe zu, für den Streit um die bayerische Herzogswürde eine dauerhafte Lösung zu finden. Die Entscheidung, die er im Sommer 1154 zu Goslar getroffen hatte, besaß ja eher vorläufigen Charakter. So bedrohte der Konflikt zweier führenden, mit ihm überdies verwandter Fürsten nach wie vor wie kein anderer den Frieden im Land und damit ebenso seine eigene Autorität.

Bereits Ende September suchte Friedrich deshalb seinen Onkel Heinrich Jasomirgott in einem bei Regensburg geführten privaten Gespräch zu einem Vergleich mit Heinrich dem Löwen zu bewegen. Er scheiterte damit jedoch. Ohne Ergebnis endete kurz darauf auch eine Unterredung, zu der er einen Kreis von Vertrauten Heinrichs als dessen Unterhändler zu sich gerufen hatte. Selbst die Vermittlungskünste Ottos von Freising änderten daran nichts.

Der Kaiser führte nun das in Goslar eingeleitete Rechtsverfahren rasch zu Ende. Bereits am 13. Oktober 1155 übertrug er auf einem Regensburger Hoftag Heinrich dem Löwen das Herzogtum Bayern als sein väterliches Erbe. Die Großen Bayerns verpflichteten sich dem Welfen darauf durch Treueid und Hominium und nach kurzem Zögern bezeichnete ihn seit dem Mai 1156 auch die Kanzlei des Kaisers als Herzog von Bayern und Sachsen.[77]

Freilich musste der Herrscher befürchten, dass sich Heinrich Jasomirgott nun entschloss, seine Ehre und Stellung mit Waffengewalt zu verteidigen. Eben dies aber wollte Friedrich verhindern. Er vereinbarte mit seinem Onkel deshalb eine neuerliche Begegnung auf rein verwandtschaftlicher Ebene und hoffte, ihn mit diesem Schritt des äußersten Entgegenkommens doch noch zum Einlenken zu bewegen. Ganz offensichtlich verfehlte sein Vorgehen seinen Eindruck auf Heinrich nicht. Es scheint ihm sehr deutlich gezeigt zu haben, mit welchem Ernst Friedrich um einen dauerhaften Frieden rang, und zugleich, dass ihm sein Neffe nicht mehr weiter entgegenkommen konnte. So gab er schließlich seine unnachgiebige Haltung auf.

Das entscheidende Gespräch fand am 5. Juni 1156 in der Nähe von Regensburg statt. Über seinen Inhalt wissen wir nur, dass Friedrich seinen Oheim zu einem Kompromiss zu bewegen vermochte.[78] Vermutlich einigten sich Kaiser und Herzog dort darauf, dass Heinrich auf das Herzogtum Bayern verzichtete, dass die Mark Österreich jedoch von Bayern abgetrennt, zu einem neuen, selbständigen Herzogtum erhoben und als Lehen an Heinrich ausgegeben werden solle.

Danach galt es vor allem, Heinrich den Löwen für die geplante Regelung zu gewinnen, die von ihm ja einen teilweisen Verzicht verlangte. Freilich hätte er die Mark Österreich seiner Herrschaft ohnehin kaum wirklich zu unterwerfen vermocht. So erklärte er sein Einverständnis wohl ohne größere Bedenken. Am 8. September 1156 kam es, wieder bei Regensburg, auf einem Hoftag zur sorgfältig geplanten öffentlichen Realisierung der ausgehandelten Übereinkunft. Eine feierliche Zeremonie sollte vor allem des Babenbergers mit der Heinrichs des Löwen nach wie vor gleichrangige Stellung allen Anwesenden deutlich vor Augen führen. So begaben sich Kaiser, Fürsten und die übrigen Großen eigens zum an der Donau aufgeschlagenen Zeltlager Heinrichs. Dort verzichtete Heinrich Jasomirgott auf das Herzogtum Bayern, indem er dem Kaiser sinnbildlich sieben Fahnen aushändigte, welche dieser anschließend Heinrich dem Löwen als sichtbare Zeichen seiner Belehnung mit Bayern übergab. Der Löwe aber reichte zwei jener Fahnen als Symbole der Markgrafschaft Österreich dem Herrscher wieder zurück, worauf Friedrich in Einklang mit einem vom böhmischen Herzog verkündeten Fürstenspruch die Markgrafschaft zum Herzogtum erhob und Heinrich Jasomirgott und seine Gemahlin Theodora, die Nichte Kaiser Manuels, damit belehnte.

Noch eine Reihe weiterer Vergünstigungen, die der Kaiser in dem berühmten, am 17. September ausgefertigten sogenannten Privilegium minus auch schriftlich bestätigte, halfen dem Herzogspaar über den Verlust Bayerns hinweg. Nach beider Tod sollte das neue Herzogtum kraft Erbrechts an ihre Kinder, auch an ihre Töchter, übergehen, im

5.5 Österreichs Erhebung zum Herzogtum

Falle ihres kinderlosen Todes einem von ihnen frei bestimmten Nachfolger zufallen. Im Bereich des Herzogtums durfte niemand ohne Zustimmung des Herzogs Gerichtsgewalt ausüben; der Herzog seinerseits schuldete dem Reich keinen anderen Dienst als den Besuch der Hoftage des Herrschers in Bayern sowie die Teilnahme an Feldzügen des Herrschers gegen Nachbarländer Österreichs.[79]

Der Kaiser bewältigte den Weg zum Privilegium minus, wie kaum anders denkbar, zusammen mit den Fürsten, mit ihrer Unterstützung und Zustimmung. Freilich war seine Vorgehensweise mit ihrem Wechsel von Drohung und Geduld, von Rechtsverfahren und persönlichem, zum Teil privatem Gespräch, im Wesentlichen wohl durch ihn geprägt. Dennoch gelang es ihm offensichtlich, die von seinem geduldigen Einsatz für den Frieden doch beeindruckten Fürsten vom Sinn seiner Schritte zu überzeugen.

Das Privilegium minus führt mit der Teilung des Stammesherzogtums Bayern eine insbesondere 1098 bei der Neuordnung der Herrschaftsverhältnisse in Schwaben zu beobachtende Entwicklung weiter, die wachsende Bedeutung der Territorialherzogtümer nämlich, deren herzogliche Regenten, meist gestützt auf großen Allodialbesitz, die Herrschaft über ein umfangreiches Territorium als direkte Lehnsleute des Kaisers ausübten. Die Errichtung solch neuer Herzogtümer erleichterte es dem Kaiser, tatkräftige Männer, erfolgreiche und verdiente Gefolgsleute zu belohnen, unmittelbar an sich zu binden oder sie zurückzugewinnen. In der Tat kam es unter Friedrich noch zu einer Reihe weiterer derartiger Neuschöpfungen. Schließlich beschreibt das Privilegium minus hinsichtlich der Verpflichtungen des fürstlichen Lehnsmannes zwar Sonderregelungen. Es knüpft insofern jedoch an Friedrichs ronkalisches Lehnsgesetz vom Dezember 1154 an, als auch seine Regelungen präzise erfasst und schriftlich niedergelegt wurden.[80]

Offenkundig akzeptierte der bayerische wie der österreichische Herzog die neuen Gegebenheiten. Beide unterstützten künftig die Politik Friedrichs, und an dessen zweitem Italienzug beteiligte sich wie Heinrich der Löwe sehr aktiv auch der von solchen Verpflichtungen eigentlich befreite österreichische Herzog.

Freilich blieb Bayern für Heinrich den Löwen von sekundärer Bedeutung, weil es ihm anders als Sachsen wenig Möglichkeiten zum

Ausbau der eigenen Macht bot. So dauerte es nach seiner endgültigen Belehnung ein Jahr, ehe er im Herbst 1157 wieder dorthin kam. Wohl damals befahl er mit der bereits in Sachsen angewandten Skrupellosigkeit die Zerstörung des Marktes, der Isarbrücke und der Münzstätte, die der Freisinger Bischof, wohl ohne ein königliches Privileg dafür zu besitzen, bei Föhring angelegt hatte. Zugleich ließ er etwas weiter südlich bei der Siedlung Munichen, dem späteren München, vielleicht wieder auf fremdem Grund Markt, Zollstation, Münze und Isarbrücke neu errichten, um vor allem den Salztransport von Reichenhall nach Schwaben hierher zu lenken. Man versteht, dass sein Vorgehen bei Otto von Freising, dem betroffenen Bischof, große Empörung hervorrief. Es kam zum Streit, den Kaiser Friedrich im Juni 1158 in Augsburg zu schlichten vermochte. Die darüber für Otto ausgestellte und der Ersterwähnung Münchens wegen viel beachtete Urkunde geht rasch über die Ursache des Konflikts hinweg und nennt vor allem die künftig geltenden Regelungen. Demnach sollte es in Föhring auch in Zukunft weder Markt noch Brücke oder Münze geben, während die von Heinrich bei München neu geschaffenen Einrichtungen bestehen blieben. Immerhin ein Drittel der dort ihm zufließenden Einnahmen aber hatte er an die Freisinger Kirche abzugeben, und für die Zollverwaltung waren Herzog und Bischof gemeinsam verantwortlich, wozu jeder von ihnen einen Zöllner berufen konnte. Zwar kam Heinrich seinen Verpflichtungen durchaus nach. Im Ganzen freilich begünstigte ihn der Kompromiss, und vermutlich entsprach dies auch der Absicht des Kaisers, der den Löwen so für den in naher Zukunft von ihm erwarteten Einsatz zu verpflichten gedachte. Ottos Nachfolger Albert nützte den Sturz des Herzogs dann sofort und erreichte, dass ein Spruch der Fürsten im Juli 1180 Heinrichs gewaltsame Verlegung von Markt und Brücke nach München für unrecht und nichtig erklärte und deren Rückverlegung nach Föhring befahl. Freilich änderte dieses Urteil nichts am weiteren Aufstieg Münchens, zumal es Albert gelang, wichtige Herrschaftsrechte in der aufstrebenden Siedlung an sich zu bringen, sodass die Freisinger Bischöfe dort bis gegen Ende der 1220er Jahre eine bestimmende Stellung innehatten.[81]

Otto von Freising enttäuschte das Ergebnis des kaiserlichen Eingreifens wohl doch nicht allzu sehr, zumal er Friedrichs Hilfe fast zur glei-

5.5 Österreichs Erhebung zum Herzogtum

chen Zeit in einer ähnlich ärgerlichen Auseinandersetzung benötigte, einem Streit mit seinem eigenen Bruder nämlich, dem Herzog von Österreich. Heinrich Jasomirgott bemühte sich energisch um den Ausbau seiner neuen herzoglichen Stellung. Dabei bediente er sich seiner neuen Gerichtshoheit und nahm die mit ihr verbundenen Befugnisse großzügig für sich in Anspruch. So scheint er auf in Österreich gelegenen Gütern auswärtiger Kirchen Recht gesprochen oder Steuern eingezogen zu haben. Otto wehrte sich heftig, doch erst ihrem kaiserlichen Neffen Friedrich gelang es, die Brüder im Januar 1158 auf dem Regensburger Hoftag wieder miteinander zu versöhnen.[82] Wenn Otto von Freising im Sommer danach am Ende des zweiten Buches seiner Friedrich-Biographie auf den letzten Zeilen, die er vor seinem Tod im September 1158 niederschrieb, den Kaiser seiner zwei Jahre zurückliegenden Schlichtung des Streits um Bayern wegen als den Schöpfer eines bis zur Gegenwart andauernden Friedens in ganz Deutschland feierte, so war ihm damit doch wohl Ernst.[83]

Die Sorge um den Frieden gehörte damals in der Tat zu Friedrichs zentralen Aufgaben. Abt Wibald etwa klagte vor ihm häufig über die Schwierigkeiten, die mächtige Nachbarn seinen Klöstern bereiteten.[84] Schwerer wog gewiss der Konflikt, zu dem es bereits während Friedrichs Romzug zwischen Pfalzgraf Hermann von Stahleck, seinem Onkel, und dem Mainzer Erzbischof Arnold kam. Er führte zu heftigen kriegerischen Auseinandersetzungen, die das Umland von Mainz teilweise geradezu verwüsteten. Bald nach des Herrschers Rückkehr, im Oktober 1155, erschienen die Kontrahenten dann vor ihm, und jeder bezeichnete den anderen als den Urheber ihres Zerwürfnisses. Schon kurz darauf fanden sie sich jedoch zu Worms als Angeklagte wieder. Beide wurden gleicherweise für schuldig befunden, den durch Friedrichs Gesetz vom Sommer 1152 geschützten Frieden während seiner Abwesenheit gebrochen zu haben, und der Kaiser verurteilte sie zu der für Männer ihres hohen Ranges besonders demütigenden Strafe, einen Hund öffentlich eine Meile weit tragen zu müssen. Allerdings erließ er dem Mainzer Erzbischof seines geistlichen Standes wegen den entwürdigenden Gang, und der rheinische Pfalzgraf litt unter der Schmach des kaiserlichen Urteils anscheinend nicht allzu lang. Jedenfalls besuchte er Friedrichs Hof wieder, zuletzt September 1156, drei Tage vor seinem Tod.[85]

5 Friedrich I. Barbarossa

Dass der Kaiser grundsätzlich durchaus gewillt war, seinen Herrschaftsanspruch der hohen Geistlichkeit gegenüber unmissverständlich geltend zu machen, das erfuhr im Oktober 1155 auch Hartwig, der neue Bischof von Regensburg, der ohne selbst schon die Regalieninvestitur von Friedrich erlangt zu haben, Regalien weiter verliehen hatte, und deshalb zu einer Geldstrafe verurteilt wurde.[86]

Natürlich nützte der Herrscher vor allem seine Möglichkeiten zur Beeinflussung der Bischofswahlen, um eines Kreises vertrauter geistlicher Fürsten gewiss zu sein, aber durchaus auch, um mit seinem Eingreifen dem Frieden zu dienen. So entschied er sich, als es im Mai 1156 in Köln zu einer Doppelwahl kam, nach ausführlichen Beratungen für Friedrich, den aus dem Berger Grafenhaus stammenden Kandidaten des Domkapitels. Zuvor schon, im März 1156, gelang es ihm, durch seine Intervention in Utrecht eine zwiespältige Wahl zu verhindern.[87]

Dem Frieden wie dem Ansehen des Kaisers kam gleichfalls zugute, dass er die Klagen des Bischofs und der Bürger Augsburgs über die fehlende Rechtsordnung in ihrer Stadt ernst nahm und im Juni 1156 unter seinem Namen eine Urkunde mit den künftig in Augsburg geltenden Rechtsregeln ausfertigen ließ. Dieses Stadtrecht, wohl mit das älteste in Deutschland, sicherte die Befugnisse des Bischofs als Stadtherr und insbesondere seine Einnahmen, die ihm nicht zuletzt den Dienst für den Kaiser ermöglichten. Daneben legte es immerhin fest, dass Stadtbewohner nach über Jahr und Tag fehlenden Forderungen ihres Herrn den Status freier, nur dem städtischen Recht verpflichteter Bürger erhielten; die Befugnisse von Burggraf und Vogt waren klar beschrieben, und gegen ihre Verfehlungen konnte beim Bischof Klage erhoben werden. Ein gewisses Verständnis für die bürgerliche Lebenswirklichkeit darf man am Kaiserhof also vielleicht doch voraussetzen.[88]

Dass man sich dort der Bedeutung des Handels tatsächlich bewusst war, das zeigt sehr deutlich die Reaktion von Kaiser und Fürsten auf die Klagen, die ihnen im Oktober 1155 Kaufleute über die sich häufenden Zollstationen am Main vortrugen. Auf fürstlichen Beschluss hin forderte der Kaiser alle Inhaber solcher Zollstätten auf, bis zum nächsten Weihnachtsfest dem Hof die Privilegien vorzulegen, die sie zur

Zollerhebung berechtigten. Als sich niemand meldete, ließ er alle Mainzölle schließen mit Ausnahme zweier nur kurz im August geöffneter Zollstellen und des kaiserlichen Zolls in Frankfurt.[89]

Eine bedeutsame politische Wende leitete Friedrich ein, als er sich entschloss, in zweiter Ehe Beatrix von Burgund zu heiraten. Mitte Juni 1156 feierte er zu Würzburg im festlichen Kreis zahlreicher hochgestellter Gäste glanzvoll seine Hochzeit mit ihr. Die um 1145 geborene Beatrix war seit dem Tod ihres Vaters im Januar 1148 Erbin der den Nordwesten des Königreichs Burgund beherrschenden Grafschaft gleichen Namens mit der Stadt Besançon als Mittelpunkt. Zunächst freilich verwaltete ihr Onkel, Graf Wilhelm von Mâcon, das wertvolle Erbe. Als er 1155 starb, dürfte Friedrich die Möglichkeiten der neuen Situation rasch durchschaut und eine Heirat erwogen haben.[90]

Wie zu erwarten, berichten die Quellen wenig über das Zusammenleben Friedrichs und der Beatrix. Immerhin scheint es, dass sich Beatrix für gewöhnlich in der Nähe ihres Gatten aufhielt. An seiner Seite kam sie ihren Repräsentationspflichten als Kaiserin nach und die kaiserlichen Diplome erwähnen wiederholt ihre Initiative als Bittstellerin. Friedrichs Urkunden nennen seine Gemahlin meist *dilecta* oder *dilectissima consors* (»liebe« oder »allerliebste Gefährtin«) und schreiben ihr daneben zuweilen Attribute wie *carissima, illustrissima, felix* oder *nobilissima coniux* (»geliebteste, ausgezeichnetste, glückliche« oder »vornehmste Gattin«) zu. Dabei handelt es sich indes um formelhafte Wendungen, welche die Kanzlei auch sonst für Personen benutzte, die der Herrscher besonders schätzte. Dennoch erlauben sie wohl die Vermutung, dass ihr Verhältnis eher vertrauensvoll als distanziert war.[91]

Elf Kinder wurden dem Paar geboren, darunter drei Töchter, für die ihr Vater sehr früh Eheabsprachen traf, die jedoch bereits im Kindesalter starben. Das gleiche Schicksal erlitten ihre Brüder Rainald und Wilhelm wie schon der 1164 zur Welt gekommene erste Sohn Friedrich. Sein im November 1165 in Nimwegen geborener Bruder Heinrich aber konnte später die Nachfolge Friedrich Barbarossas als König und Kaiser antreten, und auf dessen jüngeren, zunächst Konrad genannten Bruder ging 1169 nach dem Tod des älteren Friedrich dessen Name wie das Herzogtum Schwaben über. Im Laufe der 1170er Jahre folgten dann noch die Geburten Ottos, des künftigen Pfalzgrafen

5 Friedrich I. Barbarossa

von Burgund, Konrads, der 1192 Herzog von Schwaben wurde, sowie die Philipps, des künftigen Königs.[92] Ihre Mutter Beatrix hielt sich in den Jahren zwischen 1181 und 1183 relativ häufig in ihrer burgundischen Heimat auf. Sie verfügte dort über Hofpersonal, traf eigenständig Entscheidungen und suchte damals wohl den Übergang ihres Erbes an einen ihrer Söhne vorzubereiten. Doch sie starb, kaum mehr als vierzig Jahre alt, bereits im November 1184, im Sommer darauf wurde sie im Dom zu Speyer beigesetzt.[93]

Mit dem Besitz der Beatrix verfügte der Kaiser über eine wertvolle Basis, die es ihm ermöglichte, seinen herrschaftlichen Einfluss künftig im ganzen Königreich Burgund (oder Arelat) wesentlich stärker als bisher zur Geltung zu bringen. Schwierig gestaltete sich indes die Provence, in der die Grafen von Barcelona, seit 1137 zugleich Könige von Aragon, und jene von Toulouse eine herausragende, selbständige Rolle spielten.

Deutlich wuchs für Barbarossa mit dem Gewicht, das Burgund nun gewann, auch die Bedeutung Westeuropas. Vor allem die Beziehungen zu den dort dominierenden Königen Englands und Frankreichs begannen sich zu intensivieren. So scheint der Kaiser im Mai 1157 Heinrich II., dem König von England, Herzog der Normandie und Aquitaniens in einem Brief sowie durch Gesandte ein Friedensbündnis vorgeschlagen, ihn allerdings auch aufgefordert zu haben, ihm die Hand des Apostels Jakobus zurückzusenden. Diese wertvolle Reliquie hatte des Königs Mutter Mathilde nach dem Tod Kaiser Heinrichs V., ihres ersten Mannes, in ihre englische Heimat mitgenommen, und sie war ihrem Sohn nun ebenso teuer wie dem Kaiser. Als im September nämlich Heinrichs Gesandte am kaiserlichen Hof erschienen, brachten sie zwar unter anderem ein riesiges, prachtvolles Zelt mit, dazu einen Brief, in dem der König seinem geliebten kaiserlichen Freund viel Schmeichelhaftes schrieb, dem Freudschaftsbündnis zustimmte und betonte, dabei werde Friedrich seiner überragenden Kaiserwürde wegen selbstverständlich die Befehlsgewalt zufallen. Eine Aussage über die angemahnte Reliquie fehlte jedoch. Sicher gedachte Heinrich mit seinem Brief, den bereits Rahewin als »voll der honigsüßen Rede« bezeichnete, keineswegs ernsthaft seine Unterordnung unter die überlegene Autorität des Kaisers zu bekennen, die

Barbarossa im Übrigen vermutlich auch nicht verlangt hatte. Vielmehr ging es dem König darum, Friedrich mit seinem Herrscherlob so für sich einzunehmen, dass dieser über die Verweigerung der Jakobsreliquie schließlich hinwegsehen würde, und Barbarossa scheute sich jedenfalls nicht, während seines zweiten Italienzuges in dem von Heinrich erhaltenen prachtvollen Riesenzelt zu residieren.[94]

Als sich der Kaiser im Herbst 1157 in Besançon aufhielt, gedachte der französische König Ludwig VII. wohl, ihn dort persönlich aufzusuchen. Er erfuhr jedoch in Dijon, dass Friedrich bereits wieder abgereist sei. Die beiden Monarchen sandten einander daraufhin wenigstens hochrangige Delegationen, die ihre Grüße überbrachten und ihr Bedauern über das Scheitern ihrer Zusammenkunft mitteilten. Rahewin hörte freilich von französischer Seite, dass Ludwig des Kaisers Präsenz und Aktivität in Burgund offenbar durchaus mit Sorge beobachtete.[95]

Zum schmerzlichen Verzicht auf Rang und Einfluss zwang die neue Situation in Burgund indessen den Herzog Berthold von Zähringen, denn das starke Engagement, zu dem Friedrich dort offenkundig entschlossen war, machte die Berthold 1152 übertragene Position seines Stellvertreters überflüssig. Um ihn einigermaßen angemessen für diese Einbuße zu entschädigen, übertrug ihm Friedrich die Regalieninvestitur in den Bistümern Lausanne, Genf und Sitten (Sion), dazu vermutlich die Vogtei, und verhalf ihm so immerhin zur Festigung seiner Stellung östlich des Jura in einer Region, die für ihn zentrale Bedeutung besaß. Fürs Erste scheint sich in seinem Verhältnis zum Kaiser denn auch wenig geändert zu haben.[96]

Dass des Kaisers zweite Heirat seine Beziehungen zu Byzanz tangieren würde, das trat überraschend schnell zutage. Anders als der im Juni 1156 zum Hochzeitsfest in Würzburg erschienene Abt Wibald erhielten die mit ihm angereisten Gesandten Kaiser Manuels zunächst nämlich keine Audienz. Als Grund gibt Otto von Freising an, Friedrich habe erst jetzt erfahren, dass die Griechen unter missbräuchlicher Verwendung seiner Briefe zusammen mit den Aufständischen ganz Unteritalien in ihre Hand gebracht hätten. Man kann wohl annehmen, dass Friedrich überdies keinen Wert darauf legte, den byzantinischen Gesandten gegenüber seine Eheentscheidung zu rechtfertigen. Jedenfalls darf seine schroffe Reaktion als Zeichen seiner wachsenden Distanz zu

5 Friedrich I. Barbarossa

Byzanz gelten. Um einen vollständigen Bruch zu vermeiden, rief er die griechische Delegation dann allerdings doch noch zu sich. Sie erfuhr indes lediglich, dass ihre Bemühungen sinnlos geworden waren. Ein Kaplan des Kaisers begleitete sie auf ihrer Heimreise, um Manuel über dessen Absichten zu informieren.[97]

Die Kontakte zwischen dem staufischen und dem byzantinischen Hof rissen auch danach keineswegs völlig ab. Dafür sorgte in erster Linie die Kaiserin Eirene, die nicht nur in Verbindung mit ihrem Bruder Graf Gebhard von Sulzbach stand, sondern sich zudem sehr rege um ihren Neffen Herzog Friedrich von Schwaben kümmerte, den jüngeren Sohn ihrer Schwester und Konrads III. So hatte sie der byzantinischen Gesandtschaft, die im Herbst 1157 am Kaiserhof eintraf, die Anweisung gegeben, dort darauf zu dringen, dass der damals Zwölf- oder Dreizehnjährige in ihrer Gegenwart die Schwertleite empfing. Sie tat dies gewiss in der fürsorglichen Absicht, dem früh Verwaisten die seinem Rang zukommende Eigenständigkeit so zeitig wie möglich zu sichern, und mochte überdies hoffen, mit ihm eine gut informierte, dazu Byzanz wohlgesinnte Vertrauensperson gewinnen zu können.

Der junge Friedrich trug bereits seit der Königswahl Friedrich Barbarossas den schwäbischen Herzogstitel, doch in der Regel traf sein königlicher, später kaiserlicher Vetter und Vormund die in Schwaben anstehenden Entscheidungen für ihn. Wenn der minderjährige Herzog in den ersten beiden, wohl im Juni 1153 abgefassten Urkunden, die ihn als Zeugen nennen, als Herzog von Schwaben und dem Elsass erscheint, so ist dies sicher auf Wibald von Stablo, den Verfasser der ersten Urkunde, zurückzuführen. Erstmals vor die Frage nach Friedrichs Titel gestellt, gab er ihm jenen um das Elsass erweiterten Herzogstitel, den bereits Friedrich Barbarossa in von ihm als Herzog bezeugten Urkunden Konrads geführt hatte. Barbarossa selbst dachte schwerlich daran, das von ihm so geschätzte Elsass zusätzlich zu Schwaben seinem kleinen Vetter zu überlassen, um es ihm kurz darauf wieder zu entziehen.

In rund zwanzig der von Barbarossas Kanzlei zwischen seiner Königswahl und dem Herbst 1157 ausgefertigten Urkunden erscheint der 1152 ungefähr sieben Jahre alte Herzog Friedrich als Zeuge. Sie präsentieren ihn meist als Herzog von Schwaben und führen ihn stets in

5.5 Österreichs Erhebung zum Herzogtum

der Gruppe der Herzöge auf, neunmal an erster oder zweiter, fünfmal an letzter Stelle. Eine feste Regelung der Reihenfolge innerhalb der Herzogsgruppe gab es offenbar nicht. Weitaus die meisten Diplome, welche ihn nennen, stammen aus der Zeit nach der Rückkehr seines kaiserlichen Vetters aus Rom. Fast regelmäßig hielt er sich nun offensichtlich an dessen Hof auf, in drei Fällen bezeugte er eine Urkunde als einziger Herzog. Der Kaiser, so darf man demnach wohl vermuten, achtete bewusst darauf, dass der jetzt Zehnjährige mit den ihn erwartenden Aufgaben vertraut wurde. Nichts spricht jedenfalls für eine Zurücksetzung des Jüngeren durch den Älteren.

Die Botschafter Eirenes stießen am Hof Friedrichs zunächst auf deutliche Ablehnung. Erst als sie gelobten, dem Kaiser künftig die gebührende Ehrerbietung zu erweisen, erreichten sie, dass Friedrich, der herzogliche Knabe, in ihrer Anwesenheit feierlich mit dem Schwert umgürtet und zum Ritter erhoben wurde. Offenbar verbreitete sich damals das Gerücht, Eirene habe ihren Gesandten aufgetragen, erst wieder abzureisen, wenn ihr Neffe die Ritterwürde erlangt habe. Sie dürfte einen solchen im Ernstfall kaum zu verwirklichenden Auftrag, wenn er überhaupt erging, allenfalls ausgesprochen haben, um den Boten das Gewicht ihrer Mission einzuschärfen. Jedenfalls ergriff sie die Initiative in dieser Angelegenheit so rechtzeitig, damit ihr Neffe wahrscheinlich als Zwölfjähriger, zum frühest üblichen Termin also, feierlich in die Volljährigkeit entlassen wurde. Vorher war daran eigentlich nicht zu denken. Friedrich hatte bis dahin auch wohl keine Veranlassung, auf diesem Felde verzögernd oder blockierend einzugreifen.

Nach dem Ereignis der Schwertleite wuchs die selbständige Verantwortung des jungen Friedrich für sein Herzogtum wohl in der Tat. Wie zuvor hielt er sich indessen häufig am kaiserlichen Hof auf, regelmäßig führten ihn die kaiserlichen Urkunden unter den Zeugen auf, und den zweiten Italienzug seines kaiserlichen Vetters erlebte er in voller Länge an dessen Seite.[98] Der griechischen Delegation aber folgte, als sie wieder in ihre Heimat aufbrach, in kaiserlichem Auftrag Abt Wibald von Stablo. Vermutlich sollte der erfahrene Kenner des byzantinischen Hofes mit seinem Gegenbesuch dafür sorgen, dass sich die zweifellos merklich gelockerten Beziehungen zumindest nicht weiter abkühlten. Wibald starb im Sommer 1158 auf der Heimreise in Mazedonien, ein Jahr später wurde er in Stablo beigesetzt.[99]

5.6 Der Konflikt mit Papst Hadrian IV.

Nicht nur das Verhältnis Barbarossas zu Byzanz verschlechterte sich damals, sondern auch jenes zu Papst Hadrian IV. Enttäuscht über das Ausbleiben der kaiserlichen Hilfe gegen König Wilhelm I. von Sizilien, hatte Hadrian seine Hoffnungen auf die Aufständischen Unteritaliens gesetzt. Doch Wilhelms Truppen besiegten die Rebellen und schlossen den in Benevent residierenden Papst dort ein. So sah dieser sich im Juni 1156 zum Abschluss eines Vertrages mit dem König gezwungen. Wie darin festgelegt, belehnte er Wilhelm, der Treueid und Hominium leistete, mit dem Königreich Sizilien; außerdem gestand er ihm zu, dass er und seine Nachfolger ihre Nachfolger aus dem Kreis ihrer Erben frei bestimmen konnten. Vor allem jedoch überließ er dem König den maßgebenden Einfluss auf die Bischofswahlen im gesamten Königreich sowie weitere wichtige Kontrollrechte über die dortige Kirche.[100]

Friedrich Barbarossa reagierte offenbar sehr ungehalten auf das Abkommen. Doch ebenso wenig wie er selbst mit dem Aufschub seines Sizilienfeldzuges hatte nun Hadrian den Konstanzer Vertrag verletzt, und dieser bat noch im Januar 1157 Wibald von Stablo, er möge sich beim Kaiser für die römische Kirche einsetzen.[101] Doch bald darauf verschärfte sich der Konflikt zwischen ihnen dramatisch. Erzbischof Eskil von Lund (in Südschweden) war auf der Heimreise von Rom in Deutschland in Gefangenschaft geraten. Kaiser Friedrich jedoch unternahm, auch als ihn Hadrian im Sommer 1157 auf die Untat hinwies, nichts zur Befreiung des hohen Geistlichen, womöglich weil er dessen führende Rolle bei der Vertreibung des von ihm einst erhobenen Königs Sven als eine Kränkung empfand, vielleicht auch, weil der Erzbischof von Lund dem von Erzbischof Hartwig verfolgten Vorhaben entgegen stand, das Erzbistum Hamburg-Bremen zum Zentrum eines

5.6 Der Konflikt mit Papst Hadrian IV.

ganz Skandinavien umfassenden Patriarchats zu machen. Immerhin bewirkte das kaiserliche Eingreifen wenigstens, dass Eskil Anfang 1158 seine Freiheit wiedererlangte.

Papst Hadrian nahm den Zwischenfall jedoch äußerst ernst. Er hatte vor seiner Wahl zum Papst zwei Jahre hindurch als päpstlicher Legat die skandinavische Kirche mit großem Erfolg reformiert und dabei eng mit Erzbischof Eskil zusammengearbeitet. So sandte er eigens seinen Kanzler Rolando Bandinelli zusammen mit einem weiteren Kardinal zu dem Hoftag, den der Kaiser Ende Oktober 1157 in Besançon abhielt. Sie sollten Friedrich einen Brief überbringen, in dem Hadrian voller Empörung das an Eskil begangene Verbrechen beklagte und vor allem seine tiefe Bestürzung über die Untätigkeit zum Ausdruck brachte, mit welcher der Herrscher auf den Vorfall reagiere. Für dieses Verhalten gebe es keinen Grund, denn die römische Kirche habe ihm in herzlicher Güte alle Wünsche erfüllt, sie habe ihm gerne die Kaiserkrone und damit die höchste Würde und Ehre verliehen und er, Hadrian, würde sich freuen, wenn Friedrich, wäre dies nur möglich, noch größere Wohltaten (*beneficia*) aus seiner Hand empfangen hätte. Nun aber bedürfe es zunächst der klärenden Gespräche.[102]

Rainald von Dassel, der hochgebildete Hildesheimer Dompropst, dazu seit Mai 1156 Leiter der Reichskanzlei und einflussreicher Berater des Kaisers, besorgte nach der Verlesung von Hadrians Brief dessen Übersetzung. Dabei gab er Hadrians etwas verschleiert formulierte Darstellung der Kaiserkrönung Friedrichs als einer päpstlichen Gabe betont unmissverständlich wieder, indem er die jene Krönung noch übertreffenden *beneficia*, die Hadrian dem Kaiser gerne zusätzlich übergeben hätte, auf deutsch als »Lehen« bezeichnete mit der Folge, dass auch das Kaisertum als ein von der Hand des Papstes zu vergebendes Lehen erschien.

Wir wissen nicht, ob Hadrian das Wort *beneficium*, das »Wohltat« wie »Lehen« bedeuten konnte, einfach nur unbedacht verwandte oder aber ganz bewusst in der Absicht, seine Überzeugung vom päpstlichen Vorrang wenigstens anklingen zu lassen. Ebenso wenig wissen wir über Rainalds Motive. Wollte er von dem in der Tat etwas heiklen Fall Eskils ablenken, so gelang ihm dies. Zugleich aber ärgerte ihn die päpstliche Interpretation der Kaiserkrönung wohl doch ernstlich, und die Anwesenden reagierten auf das, was sie hörten, allem Anschein nach ebenso empört wie er. Offenbar sahen sie durch das Vernommene vielfach eigene Erfahrungen und Vorbehalte bestätigt und erinnerten sich beispielsweise an Barbarossas heftigen Protest gegen die Unterschrift unter die Lothars III. Kaiserkrönung darstellenden Bilder im Lateranpalast. Die so verstandene Aussage entsprach im Übrigen ja durchaus der von Gregor VII. mit Schärfe vertretenen Überzeugung, dass die überragende Vollmacht des Papstes auch die Inhaber der kaiserlichen Gewalt ihrer Sündhaftigkeit wegen zu Gehorsam ihm gegenüber verpflichte.

Die zu Besançon versammelten Großen äußerten jedenfalls lautstark ihren Unmut über die befremdliche päpstliche Botschaft. Als daraufhin einer der gewiss ebenfalls erregten Kardinäle die provozierende Frage stellte, von wem der Kaiser denn sein Kaisertum habe, wenn nicht vom Papst, brach anscheinend geradezu ein Tumult aus. Barbarossa selbst musste wohl eingreifen, um die Legaten zu schützen. Er befahl ihnen freilich, sofort auf dem schnellsten Weg nach Rom zurückzureisen. Das Verhältnis zwischen Kaiser und Papst war auf einem Tiefpunkt angelangt.[103]

In einem wohl von Bischof Eberhard von Bamberg verfassten Schreiben informierte Friedrich die Großen des Reiches sofort, natürlich aus seiner Sicht, ausführlich über das zu Besançon Geschehene, vor allem über den von unerträglich arroganten päpstlichen Legaten präsentierten Brief, in dem ihn Hadrian hauptsächlich auffordere, ständig daran zu denken, dass ihm der Papst seine Kaiserkrone verliehen habe. Knapp, doch prägnant stellte Friedrich der päpstlichen seine eigene Sicht vom Ursprung seiner Herrscherstellung gegenüber. Allein von Gott und durch die Wahl der Fürsten habe er seine königliche wie kaiserliche Würde und Macht empfangen. Da Gott selbst das Regiment der Welt zwei gleichermaßen notwendigen Schwertern anvertraute, handle jeder, der die Kaiserkrone als Geschenk des Papstes bezeichne, gegen die göttliche Ordnung. Er hoffe deshalb, dass die seit den Anfängen der christlichen Religion glorreich gewahrte Ehre des Reiches nun nicht durch unerhörte Überheblichkeit geschmälert werde. Er jedenfalls sei entschlossen, sich eher in Todesgefahr zu begeben, als eine derart schändliche Verwirrung hinzunehmen.[104]

5.6 Der Konflikt mit Papst Hadrian IV.

Gegen Ende des Jahres 1157 wandte sich auch Hadrian IV. an die hohe Geistlichkeit des Reiches. Er tadelte in seinem Brief besonders scharf die schändliche Behandlung, die seinen Legaten am kaiserlichen Hof zuteilgeworden sei. Dringend forderte er die Bischöfe deshalb auf, beim Kaiser für eine angemessene Genugtuungsleistung der Hauptmissetäter, Rainalds, seines Kanzlers, sowie des Pfalzgrafen Otto von Wittelsbach, zu sorgen. Vor allem aber ermahnte er sie nachdrücklich, den Herrscher mit ihrem Rat wieder zu Gott wohlgefälligem und seine Ehre auf Erden mehrendem Tun zurückzuführen.[105]

Die so Angesprochenen antworteten vermutlich innerhalb der ersten Monate des Jahres 1158. Demütig im Ton bekannten sie doch in aller Klarheit, dass auch sie bestimmte Formulierungen in Hadrians Brief ihrer unklugen Doppeldeutigkeit und ihres bislang unerhörten Inhalts wegen nicht billigten. Im Übrigen habe sich der Kanzler Rainald durchaus als Beschützer der päpstlichen Legaten erwiesen, und besonders erfreulich sei das Gespräch mit dem Kaiser verlaufen. Offensichtlich lagen die kaiserlichen Ausführungen den Bischöfen schriftlich vor. Schärfer noch als bisher betonte Friedrich dort, dass er seine Königs- wie Kaiserwürde allein Gott verdanke, dessen Wille in der Wahl der Fürsten ihren Ausdruck finde. Die anschließende Königssalbung gebühre dem Kölner Erzbischof, die höchste jedoch, die des Kaisers, dem Papst. Jede zusätzliche Regelung sei überflüssig und vom Übel. Am Ende ihres Briefes richteten die Bischöfe dann geradezu beschwörend die Bitte an den Papst, er möge um des Friedens zwischen Kirche und Reich willen dem Kaiser beschwichtigend und milde entgegenkommen.[106]

Die Erkenntnis, dass der deutsche Episkopat das Verhalten des Kaisers weitgehend billige, veranlasste Hadrian schließlich, dem Wunsch der Bischöfe zu folgen. Im Juni 1158 überbrachten seine Legaten dem Herrscher einen Brief, in dem der Papst noch einmal seine Verwunderung über Friedrichs unangemessene Reaktion in Besançon ausdrückte, dann jedoch ausführlich und auch ein bisschen belehrend klarstellte, dass der Begriff *beneficium* Wohltat bedeute. Mit dieser Bedeutung verwende ihn die Bibel und ebenso verfahre er. Den gleichen Sinn, nämlich sein Handeln als gute Tat zu kennzeichnen, hätten im Übrigen auch die anderen Wendungen und Sätze seines Schreibens.[107]

5 Friedrich I. Barbarossa

Fürs Erste schien Hadrian mit seiner geschickten Entkräftung der kaiserlichen Vorwürfe dem Konflikt die Schärfe etwas zu nehmen. Seine grundsätzliche Überzeugung vom Vorrang der geistlichen vor der weltlichen Macht, des Papstes vor dem Kaiser, hatte er damit allerdings keineswegs aufgegeben, denn um eine gute päpstliche Tat handelte es sich aus dieser Sicht ja, wenn der Kaiser seine hohe Würde allein vom Stellvertreter Petri empfing. Für Friedrich und seinen Beraterkreis aber war die Auseinandersetzung mit der päpstlichen Position zum Anlass geworden, klar herauszuarbeiten, dass ihnen das König- wie das Kaisertum als eine dem deutschen König unmittelbar von Gott durch die Fürstenwahl verliehene Würde galt, während sie den zusätzlichen geistlichen Krönungsakten zwar eine den göttlichen Willen bestätigende Funktion zubilligten, doch keine konstitutive Bedeutung beimaßen. Die prinzipiellen Gegensätze zwischen Kaiser und Papst blieben also letztlich.[108]

5.7 Friedrichs vom Herzog von Böhmen unterstütztes Eingreifen in Polen und sein Bemühen um die Wahrung und Mehrung seiner territorialen Machtbasis

Offenbar legte der Kaiser Wert darauf, noch vor dem Mailand-Feldzug die Verhältnisse in Polen zu klären. Wie zur Zeit Konrads III. lebte Wladyslaw, der von seinen Halbbrüdern vertriebene älteste Repräsentant des Piastenhauses, mit seiner Familie zu Altenburg im Pleißenland, also auf Reichsgut, im Exil, während in seiner polnischen Heimat seine feindlichen Brüder herrschten. Boleslaw, der unter ihnen Dominierende, verschloss sich nicht nur Konrads und später Friedrichs Bemühungen um die Heimkehr Wladyslaws und seiner babenbergischen Gattin, Friedrichs Tante; er verweigerte dem Kaiser überdies den geschuldeten Treueid und die jährlichen Tributzahlungen. Als

5.7 Friedrichs vom Herzog von Böhmen unterstütztes Eingreifen in Polen

auch die im Sommer 1157 in Halle mit polnischen Gesandten geführten Verhandlungen scheiterten, entschied sich Friedrich für ein militärisches Vorgehen gegen den Piastenherzog.

Am 4. August brach er mit seinem durch Herzog Vladislav von Böhmen verstärkten Heer auf, am 22. näherte er sich Posen. Zwar suchte Boleslaw seinen Gegner durch die Verwüstung des Landes aufzuhalten, er sorgte zugleich jedoch dafür, dass Fürsten beim Kaiser die Bedingungen für seine Begnadigung aushandelten. Wie dort festgelegt, erschien er dann wohl Ende August im kaiserlichen Lager bei Posen, warf sich vor den Versammelten dem Kaiser zu Füßen, empfing dessen Gnade und schwor, dass er als Entschädigung für seine Schuld dem Reich gegenüber genau bestimmte Zahlungen leisten, am bevorstehenden Italienzug teilnehmen und zuvor auf dem in Magdeburg stattfindenden Hoftag erscheinen werde, um sich der Klage seines vertriebenen Bruders zu stellen. Schließlich gelobte er dem Kaiser die Treue. Danach zog Friedrich mit seinem Heer wieder ab.[109]

Der Kaiser erinnerte Wibald von Stablo mit einem gewissen Recht an die im Vergleich zu seinem Unternehmen glanzlosen Versuche seiner Vorgänger, hatte Boleslaw doch öffentlich seine Schuld bekannt, sich der Oberhoheit des Reiches unterworfen und Genugtuung versprochen. So dem Recht und der Würde des Reiches die gebührende Geltung zu verschaffen, dies vor allem beabsichtigte und erreichte Friedrich nach seinem Empfinden wohl. Da Boleslaw hinsichtlich des Konflikts mit seinem Bruder vorweg die Entscheidung des kaiserlichen Hoftags akzeptierte, konnte der Kaiser überdies erwarten, dass Wladyslaw bald wenigstens sein Anteil am väterlichen Erbe zufallen würde, und nichts spricht dafür, dass er für seine polnischen Verwandten als Resultat seines wohl nicht einmal sechs Wochen dauernden Polenzuges mehr erstrebte.[110]

Die wertvolle Unterstützung Vladislavs von Böhmen, seines Oheims, hatte sich Barbarossa schon im Juni 1156 gesichert. Auf seine Einladung hin besuchte der Herzog damals das kaiserliche Hochzeitsfest, und am Rande dieser Feierlichkeiten kam es zu einer Übereinkunft, wonach Vladislav persönlich am Italienzug des Kaisers teilnehmen und dieser ihm zum Lohn die Königskrone verleihen werde. Bereits ein gutes Jahr später bewährte sich die hier vereinbarte Kooperation beim Vorgehen gegen Polen, und etwa zur gleichen Zeit brachte Bischof Daniel von Prag als Legat des Kaisers aus Ungarn die Zusage König Gezas zurück, er werde Truppen zur Unterstützung des kaiserlichen Heeres nach Italien senden. Offensichtlich hielt Friedrich die enge Zusammenarbeit mit Vladislav für äußerst wichtig. Jedenfalls erhob er den Herzog mit Zustimmung der Fürsten im Januar 1158 in Regensburg in aller Form zum König, zum höchstrangigen weltlichen Fürsten des Reiches also. Die eigens darüber ausgestellte Urkunde wies den Bischöfen von Prag und Olmütz das Recht zu, die böhmischen Könige künftig zu krönen; sie stellte überdies sicher, dass die überragende Würde des Kaisers bei feierlichen öffentlichen Auftritten weiterhin klar sichtbar war.[111]

Wie problematisch die Beziehungen zu Polen blieben, hatte sich bereits kurz zuvor gezeigt, als Boleslaw nicht, wie von ihm beschworen, an Weihnachten in Magdeburg erschien. Das Italienprojekt verhinderte eine sofortige kaiserliche Reaktion, zudem starb Wladyslaw schon 1159, seine Frau bald darauf. Friedrich verlor ihre Söhne, seine Vettern, freilich keineswgs aus den Augen. Boleslaw, der Älteste, nahm an seinem Italienzug teil und begegnet zweimal, 1161 und 1162, mit dem Titel eines *dux* in den Zeugenlisten seiner Diplome. Wohl noch 1162 sandte er ihn mit militärischer Begleitung nach Polen. Gleichzeitig hielten kaiserliche Schreiben die Fürsten Polens offenbar unter Drohungen an, den Rückkehrern zu überlassen, was ihnen zustehe, und die Brüder konnten in der Tat das wiedergewonnene Schlesien unter sich aufteilen. Als es 1172 erneut zu einem Konflikt zwischen Mieszko, dem offenbar bereits dominierenden Bruder und bald auch Nachfolger des Seniors Boleslaw, und seinen schlesischen Neffen kam, zog Barbarossa sogar selbst noch einmal mit einem großen Heer gegen Polen. Mieszko jedoch eilte ihm bis zur Landesgrenze entgegen, bat um Gnade, die er erlangte, gelobte, sich dem kaiserlichen Willen zu fügen, und zahlte ein hohes Bußgeld.[112]

Die schlesische Linie des Piastenhauses vermochte danach ihre Selbständigkeit im Großen und Ganzen zu wahren. Zudem suchten ihre Repräsentanten bald, die überlegenen Produktionsweisen, Siedlungsstrukturen und Rechtsverhältnisse, die sie während ihres Exils in der schon stark von der deutschen Ostsiedlung geprägten Region zwischen

5.7 Friedrichs vom Herzog von Böhmen unterstütztes Eingreifen in Polen

Saale und Elbe kennengelernt hatten, auch in ihrer Heimat einzuführen. Schlesien fing an, sich nach dem Westen hin zu öffnen.

Die Sorge um die territoriale Machtbasis in Deutschland gehörte in den Jahren vor dem zweiten Italienzug zwar nicht gerade zu den zentralen Anliegen des Kaisers, doch sie fehlte keineswegs ganz. Friedrich bemühte sich etwa um die Sicherung und den Ausbau seiner beherrschenden Stellung im Unterelsass, indem er bedeutsame Klöster wie Neuburg und St. Walburg oder Straßburger Stifte wie St. Thomas durch Schutzzusagen, die Mehrung ihres Besitzes oder die Übernahme der Vogtei förderte und an sich band. Außerdem wuchs sein Interesse für das Oberelsass, das besonderen Wert als Bindeglied nach Burgund besaß. Um seinen Einfluss dort zu vergrößern, suchte er fürs Erste seine Kontakte zu den Zisterzienserklöstern zu intensivieren sowie seine Beziehungen zum Basler Bischof zu vertiefen.[113]

Ein umfangreicher Gütertausch kam am 1. Januar 1158 wohl auf Initiative Heinrichs des Löwen zwischen ihm und Friedrich Barbarossa zustande. Der Herzog empfing damals aus des Kaisers Hand zwei für ihn günstig im Harz gelegene Reichsburgen sowie den ihnen benachbarten Königshof Pöhlde zu Eigen, während Friedrich, der das Reich für diesen Verlust durch die Übertragung von Eigengütern entschädigte, von Heinrich als Gegenleistung die Burg Badenweiler erhielt, dazu hundert Ministerialen und fünfhundert Hufen. Es handelte sich dabei um das Erbgut der Zähringerin Clementia, das ihrem Gatten, dem Löwen, wohl von den Schwerpunkten seiner Aktivitäten zu weit entfernt war. Friedrich konnte mit dem Gewinn einer territorialen Basis in der Nähe des Oberelsass eigentlich durchaus zufrieden sein. Freilich lag der Badenweiler Besitz sehr isoliert inmitten überwiegend Zähringer Herrschaftszentren. Möglicherweise gab Barbarossa seine Neuerwerbung rasch an Berthold von Zähringen weiter, um seine Mitwirkung bei der Italienunternehmung zu sichern. Jedenfalls beteiligte sich der Zähringer daran von Anfang an.[114]

Der ohnehin gewichtigen staufischen Präsenz am Mittelrhein kam es gewiss zugute, dass Barbarossa die rheinische Pfalzgrafschaft nach dem Tod Hermanns von Stahleck im Oktober 1156 seinem Halbbruder Konrad übertrug. Freilich sah er sich durch Konrads ehrgeizige Territorialpolitik immer wieder zum Eingreifen gezwungen. So verbot er bereits im Januar 1157 und erneut 1161 die von Konrad unterstützte Schwureinung der in Trier ansässigen erzbischöflichen Ministerialen gegen Erzbischof Hillin und veranlasste seinen Bruder zur Beilegung seines Güterstreits mit dem Erzbischof. Als Konrad dann 1164 den Kölner Erzbischof Rainald von Dassel gewaltsam am Wiederaufbau der von ihm selbst beanspruchten Burg Rheineck (nördlich von Andernach) zu hindern suchte, gab der Kaiser dem unentbehrlichen Rainald Recht, was ihm sein Bruder schwer verübelte. Erst um 1168 kam es zur Versöhnung. Die territorialpolitischen Ambitionen des Pfalzgrafen galten nun allerdings eher dem Gebiet am unteren Neckar, und man darf in ihm wohl den Gründer Heidelbergs sehen.[115]

Sollte der Frieden in Deutschland während des bevorstehenden Italienzuges Bestand haben, sollte vor allem Heinrich der Löwe sich an diesem Zug ohne Vorbehalte beteiligen, so galt es für Barbarossa unbedingt, zuvor Hartwig, den Bremer Erzbischof, zu einem verlässlichen Stillhalteabkommen zu bewegen. Doch dies erwies sich als nicht ganz einfach. Während nämlich der Ende 1154 wie Hartwig bestrafte Halberstädter Bischof Ulrich vom Kaiser schon 1156 wieder in Gnaden aufgenommen wurde,[116] mied Hartwig zunächst den Kaiserhof. Zwar besuchte er im August 1157 und im Januar 1158 dann Friedrichs Hoftage, doch wohl erst im März darauf kam es in Frankfurt zur Aussöhnung. Dennoch bedurfte es weiterer Verhandlungen und fester Zusagen Friedrichs, ehe er im Juni 1158 die Ruhe in Sachsen als einigermaßen gesichert ansehen konnte.[117]

5.8 Der zweite Italienzug und die doppelte Papstwahl

Am 24. März 1157 verkündete Friedrich Barbarossa seinen Beschluss, einen Feldzug gegen Mailand zu führen. Eine Woche später beschworen die in Worms versammelten Großen die Heerfahrt, deren Teilnehmer sich am 7. Juni 1158 in Augsburg treffen und von dort aufbrechen sollten.

Mailand galt Friedrich seit seinen Erfahrungen auf dem Weg zur Kaiserkrönung als eine von unzuverlässigen, feindseligen Führern regierte Stadt, als Quelle allen Widerstandes gegen das Recht und die Autorität von Kaiser und Reich in der Lombardei und weit darüber hinaus. Er hatte Mailand damals nicht zur Unterwerfung zu zwingen vermocht. Blieb er weiterhin untätig, drohten deshalb nach seiner festen Überzeugung Ruhm und Macht des Reiches überall in Italien schweren Schaden zu nehmen. Die zahlreichen Klagen über das gewaltsame Vorgehen Mailands und seiner Bundesgenossen und die unveränderte Missachtung seiner Befehle durch die Mailänder Führung bestärkten ihn in seiner Beurteilung der Situation. Dabei ging er freilich nach wie vor davon aus, dass jeder, der zu ihm hielt, wie er selbst auf der Seite der gottgewollten Ordnung stand, und während der bevorstehenden kriegerischen Auseinandersetzung konnte er die einseitige Bevorzugung seiner Verbündeten kaum vermeiden. Seinen Gegnern aber gab er so immer wieder neuen Anlass, die Willkür seiner Herrschaft anzuprangern.[118]

Der Kaiser hatte sein Unternehmen umsichtig vorbereitet, die gütliche Beilegung der den Frieden in Deutschland gefährdenden Konflikte erreicht und die Teilnahme bedeutender Fürsten gesichert. Dazu empfing er vor seinem Aufbruch geistlichen Rat und Zuspruch von einem geladenen Kreis angesehener Priester, unter denen er den Bischof Hartmann von Brixen wegen seiner Frömmigkeit offenbar besonders schätzte.[119]

Zu den Vorbereitungen des Zuges über die Alpen gehörte es diesmal, dass Barbarossa bereits im Januar 1158 zwei zuverlässige Gefolgsleute, nämlich seinen Kanzler Rainald von Dassel und Otto von Wittelsbach, als seine Legaten nach Italien voraussandte. Meist wurden sie wohl freundlich empfangen von den Bürgern der Städte, deren Repräsentanten den Treueid auf den Kaiser leisteten. In Ravenna standen freilich zunächst nur der Erzbischof Anselm sowie die Bischöfe der Region auf ihrer Seite, während sich der städtische Adel in den Dienst der in Ancona weilenden griechischen Gesandten begeben hatte. Wutentbrannt zogen die kaiserlichen Legaten darauf mit einem

5 Friedrich I. Barbarossa

rasch zusammengerufenen Heer gegen Ancona, und ihr Auftritt beeindruckte ihre Gegner anscheinend derart, dass Ancona wie Ravenna vor ihnen Treueide für den Kaiser ablegten. Im Juni brachten sie sogar noch eine Übereinkunft mit Piacenza zustande. Voller Stolz und gewiss nicht ganz ohne Übertreibungen meldeten sie dem Kaiser ihre Erfolge und Heldentaten.[120]

Wie geplant, versammelte sich das kaiserliche Heer im Juni 1158 auf dem Lechfeld bei Augsburg. Es übertraf an Größe das Heer, das Friedrich zur Kaiserkrönung begleitet hatte, ganz erheblich, weshalb man vier getrennte Heeresabteilungen bildete, die dann auf unterschiedlichen Pässen über die Alpen zogen. Barbarossa gelangte mit seiner Truppeneinheit am 6. Juli nach Verona. Auf dem Weitermarsch ergab sich ihm wenig später Brescia, Mailands Verbündete, deren Widerstand die vorausgesandten, schonungslos vorgehenden Böhmen bereits gebrochen hatten. Nun gelobte die Stadt, den Kampf des Kaisers gegen Mailand militärisch zu unterstützen. Eben zu dieser Zeit fanden sich im kaiserlichen Lager auch die übrigen Heeresverbände und vor allem die Truppen der italienischen Verbündeten ein, dazu Kontingente aus Städten des Patrimonium Petri und sogar eine vom Präfekten Petrus Di Vico und Senatsmitgliedern angeführte Abordnung aus Rom. Friedrich erließ eine sehr ausführliche Heeresordnung und mochte hoffen, so nicht nur den Frieden unter den zahlreichen Mitstreitern zu wahren, sondern mit den für sie alle gleicherweise geltenden Bestimmungen auch ihr Bewusstsein der Zusammengehörigkeit zu fördern.[121]

In einer Ansprache vor dem versammelten Heer begründete der Herrscher dann noch einmal das Vorgehen gegen Mailand. Er erinnerte daran, dass sich die Stadt gegen die rechtmäßige Herrschaft erhoben, das Recht verletzt und damit der Stellung und Ehre des Römischen Reiches schwer geschadet habe. Deshalb sei es seine Pflicht wie ebenso die Pflicht der Fürsten, diesem anmaßenden Treiben Einhalt zu gebieten und mit allen Mitteln für die Gerechtigkeit zu kämpfen.

Seine Hörer stimmten ihm zu. Die anwesenden Rechtskundigen rieten allerdings, die Mailänder zunächst in aller Form vor das kaiserliche Gericht zu laden, und so verfuhr man. Doch die Mailänder versuchten den Kaiser durch großzügige Geldgeschenke von seinem Vorhaben ab-

5.8 Der zweite Italienzug und die doppelte Papstwahl

zubringen, was ihnen indessen nicht gelang. Barbarossa bannte sie vielmehr aufs Neue und ließ ihnen dann noch einige Tage lang Gelegenheit zur Anerkennung seines Gerichts. Als nichts dergleichen geschah, befahl er den Aufbruch des Heeres zur militärischen Niederwerfung Mailands. Gegen Ende Juli gelang der schwierige Übergang in das Mailänder Gebiet, kurz darauf kam es zur Einnahme der ersten Mailänder Burg.[122] Während das kaiserliche Heer nahe Mailand sein Lager einrichtete, erschienen vor Barbarossa die Bürger Lodis und baten ihn um die Erlaubnis, nachdem ihre Heimatstadt kürzlich zum zweiten Mal von den Mailändern zerstört worden sei, ein neues Lodi auf besser geschütztem Grund bauen zu dürfen. Gemeinsam mit ihnen besichtigte der Herrscher darauf das von ihnen ins Auge gefasste Gebiet am Westufer der Adda und fand es vortrefflich geeignet. So gestattete er ihnen dort die gewünschte Neugründung. Vier Monate später bestätigte er zudem urkundlich Lodis Stellung als allein dem Kaiser untergeordete Stadt, deren Zolleinnahmen freilich dem Reich zufallen sollten.[123]

Mailand, das mit seinen wohl über 100 000 Einwohnern, seiner eminenten Wirtschaftskraft und seiner militärischen Stärke zur kleinen Spitzengruppe der größten und mächtigsten Städte Europas gehörte, konnte zwar den Truppen, die Barbarossa begleiteten, kein zahlenmäßig ähnlich eindrucksvolles Aufgebot entgegenstellen. Es verfügte aber doch über ein großes, kampferfahrenes Heer und wurde überdies ringsum geschützt durch eine mächtige Mauer- und Wallanlage samt dem jüngst angelegten Wassergraben.

Das Kampfgeschehen konzentrierte sich infolgedessen auf die Stadttore. Freilich gaben die so zustandekommenden Scharmützel den Beteiligten zwar die gern genutzte Gelegenheit, Geschick und Mut unter Beweis zu stellen. Sie brachten Barbarossa jedoch seinem Ziel der Unterwerfung Mailands kaum näher. Erst als er auch noch das verhältnismäßig unberührt gebliebene Gebiet westlich der Stadt verwüsten ließ, sodass den Mailändern ernstlich Hunger drohte, suchten sie Frieden mit dem Kaiser zu schließen. Graf Guido von Biandrate, angesehener Bürger Mailands und zugleich geschätzt am Kaiserhof, informierte darüber den König Vladislav von Böhmen sowie die Bischöfe Daniel von Prag und Eberhard von Bamberg, und Barbarossa billigte darauf Verhandlungen mit den Vertretern Mailands. Diese führten dann zur

5 Friedrich I. Barbarossa

Festlegung der in einer Urkunde vom 1. September 1158 schriftlich fixierten Bedingungen, unter denen Mailand die Huld des Kaisers wiedererlangen sollte.

Sie sahen unter anderem vor, dass Mailand die Freiheit und völlige Unabhängigkeit der aufs Neue entstehenden Städte Como und Lodi künftig vorbehaltlos anerkannte, dass sämtliche Mailänder dem Kaiser einen Treueid leisteten, dass sie als Sühne für begangenes Unrecht 9 000 Mark in Silber oder Gold zahlten und außerdem die Regalien dem Kaiser zurückgaben. Schließlich sollten ihre Konsuln in Zukunft vom Volk gewählt, danach vom Kaiser bestätigt werden und von ihm oder seinem Legaten nach Leistung des Treueids ihr Amt empfangen. Der Kaiser verpflichtete sich seinerseits, Mailand nach der Annahme dieser Bedingungen vom Bann zu lösen und der Stadt wieder seine Gnade zu gewähren.[124]

Da beide Seiten diese Regelung akzeptierten, konnte eine Woche später die öffentliche Friedenszeremonie stattfinden. Vor Mailands Mauern versammelte sich das kaum überschaubare kaiserliche Heer, und wie vorher bis ins Detail ausgehandelt, zog darauf Mailands Einwohnerschaft aus den Toren der Stadt in einer langen Prozession auf den Kaiser zu, der, umgeben von den Fürsten, in seinem riesigen Prachtzelt thronte. Mailands Klerus schritt voran, die Konsuln und weitere angesehene und herausragende Mailänder Persönlichkeiten folgten, sämtliche barfuß und bloße Schwerter auf dem Nacken tragend. Ihr demütigender Auftritt machte allen Anwesenden unmissverständlich ihre Unterwerfung unter die dominierende Macht des Kaisers sichtbar, und um eben diese Wirkung ging es Barbarossa, denn eindrücklicher ließ sich der Öffentlichkeit in einer noch vorwiegend mündlichen Gesellschaft seine Überlegenheit, seine überragende Stellung und Würde kaum vor Augen führen. Eben diese Eindeutigkeit seines Vorrangs erlaubte es ihm aber auch, die Herrschertugend der Milde walten zu lassen. So begrüßte er Mailands Erzbischof mit dem Friedenskuss und den Konsuln nahm er ihre Schwerter, die Symbole ihrer Unterwerfung, zum Zeichen seiner Huld aus der Hand. Schließlich löste er Mailand vom Bann und versicherte es seiner Gnade, die Menge empfing mit großem Jubel die freigelassenen Gefangenen, und eine Messfeier beschloss das denkwürdige Geschehen.

5.8 Der zweite Italienzug und die doppelte Papstwahl

Wenig später begab sich der Kaiser mit seinem Heer in die etwas nördlich von Mailand gelegene Stadt Monza und feierte dort mit der Kaiserkrone geschmückt, den eben errungenen Erfolg. Zugleich begann er die so ausgezeichnete Stadt durch Fördermaßnahmen wieder unmittelbar an das Reich zu binden. Am Ende der Festtage entließ er sein Heer zu einem guten Teil in die Heimat.[125]

Verständlicherweise erwartete der Staufer, dass der Realisierung seiner Vorstellungen kein unüberwindlicher Widerstand mehr drohe, nachdem Mailand sich unter seine Herrschaft gebeugt hatte. Und doch konnte er eigentlich kaum damit rechnen, dass die Repräsentanten Mailands oder andere, ähnlich Betroffene die vor aller Öffentlichkeit erlittene tiefe Schmach vergeben und vergessen würden.

Im Herbst 1158 lud Friedrich die Großen Italiens nach Roncaglia zu einem großen Hoftag, welcher den Frieden in Italien dauerhaft sichern und den in Vergessenheit geratenen Reichsrechten dort wieder die gebührende Geltung verschaffen sollte. In der Tat versammelten sich daraufhin während der zweiten Novemberhälfte auf der Ronkalischen Ebene neben den noch gebliebenen deutschen Fürsten fast alle Bischöfe und weltlichen Großen Oberitaliens, dazu die Konsuln und Richter der dortigen Städte sowie, auf besondere herrscherliche Einladung, vier herausragende Lehrer der führenden Rechtsschule von Bologna. Ihr Rat sollte in den nächsten Wochen eine zentrale Rolle spielen.

Nach einer drei Tage währenden Besprechung seiner Vorhaben im kleineren Kreis stellte Barbarossa seine Absichten den vollzählig versammelten Tagungsteilnehmern vor. Zwar überliefert Rahewin einen offenkundig überarbeiteten Text der kaiserlichen Ansprache, doch lässt sich immerhin erkennen, dass der Redner erneut die Wahrung des Friedens und die schriftliche Festlegung der Reichsrechte als seine Ziele herausstellte. Obert, Mailands Erzbischof, antwortete ihm, wenn man Rahewin glauben darf, mit Worten höchsten Lobes.[126]

Während der folgenden Tage beschäftigte den Kaiser dann im Wesentlichen die Vorbereitung und Abfassung der ihm notwendig erscheinenden Gesetze. Zwei der damals entstandenen Texte schließen eng an bereits früher erlassene Bestimmungen an. Das gilt ganz besonders von dem Lehngesetz, welches er damals verkündete. Er wiederholte dort zunächst nämlich weitgehend wörtlich samt der ausdrücklich Deutschland und Italien betreffenden Schlusspassage das bereits im Dezember 1154 am gleichen Ort promulgierte Gesetz. Ergänzende Verfügungen regeln Streitfälle zwischen Lehnsherrn und Vasallen oder schreiben am Ende vor, dass jeder Treueid die Ausnahmestellung des Kaisers eigens zu berücksichtigen habe. Die Weiterentwicklung, Präzisierung und schriftliche Fixierung des im Reich geltenden Lehnrechtes schritt also voran.[127]

Barbarossas ronkalischer Landfrieden nahm das Grundanliegen seines 1152 für Deutschland verkündeten Friedens auf, bezog nun jedoch seine Untertanen im ganzen Reich ein. Sie alle sollten die neuen Vorschriften zur Wahrung des Friedens einhalten, und das wörtliche Zitat in einer 1160 vom Salzburger Erzbischof ausgestellten Urkunde zeigt, dass man sie in Deutschland durchaus respektierte. Der Frieden von Roncaglia verlangte ganz unmissverständlich, dass jemand, der Unrecht erlitten hatte, sein Recht ausschließlich vor dem Richter suchte. Ganz folgerichtig sah er für Richter, die ihrer wichtigen Amtspflicht nicht nachkamen, Geldstrafen vor. Für Friedensbrecher legte er nach ihrem Vermögen abgestufte, der kaiserlichen Kammer zufließende Strafzahlungen fest und er erkärte erpresste Eide für ungültig. Besondere Beachtung verdient schließlich, dass er die Bildung von Eidgenossenschaften in Städten untersagte und mit schwerer Strafe bedrohte. Diese Bestimmung musste die Städte Oberitaliens besonders treffen, da Schwureinungen hier eine zentrale Rolle spielten.[128]

Anders als beim Lehns- und Landfriedensgesetz betraten Friedrich und seine deutschen Berater mit den außerdem noch in Roncaglia entstandenen Texten sozusagen juristisches Neuland. Zwar besprach der Kaiser mit den Fürsten gewiss auch diese Probleme. Bei deren inhaltlicher Gestaltung jedoch fiel dem römischen Recht und dessen Kennern entscheidende Bedeutung zu.

Barbarossa wandte sich an die vier anwesenden Bologneser Rechtsgelehrten zunächst mit der ihm besonders wichtigen Frage, welche Regalien dem Reich in Oberitalien zustünden. Auf ihren Wunsch berief er zusätzlich 28 Richter als Sachkundige in den Expertenkreis, und dieser legte ihm als Ergebnis die sogenannte Lex »Regalia« vor, eine umfangreiche, jedoch ungeordnete Liste der Regalien, die er bei seinen

5.8 Der zweite Italienzug und die doppelte Papstwahl

Untersuchungen ermittelt hatte. Ihre Zusammenstellung spiegelt die in den lombardischen Städten gewohnten Verhältnisse wider, einzelne Sachverhalte aus dem römischen Recht steuerten die vier Bologneser Gelehrten bei. Allerdings ist der Text, so wie er dann in die *Libri Feudorum* gelangte, offenbar nicht vollständig. Nach Rahewin etwa gehörten zu den damals genannten Regalien zusätzlich beispielsweise Herzogtümer, Markgrafschaften, Grafschaften oder das Amt des Konsuls. Angesichts der regionalen Vielfalt der Rechtsgewohnheiten richtete sich die kaiserliche Kanzlei bei der Definition der Regalien künftig denn auch nach den jeweiligen örtlichen Besonderheiten.[129]

Im zweiten Dokument, das die vier Bologneser Magister im Auftrag des Kaisers verfassten, lieferten sie eine das Regaliengutachten ergänzende Übersicht über die einst im Römischen Reich erhobenen Steuern (*Lex »Tributum«*), die Kopfsteuer und die Grundsteuer. Schließlich fiel den vier gelehrten Juristen die maßgebende Rolle bei der Formulierung zweier kurzer kaiserlicher Gesetze zu. Das eine (*Lex »Palacia«*) gestattete dem Kaiser, nach Gutdünken an allen Orten Pfalzen zu errichten. Die Bestimmung galt bereits seit der Karolingerzeit, gegen sie setzten sich die Städte freilich zunehmend zur Wehr. Das zweite, weit bedeutungsvollere Gesetz (*Lex »Omnis iurisdictio«*) verwies zu seiner Rechtfertigung eigens auf eine Novelle Justinians und stellte fest, alle Rechtsprechung und alle Zwangs- und Banngewalt stamme als herrscherliches Hoheitsrecht vom Kaiser; deshalb müssten alle Richter von ihm ihr Amt empfangen und ihm einen Amtseid leisten.[130]

Auf dem Hoftag fiel der Gesetzgebung eine ihr bislang in diesem Maße nicht zugebilligte Bedeutung als Herrschaftsinstrument zu. Dies zeigt sich an ihrem ungewöhnlichen Umfang, doch ebenso an ihrer inhaltlichen Vielfalt. Dazu kommt als besondere Novität die Beteiligung der Bologneser Fachleute, mit deren Anwesenheit sich die vier Jahre zuvor eingeleitete Kooperation von Politik und Jurisprudenz deutlich intensivierte.

Gewiss wussten Friedrich Barbarossa und sein Beraterkreis um die positiven Wirkungen, die man von der schriftlichen Fixierung des Rechts grundsätzlich erwarten konnte. Für die Orientierung am römischen Recht sprach darüber hinaus seine überlegene Qualität der stofflichen Darstellung sowie natürlich die Präsenz kompetenter Kenner.

5 Friedrich I. Barbarossa

Friedrich selbst maß besonderes Gewicht vermutlich dem Umstand bei, dass Justinians Kodifikation dem Kaiser alle hoheitlichen Rechte zusprach. Allerdings hielt sich Friedrich bei der ronkalischen Gesetzgebung vielfach an die gewohnte mittelalterliche Praxis. Er handelte beim Lehns- und Landfriedensgesetz im Konsens mit den Großen, die Bestimmung der Regalien geschah durch sachkundige Stadtbürger, und anscheinend gaben sie alle, die Bischöfe und Fürsten wie die Konsuln der Städte, ihre Regalien ohne Zögern dem Kaiser zurück. Anders lagen die Dinge indessen bei den ganz dem römischen Recht verpflichteten Dokumenten, also vor allem bei der Steuerübersicht (*Lex »Tributum«*) und der *Lex »Omnis«*. Sie beschreiben ein zentral gelenktes Staatswesen, dessen Herrscher über alle hoheitlichen Rechte verfügt. Diese Konzeption war in Oberitalien nicht völlig fehl am Platz, weil das ihr zugrundeliegende römische Recht dort eine immer größere Bedeutung auch in der Rechtspraxis erlangte und sich damals auch anderswo Herrscher darum bemühten, ihr ähnliche Verfassungsstrukturen zu schaffen. Andererseits stand sie natürlich in scharfem Widerspruch zur politischen und gesellschaftlichen Wirklichkeit Oberitaliens. Das galt vor allem für die großen Kommunen mit ihren gewählten Konsuln als den Trägern der hoheitlichen Gewalt. In welchem Umfang der Kaiser diese Freiheit nun einzuschränken gedachte, das war also die Frage.[131]

Friedrich und sein Hof gingen sehr entschlossen daran, den zu Roncaglia bestätigten kaiserlichen Rechten praktische Geltung zu verschaffen. Seit Ende 1158 reisten hochgestellte Gesandte des Kaisers in die Städte der Lombardei und der Toskana, um dort die Konsuln nach ihrer Wahl durch die Bürgerschaft in kaiserlichem Namen in ihr Amt einzuweisen, den Umfang und Wert der Regalien festzustellen und die Heeressteuer einzufordern. Ganz selbstverständlich gehörten zum Tätigkeitsbereich der kaiserlichen Boten auch die Mathildischen Güter, wo es ihnen offenbar gelang, eine effizientere Verwaltung aufzubauen. Dabei handelten sie hier wie in der Toskana damals noch im Einvernehmen mit Welf VI. Ganz ähnlich stießen die Vertreter des Kaisers in jenen Städten, die auf seiner Seite standen, meist auf keine Schwierigkeiten. Das galt zunächst anscheinend sogar für Piacenza. Dort gab es

5.8 Der zweite Italienzug und die doppelte Papstwahl

allerdings eine starke antikaiserliche Partei, und sie begann jetzt die Oberhand zu gewinnen.[132]

Dass sich sein Vorhaben nicht überall reibungslos werde verwirklichen lassen, erfuhr der Kaiser bereits im Dezember 1158 recht deutlich. Damals mussten seine Gesandten ihre Reise nach Sardinien und Korsika abbrechen, weil ihnen Pisa und Genua das erbetene Geleit verweigert hatten; wahrscheinlich sahen sie in der kaiserlichen Aktion eine Gefahr für ihre eigene Stellung auf jenen Inseln. Zwar brach Barbarossa, von einem Heer begleitet, nach Genua auf, billigte dann jedoch das ausgehandelte Friedensabkommen. Es verpflichtete die Genuesen zur Leistung des Treueids und zur Zahlung von 1 200 Mark Silber, befreite sie zugleich jedoch von weiteren Geldzahlungen und der Heerfahrtspflicht. Immerhin vermochte Barbarossa damals die Küstenstädte Savona, Albenga und Ventimiglia direkt ans Reich zu binden.[133]

Spürbarer noch schmälerte der Kaiser den Herrschaftsraum der mächtigen Kommune Mailand, indem er Lodi, Como und Monza, dazu etwa die Grafschaften Seprio und Martesana (nördlich von Mailand) unmittelbar dem Reich zuordnete. Überdies legte er in die wichtige Burg Trezzo an der Adda eine 100 Mann starke Besatzung. Noch im Januar 1159 verlangte er außerdem von den Bürgern Cremas, dass sie die Mauern ihrer Stadt niederrissen. Vermutlich betrachtete er ihr Bündnis mit Mailand als eine ernste Bedrohung für das eben entstehende neue Lodi. Sie wiesen seinen Befehl jedoch empört zurück. Der Vorfall war umso misslicher, als auch die Einwohner von Piacenza damals mit der ihnen vom Kaiser als Sühne auferlegten Zerstörung der Stadtmauern innehielten.[134]

Besonders entschlossen wandten sich indessen die Mailänder gegen Barbarossas Maßnahmen, weil sie aus ihrer Sicht darauf abzielten, ihre bis dahin dominierende Stellung vollständig zu beseitigen. Sie nützten den Unmut Cremas und Piacenzas und warben dort und in Brescia mit Erfolg für den gemeinsamen Widerstand gegen die tyrannische Herrschaft des Kaisers. Wahrscheinlich schon Anfang 1159 vereinbarten Mailands Gesandte mit den drei Nachbarstädten ein gemeinsames Vorgehen gegen Barbarossa.[135]

Der Gegensatz trat offen zutage, als sich Friedrichs Gesandte, unter ihnen Vinzenz von Prag, Ende Januar nach Mailand begaben, um auch dort den ronkalischen Gesetzen entsprechend die Einsetzung der Konsuln vorzunehmen. Die Mailänder Konsuln beharrten jedoch auf der in Barbarossas Friedensvertrag der Kommune zugestandenen freien Wahl der Konsuln mit deren anschließender Treueidsleistung für den Kaiser. Offenbar riefen die kaiserlichen Gesandten ihren Gesprächspartnern daraufhin ins Gedächtnis, dass sie selbst dem Kaiser in Roncaglia geraten hätten, er solle in allen Städten ihm getreue Podestà einsetzen, und forderten sie auf, nun wen immer sie wollten, völlig frei zu wählen und Konsul oder Podestà zu nennen, wenn sie nur zuließen, dass der Vertreter des Kaisers den Podestà auswähle.[136]

Leider bleibt Vinzenz' Schilderung gerade an dieser Stelle etwas unklar. Den Gesandten ging es wohl darum, im Sinne der *Lex »Omnis iurisdictio«* sicherzustellen, dass auch in Mailand allein der Kaiser als der Inhaber aller Hoheitsrechte hoheitliche Ämter wie das des Konsuls vergab und folglich der vom Volk Gewählte ohne diese kaiserliche Amtseinsetzung sein Amt nicht antreten konnte. Damit war das freie Wahlrecht natürlich empfindlich eingeschränkt. Andererseits sah bereits der Friedensvertrag, auf den sich die Mailänder Seite berief, die Bestätigung der Wahlen durch den Kaiser und nach der Leistung des Treueids den Empfang des Konsulamtes aus der Hand des Kaisers vor. Die Mailänder scheinen die ihnen lästigen Punkte des Vertrags schweigend übergangen zu haben.[137]

Als die Einwohner Mailands von den Absichten der kaiserlichen Boten erfuhren, steigerte sich ihre Empörung rasch zum wütenden Tumult. Die Gesandten vermochten sich nur unter Gefahr in ihre Quartiere zu retten und flüchteten eilends des Nachts aus der Stadt.[138] Anfang Februar 1159 erfuhr Barbarossa von der schmachvollen Behandlung seiner Boten. Sofort trug er seine Entrüstung über das schändliche Unrecht den um ihn versammelten Großen vor, und diese hielten wie er einhellig eine strenge Bestrafung des zweifellos vorliegenden Majestätsverbrechens für unumgänglich. Daraufhin entschloss er sich, die stark befestigte Stadt Crema zerstören zu lassen, um die Gefahr zu beseitigen, welche ihm von ihr für Lodi auszugehen schien. Sein Vorhaben fand bei den Vertretern Cremonas besonders eifrigen Zuspruch. Crema gehörte für die Cremonesen unter Berufung auf frühere Bindungen noch immer zu ihrem eigenen Einflussbereich, und sie

5.8 Der zweite Italienzug und die doppelte Papstwahl

hassten die Abtrünnigen umso mehr, weil sie sich nicht nur von Cremona losgesagt, sondern als Partner ausgerechnet das feindliche Mailand gewählt hatten. Für Barbarossa bestätigte diese gemeinsame Gegnerschaft gewiss, dass auch Cremona die gottgewollte Ordnung verteidigte und deshalb als ein verlässlicher Mitstreiter gelten durfte. Noch im Februar gewährte er der Stadt wichtige Zollbefreiungen in Oberitalien. Solche Förderung schien ihm wohl selbstverständlich, sein Verhalten barg jedoch die schon aus dem ersten Italienzug bekannte Gefahr, dass seine Gegner in ihm lediglich einen Interessenvertreter ihrer Feinde sahen, ja dass er zeitweise situationsbedingt tatsächlich als solcher agierte.[139]

Hinsichtlich Mailands folgte der Kaiser indes dem Rat der Fürsten, die es angesichts der außerordentlichen Bedeutung des Falles für geboten hielten, sowohl mit Strenge als auch mit kaiserlicher Milde vorzugehen und die Mailänder zunächst, dem Gesetz folgend, vor das kaiserliche Gericht zu laden. Dort erschien Mitte Februar in der Tat eine Mailänder Delegation. Sie wies offenbar alle Beschuldigungen zurück und bestand auf Mailands uneingeschränktem Wahlrecht, versprach aber Genugtuungsleistungen.[140]

Vermutlich rechnete man in Mailand bereits im Februar nicht mehr damit, dass das Gericht des Kaisers die gewohnten Verfassungsgrundsätze der Stadt je akzeptieren werde. So blieb allein ihre Verteidigung mit der Waffe, und die Mailänder begannen sich auf diese Alternative einzustellen, wohl überzeugt, dass sie durchaus Erfolgschancen biete.[141]

Auch Barbarossa glaubte damals offenbar kaum noch, dass sich seine Verfassungsreform in Mailand friedlich durchsetzen lasse. Jedenfalls forderte er die Kaiserin, Heinrich den Löwen und andere deutsche Fürsten auf, ihm mit Truppen zu Hilfe zu kommen, warb um Unterstützung durch italienische Streitkräfte und sorgte für die Befestigung wichtiger Kastelle und Plätze. Am Osterdienstag, dem 14. April 1159, erfuhr er, dass ein Mailänder Heer unter Bruch des Februar-Eides Trezzo eroberte und zerstörte. Darauf wurden die Mailänder am 16. April nach eingehender Beratung zu Feinden des Reiches und Majestätsverbrechern erklärt, die zur Strafe ihren Besitz und die Freiheit verlieren sollten. Erneut führte des Kaisers Konflikt mit Mailand in den Krieg.[142]

Friedrich suchte Mailand zunächst wieder durch die Verwüstung seiner Umgebung zu schwächen. Zur gleichen Zeit gelang es den Lodesen, die Angriffe Mailands abzuwehren. Allerdings hatte Crema die Attacken seines großen Partners unterstützt, weshalb es der Kaiser nun endgültig für geboten hielt, diese gefährliche Festungsstadt zu zerstören. Anfang Juli ignorierte sie die Ladung vor sein Gericht, sie wurde deshalb wie Mailand zum Reichsfeind erklärt und unverzüglich begann ihre Belagerung. Der Kampf gegen Crema sollte Friedrich mehr als ein halbes Jahr lang beanspruchen.[143]

Am 20. Juli 1159 erschien, angeführt von Kaiserin Beatrix und Heinrich dem Löwen, endlich das erwartete große Heer aus Deutschland vor Crema, Ende September folgte Welf VI. mit zusätzlichen Truppen und wenig später noch Rainald von Dassel. Ihn hatten die Kölner auf kaiserlichen Wunsch zum Erzbischof gewählt. Von Barbarossa investiert, reiste er daraufhin an seine neue geistliche Wirkungsstätte, um von 300 Rittern begleitet bald wieder nach Italien zurückzukehren.[144]

Dort schlossen die Belagerer Crema nun zwar vollkommen ein, doch dessen Bewohner verteidigten zusammen mit Kampfgenossen aus Mailand und Brescia ihre vorzüglich geschützte Stadt außerordentlich ideenreich, und bald suchte jede der beiden Kriegsparteien die andere an Härte und Grausamkeit des Vorgehens zu übertreffen. Ein besonders erbittert geführtes Gefecht rief bei Barbarossa derartigen Zorn hervor, dass er seinen Feinden öffentlich jede Schonung versagte und zum Zeichen seines festen Willens Geiseln und Gefangene hinrichten ließ. Die ungewöhnliche Unmenschlichkeit der damaligen Auseinandersetzung scheint mit am eindrücklichsten sichtbar geworden zu sein, als Barbarossa an die Türme, von denen aus die Stadtmauern angegriffen wurden, Geiseln binden ließ, um die Verteidiger vom massivem Beschuss dieser Geräte abzuhalten, die Verteidiger aber ihre Felsbrocken dennoch weiter schleuderten, um so die Zerstörung ihrer Mauern zu verhindern. Voller Trauer und Erbitterung töteten sie danach vor den Augen des Feindes deutsche, Cremoneser und Lodeser Gefangene.

Am 21. Januar 1160 stürmten die kaiserlichen Truppen dann von allen Seiten gegen die Mauern und Tore der Stadt. Deren Einwohner wehrten sich so hartnäckig und grausam wie je, doch die äußere Stadtmauer vermochten sie nicht zu halten. So setzte sich die Einsicht

5.8 Der zweite Italienzug und die doppelte Papstwahl

durch, dass ein weiterer Widerstand aussichtslos sei. Es kam zu Friedensgesprächen, und Cremas Bürger beugten sich am 26. Januar den Bedingungen des Kaisers. Wie dort festgelegt, verließen sie mit ihrem Gut, soweit sie es tragen konnten, ihre Heimatstadt. Darauf begannen deren Plünderung und Zerstörung.

Kaiser Friedrich blieb noch einige Tage vor Crema und zog dann über Lodi nach Pavia, wo ihm die Bürgerschaft Anfang Februar offenbar einen geradezu triumphalen Empfang bereitete. Das Mailand-Problem harrte jedoch weiterhin einer Lösung, und überdies hatte sich Friedrichs Verhältnis zum Papst seit Monaten drastisch verschlechtert.[145]

Abb. 10: Bei dem sogenannten Cappenberger Barbarossakopf handelt es sich vermutlich um ein vergoldetes Kopfreliquiar, in dem Otto von Cappenberg die ihm von Barbarossa übergebenen wertvollen Johannesreliquien verwahrte, siehe oben S. 50. Stiftskirche St. Johannes Evangelist zu Cappenberg in Selm.

Trotz des zwischen ihm und Hadrian IV. im Sommer 1158 zustande gekommenen Einvernehmens führten Barbarossas Agieren in Italien und Hadrians Reaktion darauf rasch auf beiden Seiten zu neuem Unmut, Misstrauen und heftigem Protest. So veranlasste der Kaiser gegen Ende November 1158 die Wahl Guidos von Biandrate zum Nachfolger Anselms von Ravenna und bat Hadrian um dessen Weihe. Dieser lehnte jedoch ab. Gewiss sah man am Kaiserhof schnell, dass sich hinter Hadrians Weigerung erheblicher Unwille über die eigenmächtige Steuerung der Ravennater Wahl durch Friedrich verbarg, und umso entschiedener blieb dieser bei seiner Entscheidung. Im April 1159 investierte er Guido, der danach freilich weder die Weihe noch nennenswerten Einfluss in Ravenna erlangte.[146]

Mit weit größerer Unruhe beobachtete der Papst, dass des Kaisers Boten die zu Roncaglia veröffentlichten Gesetze nicht nur sehr rigide durchsetzten, sondern ihre Aktivitäten auf Gebiete ausdehnten, die nach seiner Auffassung zum Patrimonium Petri gehörten. Schon früh beklagte er sich bei Friedrich offenbar über das unverschämte Auftreten seiner Abgesandten beim Einfordern des Fodrums oder darüber, dass auch die Bischöfe und Äbte die Herkunft ihrer Regalien vom Kaiser anerkannt hatten.[147]

Der Streit verschärfte sich, als Hadrian Friedrich in offenbar schroffer Form tadelte, weil er in den heftigen Streit, der Brescia und Bergamo entzweite, wohl zugunsten des ihm verbundenen Bergamo eingegriffen hatte. Nun verbot ihm Hadrian anscheinend geradezu, sich künftig in dieser Angelegenheit eine Entscheidung anzumaßen. Friedrich reagierte empört nicht nur, weil er ein derartiges Urteil gewiss als seine ureigenste Aufgabe betrachtete, sondern auch wegen des barschen Tons des päpstlichen Schreibens und der ganz ungewöhnlichen, ihn tief kränkenden Art und Weise seiner Übermittlung durch einen unansehnlichen, schlecht gekleideten Mann, der ihm den päpstlichen Brief in die Hand drückte, um dann sofort wieder zu verschwinden. Er sah in diesem Vorgehen eine bewusste Verweigerung der ihm aufgrund seines Ranges zukommenden Ehrerbietung und damit eine Missachtung seiner Stellung und Würde.[148]

Auf beiden Seiten war man sich des Ernstes der Lage bewusst. Bewährte Vermittler bemühten sich um eine Wiederannäherung von Kai-

5.8 Der zweite Italienzug und die doppelte Papstwahl

ser und Papst und Mitte Februar 1159 wurde Eberhard von Bamberg gebeten, den Kaiser zu Versöhnung und Frieden zu bewegen. Angesichts der schweren Verletzung der kaiserlichen Ehre durch Hadrians Brief schien Eberhard dies freilich erst möglich, wenn Friedrich zuvor ein Zeichen päpstlichen Entgegenkommens erhalte. Der Kaiser habe eben noch nicht vollkommen gelernt, auch seine Feinde zu lieben, gab er am Schluss seiner Antwort zu bedenken und wies damit ebenso liebenswürdig wie deutlich darauf hin, dass es eigentlich Aufgabe der Geistlichen sei, einem weltlichen Herrn wie dem Kaiser diese christliche Tugend vorzuleben. Dringend riet er dem Papst selbst, den Kaiser mit einer versöhnlichen Geste zum Einlenken zu bewegen.[149]

In der Tat empfing Friedrich im April als Gesandte des Papstes zwei Kardinäle und ihr Besuch entsprach offenkundig seinen Erwartungen. Jedenfalls hielt sich im Mai und Juni erneut eine päpstliche Delegation am Kaiserhof auf, um dort Hadrians Forderungen vorzutragen. Dem Papst ging es vor allem um die Anerkennung und Sicherung seiner obrigkeitlichen Stellung und der damit verbundenen Rechte und Einnahmen in der Stadt Rom wie im gesamten Patrimonium Petri einschließlich der Güter der Gräfin Mathilde oder des Herzogtums Spoleto. Diese päpstliche Herrscherposition, so ließ er ausrichten, verbiete es dem Kaiser zum Beispiel, Boten nach Rom zu schicken oder gar von päpstlichen Gütern das Fodrum einzuziehen. Überdies dürften die italienischen Bischöfe dem Kaiser zwar einen Treueid, doch keinesfalls den Mannschaftseid leisten oder seine Gesandten in ihre Paläste aufnehmen. Schließlich schlug er vor, die Konstanzer Übereinkunft von 1153 als Grundlage des künftigen päpstlich-kaiserlichen Einvernehmens anzuerkennen. Friedrich lehnte dies ab und in der Tat betrieben die Partner von Konstanz die dort gelobte Verteidigung des *honor* der Gegenseite im Ernstfall nicht allzu gewissenhaft.

Entschieden verteidigte der Kaiser offenbar die Mannschafts- und Gastungspflicht des italienischen Episkopats, stünden dessen Pfalzen und Paläste in der Regel doch auf kaiserlichem Grund. Zur Romfrage schließlich erklärte er, da er durch göttliche Fügung römischer Kaiser heiße und sei, müsse er in Rom auch Herrschaft ausüben können. Immerhin schlug er vor, schwer zu lösende Probleme durch ein Gericht oder eine Schiedskommission entscheiden zu lassen. Boten eilten zu

Hadrian, der beide Verfahren jedoch zurückwies, da der Papst keinem Gerichtsurteil unterworfen werden könne.[150] Friedrich nutzte die Anwesenheit des Kardinals Oktavian von S. Cecilia zur Intensivierung ihrer Beziehungen, denn Oktavian, der aus der Adelsfamilie der Monticelli stammte, konnte als führender Vertreter der kaiserfreundlichen Gruppe unter den Kardinälen gelten; zudem war er ein Oheim des römischen Präfekten Petrus Di Vico. Um ihn fest an sich zu binden, belehnte er ihn und seine Brüder nun mit der wertvollen Grafschaft Terni. Auf sie erhob jedoch auch der Papst Besitzansprüche, sodass der Schritt des Kaisers das päpstliche Misstrauen weiter vergrößern musste.[151]

Die wachsende Distanz Friedrichs zum Papst zeigte sich auch, als während seiner Verhandlungen mit den Kardinälen eine Delegation des Senats und der Bürgerschaft aus Rom am Hof eintraf, die den Wunsch ihrer Stadt nach Frieden mit ihm bekundete. Anders als früher entschloss er sich, auf diese Bitte einzugehen und die direkten Kontakte mit den Römern fortzusetzen. So begleiteten Pfalzgraf Otto von Wittelsbach und Graf Guido von Biandrate die römische Gesandtschaft auf ihrer Heimreise. Sie sollten sich zunächst noch einmal um einen Friedensvertrag mit dem Papst bemühen, im Falle des Scheiterns jedoch Vereinbarungen mit den Römern über die Stellung von Präfekt und Senat treffen.[152]

Dass Friedrich, bestärkt durch die ronkalischen Gesetze, die kaiserlichen Herrschaftsrechte selbstbewusster noch als vordem auch im Patrimonium Petri beanspruchte, dies lässt sich in Fällen umstrittener Zugehörigkeit wie etwa dem der Mathildischen Güter gewiss nachvollziehen. Den kaiserlichen Zugriff auf das Patrimonium Petri im engeren Sinn jedoch musste die von der Kirchenreform geprägte Geistlichkeit weithin im lateinischen Europa als einen höchst gefährlichen Anschlag auf die Unabhängigkeit des Papstes und die Freiheit der Kirche verurteilen.

Nach der Ankunft von Friedrichs Gesandten in Rom reisten zwischen ihnen und dem Papst in Anagni zwar emsig Boten hin und her, doch Hadrian war inzwischen zu einem harten Kurs entschlossen. Mit Mailand, Brescia und Piacenza hatte er vereinbart, dass sie sich künftig ohne päpstliche Erlaubnis zu keinem Abkommen mit dem Kaiser be-

5.8 Der zweite Italienzug und die doppelte Papstwahl

reitfinden würden, dass er selbst aber den Kaiser innerhalb der nächsten 40 Tage exkommunizieren werde. Er starb jedoch bereits am 1. September 1159, ohne sein Versprechen eingelöst zu haben.[153]

Obwohl die Kardinäle offenbar gelobten, den neuen Papst einmütig zu wählen, zeigte sich rasch ein unüberbrückbarer Gegensatz zwischen der mit dem Kaiser sympathisierenden Gruppe und der Mehrheit, welche glaubte, die von Friedrich bedrohte Freiheit der Kirche lasse sich nur mit der Rückendeckung des sizilischen Königs erhalten. Die Wahl am 7. September in der Peterskirche in Rom fiel dann auch sehr deutlich auf Roland, den Kanzler, einen hoch gebildeten, rechtskundigen Mann, der als Legat reiche Erfahrungen gesammelt und in Besançon im Herbst 1157 heftige Empörung ausgelöst hatte, weil er das Kaisertum als Lehen des Papstes zu bezeichnen schien. Kaiser Friedrich und er standen sich seither geradezu feindlich gegenüber.

So erstaunt es kaum – zumal keine Bestimmung über den für die Wahl zum Papst nötigen Stimmenanteil existierte –, dass sich die kaiserfreundlichen Kardinäle unter Verweis auf die verabredete Einhelligkeit weigerten, die Wahl Rolands anzuerkennen, vielmehr den von ihnen gewählten Kardinal Oktavian als rechtmäßigen Papst betrachteten. Dem in Rom über beste Verbindungen verfügenden Oktavian eilten Verwandte wie der Stadtpräfekt Petrus und Gesinnungsgenossen zu Hilfe, doch ebenso die noch in der Stadt gebliebenen kaiserlichen Gesandten. So gelang es Oktavian, den Papstmantel an sich zu reißen und auf dem Stuhl Petri Platz zu nehmen.

Anfang Oktober empfing er die Bischofsweihe und nannte sich fortan Viktor IV. Bereits zwei Wochen früher wurde Roland, dem die Flucht aus Rom gelungen war, zum Bischof geweiht und er trug nun den Namen Alexander III. Beide, Viktor und Alexander, unterrichteten die Öffentlichkeit, natürlich aus ihrer unterschiedlichen Sicht, über den Gang der Dinge und suchten ihre Leser von der Rechtmäßigkeit ihres Vorgehens zu überzeugen. Alexanders Wähler erinnerten den Kaiser überdies streng an seine Pflichten der Kirche gegenüber und forderten ihn auf, entschieden gegen den Usurpator Oktavian vorzugehen.[154]

Friedrich nahm, als er vom Tod Hadrians erfuhr, sofort Kontakt mit den Königen von Frankreich und England auf und drängte sie zum gemeinsamen Einsatz für einen Papstkandidaten, der die Einheit der

Kirche gewährleisten und den *honor* des Reiches wahren werde.¹⁵⁵ Zwar verlor die ohnehin etwas zu optimistische kaiserliche Initiative mit der römischen Doppelwahl rasch ihren Sinn. Doch angesichts der neuen Lage hielt es Friedrich jetzt für sein Recht wie für seine Pflicht, ein Konzil einzuberufen, das die beiden zu Nachfolgern Petri Gewählten sowie Zeugen anhören und danach mit seiner Entscheidung ihren Streit beilegen sollte. Als von Gott mit dem Schutz der Kirche Beauftragter gebot er deshalb Alexander wie Viktor, auf der von ihm für Januar in Pavia anberaumten Synode zu erscheinen, um sich dem Spruch der dort ohne jeden weltlichen Einfluss tagenden geistlichen Versammlung zu beugen.¹⁵⁶

Schon im November 1159 erklärte Alexander freilich in aller Deutlichkeit, dass der Kaiser, der ihn im Übrigen wie einen Lehnsmann behandle, seine Befugnisse weit überschreite, da er ohne das Einverständnis des Papstes gar kein Konzil einberufen dürfe. Vor allem jedoch könne der Papst von niemandem gerichtet werden. Aus Ehrfurcht vor dem kirchlichen Recht und der Autorität der Kirchenväter werde er deshalb in Pavia nicht erscheinen.¹⁵⁷

In der Tat stellte sich dem Konzil, das schließlich vom 5. bis 11. Februar 1160 in Pavia tagte, nur Viktor. Etwa 50 durchweg aus den verschiedenen Teilen des Reiches stammende Erzbischöfe, Bischöfe und Äbte fanden sich dazu ein, außerdem eine große Zahl Geistlicher aus Rom, die als Zeugen zur Papstwahl aussagten, sowie wohl Gesandte der Könige von England und Frankreich. Die Sympathisanten Viktors überwogen eindeutig, von einer Versammlung der gesamten Kirche konnte insofern nicht die Rede sein. Die Nachforschungen der Synodalen scheinen denn auch in erster Linie dem Ziel gedient zu haben, überzeugende Argumente für die Rechtmäßigkeit der Wahl Viktors zu sammeln. Zur Begründung ihres einmütigen Urteils zugunsten Viktors verwiesen sie dann insbesondere darauf, dass er lange vor seinem Konkurrenten den Papstmantel angelegt und auf dem Stuhl Petri gesessen habe, während Alexander jener Partei angehöre, die zum Abfall vom Kaiser aufrufe und damit das Einvernehmen zwischen weltlicher und geistlicher Gewalt zerstöre.¹⁵⁸

Immerhin verbanden einige Konzilsteilnehmer, darunter offenbar Eberhard von Bamberg, ihr Votum für Viktor anscheinend mit dem

5.8 Der zweite Italienzug und die doppelte Papstwahl

Vorbehalt einer neuerlichen Prüfung durch ein Generalkonzil, und die Gesandten des englischen und französischen Königs wollten noch gar keine Entscheidung treffen.[159] Indessen war eigentlich absehbar, dass zumindest der weitgehend reformfreundlich gesinnte Klerus jener Königreiche die Entscheidung zwischen zwei Papstkandidaten nicht mehr kritiklos dem Kaiser und einer Synode seines Reichsklerus überlassen würde. Längst galt die päpstliche Unabhängigkeit als Voraussetzung und Gewähr für die Freiheit der Kirche. Wenn Barbarossa sich zur Rechtfertigung seines Vorgehens auf das Beispiel seiner Vorgänger, etwa Karls des Großen, berief,[160] dann verkannte er die Bedeutung dieses neuen vor allem in Westeuropa entwickelten Selbstverständnisses der Kirche. Das gleichzeitig vor allem beim Adel Frankreichs wachsende stolze Bewusstsein der Größe der eigenen Nation hatten Barbarossa und seine Begleiter während des Kreuzzuges eindrücklich kennengelernt. Auch damit ließ sich die dominante Stellung des deutschen Kaisers dem Papst gegenüber nur schwer vereinbaren. So sprach Johannes von Salisbury, Gelehrter und künftiger Bischof von Chartres, vermutlich insbesondere der geistlichen Elite aus dem Herzen, als er im Sommer 1160 in einem oft zitierten Brief voller Empörung fragte: »Wer hat die Deutschen zu Richtern der Völker bestimmt? Wer hat den plumpen, ungestümen Leuten die Vollmacht gegeben, nach Gutdünken einen Herrn über die Häupter der Menschenkinder zu setzen?«[161]

Selbstverständlich fand der Spruch des Konzils die Billigung Friedrichs. Feierlich empfing er Viktor vor der Kathedralkirche, leistete ihm den Strator- und Marschalldienst und geleitete ihn dann zum Altar, wo er, wie nach ihm die übrigen Anwesenden, seine Füße küsste. Nachdem Viktor auf der letzten Sitzung der Synode Alexander aus der Gemeinschaft der Gläubigen ausstieß, verkündete dieser in Anagni die Exkommunikation Friedrichs, Viktors sowie einer Reihe ihrer Anhänger.[162]

Offenbar zufrieden mit dem Verlauf des Konzils entließ Friedrich seine deutschen Mitstreiter nach reichlicher Belohnung zum großen Teil in die Heimat. Er selbst jedoch suchte nach einem Besuch in Lodi in den nächsten Monaten zusammen mit den Truppen, die seine italienischen Kampfgenossen wie Pavia oder Cremona bereitstellten, Mailand und dessen Verbündete Brescia und Piacenza durch die Zerstörung ihrer Felder, wichtiger Siedlungen, Burgen und Brücken oder im offenen Gefecht zu schwächen. Allzu große Erfolge trug ihm dieses Vorgehen freilich nicht ein. Frühzeitig bereitete er denn auch eine schlagkräftige Aktion für das nächste Jahr vor und verpflichtete die Fürsten wenig später dazu, mit ihrem Heeresaufgebot am 30. April 1161 in Pavia zu erscheinen.[163] Im Mai trafen dann die erwarteten Heereskräfte aus dem Norden beim Kaiser ein. Sein Vetter Friedrich soll damals mit 600 Rittern gekommen sein, Erzbischof Rainald von Köln immerhin mit 500. Wie gewohnt suchten die Kämpfer nun Mailand niederzuzwingen, indem sie das Umland der Stadt verwüsteten. Ein Versuch der Mailänder, Anfang August mit Barbarossas Bruder Konrad und dem Thüringer Landgrafen Ludwig Kontakt aufzunehmen, scheiterte vermutlich am Eingreifen des Erzbischofs Rainald von Dassel, der um seinen dominanten Einfluß am Hof wie um die Beibehaltung des harten Kurses gegen Mailand besorgt war. Zumindest richtete sich gegen ihn die Wut der beiden Fürsten; der Kaiser freilich schenkte Rainalds Unschuldsbeteuerung Glauben. Streng ließ er während der folgenden Monate alle Zugänge in die Stadt überwachen und befahl, dass jedem, der wichtige Güter dorthin zu liefern wage, die rechte Hand abgeschlagen werde. Während des Winters, den er mit Beatrix, Friedrich von Schwaben und Welf VII. in Lodi verbrachte, verschlechterte sich die Situation der Mailänder dann dramatisch. Der Hunger quälte die meisten von ihnen Tag für Tag als schreckliche Plage, und so entschlossen sie sich am Ende zur Aufgabe.[164]

Am 21. Februar 1162 begaben sich Vertreter der Stadt in das kaiserliche Lager, um dort die Bedingungen für das Ende der Kämpfe zu erkunden. Sie rechneten wohl damit, dass der Kaiser Mailands bedingungslose Unterwerfung fordern werde, hatten jedoch die Hoffnung nicht ganz aufgegeben, dass sich die kaiserliche Gnade vielleicht doch noch mit einem für sie etwas günstigeren Vorschlag wieder gewinnen lasse. Sie legten nämlich den Text einer Übereinkunft vor, der sie ebenfalls zu weitgehenden, aber doch klar festgelegten Zugeständnissen verpflichtete.

Ein Teil der Fürsten sprach sich dafür aus, auf Mailands bedingungsloser Kapitulation zu bestehen. Die Mehrheit jedoch empfahl,

5.8 Der zweite Italienzug und die doppelte Papstwahl

die Übereinkunft anzunehmen, denn mit diesem Entgegenkommen beweise der Kaiser seine Milde und könne mit aller Wahrscheinlichkeit dann doch nach eigenem Willen verfahren, da die Mailänder schwerlich in der Lage seien, ihren Verpflichtungen nachzukommen. Dieser Argumentation folgten schließlich auch die übrigen Fürsten. Die Mailänder jedoch erkannten rasch die Unwägbarkeiten, welche die Übereinkunft mit sich bringen würde, und entschieden sich notgedrungen für die bedingungslose Kapitulation.[165]

Eine Reihe öffentlicher Akte führte daraufhin während der ersten Märzwoche in Lodi die Unterwerfung und Demütigung Mailands vor aller Augen. Zunächst traten Mailands Konsuln und einige Adlige, blanke Schwerter als Zeichen ihrer schweren Schuld ihren Nacken tragend, vor den Kaiser, warfen sich vor ihm nieder und leisteten ihm für sich und alle Mailänder einen uneingeschränkten Gehorsamseid. Drei Tage später kehrten sie zusammen mit 300 Rittern wieder, die dem Kaiser die Fahnen und Schlüssel ihrer Stadt überreichten und seine Füße küssten, worauf sie alle erneut Gehorsam schworen. Nach zwei weiteren Tagen erschienen schließlich 1 000 Männer als Vertreter der Fußtruppen und des Volkes. Auch sie übergaben ihm mit der Bitte um Barmherzigkeit ihre sämtlichen Standarten dazu ihre Trompeten und überdies den *carroccio*, das stolze Sinnbild der überragenden Würde ihrer Stadt.

Erst einen Tag später kündigte Friedrich an, obwohl alle Mailänder die Todesstrafe verdient hätten, wolle er Barmherzigkeit üben und ihnen das Leben schenken. Freilich forderte er von den Konsuln und Rittern die Stellung von 400 Geiseln, von den übrigen Einwohnern lediglich die Ablegung eines Gehorsamseides.

Danach verging noch einmal eine Woche, ehe die Mailänder erfuhren, mit welcher Härte der Kaiser sie zu bestrafen gedachte: Innerhalb von acht Tagen hatten sie ihre Heimatstadt zu verlassen. Die meisten lagerten in der unmittelbaren Umgebung in der Hoffnung, bald in ihre Häuser zurückkehren zu können. Doch am 26. März 1162 übergab Barbarossa Mailand seinen Feinden zur Zerstörung, und Lodi sowie eine Reihe anderer Städte widmeten sich dem kaiserlichen Auftrag mit solchem Eifer, dass von der Metropole Oberitaliens nach kurzer Zeit kaum mehr geblieben war als Teile der mächtigen Umfassungsmauer und einige Kirchen wie S. Ambrogio. Ihren Einwohnern wies der vom Kaiser mit der heiklen Verwaltung der Mailänder Region betraute Bischof Heinrich von Lüttich vier Areale im Umland der in Trümmern liegenden Stadt zu. Dort begannen sie im Mai, neue Wohnstätten zu bauen.[166] Barbarossa aber feierte Anfang April in Pavia im Glanz seines Sieges das Osterfest, umgeben von zahlreichen Bischöfen, hohen Adligen und städtischen Konsuln. Nicht lange danach unterwarfen sich ihm die Konsuln und Ritter Brescias, um so das Schicksal Mailands von ihrer Stadt doch noch abzuwenden. Stellvertretend für alle Brescianer bekannten sie vor ihm ihre gemeinsame Schuld und gelobten, seinen Forderungen nachzukommen, also die Mauern und Türme ihrer Stadt niederzureißen, jeden Podestà anzuerkennen, den er einsetze, ihm alle Burgen im Bistum Brescia zurückzugeben und eine stattliche Geldstrafe zu bezahlen. Aus Furcht, nun in völlige Isolation zu geraten, entschloss sich daraufhin Piacenza zum gleichen Schritt. Am 11. Mai erschienen die Vertreter der Stadt vor den Toren Pavias, gestanden dem Kaiser reumütig ihre Verfehlungen und schworen, die Bedingungen zu erfüllen, die er ihnen vorlegte und die dem Brescia Zugemuteten weitgehend entsprachen. Schließlich hielten es auch die Einwohner Bolognas für das Klügste, sich dem im Juli mit seinem Heer heranrückenden Herrscher zu beugen, und sie versprachen ihm gleichfalls unter Eid das bereits Brescia Abverlangte.[167]

5.9 Ein Herrschaftshöhepunkt (1162–1163)

Nach der Niederwerfung Mailands und den anschließenden, eng damit zusammenhängenden Erfolgen schien der Widerstand gegen Friedrich Barbarossas Regiment endgültig gebrochen und seine Herrschaft in Reichsitalien unangefochten.[168] Zusammen mit den ihn am Hof umgebenden bewährten Beratern und Gefolgsleuten nutzte er diese günstige Lage, um den in Roncaglia entwickelten und danach zum Teil bereits

5.9 Ein Herrschaftshöhepunkt (1162–1163)

praktisch angewandten Herrschaftsgrundsätzen auch in jenen Städten Geltung zu verschaffen, wo sie bisher unbeachtet geblieben waren. Für ihre Durchsetzung sollten die Podestà sorgen, die er nun dort einsetzte. Neben dem zum Podestà der Mailänder bestimmten Bischof Heinrich von Lüttich berief er vorwiegend bewährte adlige Mitkämpfer aus Deutschland in diese führende Stellung.[169]

Auch jetzt behielten jene Städte, die wie etwa Cremona, Pavia oder Lodi auf des Kaisers Seite standen und sein Vertrauen genossen, das Recht, ihre Konsuln aus dem Kreis ihrer Bürger selbst zu wählen. Der Kaiser legte im allgemeinen freilich Wert darauf, dass die Investitur der neu Gewählten feierlich durch ihn selbst oder seinen Vertreter vorgenommen und damit einprägsam vor Augen geführt wurde, dass sie dieses Amt von ihm empfingen.

Im Einzelnen konnten die diesbezüglichen Regelungen allerdings unterschiedlich ausfallen. In einem Privileg für Cremona vom Juni 1162 beispielsweise bestimmte Friedrich Barbarossa, dass dort, sofern er sich in Italien aufhielt, ein von ihm gesandter Bote die Wahl der Konsuln leiten sollte, während die Investitur der Gewählten dann am Hof von ihm selbst vollzogen wurde. War er jedoch nicht im Land, so durften die Cremonesen die Wahl allein durchführen, mussten anschließend indes einen oder zwei der neu Gewählten zu ihm schicken, damit sie von ihm die Investitur erhielten. Wie allgemein üblich, war dieser Akt der Investitur auch für die Cremoneser Konsuln mit einem Treu- und Gehorsamseid für den Kaiser verbunden, und niemand konnte Konsul werden, der nicht schwor, für die pünkliche Zahlung der dem Kaiser geschuldeten Gelder zu sorgen.

Ganz ähnlich sah ein kaum zwei Wochen später ausgestelltes Privileg für Ravenna im Falle einer kaiserlichen Präsenz in Italien die Wahl der Konsuln und ihre Investitur vor. War der Kaiser jedoch in Deutschland, fiel der kaiserliche Investiturakt weg. Auch in Ravenna hatten die Konsuln wie grundsätzlich alle Bewohner der Stadt einen Treueid auf den Kaiser zu schwören und dabei unter anderem zu geloben, ihm die Regalien im Umland Ravennas zu überlassen. Er beanspruchte das Gastrecht in ihrer Stadt, versprach andererseits aber, die ihm zustehende Steuer als Zeichen seiner Gnade nur zur Hälfte zu fordern.[170]

Freie Konsulwahlen bewilligte Barbarossa in einer Urkunde vom Juli 1162 auch den Bürgern Luccas. Auch dort hatten die neu Gewählten ihn selbst um ihre Investitur zu ersuchen und zwar alle insgesamt, wenn er sich in Italien aufhielt, nur einer aus ihrem Kreis, wenn er in Deutschland residierte. Alljährlich schworen die Konsuln, einem Befehl des Kaisers zur Heeresfolge in der Toskana Folge zu leisten, ihm beim Einzug des Fodrum zu helfen und für die pünktliche Zahlung jener 400 Pfund zu sorgen, welche die Stadt dem Kaiser als Gegenleistung für die ihr überlassenen Regalien schuldete.

Die Verhandlungen mit den Konsuln von Lucca hatte Rainald von Dassel geführt. Solche Dienste von Legaten waren grundsätzlich nichts Neues und auch Barbarossa nutzte sie von Anfang an. Nun jedoch, nachdem sich die kaiserliche Herrschaft in Reichsitalien zu festigen begann, verlässliche Verwaltungsorgane dort aber nicht in wünschenswerter Dichte zur Verfügung standen, fiel der Tätigkeit kaiserlicher Legaten rasch eine zentrale Bedeutung zu, und Rainalds Auftritt in Lucca kündete diese Entwicklung an. Darüber hinaus leiteten die Abmachungen mit Lucca die allmähliche Verdrängung Welfs VI. aus seinem italienischen Besitz ein, indem sie die eigentlich zu seinem Herrschaftsbereich als Markgraf von Tuszien gehörende Stadt direkt dem Kaiser unterstellten. Vermutlich veranlasste insbesondere Welfs Entscheidung für Alexander III. seinen kaiserlichen Neffen zu diesem Schritt.[171]

Ausnehmend großzügig verhielt sich Barbarossa jenen Städten gegenüber, auf deren Beistand er besonders angewiesen war. Da er nach dem Erfolg in Oberitalien offenbar ernsthaft an einen Feldzug gegen Wilhelm I. von Sizilien dachte, galt dies nun vornehmlich für Pisa und Genua, denn ohne deren Flotten ließ sich sein Vorhaben nicht verwirklichen. Bereits Anfang April 1162 führten seine diesbezüglichen Verhandlungen zu einer Vereinbarung mit Pisa, in der er die Kooperationsbereitschaft der Stadt mit weitgehenden Zugeständnissen belohnte. Vor allem gab er ihren Bewohnern sämtliche Güter und Rechte, die sie vom Reich innehatten, zu Lehen. Frei sollten sie fortan die städtische Ordnung samt dem Gerichtswesen gestalten, ungehindert Handel und Seefahrt betreiben können. Detaillierte Abmachungen regelten danach das Vorgehen der Vertragspartner während des geplanten Sizilienfeldzuges,

5.9 Ein Herrschaftshöhepunkt (1162–1163)

und Gesandte aus Pisa reisten eigens nach Pavia, um die Übereinkunft zu bekräftigen sowie dem Herrscher den Treueid zu leisten.[172] Zwei Monate später kam eine ähnliche Einigung mit Genua zustande. Dessen Bürgerschaft erhielt gleichfalls das Recht, ihre Konsuln frei aus ihrer Mitte zu wählen, und kein Podestà sollte diesen Konsuln übergeordnet sein. Spezielle Aufmerksamkeit galt im Übrigen dem gemeinsamen Militärschlag gegen Sizilien und dem im Siegesfall Genua vom Kaiser zugedachten Lohn.

Allerdings gerieten Pisa und Genua eben jetzt in einen heftigen Streit miteinander, der zu schweren Kämpfen führte. Schließlich gelang es Rainald von Dassel, einen Waffenstillstand herbeizuführen und beide Parteien zur Entsendung von Gesandtschaften an den Kaiserhof nach Turin zu bewegen. Die tiefen Gegensätze ließen sich freilich in der kurzen Zeit, die Barbarossa zur Verfügung stand, nicht überwinden. So schworen auf seinen Befehl die Gesandten beider Seiten wenigstens, Waffenruhe bis zu seiner Rückkehr zu wahren.[173]

Als Friedrich Barbarossa Ende August 1162 nach über vier Jahren Italien verließ, konnte er der Überzeugung sein, er habe die in Roncaglia verkündeten Gesetze, die ihnen zugrundeliegenden hoheitlichen Rechte und ihre Vergabe in Reichsitalien weitgehend durchgesetzt. Das war auf der Situation jeweils angepasste Weise geschehen, am zurückhaltendsten in Fällen nicht zu umgehender herrscherlicher Abhängigkeit wie Genua oder Pisa gegenüber. Doch selbst sie empfingen die Regalien aus der Hand des Kaisers und leisteten ihm einen Treueid.

Öffentliche Akte wie solche Eidesleistungen führten wohl besonders eindrücklich die übergeordnete, zentrale Stellung des Kaisers vor Augen. Doch auch die Vorbehaltsformeln in den kaiserlichen Urkunden oder die dort seit 1158 häufig begegnenden Ausnahmeformeln erinnerten deren Empfänger an die dominierend bleibende Verfügungsgewalt des Kaisers über die ihnen zugestandenen Regalien, indem sie ihm ein Zugriffsrecht darauf vorbehielten.

Gerade diesen Ausnahmeregelungen kam nach Roncaglia besondere Bedeutung zu, weil es dem Kaiser nun nicht zuletzt darum ging, gestützt auf das ihm dort zugesprochene Regalienmonopol weitere Kirchen und Klöster, Adlige und Kommunen unmittelbar dem Reich zu unterstellen, wo immer sich dazu eine Möglichkeit bot. Die darüber ausgestellten Privilegien befreiten sie folgerichtig von jeder hoheitsrechtlichen Einflussnahme irgendwelcher herrscherlichen Gewalten, nahmen den Kaiser jedoch selbstverständlich aus. Für gewöhnlich blieben ihre Rechte unangetastet. Der Kaiser als ihr nun alleiniger Herr versprach ihnen Schutz vor ihren mächtigen Nachbarn, aus seiner Hand empfingen sie jetzt die von ihnen genutzten Regalien. Dafür sicherte er sich bestimmte Einflussmöglichkeiten und verlangte vor allem finanzielle Gegenleistungen.[174]

Die Regalien spielten für Barbarossa in der Tat nicht nur als Rechtsbasis für die Vergabe hoheitlicher Ämter eine zentrale Rolle, sondern ebenso des finanziellen Gewinns wegen, den sie einbrachten, denn die Inhaber der Regalien mussten den jährlich fälligen Regalienzins zu einem festen Termin einem kaiserlichen Beauftragten übergeben. Das Fodrum dagegen, die zweite wichtige herrscherliche Einnahmequelle, forderte der Kaiser aus Anlass eines Kriegszuges, also in unregelmäßigen Abständen. Sein Einzug oblag in der Regel hochgestellten kaiserlichen Legaten, die Höhe des Beitrages hing von der Finanzkraft der Zahlungspflichtigen ab, doch etwa auch von ihrer aktuellen Bedeutung oder ihren Beziehungen zum Kaiserhof. Einigermaßen fest konnte man am kaiserlichen Hof schließlich mit den Einnahmen aus dem Zoll rechnen, den das Reich an wichtigen Verkehrswegen erhob. Wie in der Verwaltung der unmittelbar dem Reich unterstehenden Gebiete arbeiteten im Übrigen auch in der Zollverwaltung überwiegend Italiener.

Eine präzise Übersicht über die finanziellen Verhältnisse des Reiches, seine Einnahmen und Ausgaben, existierte nicht. Allerdings kann man annehmen, dass es am Hof Männer gab, die einigermaßen Bescheid wussten über die Lage der kaiserlichen Finanzen, über die Leistungen, zu denen etwa die einzelnen Städte verpflichtet waren, oder über die ungefähre Geldsumme, die die Zollstationen einbrachten. Desgleichen dürften die Gesandten, die Barbarossa eigens zur Einforderung der ihm zustehenden Gelder bevollmächtigte, aus Erfahrung gewusst oder sich schon im eigenen Interesse darüber informiert haben, welche Geldsummen man am Kaiserhof von den einzelnen Zahlungspflichtigen erwartete.

Lassen sich auch kaum sichere Zahlen nennen, so scheint doch festzustehen, dass dem Kaiser in Italien im Ganzen wohl beträchtliche

5.9 Ein Herrschaftshöhepunkt (1162–1163)

Einkünfte zuflossen. Ihnen gegenüber standen freilich die ungeheuren Kosten der Kriegsführung, dazu die Aufwendungen für den immer wichtiger und größer werdenden Verwaltungsapparat, ebenso jene für die Errichtung einer kaiserlichen Münze, den Kauf wichtiger Orte, den Bau von Burgen oder repräsentativen kaiserlichen Pfalzen. Auch in Deutschland gab Barbarossa wohl hin und wieder in Italien erwirtschaftetes Geld aus; nötigenfalls verfuhr er allerdings mit deutschem Geld genauso in Italien.

Um möglichst sicher zu gehen, dass das Erreichte während seiner Abwesenheit uneingeschränkt erhalten blieb, sandte der Kaiser Ende September 1162 Rainald von Dassel, den gewählten Kölner Erzbischof und Erzkanzler für Italien, als seinen umfassend bevollmächtigten Legaten mit der Aufgabe in den Süden, als sein Stellvertreter in ganz Reichsitalien die kaiserlichen Rechte und Pflichten wahrzunehmen und sich für die Belange des Reiches einzusetzen. Über ein Jahr lang wirkte Rainald dort energisch und erfolgreich für die Wahrung der Würde, der Macht und des Rechts von Kaiser und Reich. Christian von Buch, seit Herbst 1162 Kanzler, sollte bald darauf als kaiserlicher Legat in Italien ebenso engagiert und kompetent auftreten. Dazu kamen Legaten oder Boten häufig italienischer Herkunft, die Barbarossa mit speziellen Missionen beauftragte.[175]

Die neue Herrschaftsordnung, deren Verwirklichung der Stauferkaiser in Reichsitalien so entschlossen betrieb, versuchte nicht, das Rad der Zeit zurückzudrehen. Sie anerkannte vielmehr durchaus die eigenständige Stellung, welche die Städte dort erlangt hatten, und sie entsprach mit ihrem Anspruch auf die zentrale Bündelung aller wesentlichen Hoheitsrechte beim Herrscher, der allein sie vergeben konnte, einer Tendenz der Zeit. Sie besaß freilich auch Schwachstellen. Verständlicherweise stieß sie in jenen Städten, die für ihren Widerstand mit dem Verlust ihrer Selbständigkeit bestraft worden waren, auf heftige Ablehnung. Ihr Unwille nahm rasch weiter zu, da sich die von Barbarossa dort eingesetzten Podestà offenbar vielfach als rücksichtslose Ausbeuter erwiesen. Zumindest berichtet ein Bürger Mailands aus eigenem Erleben beispielsweise, dass ein gewisser Petrus de Cumino, dem Heinrich von Lüttich das Regiment über die Mailänder anvertraute, diese Stellung dazu missbraucht habe, für alles nur Denkbare Geld zu erpressen, welches er überdies wenigstens teilweise selbst behielt. Bischof Heinrich ersetzte ihn zwar durch einen Kleriker, doch dieser entpuppte sich schnell als noch habgieriger. Nichts Besseres weiß unser Gewährsmann von den übrigen Männern zu erzählen, welche die direkt dem Reich unterstellten Gebiete in der Umgebung Mailands verwalteten. Als dem Kaiser bei seiner Durchreise im Dezember 1163 Männer und Frauen aus Mailand ihr Leid klagten, habe er zwar den Mailänder Geiseln die Freiheit geschenkt, das weitere Vorgehen jedoch Rainald von Dassel und dem Grafen von Biandrate überlassen. Er gedachte mit diesem Schritt wohl deren Autorität zu bestätigen und zu stärken. Allerdings änderte sich danach anscheinend kaum etwas.[176]

Möglicherweise fiel die Bedrückung der Mailänder oder anderer Betroffener nicht ganz so unerträglich aus, wie unser Zeuge, ein offener Gegner des Kaisers, sie schildert. Dennoch führte sie wohl dazu, dass die große Verbitterung noch weiter anwuchs, welche die Mailänder wie die traditionell mit ihnen verbündeten Städte seit der Niederlage und dem darauf folgenden demütigenden Unterwerfungsritual ohnehin erfüllte. In jedem Fall war zu erwarten, dass Mailand und seine Bundesgenossen, erfüllt vom Stolz auf den Glanz der ihnen nun geraubten Größe, jede sich bietende Gelegenheit nützen würden, um die erzwungene Unfreiheit abzuschütteln und ihre alte Bedeutung und Selbständigkeit zurückzugewinnen.

Friedrich Barbarossa hatte den Widerstand dieser Städte erst nach langen Kämpfen mit Hilfe eines außerordentlich großen Heeresaufgebots brechen können. Diese Truppen zu gewinnen und über längere Zeit zusammenzuhalten, war schwierig gewesen, weil die Beteiligten meist bald zur Rückkehr in ihre Heimat drängten, um dort ihre Interessen wahrzunehmen. Dazu verschlangen solche Kriegszüge riesige Geldsummen. So war es keineswegs sicher, dass Barbarossa im Falle einer Erhebung in Reichsitalien erneut imstande sein würde, seine Herrschaftsansprüche durchzusetzen. Dies gilt umso mehr, da er auch seiner für gewöhnlich verlässlichen Verbündeten nie ganz gewiss sein konnte.

5.10 Das päpstliche Schisma und ein Deutschlandaufenthalt

Als besonders problematisch sollte sich Barbarossas Umgang mit dem päpstlichen Schisma erweisen. Auf seinen Wunsch hatte Viktor IV. ein Konzil nach Lodi geladen, das Mitte Juni 1161 seine Wahl noch einmal einhellig bestätigte und eine Reihe von Anhängern Alexanders exkommunizierte.[177] Freilich regte sich damals auch unter der deutschen Geistlichkeit bereits Widerstand gegen Viktor. Auf besonders entschiedene Ablehnung stieß dieser bei Eberhard, dem weithin angesehenen Erzbischof von Salzburg, der von Anfang an auf Alexanders Seite stand. Zwar suchte er einen offenen Konflikt mit dem Kaiser zu vermeiden, doch schien es ihm wohl undenkbar, dessen nicht zuletzt gegen Alexander gerichtete Italienpolitik aktiv zu unterstützen. So beantwortete er die immer schrofferen kaiserlichen Aufforderungen zur Heeresfolge oder zum Besuch von Hoftagen mit Ausflüchten aller Art. Eberhard von Bamberg gelang es noch, den Kaiser zu besänftigen und den Erzbischof zur Reise an den Hof nach Mailand und Pavia zu bewegen. Ende März 1162 stellte er sich dort, wie er selbst berichtet, nach gebührendem Empfang den Fragen der Anwesenden und legte dabei ein klares Bekenntnis zu Alexander ab, worauf der Herrscher nicht reagierte. Dieses überraschende Verhalten lässt sich teilweise vielleicht mit seiner Wertschätzung für Eberhard erklären. Ausschlaggebend aber wird wohl gewesen sein, dass er nach dem Sieg über Mailand damit rechnete, so gestärkt bald auch die Papstfrage in seinem Sinn lösen zu können, was dann Zweifler wie Eberhard rasch umstimmen musste.[178]

Um diesen Prozess zu beschleunigen, intensivierten die kaiserlichen Boten nicht nur ihre Bemühungen, die nördlich von Rom gelegenen Städte des Patrimonium dem Einfluss Alexanders zu entziehen, sondern dehnten ihre Aktivitäten auf dessen südliche Hälfte aus. Auch dort gelang es offenbar rasch, die Anhänger Alexanders zu verdrängen. Als Alexander im Juni 1161 noch einmal versuchte, Rom für sich zu gewinnen, musste er die Stadt rasch wieder verlassen. Die untragbaren Verhältnisse in Italien zwangen ihn schließlich zur Flucht, und im Frühjahr 1162 gelangte er nach Frankreich.[179]

Ludwig VII. von Frankreich und der englische König Heinrich II. hatten offenbar auf Druck des Klerus bereits im Juli 1160 gemeinsam die Repräsentanten der Kirchen ihrer Reiche sowie Legaten des Kaisers und die Kardinäle Alexanders und Viktors zu einer Synode nach Beauvais geladen, um dort eine Entscheidung im Streit um den Stuhl Petri zu treffen. Die ausgiebige Diskussion förderte diesmal die Rechtmäßigkeit von Alexanders Wahl zutage mit dem Hinweis, dass dem Kaiser kein Urteil darüber zustehe, und die beiden Könige sprachen sich einhellig für die Anerkennung Alexanders aus.[180] Auch noch als Eberhard von Salzburg zwei Jahre später den Erzbischof Heinrich von Reims nach der Haltung Ludwigs VII. zu Alexander fragte, versicherte ihm dieser, der König und die Geistlichen Frankreichs setzten sich nach wie vor ohne Vorbehalte für den Papst ein.[181]

Ganz so eindeutig war des Königs Position freilich nicht. Große Sorge bereitete ihm Heinrich II., der neben England schon seit seiner Heirat mit Eleonore, der im März 1152 von Ludwig geschiedenen Erbin des Herzogtums Aquitanien, auch ganz Westfrankreich beherrschte. Entschlossen zog er die dem Königtum in England zustehenden Herrschaftsrechte wieder an sich, er regelte etwa die Verpflichtungen der Kronvasallen neu und seine besondere Aufmerksamkeit galt den Einkünften der Krone und ihrer Steigerung. Ludwig hatte Grund zur Beunruhigung nicht nur, weil Heinrich seine Autorität mit gleicher Energie auch in seinen französischen Besitztümern durchzusetzen strebte, sondern weil er zudem seinen Herrschaftsbereich von seiner französischen Basis aus bei jeder Gelegenheit auszudehnen suchte. So hatte Ludwig etwa 1158 mit Heinrich vereinbart, dass seine damals ein Jahr alte Tochter Margarete dessen dreijährigen ältesten Sohn Heinrich heiraten und als Mitgift das wegen seiner Lage zwischen der Normandie und der Krondomäne wichtige Vexin in die Ehe einbringen solle. Ganz anders als ihm lag Heinrich allerdings an einer raschen Verwirklichung der Abmachung, und er erreichte tatsächlich, dass die Legaten Alexanders im November 1160 die Heirat der beiden Kinder vornahmen. Ludwig war zur Übergabe der wertvollen Mitgift gezwungen, doch verärgert über des Papstes Verhalten sowie über Heinrichs Vorpreschen.[182]

Alexanders Entgegenkommen hinderte Heinrich freilich nicht, weiteren Druck auf ihn wie vor allem auf Ludwig auszuüben. Wohl in dieser

5.10 Das päpstliche Schisma und ein Deutschlandaufenthalt

Absicht sandte er Ende 1161 Boten an den Kaiserhof, die dort offenbar Bündnisverhandlungen führten. Überdies wandte sich, kaum war Alexander mit seinen Kardinälen in Frankreich eingetroffen, der Kaiser an Ludwigs Kanzler, den Bischof Hugo von Soissons, warnte ihn dringend vor der Aufnahme der aus Italien Geflüchteten und ermahnte ihn, dem König einen derartigen Schritt unbedingt auszureden.[183]

Angesichts der ihm drohenden Isolierung entschloss sich daraufhin auch Ludwig zur Annäherung an Friedrich, vermutlich bestärkt von seinem Schwager Heinrich, dem Grafen der Champagne, einem entfernten Verwandten Kaiser Friedrichs und Sympathisanten Viktors IV. Einigermaßen sicher ist, dass Graf Heinrich Anfang Mai 1162 als Gesandter Ludwigs am Kaiserhof zu Pavia eintraf. Vom König offenbar zur eigenständigen Regelung von Details bevollmächtigt, vereinbarte er mit Friedrich, dass sich dieser und Ludwig zusammen mit den Großen ihrer Reiche am 29. August 1162 in St. Jean-de-Losne (westlich von Dole), also an der französisch-burgundischen Grenze, treffen sollten, um auf einem Konzil das Ende des Schismas herbeizuführen. Beide Herrscher hatten für die Anwesenheit des von ihnen favorisierten Papstes zu sorgen. Eine Schiedskomission von zehn, je zur Hälfte von Anhängern Alexanders und Viktors gewählten Bischöfen sollte nach erneuter Prüfung entscheiden, wessen Wahl rechtmäßig gewesen sei, worauf Kaiser und König dem so zum Papst Bestimmten ihre Anerkennung erklärten; wenn einer der beiden Konkurrenten gar nicht zum Konzil komme, stehe diese Anerkennung dem anderen zu.[184]

Friedrich bestätigte am 31. Mai in einem äußerst freundlichen Brief an König Ludwig, den er als seinen Verwandten anredete, die Absprachen, die er mit dessen Legaten einvernehmlich getroffen habe. Sie stützten sich auf das ihm überbrachte königliche Schreiben, zusätzlich hätten sich noch einige weitere Regelungen als notwendig erwiesen. Er werde, so versicherte er, die Abmachungen strikt einhalten. Gleichzeitig sandte die kaiserliche Kanzlei an die hohen Geistlichen wie die weltlichen Großen Deutschlands Friedrichs dringende Aufforderung zur Teilnahme an dem für den 29. August anberaumten Konzil, da Hoffnung auf eine Einigung zugunsten Viktors bestehe.[185]

Friedrichs Optimismus überrascht. Möglicherweise ging er davon aus, dass Ludwig, von seinem Schwager Graf Heinrich wirkungsvoll unterstützt, ernstlich an einem Bündnis mit dem siegreichen Kaiser lag und dass er bereit war, um dieses Zieles willen seinen Einsatz für Alexander zurückzustellen. Vor allem aber konnte Friedrich eigentlich davon ausgehen, dass Alexander es auch jetzt strikt ablehnen werde, sich dem Urteil eines Konzils zu stellen, sodass der Vereinbarung gemäß der Sieg Viktors bereits ziemlich feststand.

Schwerer lässt sich Ludwigs Verhalten verstehen, der gewiss nicht der arglose und hintergangene Mann war, als den ihn seine alexandrinischen Verteidiger entschuldigend darstellten.[186] Andererseits wusste er wie Friedrich, mit welcher Entschiedenheit Alexander ein Urteil, das sein päpstliches Amt betraf, stets als widerrechtlich zurückwies. So dürfte er seine Annäherung an den Kaiser wohl nicht als grundsätzliche Wendung, sondern eher als Warnsignal an den Papst Alexander betrachtet haben. Unklar bleibt freilich, wie er mit den dabei eingegangenen Verpflichtungen umzugehen gedachte.

Ludwig hielt sich trotz des spürbaren kirchlichen Widerstands insofern an sein Versprechen, als er sich pünktlich am 29. August auf der Saônebrücke bei St. Jean-de-Losne einfand; dass Alexander fehlte, widersprach allerdings der Abmachung. Bis zum Spätnachmittag wartete der König vergeblich auf den Kaiser, dann reiste er zurück nach Dijon. Friedrich traf indessen am späten Abend doch noch in St. Jean-de-Losne ein und betrat mit Viktor zusammen kurz darauf die Saônebrücke.

Wie die Dinge nun lagen, war Ludwig der Vereinbarung gemäß verpflichtet, Viktor als rechtmäßigen Papst anzuerkennen. Eben dies aber suchte er unter allen Umständen zu vermeiden. Er erbat und erlangte vom Kaiser einen Aufschub von drei Wochen und versprach, innerhalb dieser Frist Alexander zum Erscheinen vor dem Konzil zu bewegen.

Friedrich entschloss sich darauf nicht nur, für den 4. September einen Hoftag einzuberufen, sondern drei Tage später auch eine Synode abzuhalten. Vor deren Teilnehmern, geistlichen und weltlichen Großen aus allen Teilen des Imperiums, dazu König Waldemar von Dänemark, begründete zunächst Viktor noch einmal die Rechtmäßigkeit seiner Wahl. Danach ergriff Friedrich selbst das Wort. Er stellte fest, dass die Provinzkönige (*provinciarum reges*) seiner Einladung nicht gefolgt seien, und warf ihnen dann vor, sie wollten unter Missachtung des ihm als römischem Kaiser zustehenden Rechtes den Papst bestimmen.

5.10 Das päpstliche Schisma und ein Deutschlandaufenthalt

Im Ton eher noch schärfer brandmarkte anschließend auch Rainald von Dassel das schwere Unrecht, das die Provinzkönige dem Kaiser zugefügt hätten, und das vollkommen Untragbare ihres Tuns. Mit der erneuten Bannung und Verfluchung Alexanders schloss die Versammlung.[187]

Unterdessen waren Ludwigs Bemühungen, Alexander doch noch umzustimmen, wie zu erwarten fehlgeschlagen, und er begab sich am Ende der dreiwöchigen Frist allein noch einmal auf die Saônebrücke. Anstelle des Kaisers, der sich inzwischen in Besançon aufhielt, trat ihm dort Rainald von Dassel gegenüber. Es kam zu einem heftigen Wortwechsel, in dem Rainald sehr zugespitzt behauptete, ein Urteil über die Wahl des römischen Pontifex stehe nur den Geistlichen des römischen Imperium zu. Darauf entgegnete Ludwig offenbar, der Kaiser habe durch seine Abwesenheit ihren Pakt gebrochen.[188] Nicht nur das Treffen auf der Brücke, sondern zugleich die Bemühungen um ein Ende des Schismas überhaupt waren damit gescheitert.

Ludwig sah sich zu seinem bestimmten Auftreten Rainalds gegenüber wohl nicht so sehr deswegen veranlasst, weil ihm Heinrich II. in Kürze seine Bereitschaft zu tatkräftiger Unterstützung erklären wollte, wie er von Alexander erfahren hatte. Allzu sicher konnte er der Einlösung dieses Versprechens vorerst nämlich noch nicht sein.[189] Im Übrigen hatte sich der Kaiser damals ja bereits nach Besançon zurückgezogen, und ein Angriff von seiner Seite wurde täglich unwahrscheinlicher. Zu seiner scharfen Erwiderung aber drängte Ludwig wohl vor allem seine Empörung über den überheblichen Ton, den Rainald wie vorher schon der Kaiser selbst angeschlagen hatte, und gewiss ebenso die Herabstufung Roms zu einer Stadt des Imperiums und die des Papstes zu deren Bischof, dessen Erhebung mithin zu einer Angelegenheit der Geistlichen des Imperiums wurde.

Der Kaiser und seine Ratgeber dachten bei ihren Aktionen während der ersten Septemberwochen vermutlich gleichfalls kaum an Heinrich II. und sein etwaiges Eingreifen. Eher mag der sich abzeichnende Mangel an Nahrungsmitteln eine gewisse Rolle gespielt haben; freilich hören wir, vorwiegend von dänischer Seite, von echten Schwierigkeiten erst im Verlauf des Besançon-Aufenthaltes.[190] Im Vordergrund stand sehr wahrscheinlich Friedrichs Enttäuschung und tiefe Verärgerung über

Ludwigs zweifellos schwer durchschaubares Verhalten. Allzu hochgemut und ohne die Machtverhältnisse in Frankreich genügend in Betracht zu ziehen, hatte er darauf vertraut, mit des Königs Hilfe auch noch das Problem der Doppelwahl in seinem Sinn lösen zu können. Immerhin erkannte er offenbar früh die Nutzlosigkeit seines großen Aufwandes und entschloss sich, um denkbarem Unwillen im eigenen Lager vorzubeugen, die eigens angereisten Großen zu einer Synode zu versammeln. Sie sollte die Geschlossenheit, mit der Kaiser und Reich hinter Viktor standen, ein weiteres Mal eindrucksvoll demonstrieren. Die Herablassung, mit der Friedrich und Rainald dabei von den Königen Westeuropas sprachen, musste diese freilich zutiefst verletzen, und ihre anachronistische Äußerung über Rom und die kaiserliche Kontrolle der Papstwahl konnte im Westen nur auf massive Ablehnung stoßen. Im Übrigen stellte sich bald heraus, dass auch im Reich Friedrichs die Zahl der Verfechter dieser ablehnenden Haltung wuchs, und Friedrichs kompromissloses Vorgehen war seinem Ruf gewiss nicht förderlich. Ob er damit allerdings auch dem Ansehen des Kaisertums als solchem außerhalb des Imperiums dauerhaft schadete,[191] das sei dahingestellt. Den relativ bescheidenen Vorrang der Würde, den man dem Kaisertum dort in der ersten Hälfte des 12. Jahrhunderts noch zugestanden hatte, gönnte man ihm jedenfalls auch noch hundert Jahre später zur Zeit Friedrichs II.

Nach Ludwigs deutlicher Entscheidung für Alexander konnte dieser der Unterstützung der Geistlichkeit der großen westeuropäischen Königreiche gewiss sein und er versammelte sie im Mai 1163 zu Tours denn auch eindrucksvoll um sich. Seine anschließenden Annäherungsversuche scheiterten jedoch ebenso wie die Gegenvorschläge des Kaisers, weil beide Seiten von ihrer Grundposition nicht abrückten.[192]

Anfang Oktober 1162 betrat Kaiser Friedrich wieder sein deutsches Königreich. Zunächst wandte er sich dem Oberelsass zu, wo sich Graf Hugo von Dagsburg-Egisheim sehr bemühte, seine führende Stellung im Raum um Colmar zu halten. Bedroht sah er sie vor allem durch den Kaiser, der gerade erst im Frühjahr 1162 den im Süden des Elsass dominierenden, kaisertreuen Bischof Ortlieb von Basel an sich gebunden hatte, indem er ihm als Belohnung für seine Verdienste auf dem Italienzug die Burg Rappoltstein (nordwestlich von Colmar) übertrug.

5.10 Das päpstliche Schisma und ein Deutschlandaufenthalt

Vermutlich auf seinen Wunsch gab Ortlieb die Burg dem bis September 1162 als kaiserlicher Podestà in Piacenza wirkenden Egenolf von Urslingen zu Lehen. Um weitere Aktivitäten des Kaisers frühzeitig zu bremsen, eroberte der Dagsburger Graf noch während dessen Abwesenheit die Stammburg der auf staufischer Seite stehenden Herren von Horburg. Freilich gelang es Friedrich, sie ihm schnell wieder wegzunehmen und überdies seine Burg Girbaden (nordwestlich von Obernai) niederzureißen. Mit einiger Mühe vermochte er die Region am Ende offenbar wieder zu befrieden.[193]

Andere gravierende Probleme galt es allerdings noch zu lösen, darunter die kaum zurückliegenden, unerhörten Vorkommnissen in der Stadt Mainz. Arnold, seit 1153 Mainzer Erzbischof, hatte den Unmut der führenden Ministerialengeschlechter der Stadt dadurch auf sich gezogen, dass er die Angehörigen seiner eigenen Familie, der Ministerialenfamilie der Selenhofen, deutlich bevorzugte. Zudem verärgerte er mit dem Kampf gegen den Pfalzgrafen Hermann von Stahleck dessen Neffen, den Kaiser, und der Verdacht, er habe seinen Feldzug aus dem Domschatz finanziert, schuf ihm gewichtige Gegner auch unter dem Klerus. Der Widerstand gegen ihn brach offen aus, als er die Kosten seines Truppenaufgebotes für den zweiten kaiserlichen Italienzug durch eine neuartige Heeressteuer decken wollte. Die versammelte Bürgerschaft wies eine derartige Zahlungsverpflichtung einhellig zurück.[194]

Auf Arnolds Klage hin führte der Kaiser wohl Ende August 1158 vor Mailand einen Fürstenspruch herbei, der ganz im Sinne der Lehnsgesetze von 1154 und November 1158 entschied, dass Vasallen, also auch die in Mainz Lehen besitzenden Ritter und Ministerialen, wenn sie nicht persönlich ins Feld zogen, eine angemessene Ersatzzahlung zu leisten hätten.[195]

Nach Deutschland zurückgekehrt, vermochte Arnold nur mit Mühe Mainz zu betreten, und bei seinem Versuch, das Mailänder Fürstenurteil durchzusetzen, spitzte sich die Lage in der Stadt rasch zu. Die Mainzer Bürgerschaft griff in ihrem Kampf gegen den Erzbischof zu immer radikaleren Mitteln. Sie riss das Regiment an sich, Aufständische plünderten die Gebäude der Geistlichen sowie den Kirchenschatz.

Erneut begab sich Arnold daraufhin zu dem vor Crema festgehaltenen Kaiser, der den Mainzern nun dringend befahl, sich ihrem Erzbischof zu unterwerfen sowie den ihm zugefügten Schaden zu ersetzen, und im Februar 1160 zusätzlich für die geistlichen Aufrührer als besonders demütigende Strafe das Hundetragen vorsah, für die vornehmen bürgerlichen Rädelsführer die zeitweilige Verbannung.[196] Inzwischen hatte die Mainzer Einwohnerschaft freilich beschlossen, gemeinsam die Freiheit ihrer Stadt gegen den Erzbischof zu verteidigen, und Arnold stand bei seiner Rückkehr tatsächlich vor verschlossenen Stadttoren. Bemühungen um eine friedliche Übereinkunft schienen dann doch nicht ganz aussichtslos. Ehe es indes zum Einvernehmen kam, stürmten bewaffnete Mainzer das außerhalb der Stadt gelegene Kloster, in dem sich Arnold aufhielt. Beim Versuch, dem dort ausbrechenden Feuer zu entkommen, wurde er erschlagen, sein Leichnam übel geschändet.

So wenig wie diesen vom Hass geleiteten Exzess wird man auch manche anderen Ausschreitungen der Mainzer Bürgerbewegung billigen können. Grundsätzlich aber ist ihre Erhebung ein Beispiel dafür, dass sich wie seit langem schon in Italien nun auch in Deutschland, zunächst vorwiegend in den großen Städten am Rhein, die Bürgerschaft gegen das autoritäre Regiment der fürstlichen, meist geistlichen Stadtherren auflehnte und ein Mitspracherecht beanspruchte.

Allerdings mussten die Mainzer nach der Ermordung des würdigsten Reichsfürsten mit einer energischen Strafaktion des Kaisers rechnen. Bereits Ende Juli 1160 sprachen denn auch die zu Erfurt versammelten Fürsten die Exkommunikation über die Mainzer Verbrecher aus. Die Aufständischen in Mainz betrachteten sich jedoch durchaus zur Bestimmung eines neuen Erzbischofs befugt und wählten sehr rasch, vermutlich ohne die Geistlichkeit, Rudolf von Zähringen, den Bruder Herzog Bertholds, zu Arnolds Nachfolger. Um seine Erhebung zu verhindern, organisierten daraufhin der rheinische Pfalzgraf Konrad und der Thüringer Landgraf Ludwig Ende Oktober 1160 in Frankfurt die Gegenwahl Christians von Buch, des Dompropstes von Merseburg. Auch dies geschah in kleinem Kreis, zu dem Bischöfe allenfalls Vertreter entsandt hatten. So bekräftigte die im Juni 1161 unter Vorsitz Kaiser Friedrichs und Viktors IV. in Lodi tagende Synode nicht nur die Exkommunikation der Mainzer Mörder, sondern Viktor verwarf zugleich die im Widerspruch zum Kirchenrecht erfolgten Wahlen Ru-

5.10 Das päpstliche Schisma und ein Deutschlandaufenthalt

dolfs und Christians und erhob Konrad von Wittelsbach, den von den anwesenden Mainzer Geistlichen vermutlich auf Wunsch des Kaisers gewählten Bruder des Pfalzgrafen Otto, zum neuen Mainzer Metropoliten.[197]

Ende März 1163 kam Friedrich schließlich selbst nach Mainz, um die dort begangenen Verbrechen zu bestrafen. Einige Hauptschuldige wurden hingerichtet, die meisten aus der Stadt verbannt; viele von ihnen waren freilich ohnehin geflohen. Vor allem aber entzog der Kaiser der Stadt ihre erworbenen Rechte und befahl, ihre Mauern zu zerstören. Auf Dauer indes ließ sich Mainz' Aufstieg zu einem unabhängigen Gemeinwesen nicht aufhalten.[198]

Gewiss empfand Berthold von Zähringen bereits die Annullierung der Mainzer Erzbischofswahl seines Bruders als kränkende Zurücksetzung auch seiner eigenen Person. Mit tiefer Verärgerung reagierte er dann etwas mehr als ein Jahr danach auf eine Maßnahme des Herrschers, die seine Stellung in Burgund deutlich schmälern musste. Friedrich hatte Berthold 1156 ja als Entschädigung für die ihm durch die kaiserliche Heirat in Burgund entstehenden Nachteile die Regalieninvestitur nicht nur in den Bistümern Lausanne und Sitten, sondern ebenso in Genf übertragen, worauf sich der Herzog berechtigt sah, sofort auch über die Genfer Regalien zu verfügen. Dagegen klagte Bischof Arducius, und im September 1162 entschied das kaiserliche Gericht auf dem Hoftag zu St. Jean-de-Losne zu seinen Gunsten. Das von den Fürsten einhellig gefällte Urteil stellte fest, dass der Kaiser nach der ersten Regalienübergabe an Arducius keine zweite Vergabe an eine andere Person hätte vornehmen dürfen, dass die Regalienverleihung an Berthold also nichtig sei. Friedrich gestand darauf seinen Fehler ein, bestätigte, dass Bischof Arducius der alleinige Herr über die Genfer Kirche und ihre Güter sei, und befahl Berthold, alle Genfer Regalien unverzüglich an ihn zurückzugeben.[199]

Schon im November darauf gab es für Berthold erneut Grund zum Verdruss. Damals ließ sich Heinrich der Löwe nämlich von Clementia, Bertholds Schwester, mit der üblichen Begründung der zu nahen Verwandtschaft scheiden. Spätestens jetzt sandte Berthold seinen Bruder Rudolf zum französischen König Ludwig VII., beklagte vor ihm den Hass des Kaisers auf die Zähringer und bat ihn, sich bei Alexander III.

für Rudolf einzusetzen. Greifbare Ergebnisse hatte seine Initiative allerdings anscheinend nicht.[200] Berthold betrachtete die ihn in rascher Folge treffenden Rückschläge offensichtlich als das Resultat eines planvollen Vorgehens des Kaisers, der jede Gelegenheit nutzte, ihn und sein Geschlecht zu demütigen. Man kann seine Sicht des Geschehens durchaus verstehen.[201] Bei näherem Zusehen zeigt sich freilich, dass auch in den Berthold betreffenden Fällen ohne Friedrichs Zutun geschaffene Fakten sein Handeln stark bestimmten. Die Wahl Rudolfs, vorgenommen von Mainzer Bürgern, die mindestens zum Teil wegen ihrer Verstrickung in den Mord an Arnold exkommuniziert worden waren, konnte er tatsächlich kaum anerkennen. Gleiches galt für die von einer kleinen, schwerlich dazu befugten Gruppe vollzogenen Wahl Christians. So stieß er mit seiner doppelten Ablehnung keineswegs etwa gezielt allein die Zähringer vor den Kopf. Man wird freilich annehmen dürfen, dass es ihm bei seiner Entscheidung auch um die Wahrung seines in beiden Fällen übergangenen Anspruchs auf Mitsprache insbesondere bei der Berufung der Erzbischöfe ging. Der Genfer Bischof indes war mit seiner Klage unbezweifelbar im Recht, und dem Kaiser blieb gar nichts anderes übrig, als seinen Fehler rückgängig zu machen. Heinrich der Löwe schließlich betrieb seine Scheidung zunächst wohl doch selbst, weil er von einer zweiten Ehe den ihm bisher versagten männlichen Erben erhoffte. Dass er den Kaiser über seine Absicht ins Vertrauen zog, ist ebenso naheliegend wie dessen Zustimmung zu seinem Vorhaben, zumal es engere Beziehungen des Herzogs zu den Zähringern unwahrscheinlicher zu machen versprach. Schwerlich aber hätte sich Heinrich zur Auflösung seiner Ehe allein deswegen bereitgefunden, weil ihn der Kaiser förmlich dazu aufforderte, um auf diese Weise, wie ihm klar sein musste, seine Verhältnis zu den Zähringern empfindlich zu stören.[202]

Friedrich war also vermutlich nicht der gnadenlose Verfolger der Zähringer, und Berthold hielt an seinem negativen Kaiserbild offenbar auch nicht allzu lang fest. Jedenfalls erschien er, unter den Urkundenzeugen als *dux Burgundionum* aufgeführt, im August 1163 wieder am Kaiserhof. Mit einer gewissen Regelmäßigkeit besuchte er danach die kaiserlichen Hoftage, er nahm am vierten Italienzug teil und begleitete Friedrich als enger Vertrauter auf seinem fluchtartigen Rückzug nach

Deutschland. Spätestens Anfang August 1168 wurde sein Bruder Rudolf zum Bischof von Lüttich erhoben und gelangte damit in eine Stellung, die für die Zähringer ihrer nahen Verwandtschaft mit dem Grafenhaus von Namur wegen große Bedeutung besaß.[203]

5.11 Neue Schwierigkeiten in Italien

Anfang Oktober 1163 begab sich der Kaiser, begleitet vom neuen Erzbischof Konrad von Mainz, wieder nach Italien, zunächst nach Lodi, dann nach Pavia und Monza. Seine Sachwalter berichteten ihm von den Erfolgen ihrer Arbeit, und er bestätigte die zahlreichen Abmachungen, die insbesondere Rainald von Dassel, sein außerordentlich aktiver Stellvertreter, mit Städten, Kirchen oder Klöstern getroffen hatte. Aber auch mit den Sorgen der Bevölkerung wurde er unmittelbar konfrontiert. Er vernahm ihre Klagen über die Willkür des von ihm eingesetzten Verwaltungspersonals, über die Ungerechtigkeit und Härte, mit der seine Beauftragten vorgingen, über die kaum tragbaren Belastungen, die sie den ihnen ausgelieferten Menschen aufbürdeten. Zwar schien ihn das Gehörte nicht allzu tief zu berühren, doch schnell sollte sich zeigen, dass er über den Misstand nicht einfach hinweggehen konnte. Schon zu Beginn des neuen Jahres nämlich verbanden sich Verona, Vicenza, Padua und weitere Städte jener Region sowie Venedig zum Veroneser Bund, zum ersten Städtebund also, der sich gegen den Kaiser wandte. Die langen Debatten mit Barbarossas Boten führten ebenso wenig zu einer Einigung wie die danach zustande gekommenen Verhandlungen der Städtevertreter mit dem Kaiser selbst. So zog dieser schließlich im Sommer 1164 mit einem freilich nicht sehr schlagkräftigen Heer gegen Verona, musste sich jedoch bald zurückziehen, fest entschlossen, den Kampf besser gerüstet wieder aufzunehmen.[204]

Eine gewisse Unsicherheit in die künftige Entwicklung brachte auch der Tod Papst Viktors am 20. April 1164 in Lucca. Immerhin war

Rainald von Dassel sofort zur Stelle und veranlasste, dass die in Lucca versammelten Kardinäle zusammen mit den anwesenden Bischöfen bereits zwei Tage später den Kardinal Guido von Crema zu Viktors Nachfolger wählten und dass Bischof Heinrich von Lüttich den neuen, sich fortan Paschalis III. nennenden Papst weihte.

Offen bleibt, ob Rainald auf eigene Faust handelte und mit seinem raschen Eingreifen dem Kaiser die sich bietende Gelegenheit zur Beendigung des Schismas nehmen wollte. Freilich spricht nichts dafür, dass Friedrich über Rainalds Vorgehen verstimmt gewesen wäre. Vielmehr belohnte er seinen unersetzlichen Erzkanzler gerade damals besonders großzügig für seine Verdienste. Im Übrigen sah wohl weder er noch Papst Alexander eine Möglichkeit, ihre hartnäckig verteidigten Positionen gerade jetzt aufzugeben. Rainalds Initiative zerschlug also wohl kaum kaiserliche Absichten. Nicht allzu abwegig scheint zudem, dass man sich am Kaiserhof schon vor dem April 1164 Gedanken über das Vorgehen nach einem etwaigen Tod Viktors gemacht hatte, dass zwischen Friedrich und Rainald also zumindest über die Grundlinie Einvernehmen herrschte.[205]

Mochten Friedrichs Berater und Getreuen indes auch wie er selbst fest vom Sinn der Wahl Paschalis III. überzeugt sein, so war dennoch abzusehen, dass diese Wahl noch weniger Anerkennung finden würde als jene seines Vorgängers. Vor allem drohte ihm nun auch der Klerus des Imperiums zunehmend mit Distanz und Ablehnung zu begegnen.

Friedrich hatte eigentlich beabsichtigt, die Vorbereitung des längst geplanten Sizilienfeldzuges tatkräftig voranzutreiben. Angesichts des aktuellen Geschehens geriet dieses Ziel jedoch erneut in den Hintergrund. Immerhin fanden sich Anfang November 1163 in Lodi neben zahlreichen Großen des italienischen Königreiches auch Gesandte der für Friedrichs Militärunternehmen unentbehrlichen Hafenstädte Genua und Pisa ein. Deren Repräsentanten beschworen vor dem Kaiser die Teilnahme ihrer Heimatstädte an seinem Sizilienzug, und Pisas Konsuln unterrichteten ihre heimische Volksversammlung über das Anfang Mai 1164 beginnende Unternehmen.

Ihre Ankündigung erwies sich allerdings als voreilig. Den Genueser Gesandten nämlich, die Ende Februar 1164 eigens zu dem Herrscher reisten, um Genaueres über seine Pläne zu erfahren, erklärte dieser, er

5.11 Neue Schwierigkeiten in Italien

wolle darüber erst beraten. Auf dem am 22. März in Parma beginnenden Hoftag verschob er seine Entscheidung erneut, und die bald darauf gegen die Lega Veronese einsetzenden Kämpfe zeigten dann rasch, dass sich hier wie beim Sizilien-Projekt ein Erfolg nur mit einem großen Heer erzielen ließ.[206]

Ein Vorgang auf dem Hoftag zu Parma berührte Friedrichs Sizilienpläne allerdings dennoch stark. Dort erschienen nämlich, begleitet von Genueser Konsuln, Gesandte des Bareso von Arborea (Südwest-Sardinien), eines der vier Kleinkönige, die Sardinien beherrschten. Bareso, der Genua nahestand, ließ vor dem Kaiser Klage führen über das aggressive Verhalten seiner Konkurrenten und deren Bundesgenossen aus Pisa. Um den Frieden auf Sardinien zu sichern, schlug er vor, der Kaiser möge ihm die ganze Insel zu Lehen geben und ihn zu ihrem König erheben. Als Gegenleistung versprach er ihm 4 000 Mark Silber zu zahlen. Unterstützt von den am Hof versammelten Großen ging Barbarossa auf das Angebot ein. Die Pisaner freilich vermochte er nicht davon zu überzeugen, dass das Vorhaben auch ihnen Nutzen bringe, sie befürchteten vielmehr erhebliche Nachteile für ihre Stadt.

Die festliche Krönung des neuen Königs durch den Kaiser fand am 3. August in Pavia statt. Die Pisaner protestierten danach noch einmal tief betroffen gegen Baresos unverdiente Erhebung. Sie behaupteten, er sei ihr Lehnsmann und Sardinien gehöre eigentlich ihnen, was die Genueser als Lüge abtaten. Schließlich beendete der Kaiser den heftigen Wortwechsel mit dem Hinweis, dass Sardinien keiner der beiden Städte gehöre, sondern dem Imperium.[207]

Weitere Schwierigkeiten ergaben sich, als Bareso bekannte, er müsse das dem Kaiser zugesagte Geld erst in Sardinien beschaffen, worauf dieser ziemlich schroff auf sofortiger Zahlung bestand. Schließlich holte der noch in Pavia gebliebene genuesische Konsul die schriftliche Zusage seiner Heimatstadt ein, dass sie die nötige Summe vorstrecken werde. Nach neuerlichen Diskussionen über den Zahlungstermin begleitete eine kaiserliche Delegation König und Konsul nach Genua und erhielt dort tatsächlich innerhalb der vereinbarten 32 Tage die dem Kaiser zustehende Summe.[208]

Barbarossas Vorgehen scheint einseitig Genua zu bevorzugen. Man hat dies darauf zurückgeführt, dass sich Rainald von Dassel, der Vertrauensmann Pisas, in der fraglichen Zeit nicht am Hof aufhielt, während insbesondere Konrad von Mainz die Situation zum Einsatz für Genua nutzte, um so nicht zuletzt seine eigene Stellung am Hof zu befestigen.[209]

Nun hatte Rainald im Sommer 1163 in der Tat eng mit Pisa zusammengearbeitet, doch ebenso dafür gesorgt, dass der Kaiser im November darauf, wohl nicht zu Pisas Freude, das benachbarte Sarzana direkt dem Reich unterstellte und mit wertvollen Rechten ausstattete. Gegen Rainalds allzu enge Verbundenheit mit Pisa mag auch sprechen, dass der Genueser Berichterstatter Rainalds Anteil am Zustandekommen des Genua gewährten kaiserlichen Privilegs ebenso würdigt wie seinen Versuch, im anschließenden Streit als Vermittler Pisa sowie Genua gerecht zu werden.[210]

Im Übrigen nennen die Quellen weder Rainald von Dassel noch sonst einen fürstlichen Teilnehmer des Parmaer Hoftages mit Namen. Doch gerade Rainalds Anwesenheit scheint recht wahrscheinlich. Als Friedrich nämlich Ende März seinen Zug nach Sarzana und Pisa wegen einer Krankheit absagen musste, beauftragte er Rainald mit seiner Vertretung. Der Erzbischof urkundete bereits am 5. April in Sarzana, und das setzt voraus, dass er in den letzten Märztagen unmittelbar vom Kaiser in Parma abgesandt wurde.[211] Von Sarzana begab er sich nach Pisa, wo er wohl das Osterfest feierte. Nach der Wahl und Weihe Paschalis' III. in Lodi kehrte er noch einmal nach Borgo S. Genesio (bei San Miniato) zurück, versammelte dort Anfang Mai die Konsuln der Toskana um sich und unterstützte die Pisaner bei ihren Bemühungen um den Frieden in ihrem Herrschaftsbereich.[212]

Es fehlte den Repräsentanten Pisas demnach, wenn nicht schon in Parma, so zumindest unmittelbar darauf keineswegs an Gelegenheit, Rainald auf das Sardinien-Problem anzusprechen und ihn um seinen Einsatz für die Interessen ihrer Stadt beim Kaiser zu bitten. Doch offenkundig geschah nichts dergleichen. Rainald agierte denn auch, als er Ende Mai auf dem kaiserlichen Hoftag zu Pavia erschien, keineswegs als Kämpfer gegen die in Parma beschlossene Behandlung der Sardinien-Frage.[213]

Ganz dem entsprechend belehnte ihn Friedrich schon kurz danach, am 9. Juni, seiner unzähligen Dienste wegen außerordentlich großzü-

5.11 Neue Schwierigkeiten in Italien

gig mit Gütern und Burgen westlich von Mailand. Zwei Tage später brach Rainald nach Deutschland auf. Zu seinem Reisegepäck gehörten, vermutlich mit kaiserlicher Billigung, Reliquien aus den Kirchen des zerstörten Mailand, darunter vor allem die Gebeine der drei Magier. Sie hatten in Mailand offenbar wenig Beachtung gefunden, Rainald jedoch schien sie für geradezu einzigartig zu halten. Noch von Italien aus kündigte er dem Klerus und den Bürgern von Köln an, welche Kostbarkeiten er ihrer Stadt mitbringe, und verwies dabei vor allem auf die nun bereits als heilige Könige vorgestellten Magier. Ob dahinter echte Überzeugung stand oder der Wunsch, damit seine Autorität in Köln und dessen Ansehen in der Welt zu mehren, das lässt sich kaum entscheiden. Jedenfalls bereitete die Stadt ihm und seinen Gaben einen gloriosen Empfang. Bald genossen die Heiligen Drei Könige dort besondere Verehrung, Anfang der 1180er Jahre begann der berühmte Goldschmied Nikolaus von Verdun an ihrem prachtvollem Schrein zu arbeiten, und ihre Sonderstellung in Köln blieb ihnen bis heute.[214]

Warum Barbarossa und sein gesamter Hof mit Baresos Angebot einverstanden waren, lässt sich nur vermuten. Natürlich lockte die hohe Geldsumme, die der künftige König versprach. Eine vielleicht noch bedeutsamere Rolle mag für den Kaiser indes die Überlegung gespielt haben, dass Sardinien grundsätzlich weder Genua noch Pisa, sondern dem Imperium gehöre und es nun gelte, die sich mit Baresos Krönung bietende Gelegenheit zur mühelosen Verwirklichung dieses Anspruchs zu nützen. Sein Vorgehen mag sehr spontan wirken, es entsprach jedoch durchaus seiner hohen, fast verklärenden Vorstellung von der Würde und Größe des Reiches. Eine Änderung seiner bisherigen, auf die Hilfe Genuas wie die Pisas bedachten Politik sah er in Baresos Erhebung offensichtlich nicht, erwartete er von ihr doch den gleichen Nutzen für beide Städte.

Bevor Friedrich Ende September 1164 die Rückreise nach Deutschland antrat, beauftragte er Markward von Grumbach mit seiner Vertretung in der Lombardei, während nach Rainald von Dassel nun der Kanzler Christian von Buch in seinem Namen vor allem in der Toskana und Mittelitalien als Reichslegat wirkte. Dazu setzte er in allen großen Städten Sachwalter ein, die die Rechte des Reiches sichern und wahrnehmen sollten.[215] Als ein besonders erfreuliches Ereignis während des zu Ende gehenden Italienaufenthaltes empfand er gewiss die Geburt Friedrichs, seines lang ersehnten ersten Sohnes, am 16. Juli 1164 in Pavia.[216] Wenig glücklich stimmte ihn dagegen gewiss die Ablehnung, auf die sein Regiment in den lombardischen Städten immer häufiger stieß, sowie wohl die offenbar vollständige Zahlungsunfähigkeit des neuen Königs Bareso; an den unbefriedigenden sardischen Verhältnissen änderte sich jedenfalls nichts.[217] Überdies musste man Genua, seit die Bürger der Stadt Alexander III. auf seiner Flucht nach Frankreich besonders feierlich empfangen hatten,[218] zu dessen Sympathisanten rechnen.

So wird man am Kaiserhof schon bald über eine mögliche Korrektur auf Sardinien nachgedacht und es schließlich für das Beste gehalten haben, nun ganz auf Pisa zu bauen, vorausgesetzt freilich, dass die Stadt sich verlässlich zu Paschalis bekannte. Jedenfalls bestand die erste wichtige Amtshandlung des Kanzlers Christian von Buch als Legat des Kaisers darin, dass er sich mit Paschalis Ende November 1164 nach Pisa begab. Dort bereitete ihm die Einwohnerschaft einen überaus herzlichen Empfang. Man darf wohl annehmen, dass Christian die Pisaner ermunterte, die ihnen am Kaiserhof jetzt günstige Stimmung zu nutzen, und womöglich besprach er mit ihnen bereits die Grundzüge einer etwaigen Herrschaftsübernahme auf Sardinien.

Ende Februar 1165 reiste dann in der Tat eine Pisaner Delegation an den kaiserlichen Hof nach Deutschland. Das für die Pisaner höchst befriedigende Ergebnis der dort geführten Verhandlungen hielt ein am 17. April in Frankfurt ausgefertigtes kaiserliches Privileg fest. Schwerlich zur Freude der offenbar anwesenden Genueser Legaten gab der Kaiser, dem Rat der Großen seines Hofes folgend, der Kommune Pisa die ganze Insel Sardinien zu Lehen, einschließlich aller Gerichts- und Vollstreckungsgewalt. Alle seine früheren Vergaben an Städte oder Personen widerrief er, und jedem, der die Pisaner künftig auf Sardinien behinderte, drohte er mit schweren Strafen.[219]

Unerwähnt blieb in diesem Zusammenhang, dass ihm die Pisaner für sein Entgegenkommen wohl über 5 400 Mark bezahlten. Dies verraten uns die Genueser Annalen. Sie verschweigen die Belehnung Pisas 1165 zwar ganz, schildern dafür jedoch ausführlich ein heftiges Streitgespräch, das die Pisaner und die Genueser Delegation wohl im November 1166 am kaiserlichen Hof führten. Es ging demzufolge um die Frage, wem die rechtmäßige Herrschaft über Sardinien zustehe, und die Vertreter Pisas erinnerten den Kaiser offenbar gleich zu Beginn nachdrücklich an ihre Belehnung mit Sardinien und deren Kosten.[220] Wie zu erwarten, hielten die nicht selten kriegerischen Konflikte zwischen den beiden Städten auch weiterhin an.[221]

5.12 Des Kaisers gewaltsames Festhalten an Papst Paschalis, der Konflikt mit seinem Vetter Friedrich und die Heiligsprechung Karls des Großen

Als höchst ärgerlich betrachtete Friedrich gewiss die zunehmenden Vorbehalte, die sich im deutschen Episkopat gegenüber Paschalis III. bemerkbar machten. Der Babenberger Konrad etwa, Onkel des Kaisers und seit Juni 1164 gewählter Erzbischof von Salzburg, stand wie überwiegend der Salzburger Klerus auf Alexanders Seite. Zwar reiste er im September eigens nach Pavia, um von seinem kaiserlichen Neffen mit den Regalien belehnt zu werden. Da er dort jedoch kein Bekenntnis zu Paschalis ablegte, verschob Friedrich deshalb seine Regalieninvestitur. Immerhin scheint er ihn ohne Groll verabschiedet zu haben.[222] Wohl bereits kurz zuvor hatte der Mainzer Erzbischof Konrad sich auf eine Pilgerreise nach Santiago de Compostela begeben, um sich in der Papstfrage zu einer endgültigen Entscheidung durchzuringen. Tatsächlich besuchte er auf seiner Heimreise in Frankreich dann Alexander III. und leistete ihm einen Gehorsamseid. Mutig betrat er daraufhin nach sechs Monaten wieder sein Mainzer Erzbistum.[223]

Für Kaiser Friedrich stand nach seiner Rückkehr aus Italien indes das Bestreben ganz im Vordergrund, eben solchen Schwächungstendenzen Einhalt zu gebieten. Anfang November 1164 lud er deshalb Salzburgs Erzbischof Konrad zur Klärung der Lage seiner Kirche nach

5 Friedrich I. Barbarossa

Bamberg, verweigerte dort jedoch seinem Onkel, da dieser weiterhin Paschalis ablehnte, erneut die Investitur mit den Regalien.[224] Einen verbindlichen Beschluss über die künftige Handhabung des Problems erhoffte sich Friedrich von einem im Mai 1165 geplanten Treffen. Seinem Ansehen dort konnte es nicht schaden, wenn ihm noch rechtzeitig eine Annäherung an Englands König Heinrich II. gelang. Heinrich lag damals in heftigem Streit mit Thomas Becket, dem Erzbischof von Canterbury. Thomas verdankte dem König als sein ehemaliger Kanzler zwar seine hohe Stellung, er lehnte dennoch entschieden dessen Forderung ab, dass sich Geistliche nach schweren Verbrechen und der Aberkennung ihrer geistlichen Würde wie jeder Laie vor einem königlichen Gericht verantworten sollten. Heinrich setzte seinen Willen freilich durch. Thomas aber weigerte sich, sein Gesetz zu billigen, und floh im November 1164 nach Frankreich, wo er den Schutz König Ludwigs genoss.[225]

So lagen die Dinge, als Rainald von Dassel im Auftrag Kaiser Friedrichs Mitte April 1165 zu Rouen mit dem englischen König zusammentraf. Die Verhandlungsführer einigten sich offenbar rasch darauf, dass sich die Beziehungen zwischen den beiden Herrscherhäusern intensivieren und diesem Ziel zwei Eheschließungen dienen sollten, die Heirat Friedrichs, des noch nicht ein Jahr alten Sohnes des Kaisers, mit Eleonore, Heinrichs kaum dreijähriger Tochter, sowie jene Heinrichs des Löwen mit der ältesten, freilich erst neunjährigen englischen Königstochter Mathilde. Vermutlich ergänzte ein Freundschafts- oder Bündnisvertrag die Abmachungen, die bei den am Hof zu Westminster versammelten Großen des Königreiches Zustimmung fanden und beschworen wurden. Zwei verdiente Berater Heinrichs begleiteten Kölns Erzbischof auf der Rückreise.

Während der Kaisersohn Friedrich bereits im Herbst 1169 starb, feierte der Löwe 1168 im Dom zu Minden seine Hochzeit mit Mathilde, und deren königliche Herkunft bestärkte ihn unverkennbar in seinem hohen Selbstbewusstsein. Zugleich konnte er nun auf die Geburt eines Erben hoffen, der 1173 dann auch zur Welt kam und den Namen seines Vaters erhielt.[226]

Am 23. Mai, dem Pfingstfest, hielt Friedrich in Würzburg den angekündigten Hoftag ab, auf dem er eine einheitliche Stellungnahme der

5.12 Des Kaisers gewaltsames Festhalten an Papst Paschalis

anwesenden Fürsten, vor allem der Erzbischöfe und Bischöfe, zugunsten Paschalis' herbeizuführen gedachte. Über den Verlauf des denkwürdigen Ereignisses unterrichten uns die Rundschreiben, welche die kaiserliche Kanzlei aussandte, und außerdem die *Epistola amici*, der in zwei Fassungen erhaltene Brief eines Unbekannten an Papst Alexander, als dessen Freund er sich bezeichnete. Möglicherweise war er zudem ein Gegner Rainalds von Dassel. Jedenfalls verfolgten die Verfasser unterschiedliche Ziele.[227]

Obgleich manche Anhänger Alexanders wie vermutlich Konrad von Salzburg gar nicht nach Würzburg gereist waren, stießen Friedrichs Bemühungen um ein klares Bekenntnis der dort Versammelten zu Paschalis ganz offensichtlich auf erhebliche Bedenken. So folgte er am Ende wohl einem Vorschlag Rainalds von Dassel, der sich mit den englischen Legaten noch rechtzeitig in Würzburg eingefunden hatte. Nun riet er dem Kaiser, allen Fürsten einen an Paschalis bindenden Eid abzuverlangen und ihnen mit einem solchen Akt beispielhaft voranzugehen. Dieses ganz ungewöhnliche, die Übernahme der kaiserlichen Position geradezu erzwingende Verfahren missfiel insbesondere jenen, die wie Magdeburgs Erzbischof Wichmann noch zögerten. Wichmann erklärte schließlich, er werde ein solches Vorgehen erst akzeptieren, wenn Rainald endlich wenigstens die Priesterweihe empfange und so selbst ein deutliches Bekenntnis zu Paschalis ablege. Zwar wies Rainald dieses Ansinnen zunächst zurück. Doch des Kaisers anscheinend sehr entschiedenes Eingreifen zugunsten Wichmanns Forderung brach seinen Widerstand, und in der Tat fand kaum eine Woche später seine feierliche Priesterweihe statt.[228]

Nach dieser Klärung schwor Friedrich als Erster, er werde niemals den Schismatiker Roland, also Alexander, als Papst anerkennen und keinem seiner Anhänger je seine Gunst erweisen, Paschalis dagegen als dem rechtmäßigen Papst stets gehorchen und mit der gebührenden Ehrerbietung begegnen. Er leistete diesen Eid persönlich, was – sieht man vom Krönungseid ab – weder zuvor noch danach ein zweites Mal geschah. Der Kaiser mied Eide oder ließ sie, wenn sie unumgänglich schienen, von Gefolgsleuten als seinen Vertretern ablegen.[229] Eigens wies Friedrich denn auch auf das Einzigartige seines Handelns hin, um die Bedeutung des Würzburger Beschlusses herauszustellen. Freilich verrät der Einsatz eines derartigen Mittels zugleich, in welch bedenkliche Situation der Herrscher mit seinem beharrlichen Festhalten an Paschalis inzwischen sogar in Deutschland geraten war. Wie der Kaiser schworen nach ihm die geistlichen und weltlichen Fürsten, ohne Schwanken auf des Paschalis Seite zu bleiben. Ganz reibungslos lief die Prozedur allerdings kaum ab. Nicht wenige entschlossen sich zur Eidesleistung offenbar aus Furcht vor kaiserlichen Strafaktionen, andere, Wichmann von Magdeburg und Eberhard von Bamberg etwa, scheinen die Geltung ihres Schwurs offen an besondere Bedingungen geknüpft zu haben. Der Mainzer Erzbischof Konrad und des Kaisers Vetter Herzog Friedrich indessen verließen den Hoftag bereits, ehe es zum Schwur kam.

Besondere Schwierigkeiten bereitet Friedrichs Nachricht, auch die Gesandten des englischen Königs Heinrich hätten zu Würzburg in ihres Königs Namen öffentlich geschworen, dieser werde künftig verlässlich auf der Seite des Kaisers und des Papstes Paschalis stehen. Gewiss sollte diese Botschaft vor Augen führen, dass seine Haltung im Schisma sich allmählich auch außerhalb des Reiches durchsetzte. Heinrich II. hielt freilich wie bisher so künftig grundsätzlich zu Alexander, sodass man an eine in Würzburg verkündete Wende eigentlich nicht denken kann.

Andererseits musste sich Friedrich darüber im Klaren sein, dass die Besucher des Würzburger Tages eine Aussage wie diese, sollte es sich dabei um eine Erfindung handeln, rasch als solche erkennen und zumindest Fürsten, die ihm ablehnend gegenüberstanden, dies auch öffentlich aussprechen würden, sodass der erhoffte positive Effekt ins Gegenteil umzuschlagen drohte. Offenbar gab es denn auch keine solchen Anschuldigungen. Sehr bedenkenswert scheint zudem, dass die längere Version der *Epistola amici* berichtet, die Legaten Heinrichs II. hätten unmittelbar vor des Kaisers Eidesleistung im Namen ihres Königs geschworen, dieser werde sich in der Angelegenheit ganz so verhalten, wie dies der Kaiser für sich schwöre, und dass sie nach der kürzeren Fassung einen solchen Eid zunächst anboten, ihn danach in Vertretung ihres Königs zusammen mit den Fürsten auch ablegten.[230]

Die Repräsentanten des in Heinrichs Herrschaftsbereich wirkenden Klerus allerdings hielten einen Bruch ihres Königs mit Alexander

5.12 Des Kaisers gewaltsames Festhalten an Papst Paschalis

offenbar überwiegend für nahezu ausgeschlossen. Erzbischof Rotrodus von Rouen etwa bekannte, er sei absolut sicher, dass weder Heinrich noch seine Legaten während der Verhandlungen mit der kaiserlichen Seite etwas anderes beschworen hätten als Eheverträge. Er wusste um den Verlauf des Würzburger Tages freilich nur aus der *Epistola amici*, die er naheliegenderweise als eine Ansammlung von Falschaussagen abtat. Ihr Bericht machte ihn aber anscheinend doch unsicher, denn er kündigte an, sobald des Königs Gesandte zurückgekehrt seien, werde er sie ausführlich nach dem wahren Gang der Dinge fragen.[231]

Besorgt über die jüngste Entwicklung äußerte sich noch im Juni 1165 indes Papst Alexander. Er tadelte König Heinrich, weil seine Ergebenheit der Kirche gegenüber merklich nachlasse, und den französischen König erinnerte er an die traurigen Neuigkeiten aus Deutschland. Dass beides für ihn zusammenhing, zeigt sein Schreiben an Bischof Gilbert von London. Erneut konstatierte er dort nämlich nicht nur Heinrichs zunehmende Distanz zur Kirche, er nannte als Beleg auch des Königs Kontakte zum deutschen Kirchenfeind.[232] Fast ein Jahr später kam er in einem Brief an Erzbischof Rotrodus auf diesen für ihn offenbar wichtigen Sachverhalt noch einmal zurück. Heinrich bedrücke die Kleriker seines Königreiches und sei ein Übel für Papst und Kirche, seit er seine Demut aufgegeben habe. Dies werde darin deutlich, dass er mit Rainald, dem schändlichen Urheber des Schismas, gemeinsame Sache machte.[233] Alexander war demnach offensichtlich der Meinung, Heinrich habe mit Versprechungen seiner Legaten entscheidend dazu beigetragen, dass Friedrich nun die rechte Zeit für sein eidliches Bekenntnis zu Paschalis gekommen sah.

Heinrich veranlasste die päpstliche Klage, den Kardinälen ausführlich seine Sicht der Dinge darzulegen. Er betonte sein distanziertes Verhältnis zum Papst, wies die Haltlosigkeit der päpstlichen Beschuldigungen und die Korrektheit seines eigenen Handelns nach und betonte, dass der gemeinte Vertrag, sein Abkommen mit dem Kaiser, weder Gott verletze noch der Vernunft widerspreche, denn er wisse, dass Friedrich dem Papst nicht als exkommuniziert gelte. Heinrich beschränkte seine Verteidigung freilich auf seinen Eheplan, der keine allzu großen Schwierigkeiten bereitete, und vermied jedes Wort zu der gerade auch für seine Adressaten naheliegenden Frage nach dem weiteren Inhalt und der Bedeutung jenes Bündnisses und nach seiner Rolle beim kaiserlichen Schwur zugunsten des Paschalis. Vor allem die klare Aussage, dass weder er noch einer seiner Gesandten mit diesem Eid etwas zu tun habe, hätte eigentlich sein geduldiges Ausharren auf Alexanders Seite glänzend bestätigt und dessen kritische Vorhaltungen einmal mehr als ungerechtfertigt entlarvt. Lagen die Dinge also vielleicht doch etwas anders? Eine befriedigende Lösung dieser Frage scheint freilich kaum möglich.[234]

Auf Beschluss des Würzburger Hoftages hatten alle dort nicht anwesenden Fürsten die Leistung des Würzburger Eides bis zum 6. Juli nachzuholen, und der Kaiser befahl allen Bischöfen zudem, diesen Eid nicht nur selbst öffentlich abzulegen, sondern ihn innerhalb von sechs Wochen auch von allen wichtigen, dazu eigens zusammenzurufenden geistlichen und weltlichen Mitgliedern ihrer Kirche zu fordern. Bei Verweigerung des Schwures drohten schwere Strafen.[235] Massiver Druck sollte also das Bekenntnis zur kaiserlichen Position im ganzen Reich erzwingen.

Friedrich selbst bemühte sich energisch um die noch fehlenden fürstlichen Gehorsamseide für Paschalis und erreichte im Sommer 1165 etwa in Wien, dass sein Onkel Herzog Heinrich von Österreich, der Regensburger Bischof Eberhard und weitere geistliche wie weltliche Große den von ihnen erwarteten Schwur ablegten.[236] Der Mainzer Erzbischof Konrad allerdings war von Würzburg aus direkt zu Alexander geflohen und gehörte, von diesem zum Erzbischof geweiht und später zum Kardinal erhoben, bald zum engen päpstlichen Beraterkreis. Um seine Gesinnungsgenossen abzuschrecken, sorgte Friedrich dafür, dass ihm sein Erzbistum aberkannt wurde, und duldete, dass sein Schwager, der Thüringer Landgraf Ludwig, dort schweren Schaden anrichtete. Zu Konrads Nachfolger in Mainz aber wurde auf kaiserlichen Wunsch im September 1165 zu Worms Christian von Buch erhoben, der verdiente Kanzler und künftig einer der wichtigsten und zuverlässigsten Gefolgsleute Friedrichs. Das Amt des Kanzlers vertraute dieser Ende 1166 Philipp von Heinsberg an, dem Spross einer westfälischen Adelsfamilie, dem nun eine an Glanz der seines Vorgängers ebenbürtige Karriere bevorstand.[237]

5.12 Des Kaisers gewaltsames Festhalten an Papst Paschalis

Vergebliche Mühe gab sich Friedrich, um seinen Onkel, den Salzburger Erzbischof Konrad, doch noch auf seine Seite zu ziehen. Auf seine bereits dritte Ladung hin erschien im September 1165 freilich weder der Erzbischof selbst noch ein Vertreter, und fünf Monate später verteidigte Konrad in Nürnberg erneut beharrlich seinen Standpunkt. Nun aber entließ ihn Friedrich unter Entzug seiner Gnade und führte Ende März 1166 ein Fürstenurteil herbei, das alle Geistlichen des Erzbistums Salzburg ächtete. Die Güter und Rechte der Salzburger Kirche gab er als Lehen an Adelsfamilien der Region. Sie stießen allerdings auf die Gegenwehr treuer Gefolgsleute des Erzbischofs, und schwere Kämpfe begannen das Land zu verwüsten.[238]

Tiefe Gegensätze und Spannungen prägten in jenen Monaten anscheinend fast ebenso stark die Beziehungen des Kaisers zu seinem staufischen Vetter Friedrich. Der Herzog hatte sich bereits Anfang 1164 in die sogenannte Tübinger Fehde eingemischt, einen regionalen Konflikt zwischen dem schwäbischen Pfalzgrafen Hugo von Tübingen und Herzog Welf VI., der offen ausbrach, als Hugo unter anderem einige Ministerialen Welfs aufhängen ließ und beharrlich eine Genugtuung verweigerte. Welf VII. führte den Streit intensiv weiter, während Herzog Friedrich sich auf Hugos Seite stellte. Schließlich kam es im September 1164 zur Schlacht, aus der Hugo und Friedrich als Sieger hervorgingen.

Auf Welfs VI. Initiative kam es vermutlich Anfang November zur Auslösung der Gefangenen. Den gleichzeitig vereinbarten Frieden indessen brach er ein Jahr später. Er zerstörte Hugos Güter und Burgen, worauf Herzog Friedrich dem Pfalzgrafen mit böhmischen Truppen zu Hilfe eilte. Diese plünderten im Januar 1166 Bayern und Schwaben, kehrten dann aber in ihre Heimat zurück. Unter dem Druck des Kaisers, der für den nahenden Italienzug unbedingt Frieden in Deutschland brauchte, gab Hugo danach seinen Kampf auf. Mitte März beugte er sich auf dem Hoftag zu Ulm dem kaiserlichen Urteil, das ihm allein die Schuld an dem Zwist zuwies. Vor aller Augen warf er sich Welf VII. zu Füßen und blieb fast einundhalb Jahre lang, bis zu dessen Tod, sein Gefangener.[239]

Der Kaiser statuierte am Schwächsten ein abschreckendes Exempel, um die Mitwirkung der anderen, wichtigeren Persönlichkeiten an seinem Italienunternehmen nicht zu gefährden. Für Herzog Friedrich allerdings hatte die Tübinger Fehde wohl doch schmerzliche Folgen.[240] Da er sich nach der Geburt des ersten Kaisersohns kaum noch Hoffnung auf die Königswürde machen durfte, entschloss er sich vermutlich, nun umso energischer seine Stellung als schwäbischer Herzog auszubauen. Als einen gewichtigen Konkurrenten betrachtete er dabei Welf VII. Er beneidete ihn offenbar um die eindrucksvolle Zahl hochrangiger schwäbischer Adliger, die ihn im Kampf gegen Hugo von Tübingen unterstützten, und setzte sich umso machtvoller für den Pfalzgrafen ein. Sein Sieg fand indessen kaum das Lob des Frieden suchenden Kaisers. Möglicherweise drohte er ihm sogar bereits im Herbst 1164 mit dem Entzug des Herzogtums Schwaben, wo dann sein Sohn die Nachfolge von Großvater und Vater würde antreten können. Jedenfalls erscheint der Herzog in den beiden Kaiserurkunden vom November und Dezember 1164 ganz ungewöhnlich als *dux de Stoupha* beziehungsweise *dux filius regis Cuonradi*. Allerdings stand eine endgültige Entscheidung offenbar noch aus, denn ein Diplom vom April 1165 bezeichnet Friedrich wieder als *dux Sueuorum*.[241]

Es sollte freilich das letzte Mal sein. Die offenbar tiefe Verstimmung zwischen den Vettern veranlasste den schwäbischen Herzog nämlich im Mai 1165, den Hoftag in Würzburg frühzeitig zu verlassen, um den geforderten Gehorsamseid für Paschalis zu umgehen.[242] Diese offene Brüskierung des Herrschers forderte natürlich eine Reaktion heraus. Vermutlich jetzt entzog der Kaiser seinem staufischen Vetter das Herzogtum Schwaben endgültig. Er beschränkte dessen Herrschaftsbereich auf den ostfränkischen Raum um Rothenburg ob der Tauber, ließ ihm jedoch die Herzogswürde als *Dux de Rotenburg*.[243]

Der Herzog stand dem Pfalzgrafen Hugo in seinem Kampf gegen die beiden Welfen weiterhin bei und erschien am Kaiserhof offenbar erst wieder im März 1166 zu Ulm, wo er Hugos demütigende Bestrafung mit ansah. Als des Pfalzgrafen wichtigster Verbündeter dürfte er sich dabei kaum wohl gefühlt haben. Andererseits bekundete der Kaiser mit dem Verzicht auf eine öffentliche Demütigung seines Vetters erneut seinen Willen zum Friedensschluss, und in der Tat scheinen beide zu einem auskömmlichen Umgang miteinander zurückgefunden zu haben. Jedenfalls verkehrte Herzog Friedrich nun wieder einigermaßen

5.12 Des Kaisers gewaltsames Festhalten an Papst Paschalis

regelmäßig am Hof. Seine wohl vom Kaiser angeregte Ehe mit Gertrud, Heinrichs des Löwen Tochter aus erster Ehe, besiegelte seinen Frieden mit den Welfen und bestätigte zugleich seine herausragende Stellung unter den Großen der Reiches. Schließlich nahm er an Friedrichs viertem Italienzug teil.[244]

Zu den erfreulichen Ereignissen seines Deutschlandaufenthaltes zählte Friedrich gewiss die Geburt Heinrichs, seines zweiten Sohnes, im November 1165 in der Pfalz Nimwegen, die er seit 1155 großzügig ausbauen ließ.[245] Besondere Bedeutung jedoch maß er gewiss der kurz darauf stattfindenden Heiligsprechung Karls des Großen zu. Papst Paschalis hatte sie gebilligt, ihre Durchführung freilich Rainald, dem Erzbischof von Köln, aufgetragen. Mit der gebotenen Feierlichkeit vollzog dieser dann am Weihnachtsfest 1165 vor den versammelten geistlichen und weltlichen Großen des Reiches in der Marienkirche zu Aachen, der Gründung und Begräbnisstätte Karls, dessen Erhöhung in den Stand der Heiligkeit. Vier Tage danach, am 29. Dezember, folgte die Translation der Gebeine des neuen Heiligen. Erfüllt von Ehrfurcht nahm Friedrich sie, wie er berichtet, im Beisein einer großen Zahl von Geistlichen und Laien eigenhändig vor. Eine Armreliquie fand ihre künftige Ruhestätte in einem kleinen, doch kostbaren Schrein, den der Kaiser und seine Gemahlin gestiftet hatten. Der berühmte große Karlsschrein, der die übrigen Reliquien endgültig aufnehmen sollte, wurde allerdings erst 1215 fertig, obwohl die Arbeit an ihm anfangs der 1180er Jahre begann. Ebenfalls um 1180 stifteten Friedrich und Beatrix den einzigartigen riesigen Radleuchter, der über dem Sarg Karls des Großen vom Kirchengewölbe hängend die oktogonale Form der Pfalzkapelle aufnimmt und, reich geschmückt mit Kerzen und sechzehn Türmen, das himmlische Jerusalem vergegenwärtigt.[246]

Die Initiative zur Heiligsprechung Karls des Großen ging wohl von den Geistlichen des Aachener Marienstiftes aus.[247] Sie hatten die Erinnerung an den Gründer ihres Stiftes umsichtig wachgehalten und gepflegt, insbesondere seit die Benediktinerabtei Saint-Denis entschlossen daranging, eine eigene Karls-Tradition zu entwickeln. Bald mehrten sich in Aachen jene Stimmen, die sich für Karls Heiligsprechung einsetzten.

5 Friedrich I. Barbarossa

Vermutlich trug Otto, der Propst des Aachener Stifts, diesen Wunsch dem Kaiser vor, und Friedrich zögerte offenbar nicht, für seine Verwirklichung zu sorgen. Er tat dies nicht zuletzt, weil Otto ihm und dem Reich besonders nah stand als sein Verwandter, als verlässlicher Angehöriger der Grafen von Andechs und als Repräsentant einer herausragenden Institution.[248]

So erreichten Propst und Stiftsherren ihr Ziel. Aachens Rang als zentrale Stätte der Karlsverehrung war dauerhaft befestigt worden. Dazu erneuerte der Kaiser die umfangreichen Privilegien, die, einer wohl wenige Jahre zuvor in Aachen gefertigten Fälschung zufolge, angeblich einst Karl der Große der Stadt gewährt hatte.[249] Er pries die einzigartige Stellung Aachens, das dank der Gegenwart seines Schirmherrn alle anderen Orte überstrahle, und nahm Stift und Stadt als Haupt und Thronsitz des deutschen Königreiches in seinen Schutz. Eine weitere kaiserliche Urkunde gestattete der Stadt, jedes Jahr zwei Märkte abzuhalten, sicherte den dort tätigen Kaufleuten Zollfreiheit zu und legte schließlich Einzelheiten der Aachener Münzprägung fest.[250]

Allem Anschein nach fiel der Heiligkeit Karls des Großen in der politischen Argumentation Friedrichs und seines Beraterkreises keine besonders herausragende Bedeutung zu. Dennoch gibt es keinen Grund, an der Ernsthaftigkeit seines engagierten Einsatzes bei Karls Kanonisation oder an der Aufrichtigkeit seiner Verehrung des gefeierten Vorgängers zu zweifeln. Mit echter Bewunderung rühmte er ihn insbesondere als unermüdlichen, geradezu einem Apostel gleichen Kämpfer für die Ausbreitung des christlichen Glaubens weit über die Grenzen seines Imperiums hinaus, als einen Mann, der in seinem gefahrvollen Bemühen um die Bekehrung der Heiden ständig sein Leben aufs Spiel setzte und deshalb durchaus als Märtyrer gelten durfte. In Karls Translation sah er deshalb einen Akt der Lobpreisung und Verherrlichung des Namens Christi, eine Handlung, die zugleich dem Seelenheil seiner Angehörigen und der Stärkung des Reiches diente.[251]

Friedrichs Bemerkung, er habe die Translation Karls unter anderem auf die dringende Bitte des englischen Königs Heinrich hin vorgenommen, könnte darauf hinweisen, dass sich mit diesem Ereignis doch auch eine politische Absicht verband. Immerhin entsprach sein Vorgehen dabei ziemlich genau demjenigen Heinrichs bei der zwei Jahre zuvor in Westminster gefeierten Erhebung der Gebeine des 1161 heilig gesprochenen Königs Eduard des Bekenners.[252] Möglicherweise gedachte Heinrich tatsächlich, mit einem beratenden Beitrag zum Aachener Vorhaben seine Beziehungen zum Kaiser weiter zu intensivieren, um so seine Position etwa gegenüber Ludwig VII., vielleicht auch Alexander III., zu festigen, und Friedrich sah keinen Anlass, ihn abzuweisen. Mehr als bloße Spekulationen erlaubt die Quellenlage freilich nicht.

5.13 Triumph und Zusammenbruch: Der vierte Italienzug

Friedrich warb während der beiden Jahre, die er in Deutschland blieb, intensiv um die Teilnahme am nächsten Italienzug, der den Widerstand der lombardischen Städte brechen, das Schisma zugunsten des Paschalis beenden und sich dann gegen das sizilische Königreich wenden sollte. So versammelten sich seit Mitte Oktober 1166 in Augsburg in der Tat zahlreiche Fürsten, um in den Süden aufzubrechen, darunter die Italienexperten Rainald von Dassel und Christian von Mainz und Friedrich von Rothenburg. Freilich stieß der Herrscher offenbar immer häufiger auf begründete Ablehnung, da man seine dicht aufeinander folgenden Heerfahrten als zu belastend empfand. Jedenfalls sah er sich erstmals genötigt, zusätzlich eine Truppe von Berufssoldaten anzuwerben, ihrer Herkunft aus Brabant wegen »Brabanzonen« genannte Söldner, die unter einem eigenen Anführer gegen vereinbarte Bezahlung in den Kriegsdienst ganz verschiedener Herren traten.[253]

Die Lage in Italien hatte sich während der Abwesenheit Barbarossas nicht zu seinen Gunsten entwickelt. Zwar blieb das Reich in Gestalt seiner Sachwalter, an ihrer Spitze Christian von Mainz, durchaus präsent.[254] Offensichtlich jedoch verlangten insbesondere seine Vertreter in der Lombardei von den Bürgern und Bauern der ihnen zugewiesenen Regionen erheblich mehr als das vom Kaiser Bestimmte. Sie zwangen sie ständig zu neuen Geldzahlungen und Abgaben, daneben zu besonderen Leistungen, etwa schweren Transportdiensten, und pressten ihnen einen immer umfangreicheren Anteil an ihrer Ernte ab. Selbst die Bürger der grundsätzlich auf kaiserlicher Seite stehenden Kommunen betrachteten ihr Regiment zunehmend als ungerecht und hofften, der Kaiser, von dem sie glaubten, er wisse nichts von ihrer Schmach, schaffe bald Abhilfe.[255]

Auch in Rom standen die Dinge für Barbarossa keineswegs besonders gut. Dort nämlich wandte sich die Mehrheit der Bürgerschaft nach Viktors IV. Tod Alexander zu, wohl nicht zuletzt aus Unmut über die wachsende kaiserliche Dominanz im städtischen Umland. Der Senat der Stadt forderte den Papst denn auch auf, nach Rom zurückzukehren, und festlich geleiteten ihn Adel, Klerus und Volk von Rom am 23. November 1165 tatsächlich in ihre Stadt. Freilich war der Senat nicht bereit, ihm dort die politische Herrschaft zu überlassen; überdies behielt die kaiserliche Seite nach wie vor weite Teile der Umgebung in ihrer Hand, und in Viterbo residierte Paschalis.[256]

Mit Besorgnis erfüllte Alexander wohl auch die Ende März 1166 eintreffende Nachricht vom überraschenden Tod König Wilhelms I., seines wichtigen Verbündeten, dessen gleichnamiger Sohn erst 1171 selbständig zu regieren begann. Die Beschützerrolle sofort zu übernehmen, gedachte indes der byzantinische Kaiser Manuel. Durch seine Gesandten ließ er Alexander wissen, dass er zur Kirchenunion unter Roms Leitung ebenso bereit sei wie zum Einsatz von Geld und Truppen, um ganz Italien wieder in den Dienst des Papstes und der Kirche zurückzuführen. Als Gegenleistung erwarte er allerdings, dass Alexander die Krone des römischen Reiches – gemeint war sicher die Herrschaft in Rom und Italien – ihm, dem sie von Rechts wegen zustehe, wieder übergebe. Alexander jedoch lehnte das Angebot nach eingehender Beratung mit seinen Kardinälen schließlich ab. Als ausschlaggebend erwies sich am Ende offenbar die Einsicht, dass Manuel beharrlich an seinem Anspruch auf das weltliche Regiment in Rom festhielt. Auf diese zentrale Machtstellung wollte Alexander aber nicht verzichten. Den Kontakt mit Byzanz brach er jedoch auch in den nächsten Jahren nicht ab. Im Übrigen tat der byzantinische Geldsegen anderswo

5.13 Triumph und Zusammenbruch: Der vierte Italienzug

durchaus seine Wirkung. Die Bürger von Ancona etwa ließen sich von Manuels großzügigen Gaben erneut so tief beeindrucken, dass sie sich vom Reich lossagten und zu ihm übertraten, und natürlich nützte Manuel die Unzufriedenheit in den lombardischen Städten, um dort seinen Einfluß gleichfalls zur Geltung zu bringen.

Noch im November 1166 legten Barbarossa und die in Lodi versammelten Großen aus Deutschland und Italien endgültig Rom als Ziel ihres bevorstehenden Unternehmens fest. Als folgenreich sollte sich indessen erweisen, dass die Anliegen kein Gehör fanden, die zahlreiche Bischöfe, Grafen und Vertreter der Städte vorbrachten. Sie alle nämlich nahmen die sich ihnen in Lodi bietende Gelegenheit wahr, um dem Kaiser ihr Leid zu klagen, ihm von dem tyrannischen Regiment seiner Statthalter zu berichten und von ihm dringend die Abstellung aller Misstände zu erbitten. Barbarossa schien zunächst offenbar mit Anteilnahme zuzuhören. Bald aber gewannen die Anwesenden den Eindruck, dass von ihm keine Abhilfe zu erwarten sei.[257]

In der Tat hielt der Kaiser damals wohl den erfolgreichen Abschluss des bevorstehenden Romfeldzugs für seine wichtigste Aufgabe. Als Konsequenz seines Sieges erwartete er die Beendigung des Schismas in seinem Sinn, womöglich zudem die Niederwerfung Siziliens. In dieser entscheidenden Situation, in der er die Unterstützung seiner Gefolgsleute besonders dringend brauchte, schien es ihm offenkundig völlig unangebracht, an ihrer Amtsführung ernsthaft Kritik zu üben. Andererseits konnte er die Neigung seiner Vertreter zu selbstherrlichem Agieren und dessen auch für sein eigenes Ansehen gefährlichen Folgen eigentlich nicht übersehen. Mit dem Versprechen, nach dem Romzug für Besserung zu sorgen und besonders gravierende Vorwürfe sofort untersuchen zu lassen, hätte Barbarossa den Unwillen zumindest derjenigen unter den Beschwerdeführern, die eher seiner Seite zuneigten, vermutlich doch gemildert, ohne damit seiner Ehre Abbruch zu tun oder die Einsatzbereitschaft seiner Amtsleute merklich zu schmälern.

Barbarossa schätzte die Lage jedoch anders ein, er setzte auf militärische Überlegenheit, die für ihn ganz generell entscheidende Legitimationsgrundlage der Kaiserherrschaft in Italien. Bereits zu Beginn seines Aufenthaltes zwang er Brescia, das sich seinen Forderungen zunächst widersetzte, zur Stellung der gewünschten Geiseln und zur Geldzahlung.

Ähnliches Ungemach erfuhr Bergamo. Auf dem Weitermarsch über Piacenza und Parma scheint solcher Druck nicht nötig gewesen zu sein, und selbst Bologna übergab die geforderten Geiseln und eine stattliche Geldsumme. In Imola wie in Ravenna dagegen und wohl in Forli und Faenza führte erst wieder die Drohung mit militärischer Gewalt zum erwünschten finanziellen Resultat. Immerhin konnte sich Barbarossa damals über die Geburt Konrads, seines dritten Sohnes, freuen, der im Februar 1167 auf der Burg Modigliana südlich von Faenza zur Welt kam und nach dem Tod seines Bruders Friedrich dessen Namen erhalten sollte. Wohl gleichfalls im Februar suchte Welf VI. auf seiner Pilgerreise nach Jerusalem eigens den Kaiser auf, um seinen einzigen Sohn Welf VII. in kaiserliche Obhut zu geben. Ganz offensichtlich genoss sein staufischer Neffe also trotz allem noch immer sein besonderes Vertrauen. Der junge Welf aber fand sich mit seinen Truppen beim Kaiser ein.[258]

Mitte April beendete Barbarossa seinen Aufenthalt bei Imola, während Rainald von Köln in seinem Auftrag Pisa zur Militärhilfe gegen Rom und Sizilien verpflichtete.[259] Der von Rainald und Christian von Mainz geführte Verband des nun geteilten kaiserlichen Heeres zog dann durch die Toskana auf Rom zu, um die Umgebung der Stadt zu sichern. Der Kaiser dagegen wandte sich mit den übrigen Streitkräften zunächst gegen Ancona, um die zu Manuel übergelaufene Stadt in das Reich zurückzuzwingen. Deren Kampfbereitschaft ließ nach dreiwöchiger Belagerung doch nach, was Barbarossa besonders gelegen kam. In den ersten Junitagen erfuhr er nämlich von einem großen Sieg seiner vor Rom agierenden Truppen, sodass seine dortige Präsenz geboten schien. Die sofort eingeleiteten Verhandlungen führten rasch zu einer Übereinkunft. Ancona unterwarf sich dem Kaiser und verpflichtete sich zu Tributzahlungen.[260]

Als Kaiser Friedrich allerdings hörte, dass Wilhelm II., der junge Herrscher Siziliens, Burgen von Adligen belagerte, die ihm nahestanden, hielt er es für angebracht, zunächst den vermutlich in den Abruzzen operierenden König anzugreifen. Dieser scheint allerdings das kaiserliche Aufgebot weit überschätzt und sich deshalb rasch zurückgezogen zu haben. So musste sich der Kaiser mit der Erstürmung einzelner Burgen begnügen, ehe er, nun auch von Paschalis gerufen, mit seinen Truppen endgültig nach Rom aufbrach.[261]

5.13 Triumph und Zusammenbruch: Der vierte Italienzug

Geraume Zeit vor ihm war Rainald von Dassel in die Umgebung Roms gelangt. Am 18. Mai glückte ihm mit Unterstützung der Verbündeten aus Pisa die Einnahme der Hafenstadt Civitavecchia ([262]) und zehn Tage darauf lagerte er bei Tusculum (südöstlich von Rom), einer zu jener Zeit mit Rom verfeindeten und deshalb kaiserfreundlich gesinnten Stadt. Die Römer entschlossen sich freilich, ihre zahlenmäßige Überlegenheit zu einem vernichtenden Schlag gegen das verhasste Tusculum und seine kaiserlichen Beschützer zu nützen. Sie schlossen Rainald und sein Heer ein, und deren Lage schien bereits aussichtslos, als Christian von Mainz ihnen mit seinen Truppen zu Hilfe eilte. Zwar wichen diese vor den ihnen entgegenstürmenden Römern zurück, doch Rainald griff die römischen Kämpfer nun im Rücken an, und der Überraschungseffekt führte schließlich dazu, dass die Römer hinter die Mauern ihrer Stadt flüchteten. Natürlich feierten die Sieger stolz ihren großen Erfolg. Das wohl befestigte Rom vermochten sie jedoch trotz aller Mühe nicht einzunehmen.[263]

Um den 19. Juli[264] traf Barbarossa, von Paschalis begleitet, ein und lagerte mit seinem Heer auf dem Monte Mario. Er wünschte wohl, als der Herr Roms in eine unversehrte und ihm gewogene Hauptstadt des Reiches einzuziehen und Paschalis endlich im vollen Glanz der ihm gebührenden Würde und Stellung zu sehen. Allerdings lag den Römern gerade an der Verteidigung der Leostadt mit der Peterskirche viel. So zwangen sie Barbarossa zu einem erbitterten Kampf, ehe sie von dort auf das linke Tiberufer zurückwichen, ohne weitere Angriffe zu wagen. Eine Gruppe besonders engagierter Anhänger Alexanders verschanzte sich allerdings in der befestigten Peterskirche. Sie gab ihren Widerstand erst auf, als Barbarossa die dicht daneben stehende Kirche S. Maria in turribus in Brand stecken ließ. Nun unterwarfen sie sich dem Kaiser und leisteten ihm einen Treueid. Paschalis aber zog mit seinen Kardinälen am 30. Juli festlich in die Peterskirche ein und weihte nach der Feier der Messe eine Reihe von Erzbischöfen und Bischöfen. Am Dienstag darauf salbte er Beatrix zur Kaiserin und krönte sie zusammen mit ihrem Gatten.[265]

Vermittelt durch den als Mainzer Erzbischof abgesetzten, doch von Alexander zum Kardinal erhobenen Konrad von Wittelsbach kam es zu Gesprächen zwischen der kaiserlichen und der päpstlichen Seite.

5 Friedrich I. Barbarossa

Wie bei früheren Verhandlungen lehnten Alexanders Kardinäle freilich Barbarossas Vorschlag ab, Alexander und Paschalis zum Amtsverzicht zu bestimmen und danach von einer allgemeinen Kirchenversammlung einen neuen Papst wählen zu lassen. Vermutlich in Erwartung dieser Reaktion, hatte der Kaiser den Römern versprochen, ihnen alle Gefangenen und Beutestücke zurückzugeben, wenn sie Alexander zur Abdankung drängten. In der Tat scheint sich der Druck der römischen Bevölkerung auf den Papst daraufhin derart verstärkt zu haben, dass er nach Benevent floh.[266]

Als die Mehrheit der Römer nun immer deutlicher für einen Friedensschluss mit dem Kaiser eintrat, fand sich der Senat schließlich zu Verhandlungen bereit, die schnell zu einer Übereinkunft führten. Das Abkommen sah vor, dass Senat und Bürgerschaft Roms dem Kaiser einen Treueid leisteten und schworen, ihm bei der Verteidigung seiner Herrschaft gegen jedermann beizustehen sowie die Einsetzung des Senats ihm oder seinem Gesandten zu überlassen. Außerdem gelobten sie wohl eidlich, Paschalis für immer als Papst anzuerkennen und gegen Alexanders Anhänger zu kämpfen.

Friedrich Barbarossa versprach seinerseits, den Senat samt seiner Befugnisse auf Dauer zu bestätigen und dessen Rang sogar noch dadurch zu erhöhen, dass er künftig vom Kaiser selbst eingesetzt und unmittelbar ihm untergeordnet sein werde. Weiter sagte er zu, dem römischen Volk seinen rechtmäßigen Besitz nicht wegzunehmen und den Römern die vollständige Befreiung von Zollzahlungen im ganzen Reich zu gewähren. Schließlich verpflichtete er sich, seine Zusagen durch ein eigens ausgestelltes, mit einer Goldbulle besiegeltes Privileg zu bestätigen. Leider ist dieses Dokument nicht erhalten.[267]

Barbarossa setzte in seinem Vertrag mit den Römern die für ihn wesentliche Auffassung durch, dass Rom zum Imperium gehöre und grundsätzlich eine kaiserliche Stadt sei, in der ihm, dem Kaiser die Stadtherrschaft zukomme. Der Senat verlor deshalb die von ihm beanspruchte Unabhängigkeit, er wurde zu einer dem Kaiser direkt unterstehenden Institution. In der Praxis bedeutete dies vermutlich, dass die Römer nach wie vor den Senat wählten, allein der Kaiser jedoch die Gewählten zur Amtsausübung berechtigte sowie in ihr Amt einführte.

5.13 Triumph und Zusammenbruch: Der vierte Italienzug

Gewiss fiel es Roms Bürgern nicht leicht, diese Bindung des Senats an den Kaiser zu akzeptieren, galt ihnen doch gerade seine Selbständigkeit als wichtigste Leistung der bürgerlichen Freiheitsbewegung. Die Einschränkung verlor jedoch an Gewicht, da der Senat als eine nun förmlich anerkannte Institution bestehen blieb und weiterhin relativ selbständig agieren konnte. Dass Barbarossa den Römern und ihrer Stadt durchaus eine gewisse Sonderstellung zubilligte, zeigt die Zollbefreiung im ganzen Reich, die er nur ganz wenigen Städten gewährte. Völlig einzigartig scheint, dass Barbarossa von den Römern offenbar keine der üblichen Geldzahlungen verlangte und auch keine Heerfolge. Vermutlich suchte er mit seinem Entgegenkommen sein Ansehen vor allem beim römischen Bürgertum zu mehren. Das gelang zumindest zu einem Teil. So hielt Rom etwa auch nach 1167 an dem Pakt mit Friedrich Barbarossa fest.[268]

Vermutlich sah Friedrich nach seiner Übereinkunft mit den Römern den Weg offen für einen erfolgreichen Feldzug gegen König Wilhelm II. und für die Beendigung des Schismas in seinem Sinn. Doch ein schweres Gewitter, das am 2. August um die Mittagszeit über Rom niederging, machte alle derartigen Pläne binnen weniger Stunden zunichte. Schnell breitete sich nämlich unter den zum Teil wohl bereits durch die Malaria geschwächten Menschen, unter den Einwohnern der Stadt wie unter den Angehörigen des Heeres, eine Seuche aus, die man mit guten Argumenten als bakterielle Ruhr ansieht. Übertragen durch unreines Wasser, verschmutzte Nahrung oder Kontakt mit Erkrankten, verursachte sie bei den Betroffenen starke Schmerzen, Fieber, Kreislaufstörungen sowie schweren Durchfall und führte meist rasch zum Tod. Intensiver Gestank erfüllte schon bald die Stadt sowie die Heerlager, und er begleitete auch noch die Truppen, die bald nach Norden abzuziehen begannen, um vielleicht doch noch der Krankheit zu entgehen.[269]

Die Zahl der Opfer war gewiss bedrückend hoch, und natürlich traf sie herausragende Persönlichkeiten gleich schonungslos wie einfache Leute. So verlor Barbarossa innerhalb kurzer Zeit zahlreiche fast unentbehrliche Mitstreiter. Dazu gehörten Rainald von Dassel, Daniel von Prag und Hermann von Verden. Wenig später folgten ihnen des Kaisers Vettern Friedrich von Rothenburg und Welf VII. in den Tod, doch auch Acerbus Morena, der einflussreiche Lodeser Bürger, kaiserliche Hofrichter, Geschichtsschreiber seiner Heimatstadt und kundige Gefolgsmann des Kaisers.[270]

Für Gegner Friedrich Barbarossas lag es den religiösen Vorstellungen der Zeit gemäß nahe, die Dezimierung seines Heeres und den schweren Schaden, den seine eigene Autorität nahm, als Strafe Gottes für sein schändliches Verhalten Alexander und der Kirche gegenüber zu betrachten. Boso etwa, der Kardinal und enge Vertraute Alexanders, deutete das Geschehen in Rom genau so, und als gerechtes göttliches Urteil über den Herrscher galt das römische Desaster auch dem Verfasser der um 1170 entstandenen Historia Welforum.[271]

Dass Kaiser Friedrich ähnliche Gedanken beschäftigten, das lässt sich natürlich nicht ausschließen. Soweit wir seine Reaktion auf die Katastrophe zu deuten vermögen, erfüllte ihn freilich nach wie vor die feste Überzeugung, dass ihm die kaiserliche Herrscherwürde nach Gottes Willen zustehe, dass er an den bisher geltenden Grundsätzen und Zielen auch weiterhin festzuhalten habe. Vermutlich zur Besprechung des weiteren Vorgehens versammelten sich am 6. August auf dem Monte Mario seine wichtigsten Ratgeber um ihn, darunter Rainald von Dassel, Christian von Mainz und die Herzöge Friedrich von Rothenburg, Berthold von Zähringen und Welf VII. Es entsprach wohl dem Beschluss dieses Kreises, dass Barbarossa schon am nächsten Tag mit den noch marschfähigen Truppen Rom verließ, um wenigstens sie zu retten. Nach dem Tod Rainalds von Dassel am 14. August sah er es zunächst freilich als seine dringendste Aufgabe an, möglichst schnell für einen Nachfolger zu sorgen. Das Schreiben, das er mit der traurigen Nachricht nach Köln sandte, enthielt zugleich seine nachdrückliche Bitte, man möge zum neuen Metropoliten seinen Kanzler Philipp von Heinsberg wählen, der wie niemand sonst für dieses Amt geeignet sei. Sein Wunsch fand Gehör, und er durfte davon ausgehen, dass ihm auch der künftige Kölner Erzbischof als verlässlicher Mitstreiter zur Seite stehen werde.[272]

Über Viterbo, wo Paschalis wieder Quartier nahm, zog das ständiger Todesfälle wegen weiter zusammenschrumpfende kaiserliche Heer durch Siena und Lucca schließlich nach Pisa, das dem Herrscher am letzten Augusttag einen feierlichen Empfang bereitete.[273] Nicht nur in Mittelitalien anerkannte man im Übrigen das kaiserliche Regiment

5.13 Triumph und Zusammenbruch: Der vierte Italienzug

vielfach unverändert wie zuvor, auch Rom stand danach weiterhin mehrheitlich auf Friedrichs Seite. Als dessen Legat kehrte Philipp, noch kaiserlicher Kanzler, im Herbst in die Stadt zurück. Er sorgte für die Freilassung der römischen Gefangenen, gewann die Römer zudem für sich, weil er ihr Expansionsstreben begünstigte, und holte Paschalis nach Rom zurück, wo dieser im September 1168 starb. Sein von Friedrich anerkannter Nachfolger Calixt III. hielt sich dann meist in Viterbo auf, ohne besondere Bedeutung zu erlangen. Rom aber blieb, selbst als Philipp nach Köln, seiner neuen Wirkungsstätte, abgereist war, im Ganzen kaiserlich gesinnt, geführt vom Senat und mitregiert vom Präfekten Johannes Di Vico, der, vom Kaiser eingesetzt, vornehmlich dessen Interessen in Rom und Umgebung wahrte.[274]

Friedrich Barbarossa sah sich allerdings immer deutlicher mit der problematischen Tatsache konfrontiert, dass er der fast einhelligen Zustimmung, die Alexander in den westlichen Königreichen fand, kaum noch etwas einigermaßen Gleichwertiges entgegenzusetzen vermochte. Wesentlich tiefer traf ihn jedoch zweifellos die Entwicklung in der Lombardei, wo seine Sachwalter während seiner Abwesenheit noch üblere Formen der Bedrückung anwandten. Damit erreichten sie freilich nur, dass der Widerstand gegen Barbarossas Herrschaftsanspruch noch weiter wuchs, etwa in Brescia und Bergamo oder in Cremona, dessen Bürger er bereits tief verletzt hatte, als er ihren Einsatz gegen Mailand nicht mit der Grafschaft der Insula Fulcherii (zwischen den Flüssen Adda und Serio) belohnte.[275]

Sicherlich beeindruckt vom Vorbild des Veroneser Bundes verpflichteten sich Cremona, Brescia und Bergamo sowie Mantua Anfang März 1167 eidlich, dem Kaiser zwar treu zu bleiben, solange er lediglich jene Rechte beanspruche, die seine Vorgänger bis zu König Konrad besaßen, jedoch einander gegen ihn beizustehen, wann immer er oder einer seiner Beauftragten die von ihnen gezogene Grenze seiner Befugnisse missachte. Natürlich lag es nahe, dass sich die Mailänder trotz ihrer tiefen Feindschaft mit Cremona diesem Bündnis anschlossen, und Graf Heinrich von Diez, des Kaisers Vertreter in der Lombardei, suchte denn auch vergeblich, sie von diesem Schritt abzuhalten. Bereits am 27. April zogen sie gemeinsam mit ihren Bundesgenossen in das von ihrer Heimatstadt übrig gebliebene Trümmergelände und begannen mit dem Wiederaufbau. Vier Jahre später war Mailand wieder von Mauerring, Graben und Toren umgeben.[276] Im Mai bemühte sich Cremona darum, auch Lodi zur Mitgliedschaft im Bund zu bewegen, doch bei der kaisertreuen Stadt blieben alle Überredungskünste fruchtlos. Erst die Verwüstung ihres Umlandes zwang sie schließlich, sich dem Willen der Bundesstädte zu fügen. Unmittelbar darauf wandten sich die Mailänder gegen die Feste Trezzo, plünderten und zerstörten sie.[277]

Ihre endgültige Form fand die städtische Widerstandsbewegung am 1. Dezember 1167, an dem sich die lombardischen Bundesstädte und der Veroneser Bund zur Lombardischen Liga zusammenschlossen. Ohne noch von einem Treuevorbehalt gegenüber dem Kaiser zu reden, schworen die künftigen Bundesgenossen, sich gemeinsam gegen jeden zu wehren, der von ihnen mehr verlange, als sie vor Friedrichs Regierungsantritt versprochen hätten. Feste Institutionen und Abmachungen sollten die Handlungsfähigkeit des neuen Bundes auf Dauer gewährleisten. Die Repräsentanten der Mitgliedsstädte beschlossen auf ihren Tagungen denn auch für alle Mitglieder verpflichtende Regelungen zentraler Fragen etwa des Rechts oder der Gerichtsbarkeit, der Finanzen oder des Handelsverkehrs, und trafen wichtige militärische Entscheidungen. Überdies entsandten die Städte Rektoren, die den Bund nach außen vertraten, Konflikte zwischen Bundesstädten beizulegen hatten und das Appellationsgericht bildeten. So entstand eine Gemeinschaft, zu der bald über zwanzig Städte sowie einige adlige Mitglieder gehörten.[278]

Der für die Kommunen entscheidende Unterschied zur kaiserlichen Konzeption bestand natürlich darin, dass sie selbst die Zusammensetzung der entscheidenden Gremien und den Umfang ihrer Befugnisse bestimmten. Freilich hatte dies zugleich die Schwächung des Bundes zur Folge. Mochte er zunächst auch die in ihn gesetzten Erwartungen erfüllen, so machten sich seit Mitte der 1170er Jahre doch die alten Gegensätze zwischen den Städten wieder ebenso störend bemerkbar wie die Ansprüche Mailands auf eine dominierende Führungsposition.

Von Anfang an stand die lombardische Liga in engem Kontakt mit Papst Alexander. Alexander hatte Galdinus de la Sala, einen Mailänder Kleriker aus vornehmer Familie, bereits 1166 zum Mailänder Erz-

bischof und päpstlichen Legaten in der Lombardei erhoben. Kurz nach dem Beginn von Mailands Wiederaufbau erschien dieser dann an seiner neuen Wirkungsstätte und setzte sich von dort aus aktiv für die Sache seines Papstes ein.[279]
Die Liga führte das hohe Ansehen, das Alexander bei ihr genoss, eindrucksvoll vor Augen. Als nämlich die Einwohner einer westlich von Tortona entstandenen Siedlung die Unterstützung ihres Bundes gegen den Markgrafen von Montferrat erbaten, vor dessen Regiment sie geflohen waren, ging die Liga sofort darauf ein. Im Mai 1168 erhob sie, eigentlich ein Recht des Kaisers, die betreffende Siedlung zur Stadt und gab ihr zu Ehren des Papstes den Namen Alexandria (heute Alessandria). Natürlich wurde sie auch Mitglied des Städtebundes. Ihren besonderen Wert für den Lombardischen Bund sah man dort wohl in ihrer geographischen Lage, welche die Kontrolle Pavias und des Markgrafen Wilhelm von Montferrat ebenso ermöglichte wie jene der Verkehrsverbindungen nach Genua.[280]

Friedrich Barbarossa war über die ihm zuwiderlaufende Entwicklung in der Lombardei offenbar von Anfang an gut unterrichtet. So sandten die Konsuln Pavias einen der Ihren eigens an den inzwischen in Rom angelangten Herrscher, um ihn zum raschen Eingreifen in der Lombardei zu bewegen. Der Konsul wiederholte sein Anliegen dringend auf dem Weg Friedrichs nach Norden, und ähnliche Ratschläge mag dieser auch während der Gespräche gehört haben, die er damals mit Konsuln toskanischer Städte über die Situation in der Lombardei führte.[281]

Als der Kaiser Anfang September 1167 Pisa verließ, um über den Cisa-Pass nach Pavia zu gelangen, wurde er mit dieser Situation direkt konfrontiert. Bereits die Einwohner Pontremolis hinderten ihn nämlich am Weiterkommen, sodass er mit seiner bescheidenen Truppe einen mühsamen Umweg auf schwer zugänglichen Gebirgspfaden einschlagen musste. Schließlich erreichte er dennoch Pavia, wo er am 21. September alle gegen ihn verschworenen Lombardenstädte öffentlich bannte. Vermutlich damals sandte er an die Fürsten Deutschlands einen Bericht über die lombardische Rebellion, in dem er bekannte, lieber ehrenvoll im Kampf gegen die Feinde des Reiches zu sterben, als dessen Zerstörung tatenlos zu dulden. Anscheinend dachte er noch

keineswegs an eine Modifizierung seiner Herrschaftsvorstellungen oder ihrer Durchsetzung.[282]
Wohl um seinen lombardischen Gegnern sein ungebrochenes Festhalten an den Rechten von Kaiser und Reich zu demonstrieren, unternahm Friedrich während der Oktober- und Novemberwochen Vergeltungszüge in die Umgebung Mailands und anderer Aufstandszentren. Freilich musste er, sobald ein gegnerisches Heer nahte, mit seiner bescheidenen Mannschaft in einer kaisertreuen Stadt Schutz suchen. So drohten seine Aktionen eher seine Machtlosigkeit zu bezeugen. Zudem bereitete auch seine zu Beginn des neuen Jahres geplante Abreise nach Deutschland Schwierigkeiten. Erst nach geduldigem Bemühen Wilhelms von Montferrat fand sich Graf Humbert von Savoyen nämlich bereit, des Kaisers Durchzug durch seine Lande zu gestatten. Dennoch scheinen sich die Bewohner von Susa so feindselig verhalten zu haben, dass der Kaiser, beraten von Berthold von Zähringen, in fremden Kleidern aus ihrer Stadt floh. Über den Mont Cenis erreichte er Genf, und am 15. März 1168 traf er endlich mit Herzog Berthold zusammen in Basel ein. Kurz darauf folgte ihm die Kaiserin, die zunächst wohl in Susa geblieben war.[283]

5.14 Alte Probleme und neue Möglichkeiten: Friedrichs langer Aufenthalt in Deutschland

Sechseinhalb Jahre blieb Friedrich Barbarossa in Deutschland. In der Tat musste es ihm zunächst darum gehen, seine kaiserliche Autorität nördlich der Alpen zu sichern und sich dort einmal mehr als ebenso engagierter wie erfolgreicher Friedensstifter zu bewähren.

Um den Frieden war es damals vor allem in Sachsen schlecht bestellt. Sachsens Herzog Heinrich der Löwe nahm unter den Fürsten Deutschlands als Herr zweier Herzogtümer eine herausragende, jedoch

5.14 Alte Probleme und neue Möglichkeiten

nicht bei allen Standesgenossen gern gesehene Sonderstellung ein. Er konnte in Ostholstein und Mecklenburg geradezu einem König gleich weithin selbständig schalten und walten und übte dort auch entscheidenden Einfluss auf die Kirche aus.[284] Nicht zuletzt dieses Expansionsraumes wegen galt Heinrichs Aufmerksamkeit vorwiegend dem Herzogtum Sachsen, das er möglichst vollkommen seiner herzoglichen Obergewalt unterzuordnen suchte. Als wertvolle Basis seiner Aktivitäten diente ihm sein reiches, von Ministerialen verwaltetes Eigengut, um dessen Mehrung er stetig besorgt war. Seine herzoglichen Befugnisse definierte er großzügig zu seinen Gunsten. Die Grafen, die auf ihre direkte Bindung an den Kaiser Wert legten, betrachtete er als seine Lehensleute, Kirchen und Klöster hatten damit zu rechnen, dass er seine Möglichkeiten als Vogt ohne Zögern zu ihrem Nachteil ausschöpfte. Um seinen Willen durchzusetzen, schreckte er vor massivem Druck und Gewaltanwendung nicht zurück. Rücksichtslos auf den eigenen Vorteil bedacht, ging er wie beim künftigen München beispielsweise im Fall Lübecks vor. Graf Adolf von Holstein hatte die Stadt gegründet. Als sie nach sehr erfolgreichen Anfängen 1157 jedoch vollständig niederbrannte, zwang der Herzog den zunächst ablehnenden Grafen schließlich dazu, ihm das wertvolle Lübecker Gelände abzutreten. Immerhin sorgte er dann großzügig für den Wiederaufbau Lübecks, sodass die Stadt rasch zu einem blühenden Zentrum des Ostseehandels heranwuchs.[285]

Neben den negativen Zügen erinnert Heinrichs Ringen um eine Neuordnung Sachsens durchaus auch an zeitgenössische Bemühungen anderswo um zentraler und rationaler strukturierte, effizientere Herrschaftsformen. Insofern lassen sich seine Anstrengungen durchaus mit dem vergleichen, was sein Vetter Friedrich in Italien durchsetzen wollte. Ähnlich scheint freilich auch die Härte und Kompromisslosigkeit, mit der beide vorgingen, und das als Folge drohende Scheitern. Gerade noch rechtzeitig fand Barbarossa am Ende zum Vergleich.

Heinrichs Gegner aus Sachsens Adel und Geistlichkeit sahen in seiner Herrschaftsauffassung eine ernste Gefahr für ihre Unabhängigkeit, ihren oft erfolgreich gemehrten Besitz und ihre Befugnisse. So wuchs die Bereitschaft unter ihnen, das, was sie als ihr gutes Recht betrachteten, auch entschlossen zu verteidigen. Bereits 1163 musste Kaiser

5 Friedrich I. Barbarossa

Friedrich eingreifen, und ein Aufstandsversuch im Jahr darauf scheiterte gleichfalls, was dem Herzog Gelegenheit gab, zur Strafe gegnerische Burgen einzuziehen.

Danach blieb es eine Zeitlang einigermaßen ruhig, nicht zuletzt offenbar, weil man ein neuerliches Einschreiten des Kaisers vermeiden wollte. Kaum hatte Friedrich jedoch im Herbst 1166 seinen Italienzug angetreten, verbanden sich Heinrichs sächsische Feinde gegen ihn zu einer Kampfgemeinschaft, zu der an führender Stelle neben Albrecht dem Bären und dem Thüringer Landgrafen nun auch der Magdeburger Erzbischof Wichmann und der Bischof Hermann von Hildesheim gehörten. Im Juli darauf, also kurz vor seinem Tod, schloss sich dem Bund schriftlich zudem Rainald von Dassel an, der mit dem Kaiser in Italien weilende Kölner Erzbischof, der zwischen 1164 und 1166 darangegangen war, den rheinischen Adel lehnrechtlich stärker an sich zu binden. Vor allem jedoch wandte er sein territorialpolitisches Interesse auch Westfalen zu, und es gelang ihm hier gleichfalls, einflussreiche Adelsfamilien an sich zu ziehen. Freilich stieß er auf ähnliche Expansionsbemühungen des sächsischen Herzogs.

Ende 1166 begann der Krieg der Verbündeten gegen Heinrich, und die Kämpfe dauerten bis in den Sommer 1170 hinein an. Wie üblich belagerten und zerstörten die Beteiligten mit Vorliebe die Burgen des Gegners, brannten seine Dörfer nieder und vernichteten die Ernte seiner Bauern. Als Christian von Mainz und Berthold von Zähringen im September 1167 eigens von Oberitalien nach Sachsen reisten und die Fürsten im Auftrag des Kaisers aufforderten, die Feindseligkeiten einzustellen, entschlossen sich diese immerhin zu einer Waffenruhe. Ein Eingreifen in Italien aber lehnten sie ab.

Kaiser Friedrich verbarg seine Enttäuschung über die Haltung der sächsischen Fürsten nicht. Kaum nach Deutschland zurückgekehrt, bezeichnete er ihren Aufstand als die Ursache für den Abfall der Lombarden und lud sie zu einem Hoftag am 5. Mai nach Würzburg. Sie folgten jedoch weder diesem noch einem zweiten Aufruf, sondern griffen erneut zu den Waffen. Es bedurfte geduldiger Vermittlungsbemühungen, ehe Friedrich im Juni 1168 nach Hoftagen in Frankfurt und Würzburg hoffen konnte, er habe den Streit zwischen den Parteien endlich geschlichtet.

5.14 Alte Probleme und neue Möglichkeiten

Doch bereits im Oktober darauf kam es nach dem Tod des Bremer Erzbischofs Hartwig und einer Doppelwahl erneut zu kriegerischen Auseinandersetzungen. Weder im November noch im Februar darauf vermochte Friedrich die Versammelten zu einer einvernehmlichen Lösung zu bewegen. So entschied er sich im Juni 1169 schließlich auf Empfehlung Heinrichs des Löwen für den Halberstädter Propst Balduin. Auch danach hielt der Herzog noch Kämpfe gegen einzelne Widersacher für nötig, ehe es Friedrich im Juni 1170 in Erfurt verstand, Sachsens Große und ihren Herzog endgültig zu einem einigermaßen stabilen Frieden zu bewegen.[286]

Dank der Rückendeckung des Kaisers ging Heinrich aus den kriegerischen Verwicklungen der letzten Jahre ohne einschneidene Verluste hervor. Deren im Ganzen erfolgreicher Verlauf musste ihn in seinem bisherigen Denken und Handeln vielmehr geradezu bestätigen. So war zu befürchten, dass er seine Forderungen weiterhin ebenso gewaltsam wie bisher durchsetzen und dabei auf noch entschlossenere Gegner stoßen werde. Friedrich aber erwartete wohl, dass ihm sein welfischer Vetter seinen Einsatz danke, indem er künftig wieder so engagiert wie in früheren Jahren an seiner Seite für die Belange des Reiches insbesondere in Italien eintrete.

Die Ereignisse in Sachsen erwiesen, dass die Fürsten im Kaiser grundsätzlich nach wie vor die oberste Schlichtungsinstanz sahen. Dass Friedrich in der Tat nichts von seinem Ansehen eingebüßt hatte, zeigte sich sehr eindrucksvoll auf dem großen Hoftag zu Bamberg im Juni 1169, auf dem er die Königswahl Heinrichs, seines zweitgeborenen Sohnes, erlebte. Friedrich, sein Ältester, der bereits im Herbst 1169 starb, war wohl schon seit geraumer Zeit schwer krank. So eröffnete der Kaiser dem Kreis der Fürsten vermutlich früh seinen Wunsch, dass Heinrich zu seinem Nachfolger gewählt werde, und es gelang ihm offenkundig, die maßgebenden Repräsentanten für sein Anliegen zu gewinnen. Jedenfalls scheinen alle nach Bamberg gekommenen Wähler seinen Vorschlag gebilligt zu haben. Am 15. August vollzog Philipp von Köln in Aachen die Salbung und Krönung Heinrichs. Dessen Erhebung markierte gewiss keinen Schritt auf dem Weg zum Erbreich. Doch Friedrich hatte immerhin erreicht, dass die Königswürde auch der nächsten Generation seiner Familie erhalten blieb,

5 Friedrich I. Barbarossa

und dem Reich versprach diese Kontinuität an der Spitze einen problemlosen Thronwechsel.[287]

Im unheilvollen Ende seines vierten Italienzuges musste Kaiser Friedrich eine schwere politische Niederlage sehen. Andererseits profitierte er von dem schmerzlichen Geschehen insofern, als ihm nun mehr oder weniger rasch der Nachlass einer ganzen Reihe vornehmlich süddeutscher Adelshäuser zufiel. Unmittelbar nach seiner Ankunft in Deutschland übernahm er das reiche Vermögen seines Vetters Friedrich von Rothenburg. Das Herzogtum Schwaben vergab er an seinen ältesten Sohn Friedrich, nach dessen Tod an seinen damals jüngsten, nun Friedrich genannten Sohn Konrad.[288]

Der Gewinn Ostfrankens spielte für den Kaiser gewiss eine wesentliche Rolle, als er im Juli 1168 zu Würzburg für den dortigen Bischof Herold ein als »Güldene Freiheit« bekanntes Privileg ausstellte. Er bestätigte Herold die herzogliche Würde und bekräftigte, dass ausschließlich ihm im Bistum und Herzogtum Würzburg das Recht zur uneingeschränkten Ausübung der Gerichtsbarkeit und zur Durchsetzung ihrer Urteile zustand. Friedrich beabsichtigte offenbar, dem Würzburger Bischof mit seinen Zugeständnissen entgegenzukommen, ohne allzu deutlich auszusprechen, dass sich diese Zugeständnisse ganz auf das deshalb stets mitgenannte Würzburger Herzogtum beschränkten, also doch wohl auf des Bistums eigenes Territorium. Im staufischen Ostfranken aber sollte es nach wie vor keine weltlichen Herrschaftsrechte des Bischofs von Würzburg geben.[289]

Eine willkommene Erweiterung erfuhr der staufische Territorialbesitz im Süden, als Graf Rudolf von Pfullendorf, einer der zuverlässigsten Helfer Kaiser Friedrichs, sich nach dem Tod seines in Rom umgekommenen einzigen Sohnes entschloss, seinen vorwiegend nördlich des Bodensees gelegenen Besitz sowie die Hochstiftsvogtei in Chur dem Kaiser zu übereignen. Der entschädigte nach Rudolfs Tod dessen Tochter und ihren Gemahl, den Grafen von Habsburg, immerhin mit Anteilen aus dem Lenzburger Erbe, das Anfang 1173 auf ihn überging. Gleichfalls an ihn fielen die Güter der Herren von Schwabegg (westlich von Augsburg) sowie die ihnen übertragene Augsburger Hochstiftsvogtei, denn auch ihr letzter Repräsentant war ein Opfer der römi-

5.14 Alte Probleme und neue Möglichkeiten

schen Epidemie geworden. Manch anderes Erbe gelangte auf gleiche Weise in des Kaisers Hand.[290]

Zwei Fälle, in denen beide Erblasser ihren einzigen Sohn in Rom verloren hatten, waren für Friedrich so bedeutsam, dass er sein Anrecht auf das Erbe frühzeitig durch Vereinbarungen sicherte. So kam hinsichtlich der Sulzbacher Hinterlassenschaft im Juli 1174 ein Vertrag zustande, in dem sich der Bischof von Bamberg verpflichtete, die an Graf Gebhard ausgegebenen Bamberger Lehen, darunter vor allem jene zwischen den staufischen Zentren Nürnberg und Eger, nach dem Tod des Grafen den Söhnen des Kaisers zuzuweisen. Der Kaiser seinerseits erklärte sich bereit, als Gegenleistung eine erhebliche Geldsumme zu zahlen. Fast 15 Jahre später konnte er tatsächlich die Bamberger Lehen sowie einen großen Teil des sonstigen Sulzbacher Nachlasses übernehmen.[291]

Die wohl wertvollste Erbschaft war freilich von Welf VI. zu erwarten. Dieser hatte sich entschlossen, da er auf keinen leiblichen Erben mehr hoffen durfte, sein Leben fortan dem Vergnügen zu widmen und sein Vermögen dafür auszugeben; seines Seelenheiles wegen bedachte er überdies Klöster und Kirchen mit großzügigen Spenden. Vermutlich um 1173/74 gab er seine italienischen Lehen gegen einen hohen Geldbetrag seinem kaiserlichen Neffen zurück. Friedrich hatte die fraglichen Gebiete, Spoleto, Tuszien und die Mathildischen Güter, tatsächlich bereits seit geraumer Zeit wieder in seiner Hand. So mochte er von dort bei seinem neuen Italienunternehmen spürbare Unterstützung erwarten und gerade deshalb eine unanfechtbare rechtliche Grundlage für seine Herrschaftsbefugnis für wünschenswert halten. Vielleicht lag ihm zudem daran, das Verhältnis zu seinem welfischen Onkel wieder zu verbessern.

Dieser fühlte sich zunächst allerdings in erster Linie seinem welfischen Neffen Heinrich verbunden. Ihm vermachte er 1174 oder 1176 seine umfangreichen Eigengüter. Der Löwe musste sich freilich zu großen Geldzahlungen verpflichten, deren Einlösung er dann offenbar aufschob im Glauben, sein Onkel werde ohnehin bald sterben. Das Ausbleiben des Geldes empörte Welf jedoch gewiss, andere Streitigkeiten mögen seinen Zorn noch gesteigert haben. Jedenfalls beschloss er nun, seinen staufischen Neffen und dessen Söhne als seine Erben einzusetzen. Vermutlich Ende 1178 einigte er sich mit Kaiser Friedrich über die Details ihrer Übereinkunft, wonach der Neffe die Rechte und Güter seines

Oheims übernahm und dafür festgelegte Zahlungen zu leisten hatte, was Friedrich auch pünktlich tat. Während des Wormser Hoftages im Januar 1179 informierte er die Öffentlichkeit nach der Übertragung von Hausgut und Lehen an seine Söhne wohl auch über seine Abmachung mit Welf. Einiges aus dessen Besitz behielt er selbst oder verteilte es unter seine Söhne. Das meiste jedoch vergab er als Lehen wieder an Welf, sodass dieser seine Würde als Reichsfürst nicht einbüßte. Er scheint das Vorgehen seines staufischen Neffen geschätzt zu haben, denn er hielt sich auf dessen Seite und blieb ein angesehener Besucher seines Hofes. Friedrich aber hatte den wertvollen Raum zwischen Donau, Lech und Bodensee zu einem guten Teil gewonnen, wenngleich ihn erst sein Sohn Heinrich, wie verabredet, 1191 endgültig übernahm.[292]

Nicht nur um Zugewinn ging es dem Kaiser, er kümmerte sich eher stärker als bis dahin auch um das bereits Vorhandene. Nach wie vor galt dem Elsass seine besondere Aufmerksamkeit. Dort war Hagenau zu einem angesehenen, für Kaufleute auch als Wohnsitz attraktiven Marktort geworden. Eine den veränderten Verhältnissen angemessene Rechtsordnung hatte Friedrich im Juni 1164 verkündet.

Sein Privileg für Hagenau wiederholte zunächst vermutlich früher bereits von seinem Vater erlassene Bestimmungen über das Besitz- und Erbrecht sowie die Abgabenfreiheit der dort Wohnenden. Es befreite diese dann zudem im ganzen Reich vom Zoll, regelte die Waldnutzung und den Marktfrieden, legte Strafen für Verbrechen fest, verpflichtete zur Beachtung der festgelegten Preise, Maße und Gewichte und sorgte für Kontrolle und Bestrafung.

Friedrichs Verordnung kam den Einwohnern durchaus entgegen, erleichterte ihr Alltagsleben und vermied große finanzielle Belastungen. Bürgern, die sich durch besondere Kaisertreue auszeichneten, konnten sogar gehobene Funktionen zufallen, die ihnen, etwa als Geschworene, eine gewisse Mitsprache ermöglichten. Freilich blieb der Kaiser unbezweifelbar der Herr des Gemeinwesens, und die Berufung des ihn vor Ort vertretenden *Iudex* und des unter anderem für die Kontrolle der Handwerker zuständigen Schultheißen lag allein in seiner Hand.[293]

Die Bedeutung Hagenaus für Friedrich zeigt sich vielleicht am eindrücklichsten darin, dass er die von seinem Vater errichtete Burg Hagenau wahrscheinlich zwischen 1168 und 1178 zu einer von Türmen überragten repräsentativen Pfalz von erlesener Eleganz ausbauen ließ. Im Süden stand der reich ausgeschmückte Palas. Daneben erhob sich das Glanzstück der Anlage, die dreigeschossige Pfalzkapelle. Gottfried von Viterbo, kaiserlicher Hofkaplan und Kanzleinotar, dazu Geschichtsschreiber, rühmte vor allem die in der Pfalz eingerichtete, hervorragend ausgestattete Bibliothek, die ihm alle für seine Arbeit nötigen Bücher geboten habe. Auch Gunther, wohl gleichfalls Kaplan am Kaiserhof, Verfasser des »Ligurinus«, eines die ersten Kämpfe Friedrichs in der Lombardei schildernden Epos, und während der 1170er Jahre Erzieher der Kaiserkinder, profitierte vom Bücherreichtum der Pfalz zu Hagenau, wo sich die Kaiserin mit ihren Kindern anscheinend oft aufhielt. Konnte die Pfalz demnach geradezu als ein intellektuelles Zentrum gelten, so schätzte die Herrscherfamilie sie vornehmlich als einen äußerst angenehmen Wohnsitz.[294]

Nach wie vor achtete der Kaiser auf gute Beziehungen zu den Straßburger Bischöfen. Zudem bemühte er sich sehr darum, seine Position im südlichen Elsass auszubauen. Mit dem einflussreichen Bischof Ortlieb von Basel hatte er eng zusammengearbeitet. Zugute kam ihm dann, dass Ortliebs Nachfolger Ludwig geradezu verschwenderisch mit dem Kirchengut umging, was das Domkapitel nämlich veranlasste, sich schließlich an den Kaiser zu wenden. Friedrich bestimmte wohl im Herbst 1174 in Absprache mit dem Kapitel, dass alle Einkünfte der Baseler Kirche künftig von einem kleinen Gremium unter kaiserlicher Leitung verwaltet und zur Rückgewinnung der verlorenen Güter eingesetzt werden sollten.

Natürlich bot die neue Regelung Friedrich die Möglichkeit, auch eigene Interessen zu verwirklichen. So geriet die reiche Abtei Münster im Gregoriental unter seinen bestimmenden Einfluss, und sicher gelang ihm mit dem Erwerb der Vogtei des Colmarer Niederhofes ein erster bedeutsamer Zugriff auf den ihm so wichtigen Ort. Im südlichen Mülhausen ermöglichte ihm die Vogtei des Straßburger Fronhofes vermutlich 1186 immerhin die Gründung eines Marktes. Kurz davor empfing sein Sohn König Heinrich als Lehen des Baseler Bischofs die Hälfte von Breisach.[295]

Dass Friedrich die staufische Position im schwäbischen Raum für wichtig hielt, zeigt sich gewiss auch am Bau der vermutlich zu einem guten Teil zwischen 1170 und 1180 entstandenen Wimpfener Pfalz[296] und darin, dass er wohl anfangs der 1170er Jahre den am Hof geschätzten Adligen Degenhard von Hellenstein (über Heidenheim/ Brenz) zu seinem Prokurator für den gesamten königlichen Besitz in Schwaben ernannte. Degenhard hatte wohl während der Unmündigkeit Herzog Friedrichs im Herzogtum Schwaben für die Wahrung der Güter und Rechte des Kaisers und seines Sohnes zu sorgen.[297]

Wie schon unter Konrad III. wusste man zur Zeit seines Neffen am Hof den Wert der von wichtigen Handelsstraßen berührten Region an Rhein und Main mit dem Zentrum Frankfurt sowie die Wetterau in dessen Norden sehr zu schätzen. In Frankfurt selbst veranlasste Friedrich den Bau des Saalhofes, sofern das Gebäude tatsächlich zwischen 1170 und 1180 entstand. Vor allem jedoch schuf er östlich von Frankfurt mit Gelnhausen einen zweiten, rasch aufblühenden Mittelpunkt. Im Juli 1170 verkündete er die Gründung des Ortes und sicherte dessen Bewohnern, wobei er offensichtlich in erster Linie an Kaufleute dachte, die Zollfreiheit im ganzen Reich zu wie auch das Recht, ihren Besitz ungehindert zu vererben. Das Regiment in der heranwachsenden Stadt oblag freilich allein dem Kaiser oder seinem Vertreter.

Wie in Hagenau gehörten auch in Gelnhausen Siedlung und Kaiserpfalz zusammen. Wohl schon kurz vor 1170 begann der Bau der Gelnhäuser Pfalz, die auch noch heute, als Ruine, beeindruckt durch die Großzügigkeit ihrer Gesamtanlage und die reich geschmückten Säulen und Kapitelle, Bogenfelder und Gewände. Umso nachhaltiger wird die Schönheit des Baues einst seine Besucher an die hohe Würde ihres kaiserlichen Gastgebers erinnert haben.[298]

Um das Egerland, das ihm 1167 als Erbe seines Vetters Friedrich zufiel, mit der staufischen Kernzone enger zu verbinden, sicherte sich der Kaiser 1174 mit viel Mühe die Bamberger Lehen. Persönlich jedoch erschien er in jenen Jahren offenbar nur im nördlich benachbarten Pleißenland, einem Kronland, über das er also bereits seit 1152 verfügen konnte. Reichsministerialen verwalteten die zunächst noch dünn besiedelte Region. Sie trieben deren Erschließung voran, suchten bäuerliche Siedler zu gewinnen und bezogen seit etwa 1160 sehr erfolgreich das westliche und mittlere Erzgebirge in ihre Arbeit ein. Freilich stießen sie mit ihren Aktivitäten auf Konkurrenten wie vor allem

5.14 Alte Probleme und neue Möglichkeiten

die Wettiner, und so blieb Streit nicht aus. Daher war die Präsenz des Kaisers ihren Unternehmungen sicherlich von Nutzen. Friedrich hielt sich denn auch im Februar 1165 und im Juli 1172 in Altenburg auf, danach noch mehrfach in den 1180er Jahren. 1172 übernahm er die Vogtei des Klosters Pegau (nordwestlich von Altenburg), dessen Mönchen er wichtige Rechte in der von Kaufleuten geprägten Stadt Pegau zuwies. Vor allem jedoch entwickelten sich in jenen Jahren Marktorte wie Chemnitz oder Zwickau, die günstig an Fernstraßen lagen, mit kaiserlicher Förderung zu Städten. Eine kaiserliche Urkunde von 1172 nennt unter den Zeugen die Präfekten von Altenburg und Leisnig, und Präfekten oder Burggrafen meist adliger Herkunft begannen nun auch in anderen aufstrebenden Orten, vom Kaiser mit der Vollmacht versehen, für Recht und Ordnung zu sorgen.[299]

Außerhalb der staufischen Eigengüter oder der Reichslande genoss Würzburg bei Friedrich wohl aufgrund der günstigen Lage einen gewissen Vorrang. Doch natürlich hielt er sich in Bayern, Kärnten oder der Steiermark ebenso auf wie in Ober- und Niederlothringen oder im südlichen Sachsen. Grundsätzlich dienten die Reisen durch sein deutsches Königreich der öffentlichen Darstellung seiner kaiserlichen Würde, seiner Vollmachten und Pflichten. Wie man dies von ihm erwartete, betrachtete er es auch selbst als seine Aufgabe, für Frieden und Recht zu sorgen. Das geschah, indem er Streitigkeiten schlichtete, ebenso indem er zu schwierigen Rechtsfragen oder angesichts schwerer Vergehen ein Urteil der anwesenden Fürsten herbeiführte, dies bekräftigte und für seinen Vollzug sorgte. Eine bedeutsame Rolle spielte des Kaisers Eintreten für die hohe Geistlichkeit, seine unentbehrliche Stütze. Er bestätigte die Rechtmäßigkeit ihres Besitzes und ihrer Befugnisse, stellte sie unter seinen Schutz und wirkte als Gründer etwa des Augustiner-Chorherrenstiftes Herbrechtingen bei Giengen an der Brenz. Andererseits sah er sich nicht nur zur Investitur der Bischöfe berechtigt, sondern legte als Beschützer der Kirche auch Wert auf Mitsprache bei den Bischofswahlen. So setzte er sich etwa bei der Wahl des Bischofs Hermann von Münster, der bald zu seinen zuverlässigsten Gefolgsleuten gehörte, ebenso durch wie bei jener Siegfrieds von Brandenburg.[300]

5.15 Fortgang des Schismas und diplomatische Aktivitäten

Gewiss gelang Friedrich nach dem unheilvollen August 1167 zumindest nördlich der Alpen der Ausbau seiner Stellung und die Festigung seiner kaiserlichen Autorität. Doch zwei zentrale Probleme blieben: das Papstschisma und die Gegnerschaft des Lombardischen Städtebundes. Um den Eintritt in ernsthafte Friedensverhandlungen mit Alexander III. hatte den Kaiser bereits an der Jahreswende 1167/68 sehr dringend der in der Kartause von Sylve Bénite (bei Le Pin, nordwestlich von Grenoble) lebende Laienmönch Dietrich gebeten, ein offenbar sehr naher und trotz seiner Parteinahme für Alexander geschätzter Verwandter Friedrichs. Dieser hörte sich seine konkreten Vorschläge denn auch an, folgte ihnen dann aber doch nicht.[301]

Immerhin bat er, als er im Januar 1169 Kontakt mit Papst Alexander aufzunehmen wünschte, den schon von Dietrich genannten Abt Alexander von Cîteaux, dazu den Abt Pontius von Clairvaux um ihre Vermittlung. Anfang März erschienen die beiden Zisterzienseräbte am Hof und erklärten sich bereit, mit Alexander Friedensverhandlungen zu führen. Ihrem Rat gemäß sollte Bischof Eberhard von Bamberg sie begleiten. Über Friedrichs Konzeption erfahren wir leider nur etwas in einem Brief des Johannes von Salisbury. Danach hätte er vorgeschlagen, dass sein Sohn Heinrich von Bischöfen aus Alexanders Anhängerschaft geweiht und zum Gehorsam gegenüber Alexander verpflichtet werde, dass der Papst seinerseits Heinrich als Kaiser anerkenne, Friedrichs Obödienzverweigerung jedoch hinnehme.

Heinrichs Wahl erfolgte dann ja, ohne dass es zu einer Einigung mit Alexander gekommen wäre, und grundsätzlich bestand für Friedrich eigentlich keine Notwendigkeit, gerade jetzt ein so schwerwiegendes Zugeständnis wie den Bruch seines zu Würzburg öffentlich geleisteten Eides, zumal bereits vorweg, in die Verhandlungen einzubringen. Der von Johannes notierten Nachricht gegenüber scheint doch Zurückhaltung angebracht.

Die Mission der kaiserlichen Abgesandten erfuhr schon früh eine entscheidende Schwächung, da die Lombarden Eberhard von Bamberg

5.15 Fortgang des Schismas und diplomatische Aktivitäten

zur Umkehr zwangen. Die beiden Äbte aber vermochten trotz mancher Fortschritte keine Einigung mit Alexander herbeizuführen. Wahrscheinlich empörte es Alexander unter anderem, dass der Kaiser daran festhielt, ihn auch künftig nicht als rechtmäßigen Papst akzeptieren zu wollen. Im März 1170 reiste Eberhard von Bamberg in Friedrichs Auftrag erneut zu Alexander, der jedoch, um einen Konflikt mit dem Lombardenbund zu vermeiden, auch Vertreter der Bundesstädte zu den Unterredungen lud. Eberhard verhandelte freilich allein mit Alexander, der dann den Kardinälen und Lombarden berichtete. Eberhards Vollmachten waren indes offenbar eng begrenzt, manches, was er sagte, schien Alexander sehr verklausuliert oder gar unverständlich. Scharf tadelte er am Ende vor allem des Kaisers Weigerung, ihn als Nachfolger Petri anzuerkennen und die Kirche zu achten, obwohl sie ihn zum Gipfel des Imperiums geführt habe. Ohne Ergebnis kehrte Eberhard darauf heim. Zwar war sehr klar geworden, welche Bedeutung Alexander der Anerkennung durch den Kaiser und dieser der Gültigkeit der schismatischen Weihen zumaß. Eine Lösung aber fehlte hier ebenso wie hinsichtlich etwa der Stellung des Lombardenbundes zu Kaiser und Papst.[302]

Friedrich reagierte auf die enttäuschenden Gespräche mit Alexander, indem er öffentlich erklärte, er werde ihn niemals als Papst anerkennen, und wie zuvor mussten Bischöfe, die sich zu Alexander bekannten, mit dem Verlust ihres Amtes rechnen. Dies sollte besonders Adalbert spüren, ein Sohn König Vladislavs von Böhmen und Vetter des Kaisers, der Ende 1168 zum Erzbischof von Salzburg gewählt wurde. Als er, ein Anhänger Alexanders, überdies jeden Kontakt mit Friedrich mied und sich, ohne die Regalien erhalten zu haben, von dem alexandrinisch gesinnten Patriarchen Ulrich von Aquileia weihen ließ, blieb denn auch ein schwerer Konflikt mit dem Kaiser nicht aus.[303]

Friedrich war nicht bereit, Adalbert auf dem Bamberger Hoftag im Juni 1169 zu empfangen, und man musste damit rechnen, dass er Adalberts Ablehnung der Regalieninvestitur zum Anlass nehmen werde, die Güter des Erzbistums einzuziehen. Deshalb verlangten Salzburgs Geistliche, Lehnsleute und Ministerialen von ihrem Erzbischof nun sehr entschieden, dass er sich dem Kaiser beuge, und der derart

5 Friedrich I. Barbarossa

Bedrängte entschloss sich daraufhin zu einem ungewöhnlichen Schritt. Als Friedrich im August im heutigen Freilassing Hof hielt, übergab er ihm die Regalien und hieß seine Kastellane, ihm Treue zu schwören. Ob er beabsichtigte, beispielhaft mit dem Verzicht auf weltliche Güter voranzugehen oder einfach die ihn bedrückende Situation aus der Welt zu schaffen, lässt sich nicht entscheiden. Die völlig überraschten Salzburger Kleriker jedenfalls befürchteten, ihre Kirche verliere mit der materiellen Basis zugleich ihre geistliche Unabhängigkeit. Adalberts Rückhalt bei ihnen schwand, und der Kaiser, nun Herr der Regalien, duldete ihn zwar in seinem Amt, doch er versagte ihm nach wie vor seine Gnade.

Immerhin gelang es Wichmann, Magdeburgs Erzbischof, im September 1171 Friedrich zu einem Briefwechsel mit Vladislav zu bewegen. In dessen Verlauf versicherte der König, sein Sohn werde nicht nur eine riesige Geldsumme zahlen, sondern sich auch von Alexander lossagen. So forderte Friedrich auf dem Hoftag, der im Februar 1172 zu Salzburg das künftige Schicksal Adalberts behandelte, zunächst zwar, dass die Repräsentanten der Salzburger Kirche eine Neuwahl durchführten. Er berichtete dann aber auch, dass Adalbert nach Vladislavs fester Zusage bereit sei, in aller Öffentlichkeit einen vollkommenen Frontwechsel auf die kaiserliche Seite vorzunehmen.

Den anwesenden Salzburger Geistlichen schien freilich das über Adalbert Gehörte so ungeheuerlich, dass ihnen Brief und Siegel des Böhmenkönigs gezeigt werden mussten. Überdies bestritt Adalbert, als er schließlich in Salzburg eintraf, vom väterlichen Brief je gewusst zu haben. Um zu einem Ende zu kommen, stellte ihn Friedrich vor die Wahl, in ein Rechtsverfahren einzuwilligen oder sich der kaiserlichen Gnade zu unterwerfen. Auf seinen Wunsch erhielt er Zeit für seinen Entschluss, lehnte dann jedoch die schon akzeptierte Regelung ganz ab und verließ trotz fürstlicher Bemühungen um ein Einvernehmen mitten in der Nacht heimlich die Stadt. Empört und verärgert blieben Kaiser und Fürsten zurück, ratlos Salzburgs Geistliche.

Während der folgenden, erstaunlich langen Zeit ohne Entscheidung verschlechterte sich Adalberts ohnehin missliche Lage noch weiter. Als sein Vater Vladislav nämlich im Herbst 1172 seinen ältesten Sohn Friedrich zu seinem Nachfolger mit dem Titel eines Herzogs erhob, je-

5.15 Fortgang des Schismas und diplomatische Aktivitäten

doch weder die Zustimmung des böhmischen Adels erbat, noch den Kaiser um seines Sohnes Belehnung ersuchte, führte dieser im September 1173 durch Fürstenspruch Vladislavs und seines Sohnes Absetzung herbei. Zwar verhalf er wohl bereits 1177 dem Sohn wieder in sein Herzogsamt, doch zunächst fehlte Adalbert der Rückhalt von Vater und Bruder.

Im Juni 1174 entzog Kaiser Friedrich im Einverständnis mit den Fürsten und der Mehrheit der Salzburger Geistlichkeit Adalbert seine Stellung als Erzbischof und verlieh dessen Nachfolger Propst Heinrich von Berchtesgaden die Regalien. Wie zu erwarten, anerkannte Adalbert, unterstützt von Papst Alexander, dieses Verfahren nicht. Dennoch sollte es bis 1183 dauern, ehe er auf kaiserlichen Wunsch in sein Salzburger Amt zurückkehrte. Noch 17 Jahre lang wirkte er dort, nun ein verlässlicher Gefolgsmann der Staufer.[304]

Wichtig erschien Friedrich trotz mancher Enttäuschung offenbar nach wie vor der Versuch, den englischen König Heinrich in der Schisma-Frage doch noch für seine Position zu gewinnen. So reiste im Herbst 1168 in seinem Auftrag eine hochrangige Gesandtschaft an Heinrichs Hof, an deren Spitze Heinrich der Löwe, nach seiner Hochzeit mit Mathilde seit wenigen Monaten Schwiegersohn des Königs, sowie Christian von Mainz und Philipp von Köln standen.

Sie sollten wohl ihren Gastgeber dazu bewegen, sich endlich eindeutig von Alexander III. abzuwenden. Heinrich empfing die kaiserliche Delegation und insbesondere seinen Schwiegersohn in Rouen zwar außerordentlich zuvorkommend, doch in der Sache erreichten des Kaisers Gesandte nichts. Wie vermutlich vorgesehen, besuchte Erzbischof Philipp danach noch Ludwig VII. und intensivierte so die Bemühungen der kaiserlichen Seite um Wiederannäherung an Frankreichs König, ohne dass seine Gespräche freilich schon zu konkreten Resultaten führten.

Eine Übereinkunft mit Heinrich II. wurde allerdings immer unwahrscheinlicher nach dem 29. Dezember 1170, dem Tag der Ermordung Thomas Beckets, des kurz zuvor erst nach England zurückgekehrten Erzbischofs von Canterbury. Da Ritter des Königs auf eine unbedachte Bemerkung ihres Herrn hin die Untat vollbracht hatten, betrachtete man Heinrich als Mitschuldigen, und die Empörung wandte sich trotz

5 Friedrich I. Barbarossa

Abb. 11: Ausschnitt des Krönungsbildes im Evangeliar Heinrichs des Löwen, Wolfenbüttel, Herzog August Bibliothek, Cod. Guelf. 105 Noviss. 2°, fol. 171v.

all seiner Unschuldsbeteuerungen auch gegen ihn. Erst mit der vorbehaltslosen Anerkennung Alexanders gewann er seine herrscherliche Autorität ganz zurück, und 1171 sandte er offenbar noch einmal Botschafter zum Kaiser. Doch dieser konnte nach dem Mord an Becket mit Heinrichs Beistand gegen Alexander nicht mehr rechnen.[305]

Als naheliegende Konsequenz blieb Friedrich die ja bereits etwas vorbereitete Hinwendung zu Ludwig VII. Offenbar rasch entschlossen, schlug er diesem ein Treffen vor, und bereits am 14. Februar 1171 kam es westlich von Toul zu einer persönlichen Begegnung. Die beiden Herrscher besprachen aktuelle Probleme, vor allem jedoch erörterten sie mögliche Wege zur Beendigung der Kirchenspaltung sowie zur Festigung ihrer Freundschaft. Die Grundlage für das Einvernehmen der 1180er Jahre war gelegt.[306]

Bemühungen um Kontakte mit dem byzantinischen Herrscherhaus galten Friedrich wohl als wenig sinnvoll, solange Manuel auf eine Übereinkunft mit Alexander hinwirkte und die lombardische Städteliga massiv unterstützte. Sobald sich indes Manuels Misserfolge ab-

5.15 Fortgang des Schismas und diplomatische Aktivitäten

zeichneten, hielt man es am Kaiserhof offensichtlich für angebracht, wieder das Gespräch mit ihm zu suchen, um so Alexander zu verunsichern.

Jedenfalls begab sich im Juni 1170 Christian von Mainz nach Byzanz, der anscheinend auch die griechische Sprache beherrschte. Vermutlich spielte bei seinen Unterredungen mit den byzantinischen Gastgebern die Frage eine Rolle, ob die beiden Herrscherfamilien durch eine Heirat wieder einander näher zu bringen seien. Ungefähr ein Jahr später empfing Friedrich in Köln Gesandte Manuels, die eben dies vorschlugen.[307]

Der Kaiser ließ dem Basileus daraufhin zunächst wohl durch den von ihm sehr geschätzten, hoch gebildeten Hugo von Honau, Kanoniker erst in Honau (nördlich von Kehl), dann im Stift Marbach (südlich von Colmar), dazu Pfalzdiakon, sein Interesse an der Angelegenheit bestätigen[308] und sandte dann Konrad, den eben gewählten Bischof von Worms, zur Fortsetzung der Verhandlungen nach Byzanz. Konrad reiste von Wien aus zusammen mit Heinrich dem Löwen, der im Januar 1172 zu einer Pilgerfahrt nach Jerusalem aufgebrochen war, begleitet von einem überaus eindrucksvollen Gefolge. Nach manchem unangenehmen Zwischenfall trafen die Wallfahrer Mitte April in Konstantinopel ein. Dort empfing Manuel den Herzog mit dem gebührenden Zeremoniell. Er betrachtete ihn als Bevollmächtigten Friedrichs und erörterte mit ihm politische Fragen. Konrad von Worms dürfte später ebenfalls mit Manuel zusammengetroffen sein. Leider fehlen aussagekräftige Informationen über den Inhalt der damals am byzantinischen Hof geführten Gespräche. Möglicherweise glaubte Manuel, dass Friedrich im Falle einer Heirat ihrer Kinder zu territorialen Zugeständnissen in Italien bereit sein werde, und schob deshalb die Ehe seiner Tochter mit Wilhelm II. von Sizilien auf. Allerdings kam schließlich weder die sizilisch-byzantinische Ehe noch die byzantinisch-staufische zustande.

Herzog Heinrich fuhr auf einem von Manuel bereitgestellten Schiff nach Akkon, begab sich von dort nach Jerusalem, besuchte die heiligen Stätten und verteilte wertvolle Geschenke. Unerwartet brach er dann zur Rückreise auf, vielleicht enttäuscht über die fehlende Gelegenheit zum Kampf. Er genoss die großzügige Gastfreundschaft des Sultans Kiliç von Iconium (Konya) und machte schließlich noch einmal

247

Halt bei Manuel. Am Weihnachtsfest 1172 traf er in Augsburg seinen kaiserlichen Vetter und berichtete ihm über seine Pilgerreise, in erster Linie vermutlich über seine Aufenthalte am Hof Manuels. Über des Kaisers Reaktion wissen wir nichts, nichts also von einer etwaigen Kritik oder gar Verärgerung.[309] Allerdings bemühte sich Friedrich danach offenbar nicht mehr besonders um Kontakte mit Byzanz, vielleicht abgeschreckt durch dort wieder vorgebrachte territoriale Forderungen oder doch eher verärgert über Manuels neuerliche finanzielle Unterstützung Anconas. Auf dem Hoftag, den er im Juni 1174 in Regensburg abhielt, brachten Gesandte Manuels das Eheprojekt dann erneut zur Sprache. Doch auch dieser Versuch, der letzte, blieb vergeblich. Unterdessen hatte der Kaiser bereits Ende 1173 einen neuen Weg betreten, indem er sich an Wilhelm von Sizilien wandte. Auf seine Weisung sandte Christian von Mainz, der damals schon in Oberitalien agierte, Boten an den König, die ihm vorschlugen, er möge eine Tochter des Kaisers heiraten und einen Friedenspakt mit ihm schließen. Wilhelm lehnte das Angebot zwar ab, da er Alexanders Missfallen vorhersah, und Friedrich war darüber offenbar etwas enttäuscht. Dennoch kündigte sich mit seinem überraschenden Schritt ein grundsätzlicher Wandel seines politischen Vorgehens in Italien immerhin als ferne Möglichkeit an.[310]

Etwa zur gleichen Zeit kam noch ein zweiter, gleichfalls ungewöhnlicher Kontakt zustande, der mit Saladin nämlich, der als Oberbefehlshaber des syrischen Heeres Ägypten erobert, das Land in seinem Sinn umgestaltet und sich so eine weitgehend unabhängige Machtbasis geschaffen hatte. Auf sie gestützt, riss er im Jahr 1174 die Herrschaft über Damaskus an sich. In den Jahren danach eroberte er ganz Syrien und schließlich unterwarf er auch Mesopotamien großenteils seinem dominierenden Einfluss.[311]

An ihn sandte Friedrich spätestens im März 1173 einen ihm wohl als zuverlässig bekannten Genuesen, der bei Saladin, wie dessen noch erhaltenen Anweisungen erkennen lassen, die Möglichkeiten eines Bündnisses erkunden sollte. Ganz ähnlich wie bei Wilhelm II. ging es Friedrich offensichtlich auch hier darum, Manuel in Bedrängnis zu bringen. Vermutlich im Herbst erschien dann tatsächlich eine Gesandtschaft Saladins an Friedrichs Hof. Neben kostbaren Geschenken übergab ihr Führer dem Kaiser einen Brief Saladins, von dem eine lateinische Übersetzung existiert. Er bat seinen Adressaten dort, ihm in einem Brief seine Vorstellungen im Einzelnen darzulegen. Er werde dann alle seine Wünsche erfüllen.

Friedrich gab der Delegation Gelegenheit, sein Reich gründlich kennenzulernen, und im Juni 1174 verabschiedete er sie, großzügig beschenkt, in ihre Heimat. Im September 1175 brach dann Burchard, Vitztum von Straßburg und Kanoniker im Salzburger St. Thomas-Stift, als Legat des Kaisers nach Ägypten auf, um dort Verhandlungen zu führen. Glücklicherweise scheute er die Mühe nicht, die mannigfaltigen Beobachtungen, die er auf seiner großen Reise gemacht hatte, in einem ausführlichen Bericht festzuhalten. Über den Gang seiner politischen Gespräche freilich verriet er leider nichts. Doch scheint damals ein Bündnis mit Saladin zustande gekommen zu sein. Es sollte diesen freilich nicht an der Eroberung Jerusalems hindern.[312]

5.16 Militärische Misserfolge und der Friedensschluss mit Papst Alexander

Friedrichs diplomatische Aktivität und seine Kontakte mit dem französischen und dem sizilischen König bereiteten dem künftigen Zusammenwirken immerhin den Boden. Ein Ende des lombardischen Aufruhrs und des päpstlichen Schismas indes ließ sich nach seiner gewiss schon seit 1170 feststehenden Überzeugung nur mit militärischen Mitteln herbeiführen, wenn der ihm folgende Frieden seinen Bedingungen entsprechen solle. Darauf aber bestand er nach wie vor.

Bereits im März 1172 hatte er denn auch auf dem Wormser Hoftag einen neuerlichen Italienfeldzug angekündigt, wofür er die Zustimmung aller anwesenden Fürsten fand. Man beschloss, in zwei Jahren aufzubrechen. Die Besucher des Hoftages im Frühjahr 1174 zu Nimwegen beschworen ihre Teilnahme an dem bevorstehenden Unternehmen noch einmal, und die im Juni eigens nach Norden gereisten Boten

5 Friedrich I. Barbarossa

italienischer Fürsten und Städte versprachen gleichfalls Hilfe. Anfang September brachen die kaiserlichen Truppen dann zum fünften Italienzug des Herrschers auf.[313] Barbarossa verfügte offenbar über ein Heer von ansehnlicher Größe. Dazu gehörten allerdings erneut Brabanzonen, ein Zeichen dafür, dass die Fürsten einem derartigen Unternehmen mit wachsender Zurückhaltung gegenüberstanden. Heinrich der Löwe etwa besuchte zwar im Juni 1174 den Hoftag zu Regensburg, beteiligte sich an dem bevorstehenden Italienzug jedoch ebenso wenig wie an den beiden zurückliegenden; Anfang Juli bezeugte er zum letzten Mal überhaupt eine kaiserliche Urkunde. Durch den glanzvollen Empfang in Byzanz bestärkt in dem Bewusstsein seiner herausragenden Würde, scheint er auf seine Eigenständigkeit auch dem Kaiser gegenüber zunehmend Wert gelegt zu haben.[314]

Bereits seit Oktober 1171 hielt sich Christian von Mainz im Auftrag des Kaisers als Reichslegat mit weitgehenden Vollmachten in Italien auf, wohl um die dem Kaiser treu gebliebenen Adligen und Städte in ihrer Haltung zu bestärken und Kontroversen aus der Welt zu schaffen. Die Streitschlichtung sollte sich freilich als schwierig erweisen. Vor allem Genua und Pisa trennte wie eh und je eine tiefe Feindschaft. Sie zu beenden, hielt Christian offensichtlich für seine wichtigste Aufgabe. Mehrfach schien er kurz vor dem Ziel zu stehen, doch Pisas Misstrauen ihm gegenüber verhinderte jedesmal eine Einigung, und darüber, dass er einseitig die Genuesen bevorzuge, beklagten sich die Pisaner sogar bei Barbarossa. Ein sicheres Urteil erlauben die parteiischen Darstellungen aus Genua und Pisa freilich nicht. Ziemlich fest steht indes, dass Christian sein Ziel nicht erreichte und offenbar resignierte. Jedenfalls zog er Anfang 1173 zunächst in die Gegend um Rom, danach in das Herzogtum Spoleto, die Mark Ancona und die Romagna. Er agierte dort durchaus erfolgreich, zwang Widerstand leistende Städte zur Unterwerfung und besiegte im März sogar Bologna. Zudem gelang es ihm, ein Bündniss mit Venedig abzuschließen, sodass er im April, unterstützt von der venezianischen Flotte, mit der Einschließung der Stadt Ancona beginnen konnte, die erneut zu Byzanz hielt und von Manuel reichlich mit Geld versorgt wurde. Als ihr überdies ein von lombardischen Städten gestelltes Heer zu Hilfe eilte,

5.16 Militärische Misserfolge und der Friedensschluss mit Papst Alexander

entschloss sich Christian im Oktober jedoch, die Belagerung zu beenden. Mit einer gewissen Konzentration auf das Herzogtum Spoleto und den Raum von Florenz scheint er sich danach um die Bestrafung von Missetätern oder den Schutz wichtiger geistlicher Institutionen gekümmert zu haben.[315]

Das kaiserliche Heer umging bei seinem Marsch in den Süden die Lombardei und zog Ende September 1174 über den Mont Cenis zunächst ins Susatal, wo Barbarossa die Stadt Susa niederbrennen ließ, um ihre Bewohner für die Feindseligkeit zu bestrafen, mit der sie ihn Ende Februar 1168 auf seiner Heimreise behandelt hatten. Andere Städte unterwarfen sich daraufhin. Doch Markgraf Wilhelm von Montferrat und die Pavesen drängten offenbar auf die Zerstörung der ihre Aktionsmöglichkeiten beeinträchtigenden Stadt Alessandria. Barbarossa teilte gewiss ihre Meinung, war Alessandria in seinen Augen doch eine widerrechtliche Gründung, gedacht als Symbol der Unabhängigkeit der Lombardenliga wie der Verehrung Alexanders III. und damit zugleich als weithin sichtbares Zeichen seiner eigenen Schwäche. Die dauerhafte Existenz dieser Stadt drohte deshalb seine und des Reiches Ehre in unerträglichem Maß zu schädigen.

So begann Ende Oktober die Belagerung Alessandrias. Da nur tiefe Gräben die Stadt schützten, glaubte man, leichtes Spiel zu haben. Bald behinderten jedoch andauernder Regen und das sumpfige Gelände die Aktionen der Angreifer erheblich. Als im April 1175 überdies ein lombardisches Entsatzheer nahte, entschloss sich der Kaiser zum unrühmlichen Abzug. Südlich von Pavia, nicht weit vom Lager der Lombarden, richteten seine Truppen ihren Lagerplatz ein.[316]

Rasch zeigte sich, dass keine Partei wirklich entschlossen an einen Angriff dachte. Vielmehr kam es zu Kontakten und dazu, dass sich am 16. April Bevollmächtigte des Kaisers und Vertreter der lombardischen Bundesstädte einschließlich Alessandrias bei Montebello zwischen den beiden feindlichen Lagern trafen, um sich über einen Friedensschluss zu verständigen. Sie vereinbarten, dass der Kaiser und die Städteliga je drei Männer bestimmen sollten, die sich eidlich verpflichteten, unparteiisch Frieden und Eintracht zwischen Kaiser und Städtebund zu schaffen. Als Grundlage für ihre Arbeit hatten ihnen die schriftlich niedergelegten Friedensbedingungen des Kaisers und der städtischen Konsuln zu dienen, und bis Mitte Mai sollten sie zu einem Abschluss kommen. Die dann noch ungelösten Fragen sollten die Konsuln von Cremona innerhalb von fünfzehn Tagen bindend klären, Kaiser und Städte hatten die Schiedssprüche der Sechsergruppe wie der Cremonesen zu akzeptieren. Vor alldem aber musste der Kaiser den Städten wieder Frieden und Huld gewähren, während diese sich ihm zu unterwerfen, Genugtuung für ihren Aufruhr zu leisten und einen Treueid abzulegen hatten.

Freilich zeigte sich rasch, dass Friedrich Barbarossa zumindest die Behandlung Alessandrias als gleichberechtigtes Mitglied des Lombardenbundes ablehnte. Diese Stadt stillschweigend ungestraft zu dulden, bedeutete für ihn nach wie vor, die folgenreiche Schwächung seiner Autorität tatenlos hinzunehmen, und dazu war er nicht bereit. So einigte man sich darauf, auch dieses Problem in den kommenden Friedensgesprächen zu behandeln.

Wie abgemacht, begaben sich am nächsten Tag dann die Lombarden in das kaiserliche Lager. Die beiden Rektoren ihres Bundes warfen sich in ihrem Namen vor dem Kaiser zu Boden, reichten ihm ihre Schwerter und erbaten demütig seine Gunst, worauf er ihnen als Zeichen seiner Huld und seines Friedenswillens den Friedenskuss gab. Wenige Tage später kehrten die Lombarden zurück in ihre Heimatorte, und Barbarossa zog nach Padua, wo er einen Teil seines Heeres entließ.[317]

Die sechs vermutlich gleich nach der Friedenszeremonie bestimmten Schiedsmänner machten sich über die Schwierigkeit ihrer Aufgabe gewiss keine Illusionen. Die von der Lombardenliga zusammengestellten Forderungen liefen darauf hinaus, dass die Rechte und Verpflichtungen ihrer Mitglieder die gleichen bleiben sollten wie jene ihrer Vorfahren zur Zeit Kaiser Heinrichs V., dass Friedrich Barbarossa also auf seine 1158 zu Roncaglia beschlossene und dann durchgesetzte Neuordnung verzichtete und das bereits Geschehene rückgängig machte. Außerdem verlangte man, dass er den gegenwärtigen Status Alessandrias auf Dauer gewährleistete und Frieden mit Alexander schloss.[318]

Die entsprechende kaiserliche Liste ist zwar verloren. Doch dass Friedrich die Existenz Alessandrias einfach zu dulden bereit war oder gar die vollständige Zurücknahme seiner Reformen, das konnte man

5.16 Militärische Misserfolge und der Friedensschluss mit Papst Alexander

kaum erhoffen. Neue Friedensverhandlungen mit dem Papst jedoch kamen auf seine Initiative hin sofort zustande. Die Gespräche der eigens an den Kaiserhof nach Pavia gereisten Kardinäle mit den Vertretern des Kaisers führten allerdings zu keinem positiven Ergebnis, da weder die kaiserliche noch die päpstliche Seite nachgab.[319]

Über die Arbeit der sechs Schiedsmänner erfahren wir nichts. Man kann aber wohl davon ausgehen, dass die Gegensätze, die Kaiser und Liga von Anfang an trennten, auch in ihren Verhandlungen unverändert aufeinander prallten. So brachen sie ihre Bemühungen um einen dauerhaften Frieden schließlich gleichfalls ohne Resultat ab.[320]

Wie geplant, erarbeiteten die Konsuln Cremonas am Ende einen eigenen Schiedsspruch, der gewisse Ansätze zu einer vermittelnden Lösung enthielt. Er gestand den Ligastädten die gewünschte Unabhängigkeit zu, überließ andererseits dem Kaiser ein geräumtes Alessandria. Ohne Scheu vertrat er daneben die Sonderinteressen Cremonas.[321] Den Abbruch der Friedensbemühungen vermochte das Dokument indessen nicht zu verhindern. Vermutlich befriedigte sein Inhalt weder den Kaiser noch den Städtebund, und der Hinweis auf Crema verstärkte wohl noch die Spannungen zwischen Cremona und seiner Konkurrentin Mailand.

Barbarossa gelang wohl im November 1175 die Schlichtung des Pisa und Genua trennenden Dauerstreites, wobei er Sardinien nun offenbar den beiden Städten je zur Hälfte zusprach. Schon seit dem Sommer war er freilich wieder in Gefechte mit Alessandria und dessen Bundesgenossen verwickelt, und es ließ sich nicht verbergen, dass er unbedingt militärische Verstärkung brauchte, wenn er sich behaupten wollte. So forderte er gegen Ende des Jahres die Fürsten in Deutschland dringend auf, ihm zusätzliche Truppen heranzuführen.[322]

Besondere Hoffnung setzte Friedrich Barbarossa in seiner bedrängten Lage auf Heinrich den Löwen. Da dieser den ungeschmälerten Bestand seiner Stellung in Sachsen zu einem guten Teil dem kaiserlichen Einsatz verdankte, lag es für Friedrich nun nahe, ihn bei einer persönlichen Begegnung um seine dringend erforderliche Hilfe zu bitten, und in der Tat wissen zahlreiche Quellen von diesem Treffen. Zwar erlebte keiner der Berichterstatter das Ereignis aus der Nähe, doch mancher hatte immerhin gute Kontakte zum staufischen oder welfischen Hof.

5 Friedrich I. Barbarossa

Die Berichte unterscheiden sich deshalb im Einzelnen stark. Sie alle jedoch sind sich darin einig, dass die von Barbarossa gewünschte Begegnung mit Heinrich tatsächlich stattfand, dass der Kaiser dringend seines Vetters Hilfe erbat, dass er an dessen ablehnender Haltung letztlich indes nichts zu ändern vermochte.[323]

Friedrich und Heinrich trafen sich wohl während des Herzogs letztem Bayernaufenthalt im Januar oder Februar 1176. Für den von Otto von St. Blasien genannten Gesprächsort Chiavenna (nördlich des Comer Sees) spricht also immerhin, dass er Heinrich eine allzu umständliche Reise ersparte.[324] Schwerer fällt es dagegen zu entscheiden, ob sich der Kaiser tatsächlich Heinrich zu Füßen warf und dieser ihn aufhob. Ganz ähnlich lässt sich kaum eindeutig klären, ob der Herzog als Gegenleistung für seine Teilnahme am Feldzug die Belehnung mit der Stadt Goslar forderte oder aber sich grundsätzlich weigerte, persönlich teilzunehmen.

Ziemlich einhellig machten sich unsere Autoren allerdings die offenbar weit verbreitete Auffassung zu eigen, dass Heinrich in Anbetracht der vom Kaiser erfahrenen Unterstützung schon aus Dankbarkeit verpflichtet gewesen wäre, ihm zu Hilfe zu eilen. Dass er diesen Schritt verweigerte, betrachteten sie als neuerlichen Beweis seines Hochmuts. In der Tat bestimmte den Herzog das Bewusstsein der Unabhängigkeit wohl auch bei seiner Reaktion auf das kaiserliche Anliegen. Eine Italienfahrt mit ihren Gefahren konnte seine überragende Stellung leicht zunichte machen. Die Abwesenheit des Kaisers hingegen mochte er als willkommene Gelegenheit betrachten, den Ausbau seiner glanzvollen Position in Deutschland weiter voranzutreiben.[325]

Barbarossa kehrte wohl recht enttäuscht nach Pavia zurück. Wenigstens gelang es ihm im März, die Stadt Tortona, einst seine standhafte Gegnerin, durch eine Reihe sehr weitgehender Zusagen als seine Verbündete zu gewinnen. Dazu konnte Christian eben jetzt melden, dass er östlich von Rom ein Heer Wilhelms II. von Sizilien besiegt hatte.[326]

Vor allem aber nahte das Entsatzheer aus Deutschland. Begleitet von einer kleinen Truppe eilte Friedrich ihm entgegen und bereitete ihm Mitte Mai 1176 bei Como einen freudigen Empfang. Gemeinsam zog man dann nach Pavia, suchte dabei Mailand im Westen zu umge-

5.16 Militärische Misserfolge und der Friedensschluss mit Papst Alexander

hen, verwüstete freilich das Umland der Stadt, ohne mit ernstlicher Gefahr zu rechnen. Indessen hatten die Mailänder jedoch von der Ankunft der vom Kaiser gewünschten Verstärkung erfahren und ihre Bundesgenossen alarmiert. So sah sich das kaiserliche Heer am Morgen des 29. Mai bei Legnano (nordwestlich von Mailand) völlig unerwartet dem großen, wohl vorbereiteten Heer der lombardischen Liga gegenüber. Trotzdem entschieden sich Kaiser und Fürsten im Vertrauen auf die überlegene militärische Erfahrung ihrer Mitstreiter für den Kampf, und ihre Gegner wichen zunächst tatsächlich zurück. Um Mailands Fahnenwagen aber scharte sich die Masse der lombardischen Fußtruppen und verteidigte dieses Symbol städtischer Unabhängigkeit mit Mut und Leidenschaft. Zahlreiche Ritter fanden den Tod, andere gerieten in Gefangenschaft, und die unversehrt Gebliebenen flohen schließlich, zumal auch der Kaiser für tot galt.[327]

Zwar erschien Friedrich, der verletzt nach Como entkommen war, nach einigen Tagen in Pavia, und die Verluste des kaiserlichen Heeres erwiesen sich wohl als nicht so groß, wie befürchtet. Dennoch empfand man die Niederlage, die man gleich beim ersten ernsthaften Zusammenstoß mit dem Lombardenbund erlitten hatte, gewiss einhellig als tiefe Schmach. Vor allem die geistlichen Fürsten drängten den Kaiser offenbar, sich jetzt intensiv um Frieden zu bemühen, und manche zeitgenössischen Beobachter bestätigen, dass er von guten Beratern ermahnt, in Demut entschlossen war, nach Kräften für ein Ende des Schismas zu sorgen.[328]

Barbarossa sah damals wohl tatsächlich die Problematik weiterer militärischer Unternehmungen und war deshalb grundsätzlich zum Friedensschluss mit dem lombardischen Städtebund und mit Alexander bereit. Freilich suchte er die dabei notwendigen Abstriche von seinen Idealvorstellungen so klein wie möglich zu halten. Diesem Ziel sollten gewiss die verschiedenen Aktivitäten des kaiserlichen Hofes seit dem Sommer 1176 dienen. Christian von Mainz sorgte weiter für die Festigung der Position des Reiches in Mittelitalien und sah sich im September sogar zur Zerstörung der Stadt Fermo gezwungen. Friedrich selbst bemühte sich, Como durch Versprechen auf seiner Seite zu halten und wie bereits Tortona nun auch Cremona ganz für sich zu gewinnen. Das gelang ihm, musste jedoch teuer erkauft werden. Auf

Cremonas Wunsch erklärte der Kaiser sich sogar den Konsuln der Ligastädte gegenüber bereit, Friedensgespräche zu führen und jenes Schriftstück anzuerkennen, das ihm die Cremonesen vorgelegt hatten. Die Annahme liegt nahe, dass es sich um die zweite Fassung des Cremoneser Schiedsspruches vom Mai 1175 handelte und Friedrich sich seiner etwas unpräzisen Formulierung bewusst bediente. Die zweite Version des Schiedsspruchs stieß bei den Repräsentanten der Lombardenliga indes so wenig auf Resonanz wie die erste.[329]

Nach dem Fehlschlag dieses neuerlichen Kontaktversuches rückten die Gespräche mit den Vertretern Alexanders III. immer stärker in den Mittelpunkt. Barbarossa, dem wohl ernsthaft am Frieden mit Alexander lag, vertraute seine Vorstellungen im Sommer 1176 zunächst erneut seinem Verwandten, dem Kartäuserkonversen Dietrich an. Vermutlich dank dessen Vermittlung zog er auch den Zisterzienserabt Hugo von Bonnevaux (östlich von Vienne) ins Vertrauen, und bald beteiligte sich dieser zusammen mit Dietrich und Bischof Pontius von Clermont an den inzwischen in Gang gekommenen Verhandlungen mit den Beauftragten des Papstes. Ihr Wirken muss sehr hilfreich gewesen sein, denn nach dem endgültigen Friedensschluss berichtete Friedrich den Zisterziensern voller Lob vom wertvollen Einsatz der drei Vermittler, und Alexander hob ihre Verdienste ebenso stark hervor.[330]

Wir wissen über die damals geführten Gespräche freilich nur, dass die schriftliche Fixierung eines Vorfriedens erst während der von Ende Oktober bis Anfang November in Anagni stattfindenden Unterredungen gelang. Dabei fiel auf Barbarossas Seite die entscheidende Rolle bewährten Beratern zu: Christian von Mainz, Konrad von Worms, Wortwin, dem Protonotar, und Wichmann von Magdeburg.[331]

Eben Wichmann soll den Erfolg der Verhandlungen in Anagni ganz wesentlich dadurch ermöglicht haben, dass er den widerstrebenden Kaiser unter Ausnützung von dessen Unsicherheit, vielleicht auch Krankheit, dazu veranlasste, sich durch einen Eid völlig seinen Forderungen und Ratschlägen zu fügen.[332] Von einem solchen Schritt Friedrichs berichtet freilich nur der Patriarch Ulrich von Aquileia Anfang November 1176, wobei er übrigens Konrad von Worms gleichberechtigt neben Wichmann stellt. Er verdankte die Neuigkeit seinem Ge-

5.16 Militärische Misserfolge und der Friedensschluss mit Papst Alexander

währsmann Wecel von Camino und Wecel seinerseits sehr wahrscheinlich den beiden päpstlichen Legaten, die er auf seiner Heimreise in Ferrara traf. Diese aber brachten aus Rom oder Anagni, was das interne Geschehen am Kaiserhof anlangte, allenfalls Gerüchte mit, schwerlich zuverlässige Schilderungen wichtiger Details aus den Beratungen des Kaisers mit seinen engsten Vertrauten. Ulrich bezeichnete die Nachricht denn auch einigermaßen distanziert als Gerücht.[333]

In der Tat erwähnen weder Alexander noch Kardinal Boso den fraglichen kaiserlichen Eid. Wohl zutreffend redet Boso vielmehr von weitgehenden Vollmachten der kaiserlichen Gesandten wie auch von kaiserlichen Weisungen, an die sie sich strikt hielten. Dem entspricht, dass Barbarossa ganz grundsätzlich mit Eidesleistungen äußerst zurückhaltend war. Reichsfürsten gegenüber gab es bis 1176 offenbar keine einzige derartige kaiserliche Bindung.[334]

Wahrscheinlich am 21. Oktober 1176 gelangte die kaiserliche Delegation nach Anagni, wo Alexander selbst sie empfing. Danach begannen in kleinem Kreis die Verhandlungen. Fünfzehn Tage später einigten sich die Unterhändler auf einen Vorvertrag, in dem die kaiserliche Seite weitgehende Zugeständnisse machte.[335]

Kaiser, Kaiserin und Heinrich, ihr Sohn, erkannten darin Alexander als Papst an und gelobten, ihm und der römischen Kirche wahren Frieden zu gewähren und ihre Regalien und Besitztümer, die römische Präfektur mit Ausnahme einzelner Rechte sowie insbesondere die Mathildischen Güter zurückzugeben. Alexander nahm seinerseits den Kaiser samt Gattin und Sohn wieder in die Kirche auf, anerkannte ihre herrscherliche Stellung und sagte ihnen und ihren Anhängern Frieden zu.

Ausführlich behandelte man die Frage der schismatisch geweihten Bischöfe, bestätigte Christian von Mainz und Philipp von Köln in ihrem Amt, wies dem früheren Mainzer Erzbischof Konrad das erste in Deutschland frei werdende Erzbistum zu, sah für Halberstadt die Wiedereinsetzung Ulrichs vor, für eine Reihe anderer Bischöfe eine Überprüfung und für den Gegenpapst Calixt und seine Kardinäle die Rückverweisung in ihre früheren Positionen.

Indes war Alexander fest gewillt, nur zusammen mit seinen Verbündeten Frieden mit Kaiser Friedrich zu schließen. Dieser jedoch wünschte, um die Einheit seiner Gegner aufzubrechen, zunächst mit Alexander allein eine Einigung herbeizuführen. Immerhin legte man dann fest, dass für den Frieden zwischen dem Kaiser und den Bundesgenossen des Papstes gewählte Vermittler sorgen sollten, im Fall ihres Scheiterns ein von Kaiser und Papst bestimmtes Mittlergremium.[336] Alexander konnte mit dem Erreichten hoch zufrieden sein. Freilich war er sich wie die übrigen Konferenzteilnehmer darüber im Klaren, dass noch manche Fragen der Lösung bedurften, die sich nur im Rahmen weiterer Verhandlungen werde finden lassen. Grundsätzlich sah er dem weiteren Gang der Dinge aber durchaus mit Zuversicht entgegen und rechnete offenbar fest damit, bald das verabredete, den allgemeinen Frieden bestätigende Konzil einberufen zu können.[337]

Barbarossa ging vermutlich davon aus, dass Alexander das ihm gemachte außerordentlich günstige Friedensangebot kaum wieder aus der Hand geben werde. Er suchte deshalb energisch, das insbesondere bei den Lombarden durch die Geheimverhandlungen in Anagni geweckte Misstrauen zu nähren und so ihr Zusammenwirken mit Alexander zu stören. Wohl um seine Gegner zu spalten, lud er deshalb zu einem für den 2. Februar 1177 in Ravenna anberaumten Friedenskonzil. Mit seiner Aktion schien er das Gerücht zu bestätigen, dass er und der Papst Frieden geschlossen hätten, und diese Kunde verbreitete sich in der Lombardei nun offenbar sehr rasch. Zwar suchte Alexander klar zu machen, dass vom Frieden noch keine Rede sein könne und er selbst auch niemals einen derartigen Schritt ohne die Lombardenliga tun werde. Doch deren Repräsentanten begegneten ihm künftig dennoch mit Skepsis, und viele Lombarden blieben überzeugt, dass er sie im Stich gelassen habe.[338]

Wie versprochen, gewährte Friedrich dem Papst samt seinen Begleitern Sicherheit und einigte sich mit dessen Gesandten auf Bologna als den Ort weiterer Friedensverhandlungen. Ende Januar 1177 fand er sich dann zusammen mit einer offenbar beachtlichen Zahl geistlicher und weltlicher Würdenträger zu dem geplanten Konzil in Ravenna ein. Geleitet von Christian von Mainz erschienen in Ravenna freilich auch Kardinäle, die im päpstlichen Auftrag meldeten, dass Alexander der stürmischen See wegen seine Schiffsreise noch nicht antreten könne. Darauf beschloss man, das Konzil zu vertagen. Der Papst gelangte in

5.16 Militärische Misserfolge und der Friedensschluss mit Papst Alexander

der Tat erst am 24. März nach Venedig, wo ihn der Doge, zahlreiche Bischöfe und die Einwohnerschaft feierlich empfingen.[339] Friedrich Barbarossa hatte die Zwischenzeit unter anderem dazu genutzt, Tortona fester an sich zu binden oder nach dem Tod von Heinrich Jasomirgott dessen Sohn Leopold (V.) mit dem Herzogtum Österreich zu belehnen.[340] Als er dann von Alexanders Ankunft hörte, sandte er sofort eine von Erzbischof Wichmann geführte Delegation zu ihm, die erreichen sollte, dass die bevorstehenden Verhandlungen nicht in Bologna stattfanden, da sich Christian von Mainz dort nicht sicher fühle. Statt dessen schlugen sie Venedig oder Ravenna als Tagungsorte vor.

Wie umständlich und schwierig die kommenden Gespräche zu werden drohten, zeigte sich rasch noch deutlicher, denn Alexander hielt es für angebracht, den kaiserlichen Wunsch mit allen Beteiligten zu besprechen, sie einigten sich dann in Ferrara darauf, dass Papst, Kaiser und Lombardenliga je sieben Unterhändler für die geplanten Friedensverhandlungen bestimmen sollten. Ein heftiger Streit entbrannte indes über die Frage nach dem Tagungsort, da die kaiserlichen Boten für Venedig eintraten, während die Lombarden auf Bologna beharrten. Erst nachdem der Doge und die Einwohner Venedigs auf päpstlichen Wunsch den Lombarden volle Sicherheit in ihrer Stadt zugesagt hatten, einigte man sich schließlich auf Venedig.[341]

So tagten dort seit Mitte Mai 1177 die je siebenköpfigen Delegationen von Papst, Kaiser und Lombardenliga. Dem Wunsch Alexanders folgend, wandten sie sich gleich zu Beginn der heikelsten Aufgabe zu, einen Weg zum Frieden zwischen Kaiser und Lombardenbund zu finden. Im Lauf der Diskussion über dieses Problem stellte Christian von Mainz, der jetzt auf der kaiserlichen Seite in den Vordergrund trat, die Lombarden im Namen Barbarossas vor die Wahl, entweder dem Herrscher in allem, was ihm gebühre, sein Recht zukommen zu lassen, oder die zu Roncaglia getroffenen Entscheidungen anzuerkennen, oder aber ihm das zuzugestehen, was ihm ihre Vorfahren zur Zeit Heinrichs IV. gaben. Wie zu erwarten, lehnte der Mailänder Vertreter der Liga diese Vorschläge allesamt ab. Stattdessen bot er dem Kaiser jene Leistungen an, die Friedrichs Vorgänger seit Heinrich V. empfangen hatten. Finde er daran kein Gefallen, so sei die Liga auch mit einem Frieden auf der Basis des von den Cremonesen vorgelegten Schiedsspruchs einverstanden. Es folgte eine lange Debatte über den Inhalt des Cremoneser Spruches. Die beteiligten Parteien deuteten einzelne Passagen ganz unterschiedlich, da wohl beide Fassungen im Umlauf waren. Jedenfalls verlor Alexander nach Tagen unergiebiger Diskussionen offenbar den Glauben an einen Friedensschluss in absehbarer Zeit, und er begann um seinen Frieden mit dem Kaiser zu bangen. Deshalb schlug er vor, Friedrich möge zunächst mit dem Lombardenbund wenigstens einen Waffenstillstand von sechs Jahren und mit Wilhelm von Sizilien einen fünfzehn Jahre währenden Frieden vereinbaren.[342]

Die kaiserlichen Gesandten mussten einen solch neuen Vorschlag freilich dem Kaiser vorlegen, der sich seit Ende Mai nördlich von Ravenna im Kloster Pomposa aufhielt. Über Friedrichs Reaktion informiert uns, wie über die Verhandlungen in Venedig überhaupt, allein Erzbischof Romuald von Salerno. Er berichtet, Friedrich habe nach Anhörung des päpstlichen Wunsches wütend seinen Legaten vorgeworfen, die Interessen des Papstes zu vertreten, und ihnen befohlen, Alexander die Ablehnung seines Anliegens zu melden. Insgeheim jedoch habe er seinen Kanzler Gottfried mit einer zweiten Gruppe gleichfalls nach Venedig gesandt mit dem Auftrag, Alexander sowie zwei von ihm ausgewählte Kardinäle ohne Wissen der ersten Delegation davon zu unterrichten, dass er bereit sei, den päpstlichen Vorschlag anzunehmen, allerdings nur, wenn Alexander ihm eine Bitte erfülle, welche die Gesandten nur den beiden Kardinälen schildern durften, die dem Papst dann zu- oder abraten sollten. Allerdings habe Alexander dann erfahren, dass Friedrich die Einnahmen aus den Mathildischen Gütern für fünfzehn Jahre, das Besitzrecht jedoch auf Dauer beanspruche. Er aber habe darauf bestanden, dass das Land wieder in den Besitz der Kirche überging.[343]

Romuald nahm als Legat des sizilischen Königs an den Beratungen in Venedig teil. Freilich neigte er bei der Schilderung des Geschehens, von der Hervorhebung seiner eigenen Bedeutung abgesehen, zuweilen zu fast dichterischer Ausschmückung. Gewiss kam es während der schwierigen Verhandlungen jener Tage auch zwischen dem Kaiser und seinen Beratern zu Meinungsverschiedenheiten. Doch dass er seine

5.16 Militärische Misserfolge und der Friedensschluss mit Papst Alexander

wichtigsten Mitstreiter des Verrats bezichtigte, als sie ihn in Pomposa von der Anregung des Papstes unterrichteten und ein darauf abgestimmtes Mandat erwarteten, das lässt sich nur schwer glauben, denn es gab keinerlei Grund für dieses ganz sinnlos erscheinende Verhalten. Auch hier muss man sich außerdem fragen, woher der Autor sein Wissen über Vorgänge im engsten kaiserlichen Beraterkreis überhaupt beziehen konnte.

Dass seine Geschichte von der zum Papst reisenden zweiten, geheimen Delegation nicht der Wahrheit entspricht, verrät der Brief, den Kaiser Friedrich dem Patriarchen Ulrich von Aquileia schrieb. Er erzählte Ulrich dort nämlich, dass ihn Christian von Mainz und Philipp von Köln in ihrem eben erstatteten Bericht über den Gang der Dinge in Venedig sehr lobend erwähnt hätten, und kündigte ihm an, dass die beiden Erzbischöfe und sein Kanzler Gottfried ihn mündlich über seine weiteren Absichten informieren würden. Die drei Gesandten reisten also offensichtlich gemeinsam und gleichermaßen eingeweiht in den zu erledigenden Auftrag zurück nach Venedig.[344] Friedrich aber wandte sich, empört über den Aufschub der Friedensverhandlungen, wohl eben damals nach Crescena, um Alexander sein Desinteresse an einem Frieden um jeden Preis zu zeigen und ihn so nachgiebiger zu stimmen.

Über den Fortgang der Verhandlungen erfahren wir kaum etwas, über die damals möglicherweise erzielten Resultate nichts. Schließlich wies Christian von Mainz den Papst wohl eindringlich auf die Gefahr hin, dass der Kaiser ohne Friedensschluss abreise, woraufhin Alexander, einer Anregung Christians folgend, Friedrich gestattete, sich zur Erleichterung der Kontakte nach Chioggia (unmittelbar südlich von Venedig) zu begeben.

Wohl um den 10. Juli traf Barbarossa in Chioggia ein,[345] und danach begann die Debatte über die noch offenen Fragen, vermutlich auch über den Ablauf der Anerkennung Alexanders als des rechtmäßigen Papstes durch Friedrich wie umgekehrt seiner kaiserlichen Würde durch Alexander. Die Ausgestaltung dieser Vorgänge war gewiss für beide Seiten von höchster Bedeutung, fanden sie doch zum großen Teil in der Öffentlichkeit statt.

Der Abschluss der Verhandlungen verzögerte sich etwas, weil ein Teil der Bürgerschaft Venedigs den Kaiser in ihre Stadt zu holen wünschte. Die lombardischen Gesandten verließen darauf aus Furcht vor einem gefährlichen Umschwung die Stadt, und auch die sizilischen Gesandten bereiteten ihre Abreise vor. Bald jedoch schlug die Stimmung um, und der Aufruhr brach zusammen.[346] Das Ringen um den Frieden kam nach der nicht allzu langen Stockung rasch vollends zu einem Abschluss, den alle Parteien akzeptierten. Am 22. Juli 1177 unterzeichneten die kaiserlichen und päpstlichen Unterhändler den zwischen Kaiser und Papst, Kirche und Reich künftig geltenden Friedensvertrag, und zwei Gefolgsleute Friedrichs schworen vor dem Papst in seinem Auftrag bei seinem Seelenheil, dass er in Venedig noch einmal selbst seine Vertragstreue beschwören lassen und den Fürsten befehlen werde, den gleichen Eid abzulegen.

Der Vertragstext von Venedig entspricht weithin dem des Vorvertrags von Anagni, er enthält jedoch einige gewichtige Änderungen. Deutlich unpräziser als dort verpflichtete sich der Kaiser nun ganz allgemein und vorbehaltlich der Rechte des Reiches zur Rückgabe der römischen Präfektur und sonstigen Kirchenbesitzes, während der Papst seinerseits unter dem Vorbehalt kirchlicher Rechte die Rückgabe des in kirchlichen Besitz gelangten Reichsgutes versprach. Die konkreten Einzelregelungen mussten also erst getroffen werden. Statt dauerhaften Friedens schloss Barbarossa mit Wilhelm II. einen auf fünfzehn Jahre beschränkten Frieden, was dann allerdings ohne Bedeutung blieb. Mit den Lombarden hingegen vereinbarte er lediglich einen sechs Jahre langen Waffenstillstand. Gegen seinen Willen wahrte die Liga damit für eine weitere Zeitspanne die ihm abgetrotzte Selbständigkeit, und überdies entgingen ihm auch in den nächsten Jahren die wertvollen Einkünfte aus den Ligastädten. Dafür allerdings erhielt er einen gewissen Ersatz. Die Mathildischen Güter nämlich wurden im Vertrag von Venedig gar nicht mehr erwähnt. Um dieses Abkommen nicht doch noch zu gefährden, hatte sich Alexander offenbar dazu durchgerungen, Friedrich stillschweigend die beanspruchten Güter fürs Erste zu lassen.[347]

Gewiss vermochte Friedrich seine Position, am Vorvertrag von Anagni gemessen, merklich zu verbessern. Seine Abkehr vom Kampf gegen Alexander nahm vielen unter seinen Gegnern ihr Motiv. Darüber hinaus war es ihm gelungen, sich gewisse Einflussmöglichkeiten

5.16 Militärische Misserfolge und der Friedensschluss mit Papst Alexander

in Rom sowie territoriale Ansprüche in dessen weiterer Umgebung zu wahren. Die hart umkämpften Mathildischen Güter blieben nach wie vor in seiner Hand, und der Ausgang seiner Kontroverse mit dem Lombardenbund schien wieder offen. Andererseits hatte Alexander zwar auf manchen Erfolg um des Friedens willen wieder verzichtet, doch das Ende des Schismas bescherte ihm die uneingeschränkte päpstliche Autorität und versetzte ihn in die Lage, sich endlich ganz dem Kirchenregiment zu widmen. Er durfte überdies hoffen, dem Patrimonium Petri neue Festigkeit geben zu können. Gerade dabei hing er freilich von der Einsicht des Kaisers ab.

Wie vereinbart, brachten venezianische Schiffe am Tag nach der Vertragsunterzeichnung Friedrich und seine Begleiter von Chioggia zum Kloster San Nicolò im Norden der Insel Lido di Venezia. Am frühen Sonntagmorgen erklärten sie dort vor den vom Papst gesandten Kardinälen ihren Verzicht auf jede weitere Unterstützung des Schismas, gelobten Gehorsam gegenüber Alexander und wurden von der Exkommunikation losgesprochen. Darauf setzten alle Beteiligten nach Venedig über, und Friedrich schritt, begleitet vom Dogen, von seinen Fürsten sowie Fahnen und Kreuze tragenden Klerikern und Bürgern der Stadt, zur Kirche San Marco, vor deren Portal ihn Alexander, auf einem Thron sitzend, zusammen mit seinen Kardinälen, mit Patriarchen, Erzbischöfen und Bischöfen erwartete. Demütig trat der Kaiser vor ihn, legte seinen Mantel ab, warf sich vor ihm zu Boden und küsste seine Füße. Alexander hob ihn auf, küsste ihn zum Zeichen des Friedens, wies ihm den Platz an seiner Rechten zu und begrüßte ihn als Sohn der Kirche. Ihre Versöhnung erfüllte sämtliche Anwesenden mit großer Zufriedenheit, und sie stimmten voller Freude das Te Deum an. Unter dessen Klängen führte Friedrich den Papst in die Kirche, wo er von ihm den Segen empfing.

Als Alexander am Montag darauf zur Messe vor der Markuskirche erschien, eilte ihm der Kaiser entgegen und bahnte ihm den Weg ins Innere und zum Altar. Aufmerksam lauschte er darauf seiner Predigt. Nach dem Gottesdienst geleitete er den Papst ehrerbietig wieder zum Ausgang, hielt ihm den Steigbügel beim Besteigen des bereit stehenden Schimmels und ergriff den Zügel, um das Pferd zu führen. Nach wenigen Schritten verabschiedete sich Alexander indes segenspendend. Am

5 Friedrich I. Barbarossa

Nachmittag des nächsten Tages stattete ihm Friedrich dann einen gewissermaßen privaten Besuch ab, und während des offenbar heiteren Gesprächs kamen sich Kaiser und Papst wohl etwas näher.[348] Gewiss fiel Barbarossa der Vollzug des Friedenszeremoniells äußerst schwer, musste es doch als Eingeständnis seines achtzehn Jahre dauernden Irrtums gelten. Freilich vermochte er immerhin durchzusetzen, dass seine Lösung vom Kirchenbann an einem relativ abgelegenen Ort stattfand, sodass er Alexander nun im Beisein des in Venedig versammelten großen Publikums als rechtgläubiger Sohn und Beschützer der Kirche gegenübertreten und ihm die Ehrfurcht, die ihm als dem Nachfolger Petri zukam, in der bei solchen Begegnungen erwarteten Form insbesondere des Fußkusses und des Stratordienstes erweisen konnte. Alexander hob in seinen brieflichen Berichten über den Friedensschluss mit Barbarossa denn auch sehr deutlich das für ihn Entscheidende des Geschehens hervor, dass ihm nämlich der Kaiser stets mit der gleichen Demut begegnete wie seine Vorgänger den Päpsten ihrer Zeit. Indes kann man auch bei Barbarossa kaum von einer geradezu vernichtenden Niederlage reden. Seine Autorität nahm keinen ernstlichen Schaden, und mit der Anerkennung Alexanders befreite er sich überdies von einer immer schwerer gewordenen Belastung und Einengung seines Handlungsspielraumes. Ein Nachlassen seiner Aktivität lässt sich, gerade den Päpsten gegenüber, nach den Tagen von Venedig tatsächlich auch nicht erkennen.[349]

Am 1. August empfing der Papst, umgeben von seinen Kardinälen und Bischöfen, den Kaiser mit den ihn begleitenden Fürsten und seinen übrigen Gefolgsleuten, dazu die Gesandten König Wilhelms von Sizilien sowie die Repräsentanten des Lombardenbundes zu einer feierlichen Versammlung, die den Frieden zwischen der Kirche und dem Imperium endgültig besiegeln sollte. In seiner Begrüßungsansprache bekundete er seine Freude darüber, dass Gott die Gebete der Gläubigen erhört und zwischen seiner Kirche und dem römischen Imperium Eintracht herbeigeführt habe. Denn nun, da der Kaiser zur Kirche, seiner Mutter, zurückgekehrt sei, könne diese endlich in Frieden und Sicherheit leben.

Bevor der Kaiser darauf das Wort ergriff, legte er seinen Kaisermantel ab wie schon zuvor in der Markuskirche und wie dort wohl als

5.16 Militärische Misserfolge und der Friedensschluss mit Papst Alexander

Geste der Demut, doch möglicherweise zugleich, um seine Eingeständnisse als Taten allein des Menschen Friedrich zu kennzeichnen, als Akte somit, die seine kaiserliche Würde nicht berührten, sie deshalb nicht schädigen konnten. In seiner von Christian von Mainz übersetzten Rede bekannte er nämlich sehr offen, dass er, obwohl umstrahlt vom Glanz und Ruhm des Imperiums, doch als Mensch wie alle Menschen von Fehlern nicht frei sei, dass er sich auf dem rechten Weg geglaubt habe, als er den falschen einschlug. Dank Gottes Güte habe er seinen Irrtum noch rechtzeitig erkannt und auf den Weg der Eintracht zurückgefunden.

Wie im Friedensvertrag festgelegt, schwor anschließend Graf Heinrich von Diez auf Befehl des Kaisers bei dessen Seelenheil, dass der Herrscher die getroffenen Abmachungen einhalten werde. Gleiches beeideten danach wohl zehn der Vertrauten des Kaisers, die Gesandten des sizilischen Königs und schließlich die Repräsentanten der lombardischen Liga.[350] Die nächsten Tage galten dem Bemühen, die vielen offen gebliebenen Fragen zu klären. Christian von Mainz konnte seine Position endgültig sichern, nachdem es Alexander gelungen war, den Kardinal Konrad von Wittelsbach zum Verzicht auf Mainz und zur Übernahme des Erzbistums Salzburg zu bewegen. Auf die dortige Bischofswürde hatte zuvor Adalbert endgültig verzichtet. Nach Christians Tod im Jahr 1183 kehrte Konrad, jetzt ein verlässlicher Helfer des Kaisers, doch noch nach Mainz zurück und Adalbert darauf nach Salzburg.[351]

Das bereits im Friedensabkommen nur sehr pauschal angesprochene Problem der umstrittenen Territorien und Herrschaftsrechte hingegen ließ sich trotz intensiven Verhandelns auch jetzt nicht befriedigend lösen. Mit Missfallen hatte Alexander registriert, dass Barbarossa nicht nur wohl Anfang 1177 Konrad von Urslingen zum Herzog von Spoleto erhob, sondern während der entscheidenden Schlussphase der Friedensverhandlungen überdies Konrad von Lützelhardt zum Markgrafen von Ancona machte. Nun musste er sich dem Frieden zuliebe auch damit abfinden, dass der Kaiser letztlich nicht bereit war, auf die Mathildischen Güter sowie die westlich von Cesena gelegene Grafschaft Bertinoro mit ihrer die Via Emilia beherrschenden Burg zu verzichten. Immerhin sagte er zu, dass Christian von Mainz der Kirche ihre Regalien und Rechte in Rom und Umgebung notfalls mit Heeresgewalt wieder verschaffen werde. Er bekannte sich also zu seiner kaiserlichen Verpflichtung, Papst und Kirche zu verteidigen.[352]

Am 14. August trafen sich alle nach Venedig gekommenen Geistlichen, Fürsten und Gesandten noch einmal in San Marco zu einer von Papst und Kaiser gemeinsam geleiteten Friedensfeier, um der wiedergewonnen Einigkeit zu gedenken und sie zu bekräftigen. Mit dem bejahenden Rufen bestätigten die Anwesenden am Ende den von Alexander verkündeten Beschluss, dass jeder, der den besiegelten Frieden störe oder breche, exkommuniziert werde.[353]

Im Übrigen nutzte Barbarossa seinen Aufenthalt in Venedig dazu, den bereits bestehenden Vertrag mit dieser Stadt zu erneuern und dem Dogen sowie den Venezianern eigens das Recht auf ungehinderten Handel in seinem ganzen Machtbereich zuzusichern.[354] Vor allem jedoch lag ihm offenkundig daran, die eben vereinbarten friedlichen Beziehungen zu Wilhelm II. von Sizilien nun, im Unterschied zu 1173, weiter auszugestalten, und zuvorkommend empfing er denn auch des Königs Gesandten und Romuald von Salerno, ihren Führer. Dieser überbrachte die Grüße seines Herrn, der den Kaiser nie als seinen Feind betrachtet und Kriege stets nur gegen die Ungläubigen geführt habe. So bitte er den Kaiser, den speziellen Sohn der Kirche, ihm seine besondere Liebe zu schenken. Friedrich dankte, lobte die Legaten und bekannte, dass auch er sich nur an ungestörte Eintracht mit dem König erinnere. Deshalb biete er diesem so hoch verdienten Fürsten gerne Frieden und seine echte Liebe an. Am Ende erhielten die Gesandten eine Urkunde, anhand deren sich ihr König zuverlässig über den Inhalt des Friedensvertrags mit dem Kaiser informieren konnte. Wie vereinbart, erschienen im Sommer 1178 dann zwei kaiserliche Boten am sizilischen Hof, vor denen König Wilhelm schwören ließ, dass er den Vertrag einhalte, worauf seine Fürsten ihre Vertragstreue ebenfalls beschworen.[355]

In einem am 17. September ausgefertigten Dokument versicherte Friedrich dem Papst noch einmal, dass er den Frieden zwischen Kirche und Imperium, soweit es an ihm liege, einhalten werde. Er versprach, für dessen Geltung sogar besonders aufmerksam zu sorgen, habe Gott das hohe Amt des Kaisers doch geschaffen, damit sein Inhaber der

Welt Frieden schenke. Unmissverständlich bekannte er sich zu seiner Überzeugung, dass er sein kaiserliches Amt unmittelbar von Gott empfangen habe.[356]

5.17 Des Kaisers durch Burgund führende Heimreise und Christians Einsatz für den Papst

Am nächsten Tag reiste der Kaiser zunächst nach Cesena, um Bertinoro in Besitz zu nehmen, informierte sich dann über die Lage in der Mark Ancona und im Herzogtum Spoleto und wandte sich nach dem Weihnachtsfest der Toskana zu. Christian von Mainz jedoch zog zusammen mit Konrad von Worms Anfang Januar 1178 in des Kaisers Auftrag nach Süden, um Alexander nach Rom zu führen.[357]

Christians Aufgabe erwies sich schnell als äußerst schwierig. Die Römer und die Kommunen im Patrimonium Petri waren nämlich nicht bereit, auf den Machtzuwachs zu verzichten, der ihnen während des Schismas zugefallen war. Zunächst schien es Christian indes am wichtigsten, Alexander nach Rom zurückzuführen. Die unter seiner Obhut dort verhandelnden Kardinäle kamen mit den Vertretern der Stadt in der Tat überein, dass der Papst die Peterskirche und die Regalien zurückerhalte, dass die Senatoren ihm einen Treueid leisten und ihn als Stadtherrn anerkennen sollten, während er umgekehrt den Senat akzeptierte. Die Römer beschworen den Pakt, und am 12. März 1178 traf Alexander mit seinen Kardinälen in Rom ein. Festlich empfangen von Klerus, Senatoren, Adel und Volk, begleitet und beschützt von Christian, zog er zum Lateranpalast.[358]

Bald stieß die neuerliche Etablierung der päpstlichen Herrschaft freilich auf wachsenden Widerstand der Römer und maßgebender Adelsfamilien aus der Region. Dazu kam unerwartete Unterstützung vom Markgrafen von Montferrat. Wilhelm, bisher ein verlässlicher

Helfer Barbarossas, begann sich damals, von ihm zu distanzieren, weil dessen Annäherung an Lombardenstädte wie Tortona seinen eigenen Interessen erheblich zu schaden drohte, und sein Sohn Konrad trat nun sogar offen für die Gegner der kaiserlichen Politik im Kirchenstaat ein.

Dennoch vermochte Christian immerhin Viterbo zu verteidigen, und dank dieses Erfolges stabilisierte sich auch Alexanders Stellung in Rom. Zum März 1179 konnte er sogar das dritte Laterankonzil einberufen. Es erlangte besondere Bedeutung, weil er dort beschließen ließ, dass künftig nur derjenige als rechtmäßiger Papst gelte, den mindestens zwei Drittel der anwesenden Kardinäle gewählt hatten. Die Regelung sollte sich bewähren.

Alexander freilich verließ die Stadt bereits im Juli wieder, um sie bis zu seinem Tod im August 1181 nicht mehr zu betreten. Im September 1179 geriet überdies Christian von Mainz in die Gefangenschaft Konrads von Montferrat, aus der er sich erst Ende 1180 freizukaufen vermochte. Natürlich nützten seine Gegner diese Zeit, und Alexanders Nachfolger Lucius III. hielt es rasch für unmöglich, weiter in Rom zu bleiben, weil dessen Einwohner den päpstlichen Besitz fast vollständig ausgeplündert hatten. Allerdings war er nach wie vor auf Christians Schutz dringend angewiesen. Umso schwieriger wurde seine Lage, als Christian im August 1183 in Tusculum starb. Daran vermochte auch der vom Kaiser zum Kampf gegen diese Missstände beauftragte Reichslegat Berthold von Hochkönigsburg nichts zu ändern.[359]

Barbarossa hatte Anfang 1178 Pisa und Genua besucht, um diese wichtigen Seestädte weiterhin an sich zu binden. Sein anschließender, ausgedehnter Aufenthalt in der Gegend von Pavia und vor allem in Turin diente der Sicherung der verlässlichen Zentren im westlichen Norditalien und vielleicht ebenso der Beobachtung der von ihm sehr ernst genommenen Distanzierungstendenz der Adelsfamilien um den Markgrafen von Montferrat.[360]

Mitte Juli verließ der Kaiser die Region Piemont und nach der Überwindung des Mont Genèvre der Durance folgend gelangte er zusammen mit Beatrix, seinem jüngsten Sohn Philipp und den übrigen Begleitern am 26. Juli in die lange schon von keinem Herrscher mehr besuchte Stadt Arles. Friedrich selbst hatte immerhin bereits 1164 ihre

5.17 Des Kaisers durch Burgund führende Heimreise

Kirche in einem Privileg für den dortigen Erzbischof Raimund als Haupt der Provence und eine herausragende Stätte des Imperiums gerühmt, sich jedoch erst im Herbst 1170 wieder ausgiebiger mit den Verhältnissen in Burgund beschäftigt. Dabei schenkte er vor allem dem Süden des Königreiches Aufmerksamkeit. Seine Reise führte ihn wenigstens bis nach Givors im Süden von Lyon, und er erneuerte den Kontakt mit Raimund von Arles.[361]

Zweifellos jedoch brachte der Sommer 1178 den Höhepunkt der kaiserlichen Präsenz im Königreich Arelat. Als ungewöhnlich musste bereits gelten, dass sich der Herrscher persönlich in Arles einfand, als einzigartig jedoch, dass er sich hier zum König von Burgund krönen ließ. Am 30. Juli empfing er im Rahmen eines glanzvoll gestalteten Hoftags die burgundische Krone. Ein Festmahl schloss sich an, danach konnten die Bürger von Arles einen feierlichen Umzug und insbesondere die dem Kaiser voran getragenen Reichsinsignien bestaunen. Am 15. August folgte auf Friedrichs Veranlassung in Vienne die Krönung seiner Gemahlin Beatrix.

Noch an seinem Krönungstag ließ Friedrich ein Privileg für die Kirche von Arles ausstellen, in dem er ihr die Immunität verlieh. Gleich zu Beginn indes erinnerte er an ihre Zugehörigkeit zum Imperium und rühmte sie als die seit alters führende Stätte des Königreichs Burgund. Er stellte damit zugleich Arles an die Seite der andern Krönungsorte des Imperiums und wies auf die den übrigen Königreichen des Imperiums ebenbürtige Stellung Burgunds. Daraus folgte allerdings, dass dessen Bevölkerung gehalten war, die kaiserliche Autorität und Herrschaft anzuerkennen. In der Tat gelang es Friedrich, diesen Anspruch in Arles wie beim Besuch wichtiger anderer Städte des burgundischen Südens in hohem Maße zu verwirklichen. Freilich blieb es dabei, dass sich der Norden des burgundischen Regnums schon wegen der dort mit dem Erbgut der Beatrix gegebenen territorialen Basis auf Dauer leichter beeinflussen ließ als der fernere, überdies dem Zugriff starker auswärtiger Mächte ausgesetzte Süden.[362]

5.18 Der Sturz Heinrichs des Löwen

Im Oktober 1178 reiste Friedrich durch das Elsass nach Speyer, und dort empfingen ihn am 11. November die Fürsten. Offenbar nützte Heinrich der Löwe die Zusammenkunft sofort, um sich bei seinem kaiserlichen Vetter heftig über Philipp von Köln zu beschweren, worauf der Erzbischof wie auch andere Anwesende ihrerseits bittere Klage über das Vorgehen des Herzogs führten. Friedrich vertagte die Angelegenheit bis zu dem für Januar in Worms angekündigten Hoftag, er lud Heinrich dazu jedoch ausdrücklich vor, damit dieser sich dort gegen die fürstlichen Vorwürfe verteidige. Anders als bisher gedachte er nun zwar offensichtlich, von Anfang an den Weg des Gerichtsverfahrens einzuschlagen, dennoch sollte ihn die Sache erneut geraume Zeit beschäftigen.[363]

Allzu sehr dürfte den Kaiser weder der neuerliche Streit überrascht haben noch die Tatsache, dass Philipp an der Spitze der Gegner des Löwen stand. Es war ihm gewiss nicht entgangen, mit welcher Energie und Zielstrebigkeit der Erzbischof die Jahre von 1168 bis 1174 nützte, um die Ansätze Rainalds weiterzuführen und in einem bis dahin unbekannten Ausmaß im Kölner Herzogtum wie östlich des Rheins in Westfalen Burgen und Güter zu erwerben, die in aller Regel als Lehen wieder an ihre früheren Besitzer zurückfielen. Dass diese Maßnahmen Heinrich dem Löwen schadeten, war Friedrich sicher bewusst.[364]

Zu ersten Gefechten zwischen Anhängern des Löwen und des Kölner Erzbischofs kam es denn auch bereits, ehe Philipp, wohl gegen Ende 1177, von Venedig nach Köln heimkehrte,[365] um nun sofort selbst entschlossen zum Kampf gegen den Herzog zu rüsten. Auch Bischof Ulrich von Halberstadt geriet damals mit Heinrich in Konflikt, weil dieser sich weigerte, ihm Lehen den zu Venedig gefassten Beschlüssen gemäß zurückzugeben. So kamen Philipp und Ulrich überein, Ende Juni 1178 ein Bündnis gegen den sächsischen Herzog zu schließen, und kurz danach zog Philipp mit seinem Heer durch Westfalen und verwüstete das Land, wo immer er damit Heinrich Schaden zufügen konnte. Zwar vermochte Wichmann von Magdeburg schließlich einen Waffenstillstand herbeizuführen. Doch nun wandte sich

5.18 Der Sturz Heinrichs des Löwen

Heinrich gegen Ulrich und befahl die Zerstörung der südlich von Halberstadt im Bau befindlichen neuen Burg des Bischofs. Sein stattliches Heer erlitt allerdings große Verluste und flüchtete.[366] Friedrich begegnete seinem Vetter Heinrich vermutlich schon nach dessen Rückkehr von seiner Pilgerfahrt mit einer gewissen Zurückhaltung, trat doch des Herzogs stolzes Bewusstsein seines überragenden Ranges nun dominanter noch als vorher zutage. Es bestimmte ihn 1174 wohl dazu, die Teilnahme am bevorstehenden Italienzug erneut zu verweigern. Des Kaisers Vorbehalte wuchsen sicher Anfang 1176 nach Heinrichs äußerst enttäuschender Reaktion auf seine dringende Bitte um militärische Hilfe noch weiter. Ein erstes Zeichen seiner Abwendung kann man wohl darin sehen, dass er im Friedensdokument von Venedig vermutlich auf Wunsch Wichmanns von Magdeburg oder Philipps von Köln jene Bestimmungen akzeptierte, sie möglicherweise sogar mit veranlasste, wonach Ulrich, der von Heinrich verdrängte Vorgänger Geros, sein Halberstadter Amt sofort wieder ausüben und in Bremen der 1168 auf Drängen des Löwen nicht berücksichtigte Siegfried nach Prüfung seiner damaligen Wahl zum Zuge kommen sollte.[367]

Auf Friedrichs zunehmende Distanz zu Heinrich weist dann ebenso jene Abmachung, die offenbar Ende 1178, also kurz nach seinem Speyrer Treffen mit den Fürsten, auf einem Hoftag zu Ulm mit Welf VI. zustande kam und ihm dessen zunächst Heinrich zugedachten Güter sicherte.

Ganz generell machten die seit 1168 besonders intensiven und erfolgreichen territorialpolitischen Aktivitäten, dazu der Friedensschluss mit Alexander oder die Festigung seines Ansehens in Burgund den Kaiser politisch weitgehend unabhängig von Heinrich. Freilich blieb die Lage in Italien unbefriedigend. So strebte Friedrich zunächst vermutlich eine Konfliktlösung an, die den Klagen der Gegner Heinrichs, vielfach seiner höchst verdienten Mitstreiter in Italien, gerecht wurde, und zugleich einen dauerhaften Frieden in Sachsen gewährleistete.[368] Dass er selbst in Speyer Klage gegen Heinrich erhob, weil dieser die italienischen Reichsfeinde unterstützt hatte, erscheint sehr unwahrscheinlich; in der Tat behaupten dies in wenig zuverlässigem Kontext nur Otto von St. Blasien und Burchard von Ursberg.[369]

Bald zeigten sich die Schwierigkeiten auf dem Weg zum sächsischen Frieden. Auf dem Hoftag zu Worms im Januar 1179 erschien Heinrich der Löwe nicht und musste erneut, nun nach Madgeburg, geladen werden.[370] Am 24. Juni fand sich der Kaiser dort ein, die Fürsten trugen neue Anschuldigungen gegen den Herzog vor, doch der blieb auch diesem Treffen fern. Er hielt sich allerdings in Haldensleben auf und seiner Bitte folgend begab sich Friedrich, will man Arnold von Lübeck glauben, zu ihm, um die Möglichkeiten einer Aussöhnung zu sondieren. Dabei soll er von ihm als Zeichen der Ehrerbietung der kaiserlichen Hoheit gegenüber fünftausend Mark Silber verlangt und versprochen haben, danach als Vermittler zwischen ihm und den Fürsten zu wirken. Doch Heinrich wollte die geforderte, zweifellos hohe, doch der Situation einigermaßen angemessene Summe nicht bezahlen. Vielleicht schien ihm das Geldopfer zu groß, vielleicht der kaiserliche Verhandlungserfolg zu unsicher.[371]

Jedenfalls kehrte Friedrich ohne seines Vetters Entgegenkommen zur Magdeburger Versammlung zurück. Wahrscheinlich dort erging dann Ende Juni gegen Heinrich ein Spruch der Fürsten. Sie warfen ihm vor, er habe die Kirchen und den Adel unterdrückt, sich ihre Güter angeeignet und ihre Rechte geschmälert, die Ladungen vor das kaiserliche Gericht als bedeutungslos betrachtet, mit dieser Missachtung indessen die heftige Klage der Fürsten und Adligen hervorgerufen. Eben seiner hartnäckigen Verachtung des kaiserlichen Gerichts wegen erklärten sie ihn nun für der Acht verfallen, die Friedrich sofort über ihn verhängte.[372]

Wenn der Kölner Chronist feststellt, in Magdeburg sei Friedrich des Herzogs Tücke und Treulosigkeit angesichts der konsequenten Missachtung seiner Hoftagsladungen zum ersten Mal offenbar geworden, so irrt er insofern, als des Kaisers Misstrauen grundsätzlich weder dieser Erfahrung noch jener in Haldensleben bedurfte. Richtig aber ist, dass beide Erlebnisse Barbarossa wohl mit aller Deutlichkeit zeigten, dass an einen Ausgleich, der Heinrichs Macht schmälerte, ohne sie jedoch zu vernichten, nicht mehr zu denken war, da dies unweigerlich zur Fortsetzung der Dauerkonflikte in Sachsen führen und zugleich sein Eingreifen in Italien stark behindern musste, dass so vor allem seine Autorität als Kaiser kaum wieder gutzumachenden Schaden nehmen würde.[373]

5.18 Der Sturz Heinrichs des Löwen

Der kaiserliche Entschluss, nun auf Heinrichs rasche Entmachtung mit den Mitteln des Lehnrechts hinzuwirken, bedurfte also schwerlich besonderen fürstlichen Drucks. Das schließt nicht aus, dass sich Philipp von Köln gleichfalls für ein lehnrechtliches Vorgehen gegen den sächsischen Herzog einsetzte, um die in Westfalen erarbeitete Position seiner Kirche dauerhaft zu sichern. Als der maßgebende Verfechter des Lehnrechts, der beabsichtigte, damit Barbarossa eine spätere Rückgabe Sachsens an Heinrich völlig unmöglich zu machen, brauchte er freilich nicht zu agieren. Davon abgesehen, wäre es dem Kaiser, so er sich später tatsächlich zu einem derartigen Schritt entschlossen hätte, wohl durchaus möglich gewesen, zu gegebener Zeit die Unterstützung der Fürsten zu gewinnen, standen diese doch keineswegs einhellig auf Philipps Seite. Ihre eindeutige Zustimmung hätte er im Übrigen für einen weitreichenden Gnadenakt zugunsten Heinrichs in jedem Fall gebraucht, wollte er sein Ansehen bei diesem unentbehrlichen Kreis nicht ernstlich aufs Spiel setzen.[374]

Dass Friedrich sich überdies den Fürsten gegenüber durch einen Eid verpflichtet habe, dem Löwen niemals ohne ihre einhellige Billigung wieder seine alte Stellung zu verleihen, berichtet nur Arnold von Lübeck.[375] Freilich kann man ihm gerade auch hier kaum glauben, nicht nur, weil er sein Werk erst dreißig Jahre später niederschrieb, sondern weil es ihm, wie eine Analyse jüngst überzeugend ergab, letztlich nicht um die getreue Schilderung des tatsächlichen Geschehens ging, sondern darum, auf persönliche Anliegen aufmerksam zu machen.[376] Von Barbarossa wissen wir im Übrigen, dass er eidliche Bindungen an die Fürsten offenbar ganz grundsätzlich vermied.[377] Der von Arnold erwähnte Schwur wäre der einzige dieser Art und vor allem gänzlich überflüssig gewesen.

Hingewiesen sei noch darauf, dass das wieder nur von Arnold überlieferte Eidesangebot, welches Barbarossa auf dem Mainzer Hoffest von 1184 anlässlich eines Rangstreites Philipp von Köln gemacht haben soll, wohl Bestandteil einer von Arnold selbst konstruierten Erzählung ist, in der es ihm nicht darum ging, Fakten wiederzugeben, sondern darum, die mönchische Überheblichkeit zu brandmarken.[378]

Als Arnold später Barbarossas Kreuzzugsvorbereitungen und dessen Sorge um den Frieden in Sachsen schilderte, behauptete er zwar, der

5 Friedrich I. Barbarossa

Kaiser habe 1188 Heinrich den Löwen vor die Wahl gestellt, das Land für drei Jahre zu verlassen oder sich mit dem teilweisen Rückgewinn seiner früheren Würde zufrieden zu geben oder aber sich seine frühere Stellung durch die vom Kaiser finanzierte Teilnahme am Kreuzzug zu verdienen. Den angeblich den Fürsten geleisteten kaiserlichen Eid jedoch ließ er nun bezeichnenderweise völlig unerwähnt, obwohl dieser den Herrscher ja gerade im vorliegenden Fall an das fürstliche Urteil gebunden hätte.[379] Davon abgesehen, waren für den Kaiser derartige Zusagen schon deshalb kaum denkbar, weil ihre Realisierung den Frieden wie den Kreuzzug gewiss schwer gefährdet hätte; außerdem lässt bereits das sehr unterschiedliche Gewicht der dem Kaiser zugeschriebenen Angebote stark an seiner Autorschaft zweifeln.

Als Grund für die vielfach als Tatsache betrachtete Einforderung des fraglichen kaiserlichen Eides durch die Fürsten gilt, dass Friedrich vermeintlich von Anfang an beabsichtigte, die vollständige Entmachtung Heinrichs des Löwen wieder rückgängig zu machen. Freilich spricht eigentlich nichts für ein solches Unterfangen.[380] Die Möglichkeit dazu hätte wohl bestanden, als Philipp im September 1184 im kaiserlichen Auftrag mit dem englischen König Heinrich II. über ein Ehebündnis der beiden Herrscherfamilien verhandelte. Als das entscheidende Hindernis für die von Heinrich II. damals erstrebte Rehabilitierung seines welfischen Schwiegersohnes betrachtete der Erzbischof jedoch offenbar den Kaiser, denn vermutlich empfahl er Heinrich, den Papst Lucius III. um Vermittlung zwischen Friedrich und dem Löwen zu bitten. Heinrich folgte dem Vorschlag, doch Lucius konnte den Staufer während ihres Treffens in Verona im Oktober 1184 nur dazu bewegen, seinem Vetter die sofortige Rückkehr in die Heimat zu erlauben.[381]

Einige Tage danach ließ sich Markgraf Opizo von Este von Barbarossa seine Investitur mit einer Reihe von Lehen schriftlich bestätigen mit der Zusicherung des Kaisers, dass jene Lehen, die er einst von Heinrich dem Löwen und nun von ihm empfangen hatte, auch dann in seinem Besitz blieben, wenn der Löwe seine Rechte und Güter zurückerlangen sollte. Diese Vorsichtsmaßnahme zeigt zwar, dass der umsichtige Opizo verständlicherweise sich gegen eine solch bedrohliche Situation rechtzeitig zu schützen suchte. Keineswegs jedoch erlaubt sie die Vermutung, dass Barbarossa tatsächlich eine derartige Wiedereinsetzung seines Vetters plante, und da er einen solchen Schritt nicht vorhatte, fiel ihm seine Zusage an Opizo wohl ziemlich leicht.[382]

Heinrich der Löwe kehrte Ende 1185 nach Braunschweig zurück und bemühte sich von dort aus aktiv um die Wiedergewinnung seines früheren Herrschafts- und Einflussbereiches. Bald suchte er sogar mit Philipp von Köln gemeinsam gegen den Kaiser vorzugehen. Jedenfalls lehnte Barbarossa alle Bitten des Welfen um Unterstützung ab und warnte überdies seit Frühjahr 1187 die Fürsten Sachsens wie seinen Sohn Heinrich dringend vor Philipp von Köln wie vor dessen Verbündetem Heinrich dem Löwen. So wie die Dinge damals lagen, kam für den Kaiser eine Wiedereinsetzung seines Vetters in die alte Macht nicht in Frage.[383]

Das vermutlich noch in Magdeburg von Friedrich in Gang gesetzte lehnrechtliche Verfahren gegen Heinrich den Löwen hielt sich an die übliche dreimalige Ladung des Beschuldigten. Zunächst sollte er sich Ende Juli 1179 in Erfurt verantworten, darauf Mitte August in Kayna (südöstlich von Zeitz), ehe er schließlich zum Januar 1180 nach Würzburg gerufen wurde.[384] Er erschien allerdings zu keinem Termin und schickte auch keinen Vertreter.

Der Herzog erwartete offenbar vom Kaiser und den Fürsten kein einigermaßen annehmbares Urteil und ging entschlossen daran, seine Stellung mit militärischen Mitteln zu behaupten. Bereits im Juli 1179 flammten in Westfalen die Kämpfe zwischen den Gefolgsleuten des Kölner Erzbischofs und seinen eigenen wieder auf, und am 1. August kam es bei Osnabrück zu einer Schlacht, die zugunsten der herzoglichen Seite endete.[385]

Wenig später sandte Heinrich ein Heer gegen Ulrich von Halberstadt, das auf dem Weg feindliche Burgen zerstörte und am 23. September offenbar ohne allzu große Mühe die Bischofsstadt eroberte. Diese geriet freilich in Brand. Viele Menschen kamen um, ihre Häuser wie auch der Dom standen bald in Flammen, und Ulrich wurde als Gefangener nach Braunschweig gebracht.[386]

Inzwischen hatten sich die Fürsten, vorwiegend jene aus dem östlichen Sachsen, vom Kaiser ermutigt, auf einen gemeinsamen Feldzug gegen Herzog Heinrich geeinigt. Angeführt von Wichmann von Magdeburg, unterstützt vor allem von Philipp von Köln, belagerten sie die herzogliche Stadt Haldensleben. Sie war allerdings außerordentlich gut befestigt und ihre Belagerung schleppte sich Woche für Woche ohne Fortschritte hin. So zog einer nach dem anderen der Verbündeten mit seinen Truppen ab, schließlich auch Wichmann. Heinrich jedoch nützte die Situation, sorgte für die Verwüstung Magdeburger Dörfer und Städte und stieß plündernd und brandschatzend bis in Magdeburgs Umgebung vor.[387]

So waren sich die Fürsten, die Mitte Januar 1180 des Kaisers Hoftag in Würzburg besuchten, schnell darüber einig, welches Urteil Heinrich dem Löwen gebührte. Weil er trotz der Verhängung der Acht nicht aufhörte, die Rechte der Fürsten und die Freiheit der Kirchen anzugreifen, den Kaiser vielfach missachtet und sich durch seine andauernde Geringschätzung der kaiserlichen Vorladungen als aufsässiger Feind der kaiserlichen Majestät erwiesen hatte, sprachen ihm seine fürstlichen Richter einhellig die Herzogtümer Sachsen und Bayern sowie seine übrigen vom Reich stammenden Lehen ab und wiesen sie wieder dem Kaiser zu.[388]

Zum kaum mehr zu vermeidenden militärischen Machtkampf kam es zunächst allerdings nicht, denn eine Gruppe vorwiegend sächsischer Fürsten vereinbarte nach ihrer Rückkehr aus Würzburg mit Herzog Heinrich einen Waffenstillstand bis zum Ende der Osterwoche. Ihre Motive kennen wir nicht.[389] Möglicherweise wollten sie eine Wiederaufnahme der Kämpfe noch im Winter vermeiden, vielleicht erwarteten sie zudem, dass der Kaiser zuvor für völlige Klarheit über die Zukunft der zu erobernden Lande sorgte.

Friedrich blieb jedoch entschlossen zum unnachsichtigen Vorgehen gegen Heinrich. Unterstützt von Philipp von Köln und anderen Großen, befahl er deshalb Ludwig von Thüringen, die Vereinbarung mit dem Löwen sofort aufzulösen. Offensichtlich ging er davon aus, dass sich zunächst die Sachsen selbst im Kampf gegen den Löwen engagierten, während er sich wohl angesichts der nach Erzbischof Christians Gefangennahme recht kritischen Lage in Italien daran fürs Erste nicht zu beteiligen gedachte.[390] Immerhin aber führte er zügig die endgültige Entscheidung über die künftigen Verhältnisse in Sachsen herbei.

Im April 1180 versammelten sich die Fürsten in Gelnhausen zum Hoftag um den Kaiser. Nach ausgiebigen Beratungen konnte er das, wie er eigens betonte, Resultat ihrer gemeinsamen Bemühungen öffentlich verkünden. Ihm folgend teilte er Sachsen in zwei neue Herzogtümer auf. Mit dem östlichen, nun »Westfalen und Engern« genannten Bereich belehnte er Bernhard von Anhalt, den im Kampf gegen Heinrich bewährten Bruder des Markgrafen Otto von Brandenburg. Das westliche, die Bistümer Köln und Paderborn umfassende Gebiet aber schenkte er, der großen Verdienste Erzbischof Philipps wegen, mit allen herzoglichen Rechten der Kölner Kirche. Feierlich belehnte er Philipp mit dem seiner Kirche übertragenen Herzogtum. Zwei Herzogtümer waren nun in der Hand des Kölner Erzbischofs, kleiner gewiss als jene des Löwen, aber zweifellos ausbaufähig und kaum je zurückzufordern.

Anders als offenbar Bernhard von Anhalt ließ sich Philipp durch ein kaiserliches Diplom bestätigen, was Friedrich seiner Kirche und ihm selbst gewährt hatte. Diesem als »Gelnhäuser Urkunde« bekannt gewordenen Dokument kommt deshalb besondere Bedeutung zu, weil der Kaiser dort nicht nur Philipps Leistung behandelt, sondern relativ ausführlich auch die Gründe für die Absetzung Heinrichs und die Schritte, die zu ihr führten. Zudem entstand die Urkunde unmittelbar nach den Vorgängen, die sie schildert. So liefert sie wertvolle Informationen über ein die innere Ordnung des Reiches erheblich veränderndes Geschehen. Sie bleibt zuweilen freilich etwas unklar und bietet natürlich allein die Sicht der richtenden und verurteilenden Partei.

Nur aus anderen Quellen erfahren wir, dass Friedrich auf dem Gelnhäuser Hoftag seinem Neffen, dem thüringischen Landgrafen Ludwig, die vakant gewordene sächsische Pfalzgrafschaft übertrug, dass er Siegfried, den Bischof von Brandenburg und Bruder des eben zum Herzog erhobenen Bernhard, nach seiner Wahl zu Bremens Erzbischof investierte und dass er vor den Fürsten den 25. Juli als Beginn des Feldzuges gegen Heinrich festlegte.[391]

Heinrich konnte von seinem königlichen Schwiegervater keine große Unterstützung erwarten, da dieser mit seinen Söhnen in heftigem Streit lag und ein von ihm angeregtes gemeinsames Vorgehen gegen den Kaiser bei Philipp, dem eben erst gekrönten neuen König von Frankreich, wie auch beim gleichnamigen Graf von Flandern auf Ablehnung stieß. Dessen ungeachtet, hielt es der Welfe für das Beste, sofort nach Ablauf der Waffenruhe die Initiative zu ergreifen. Ende April 1180 zog er gegen Goslar und verwüstete die Umgebung. Danach setzte er Nordhausen in Brand, besiegte schließlich Ludwig von Thüringen und nahm ihn gefangen.[392]

Inzwischen nahte der vom Kaiser angesagte Kriegszug gegen Heinrich, über den sächsische Fürsten offenbar erneut heftig klagten und der Kaiser nun nach dem abgelaufenen Jahr der Acht die Oberacht verhängte. Folgerichtig verlor er durch einen Spruch der Großen jetzt auch seine Erbgüter.[393]

Wie nun doch vereinbart, führte der Kaiser dann Ende Juli ein großes, bald durch Philipp von Köln und seine stattliche Truppe noch verstärktes Heer gegen Heinrich und verwüstete dessen Territorium. Dazu förderte er die Errichtung neuer Burgen und ganz besonders lag ihm am Wiederaufbau der königlichen Harzburg östlich von Goslar. Gewiss betrachtete er diese Initiative als Ankündigung der dauerhaften kaiserlichen Präsenz in Sachsen. Am 15. August forderte er dann Heinrichs Anhänger dringend zum Übergang auf die kaiserliche Seite auf und kündigte an, dass jeder, der diesen Schritt nicht spätestens am 11. November getan habe, schwer bestraft werde. So begann man in diesem Kreis, sich sorgenvoll Gedanken über die eigene Zukunft zu machen, und nicht wenige entschieden sich bereits jetzt, zum Kaiser überzulaufen.[394]

Anfang September 1180 entließ Friedrich sein Heer, um die nächsten Wochen in Altenburg zu verbringen. Dort belehnte er Otto von Wittelsbach, einen seiner zuverlässigsten Parteigänger, mit dem Herzogtum Bayern. Bis zum Jahr 1918 sollten die Wittelsbacher Bayerns Herrscher bleiben. Zudem galt es, wichtige andere Familien zufrieden zu stellen. So erhob Friedrich die Steiermark zu einem eigenständigen Herzogtum und den bisherigen Markgrafen Otakar zum Herzog. Desgleichen erhielt wohl jetzt Berthold IV. von Andechs das an die Mark Istrien angrenzende, Meranien genannte Küstengebiet um Rijeka (Fiume). Es galt seit den 1150er Jahren als Herzogtum, der Andechser stieg somit zum unabhängigen Reichsfürsten auf.[395]

Man hat nicht selten bedauert, dass Barbarossa die beiden an ihn zurückgefallenen großen Herzogtümer nicht dauerhaft für die Krone einbehielt. Der Staufer war sich freilich immer dessen bewusst, dass erfolgreiches Regieren unter den gegebenen Verhältnissen nur zusammen mit den Fürsten denkbar war. Das galt trotz seines entscheidenden Einsatzes auch für das Vorgehen gegen Heinrich den Löwen. Die Beteiligten erwarteten Lohn für ihren Dienst an seiner Seite, und er anerkannte diesen Anspruch, zumal er wusste, dass die Einbehaltung der beiden Herzogtümer, also sozusagen der gesamten gemeinsamen Beute, schwere Spannungen und Zerwürfnisse zur Folge hätte, was die kaiserliche Verwaltung der neu gewonnenen Gebiete erheblich erschweren würde. Überdies beschäftigte der bereits vorhandene, seit 1168 erheblich gewachsene kaiserliche Besitz seine eigenen Fachleute gewiss stark genug. Allerdings ging er sicher davon aus, dass diejenigen, die ihre herausragende neue Stellung ganz seiner Großzügigkeit verdankten, ihn auch künftig zuverlässig unterstützten, und mancher von ihnen mochte dazu schon deshalb bereit sein, weil er in der ihm zugefallenen Region selbst kaiserlicher Hilfe bedurfte.

Während Heinrich der Löwe versuchte, wenigstens seine Position nördlich der Elbe zu sichern, erschien Kaiser Friedrich um den 11. November wieder im Umland von Goslar. Dort nutzten viele einflussreiche Gefolgsleute Heinrichs diese letzte Gelegenheit, sich von ihm loszusagen, indem sie sich selbst und ihre Burgen in die Hand des Kaisers gaben, der sie denn auch gnädig wieder aufnahm. An Weihnachten rief er die Fürsten dann in Erfurt erneut zu einem gemeinsamen Feldzug gegen Heinrich auf, der am 24. Mai 1181 beginnen sollte. Danach reiste er zurück in die staufischen Kernzonen des Südens und behandelte die Anliegen der an seinen Hof gekommenen Großen. An Pfingsten schloss er den einzig sicher belegbaren Besuch auf der Burg Hohenstaufen an, ehe er sich mit seinen schwäbischen und bayerischen Mitstreitern auf den Weg nach Sachsen machte.[396]

Dort war es den Truppen Wichmanns von Magdeburg inzwischen gelungen, den für Heinrich überaus wichtigen Ort Haldensleben zu überfluten, seine Bewohner so zur Aufgabe zu zwingen und ihre Stadt zu zerstören. Ende Juni 1181 traf der Kaiser dann bei den sächsischen Fürsten ein. Man beschloss, dass Philipp von Köln mit seinen Truppen Braunschweig umstellen solle, um dem kaiserlichen Heer den Rücken freizuhalten. Herzog Bernhard fiel die Aufgabe zu, bei Bardowick zu lagern, um Lüneburg zu überwachen und den Elbeübergang zu sichern. Das Hauptheer unter Führung des Kaisers überquerte nämlich die Elbe und bewegte sich auf Lübeck zu. Als Heinrich vom Nahen des überlegenen kaiserlichen Heeres erfuhr, gab er diese Stadt auf und floh mit wenigen Getreuen nach Stade. Friedrich aber, zu dem inzwischen noch dänische sowie slawische Kämpfer gestoßen waren, schloss Lübeck ein. Zugleich vereinbarte er mit Waldemar von Dänemark die Verlobung seines Sohnes Friedrich mit einer von dessen Töchtern und belehnte die zu Hilfe geeilten slawischen Fürsten Bogislav von Pommern sowie Niklot von Werle mit den Gebieten, die sie bisher als Vasallen Heinrichs des Löwen beherrscht hatten.

Die Bürger Lübecks erkannten rasch die Aussichtslosigkeit ihrer Lage und kapitulierten noch im August, worauf Friedrich ihnen auch für die Zukunft alle Rechte, Freiheiten und Einnahmen gewährte, die ihnen Heinrich zugestanden hatte. Die Hälfte der Abgaben, die sie nun ihm als künftigem Stadtherrn schuldeten, gab er Adolf von Schauenburg, dem Grafen von Holstein, zu Lehen.[397]

Nun sah auch Heinrich ein, dass ihm nichts blieb als die Aufgabe seines Widerstandes. Er bat den Kaiser um Geleit nach Lüneburg, und dort angekommen, entließ er sogar den Thüringer Landgrafen Ludwig und dessen Bruder Hermann, seine Gefangenen. Friedrich jedoch lud ihn schließlich zu einem Hoftag nach Erfurt, wo über sein weiteres Los entschieden werde.

In der zweiten Novemberhälfte erschien Heinrich dort. Ganz auf die kaiserliche Gnade bauend, warf er sich dem Herrscher zu Füßen und dieser küsste ihn zum Zeichen des Friedens. Tränen seien ihm dabei in die Augen getreten, berichtet allein Arnold von Lübeck, und die Erinnerung an die Jahre des politisch sinnvollen und durchaus erfolgreichen Zusammenwirkens, aber auch an des Vetters schließlich unerträgliches Verhalten mochte ihn durchaus mit einer gewissen Trauer erfüllt haben. Vom eingeschlagenen Weg aber gedachten weder er noch die in Erfurt versammelten Fürsten abzuweichen.

Erneut bekräftigte die Versammlung, dass Heinrich sämtliche Lehen verloren habe. Immerhin blieben ihm offenbar auf Wunsch des Kaisers Teile seines Erbguts, vor allem die Zentren Braunschweig und Lüneburg. Außerdem wurde er wohl von der Acht gelöst, musste sich aber für sieben Jahre ins Exil begeben. Im Juli 1182 verließ er mit Frau und

Kindern Sachsen und fand Aufnahme bei König Heinrich, seinem Schwiegervater.[398]

5.19 Der Frieden mit der Lombardenliga

Als das Ende des 1177 zwischen Barbarossa und dem Lombardenbund vereinbarten Waffenstillstandes von sechs Jahren näher rückte, lag offenbar beiden Seiten daran, statt neuer Kämpfe eine dauerhafte friedliche Lösung ihres Konfliktes zu finden, und vermutlich gab es bereits seit Ende 1182 Kontakte mit diesem Ziel. Zu entscheidenden Verhandlungen kam es jedoch erst im Frühjahr darauf. Wohl im März 1183 nämlich sandte der Kaiser eine Gruppe geschätzter Männer als seine bevollmächtigten Vertreter nach Piacenza, wo sie auf der Basis seines Grundlagenpapiers mit den Repräsentanten des Lombardenbundes einen Friedensvertrag erarbeiten sollten. Etwa gleichzeitig gelang es ihm selbst, die künftige Stellung Alessandrias mit den Gesandten dieser Stadt einvernehmlich zu regeln. Die auf kaiserliche Weisung schriftlich festgehaltene Übereinkunft vom 14. März sah vor, dass sämtliche Einwohner die Stadt verlassen sollten, wonach der Kaiser sie unter dem Namen Cesaria neu gründe, sein Bote die Bewohner dorthin zurückführe und ihnen aufgrund kaiserlicher Vollmacht die Stadt Cesaria übergebe. Sie unterstand künftig unmittelbar dem Kaiser, der ihr wieder seine Gnade gewährte. Niemand sonst sollte ihr gegenüber irgendwelche Befugnisse besitzen. Friedrich sicherte sich den Brückenzoll und einige andere Rechte, beanspruchte vor allem jedoch die Regalien außerhalb der Stadt, gerade auch jene, die dort bisher die Markgrafen von Montferrat innehatten. Die Bürger der Stadt sollten alljährlich ihre Konsuln wählen und diese bei ihrer Investitur durch den Kaiser oder seinen Gesandten schwören, ihr Amt gerecht auszuüben.[399]

Das heute kaum verständliche Schauspiel der Neugründung führte den noch eher Mündlichkeit gewohnten Beteiligten einprägsam die dominierende Stellung des Kaisers vor Augen, dem allein das Recht der Städtegründung vorbehalten war. Zugleich gewann Friedrich mit Alessandria-Cesaria eine neue Bundesgenossin, der er ähnlich günstige Bedingungen gewährte wie den mit ihm kooperierenden Städten sonst. Cesaria aber konnte hoffen, in ihm einen Schutzherrn gewonnen zu haben.

Auch die Verhandlungen mit den Lombarden führten im Laufe des April auf der Basis des kaiserlichen Grunddokuments zunächst zu einem Erstentwurf und am Ende des Monats zu einem Friedensvertrag, dessen Text die Unterhändler beider Seiten beschworen.[400]

Auf dem Hoftag, zu dem Friedrich darauf nach Konstanz einlud, zogen am 20. Juni 1183, dem Tag des offiziellen Friedensschlusses, die Repräsentanten der Bundesstädte nacheinander vor den Kaiser, überreichten ihm die Insignien ihrer Städte und bekannten sich so zu ihm als ihrem Herrscher. Dieser verzieh ihnen, die ihm eigene Milde betonend, ihre Vergehen gegen ihn und das Reich und nahm sie in Erwartung ihrer künftigen Dienste wieder unter seine Getreuen auf. Dann ließ er den vereinbarten Frieden in seinem Namen und dem seines Sohnes Heinrich und bei ihrem Seelenheil von seinem Kämmerer Rudolf von Siebeneich beschwören. Die Eide der Fürsten schlossen sich an. Danach beschworen die anwesenden Gesandten der Bundesstädte die neu gewonnene Eintracht und am Ende taten es ihnen die Boten der kaisertreuen Städte gleich.

Nach letzten Absprachen fertigte die kaiserliche Kanzlei am 25. Juni die endgültige Vertragsurkunde aus. Sie unterschied sich inhaltlich kaum von dem in Piacenza erarbeiteten Text. Ihrer äußeren Form nach handelte es sich nun freilich um ein Privileg des Kaisers für den lombardischen Bund und seine Mitglieder, was Friedrich auch sehr klar herausstellte. Er war sich dessen jedoch sicher bewusst, dass der Sache nach ein Abkommen zwischen zwei gleichberechtigten Parteien erstmals sogar zwischen ihm und einem Städtebund vorlag.

Ihrer Abmachung zufolge überließ der Kaiser den Mitgliedern des Bundes alle Regalien, die sie nach Gewohnheitsrecht beanspruchten. Sie hatten dafür allerdings einmalig die hohe Summe von 15 000 Pfund kaiserlicher Münze zu zahlen und künftig außerdem jährlich 2 000 Pfund. Ihre Konsuln, die sie selbst wählten, mussten dem Kaiser einen Treueid leisten und wurden von ihm oder seinem Boten in ihr Amt eingesetzt. Über Berufungen sollte bei einem Streitwert von über 25 Pfund das kaiserliche Gericht oder ein vom Kaiser bestimmter Vertreter entscheiden.

Alle Mitglieder der Lombardenliga gelobten, dem Herrscher bei der Verteidigung seiner Güter und Rechte in der Lombardei beizustehen und ihn auch bei einem etwa nötigen Kampf um deren Rückgewinn zu unterstützen. Außerdem waren sie verpflichtet, bei seinem Aufenthalt in der Lombardei das ihm zustehende Fodrum einzuziehen.[401]

Der Vertrag sicherte den Städten des Lombardenbundes die in langen Jahrzehnten erkämpften Grundlagen ihrer Freiheit und Eigenständigkeit. Damit verzichtete der Kaiser auf die uneingeschränkte Durchsetzung seines durchaus zeitgemäßen Vorhabens, Reichsitalien zentral zu regieren, wohl in der Erkenntnis, dass ihm die Waffengewalt im nötigen Umfang nicht zur Verfügung stand. Die Städte erleichterten seine Entscheidung mit ihrer Bereitschaft, die von ihm beanspruchte übergeordnete Autorität grundsätzlich anzuerkennen und ihn seiner Forderung gemäß als den eigentlichen Inhaber der Hoheitsrechte und insbesondere der Gerichtsbarkeit zu akzeptieren. Im Ganzen konnten sich wohl beide Seiten von ihrem künftigen Zusammenwirken Vorteile versprechen.[402] Der Konstanzer Frieden integrierte die mächtigen Lombardenstädte in das Reich und löste ein Problem, das wertvolle Kräfte gebunden hatte. Nun eröffneten sich dem Herrscher neue Aktionsmöglichkeiten.

5.20 Neue Perspektiven und Initiativen

Das große Ansehen, das Friedrich damals genoss, zeigte sich sehr eindrucksvoll auf dem Mainzer Hoftag, den er während des Pfingstfestes vom 20. bis 22. Mai 1184 abhielt. In fast unübersehbarer Zahl folgten die Großen des Reiches seinem Ruf, und alle suchten einander durch die Menge ihrer ritterlichen Gefolgsleute, durch prächtige Kleidung, wertvolle Pferde, Waffen und Gerätschaften zu übertreffen. Auf kaiserlichen Befehl war auf der Ebene jenseits des Rheins eine ganze Stadt aus bunten Zelten sowie einigen Holzhäusern und einer Kapelle errichtet worden, um allen Gästen eine angemessene Unterkunft zu bieten. Für das körperliche Wohl stand eine kaum übersehbare Fülle köstlicher Lebensmittel und erlesener Getränke bereit.

Festlich mit ihren Kronen geschmückt schritten der Kaiser, die Kaiserin und ihr Sohn Heinrich am Pfingstsonntag zur Kirche. Nicht minder feierlich vollzog sich am Tag darauf die Schwertleite der beiden ältesten Kaisersöhne Heinrich und Friedrich, die so förmlich zu Rittern erhoben wurden. Die anwesenden Dichter trugen ihre Werke vor, Turniere zogen die Zuschauer in ihren Bann und faszinierten auch noch am folgenden Tag, ehe am Abend ein schweres Unwetter die Zeltstadt zerstörte und dem Fest ein überstürztes Ende bereitete. Manche sahen in diesem Ausgang Gottes Tadel an dem leichtfertigen Vergnügen. Doch im Ganzen dominierte die Erinnerung an ein glanzvolles und denkwürdiges Ereignis, der Stolz der Anwesenden über ihre Zugehörigkeit zum Rittertum, ihre gemeinsame Bindung an die ritterlichen Ideale und Pflichten und die besondere ritterliche Lebensform.[403]

Im realen Miteinander indes blieben unter den meist höchst empfindlich auf ihren Rang achtenden Menschen Spannungen nicht aus. So mag es durchaus zwischen Philipp von Köln und dem Abt von Fulda zu einem Streit um die Sitzordnung gekommen sein. Dass freilich Barbarossa den Erzbischof mit einem unbefriedigenden Platz bewusst öffentlich demütigen wollte, deswegen also die massive Störung seines so aufwendig vorbereiteten Hoftages riskiert hätte, dass er dann jedoch eben das angeboten haben soll, was er sonst vermied, nämlich Philipp durch einen Eid, genau genommen einen Meineid, zu versichern, dass er ihn nicht zu beleidigen gedachte – das lässt sich allenfalls aus der Schilderung Arnolds von Lübeck ableiten und es scheint ganz unglaubwürdig.[404]

Ohne Einladung fand sich in Mainz auch Heinrich der Löwe ein. Was er dort beabsichtigte, können wir nur vermuten. Vielleicht wollte er den Kaiser dazu bewegen, ihm die vorzeitige Rückkehr in seine Heimat zu gestatten, was dieser jedoch ablehnte. Eher leuchtet freilich die Annahme ein, dass er seine Reise im Auftrag Heinrichs II. unternahm,

5.20 Neue Perspektiven und Initiativen

der angesichts der Schwierigkeiten mit seinen Söhnen an einer Annäherung an Friedrich interessiert war. Der Löwe hätte dann den Verhandlungen den Weg geebnet, die im Herbst darauf tatsächlich zustande kamen.[405]

Unter den Vereinbarungen, für die man am Rande der Festlichkeiten durchaus Zeit fand, verdient jene zwischen dem Kaiser und dem Grafen Balduin von Hennegau besondere Erwähnung. Balduin beabsichtigte, die Grafschaft seines kinderlosen Onkels Heinrich von Namur zu erwerben, besaß dessen Zustimmung und reiste im März 1184 an den kaiserlichen Hof nach Hagenau, wo man sich über das Projekt offenbar weitgehend einigte. Während des Mainzer Hoftags ließen Friedrich und Balduin das Ergebnis ihrer Gespräche dann schriftlich festhalten. Danach sollte Balduin dafür sorgen, dass sein Onkel sein Allod dem Reich übertrug, worauf Friedrich diese Güter zusammen mit des Onkels Reichslehen Balduin zu Lehen geben und ihn zum Markgrafen und damit in den Rang eines Reichsfürsten erheben werde. Wenn alles gelang, schuldete Balduin dem Kaiser eine ansehnliche Zahlung in Silber und Gold.[406]

Freilich machten nun andere Fürsten ebenfalls ihr Anrecht auf Namur entschlossen geltend, so Herzog Heinrich von Brabant oder Graf Heinrich von Champagne. Indes besaß Balduin die nötige Ausdauer, um an sein Ziel zu gelangen, und überdies kam ihm des Kaisers Absicht zugute, im Westen des Reiches die Entstehung eines bedeutenden Territoriums zu fördern, dessen Herrscher ihm verpflichtet war und auf den er sich verlassen durfte. In der Tat anerkannten weder Friedrich noch König Heinrich die Ansprüche von Balduins Konkurrenten. Beide bekräftigten vielmehr wiederholt ihre Vereinbarung, und Ende September 1190 belehnte der König dann Balduin in Augsburg in aller Öffentlichkeit mit der neuen Markgrafschaft Namur.[407]

Philipp von Köln verfolgte des Kaisers Unterredungen mit Balduin über die in seiner unmittelbaren Nachbarschaft geplante Neuordnung gewiss nicht gerade mit Wohlwollen. Allerdings bot dieses Unternehmen angesichts seines umständlichen Fortgangs ihm, der dem Kaiser ja einen weit gewichtigeren Machtzuwachs verdankte, wenigstens zunächst eigentlich keinen Grund zu echter Empörung oder gar zum Bruch mit Friedrich. Als dessen Legat reiste er denn auch Anfang September 1184 nach England, wo ihn König Heinrich außerordentlich großzügig empfing und zu sich nach Westminster einlud. Dort gab es Gelegenheit zu ausgiebigen Gesprächen, welche zu einer deutlichen Annäherung von König und Kaiser führten. Garant ihrer künftigen vertrauensvollen Beziehungen sollte die damals verabredete Ehe des Königssohnes Richard Löwenherz mit einer Kaisertochter sein. Fast ebenso wichtig indes war dem König anscheinend die Rehabilitierung Heinrichs des Löwen, seines Schwiegersohns. Auf sein Drängen hin versprach ihm Philipp, den Löwen in Zukunft freundschaftlich zu behandeln; hinsichtlich der vollständigen Rehabilitation des Löwen riet er indes, den Papst zu bitten, dass er sich dafür beim Kaiser einsetze.[408]

5.21 Der letzte Italienaufenthalt

Am 1. September 1184 brach Friedrich zu seinem letzten Besuch Italiens auf, erstmals ohne Heer, ein Zeichen der ruhiger gewordenen Verhältnisse. Nach gut zweieinhalb Wochen traf er in Mailand ein, vermutlich um zunächst den in Konstanz beschlossenen Frieden in der mächtigsten Stadt des lombardischen Bundes noch einmal persönlich zu bekräftigen. In der Tat leitete er dort einen reichlich besuchten Hoftag. Anschließend beehrte er Pavia, eine seiner zuverlässigsten Stützen, mit einem Besuch, um auch hier seine kaiserliche Würde vor den versammelten Großen aus Deutschland und Italien zur Geltung zu bringen, deren Wünsche soweit möglich zu erfüllen und allgemeine Probleme zu besprechen.[409]

Kürzer fiel Mitte Oktober Barbarossas Aufenthalt in Cremona aus. Die Stadt suchte sich nach der Trennung vom Lombardenbund erneut dem Kaiser anzunähern, geriet jedoch in eine gewisse Isolation. Nun bereitete sie ihrem hohen Gast einen besonders würdevollen Empfang und hoffte gewiss, den Kaiser mit ihrer feierlichen Begrüßung und ausgesuchten Zeichen der Ehrerbietung wieder ganz für sich zu gewinnen, damit ihre Stellung stärken und so vielleicht sogar den von Mailand betriebenen Wiederaufbau der verhassten Nachbarstadt Crema verhindern zu können.

Bereits Mitte Januar 1185 jedoch, kaum drei Monate später, war an solche Möglichkeiten nicht mehr zu denken. Als sich damals nämlich dem Kaiser bei Lodi Kreuze tragende Bürger Cremas näherten und das ihnen von Cremona zugefügte Unrecht beklagten, gingen die anwesenden Cremonesen auf die Unbewaffneten los, verletzten einige und zwangen alle zur Flucht. Dass dies vor seinen Augen geschah, dass er die vor ihm Recht Suchenden nicht anzuhören und gegen ihre gewalttätigen Gegner in Schutz zu nehmen vermochte, dass die Cremonesen ihn also zwangen, Gewalt und Unrecht vor allen seinen Begleitern geschehen zu lassen, empfand Barbarossa als schwere Missachtung seiner Würde, die ihm nach seinen eigenen Worten unvergessen blieb.[410]

Sicher lag Barbarossa seit dem Konstanzer Frieden an einer engen Zusammenarbeit mit der Stadt Mailand. Nicht zufällig hatte ihr im September 1184 sein erster Besuch gegolten, war der Vertrag, den er mit ihr am 11. Februar 1185 in Reggio abschloss, wohl bereits dort besprochen worden. Nun bestärkte ihn vermutlich das Verhalten der Cremonesen in seiner Entscheidung. Die Vereinbarung von Reggio sah vor, dass Mailand für die ihm überlassenen Regalien einen jährlichen Zins von 300 Pfund kaiserlicher Münze zahlte. Weiter verpflichteten sich der Kaiser zusammen mit seinem Sohn Heinrich und die Mailänder, einander bei der Sicherung ihres Besitzes und ihrer Rechte beizustehen und Bündnisse nur in gegenseitigem Einvernehmen abzuschließen. Ausdrücklich galt die Hilfsverpflichtung der Mailänder auch für die Mathildischen Güter, während der Kaiser seinerseits versprach, für den Wiederaufbau Cremas zu sorgen.[411]

Tatsächlich begannen im Mai darauf unter Führung Friedrichs die Arbeiten zur Neugründung Cremas. Außerdem ließ er aufzeichnen, was der Cremonesen Neigung zu Eidbruch und Erpressung besonders deutlich vor Augen führte. Im Juli verhängte er die Reichsacht über ihre Stadt und ein knappes Jahr danach fing er an, mit Truppen aus Mailand und anderen oberitalienischen Städten Cremoneser Gebiet zu verwüsten. Bald erkannten die Bürger der Stadt die Aussichtslosigkeit kriegerischen Widerstandes und akzeptierten die kaiserlichen Bedingungen. Sie gaben die verlangten Gebiete an das Reich zurück, leisteten dem Kaiser und seinem Sohn Heinrich einen Treueid und verpflichteten sich zur Zahlung von 1 500 Pfund kaiserlicher Münze. Dafür verzieh ihnen der Kaiser alle ihre Untaten und schenkte ihnen wieder seine Gnade. Stärker als früher auf Ausgleich bedacht, lag Barbarossa offenbar daran, eine künftige Kooperation mit Cremona nicht zu erschweren. Die Cremonesen dürften das ihnen Zugemutete zwar dennoch als herben Rückschlag betrachtet, doch auch schnell erkannt haben, dass ihnen die Grundlagen ihrer Stellung geblieben waren.[412]

Der Konflikt mit Cremona stand noch bevor, als der Kaiser um den 15. Oktober 1184 nach Verona weiterreiste, wo Papst Lucius bereits seit dem Juli residierte. Viele hochrangige Geistliche, doch auch Adlige hatten sich inzwischen in der Stadt eingefunden, um an der von Kaiser und Papst geleiteten Versammlung teilzunehmen. Relativ wenig Schwierigkeiten bereitete offenbar der im Auftrag des englischen Königs von seinen Gesandten vorgebrachte Wunsch, Papst Lucius möge den Kaiser zum Friedensschluss mit Heinrich dem Löwen bewegen. Barbarossa fand sich nämlich immerhin dazu bereit, seinem Vetter die sofortige Rückkehr in die Heimat zu gestatten. Während der König sich über diese Meldung seiner Legaten freute und dem Kaiser wie dem Papst eigens dankte, war der Löwe damit anscheinend nicht zufrieden; jedenfalls reiste er erst im Herbst 1185 zurück nach Braunschweig.[413]

Gemeinsam gedachten Kaiser und Papst gegen die Ketzer vorzugehen. Vor allem die Katharer oder Patarener gewannen ungefähr seit der Mitte des Jahrhunderts insbesondere in Oberitalien viele Menschen für sich. Ihre Lehre von der Gefangenschaft der Seele im materiellen Reich des bösen Gottes und von ihrer Rückkehr zum guten Gott des Lichts bot Trost in der bedrückenden Gegenwart, und ihre arm durchs Land ziehenden Prediger schienen vielen dem Vorbild Christi näher als die Vertreter der Kirche, ungeachtet des eindeutig häretischen Charakters ihrer Grundüberzeugungen. Papst und Kaiser indes sahen sich von Amts wegen ganz besonders verpflichtet, der gefährlichen Entwicklung Einhalt zu gebieten. So verkündete Lucius im November ein Dekret, das alle, die einer der namentlich aufgeführten häretischen Gruppen angehörten, mit dem lebenslangen Kirchenbann bestrafte, desgleichen ihre Helfer und Beschützer. Alle Bischöfe wurden verpflichtet, für die Aufspürung und Bestrafung der Ketzer zu sorgen, alle Laien mit obrigkeitlichen Funktionen hatten mit ihnen zusammenzuwirken. Das anschließend veröffentlichte kaiserliche Gesetz sah für die Ketzer die Ächtung vor. Die Zeit der Ketzerverfolgung hatte begonnen.

Einig waren sich Kaiser und Papst auch darin, dass das Heilige Land dringend der Unterstützung bedürfe. Sehr beredt nämlich beklagten dessen eigens nach Verona gereisten Repräsentanten das äußerst gefährliche Vorgehen des Sultans Saladin und besondere Hoffnung setzten sie bei ihrer Werbung um Hilfe offenbar auf Kaiser Friedrich. Dieser versprach denn auch, ein Ritterheer in den Osten zu senden.[414]

Eine Reihe dem Kaiser wichtiger Fragen blieb indes weiter ungelöst. So lehnte Lucius Friedrichs Bitte ab, er möge die einst von Schismatikern vollzogenen Weihen anerkennen. Desgleichen wollte er sich nicht auf des Kaisers wiederholten Vorschlag einlassen, wonach dieser und seine Nachfolger für die ihnen überlassenen Mathildischen Güter dem jeweiligen Papst und seinen Kardinälen einen Teil der Einnahmen aus dem Reichsbesitz in Italien überweisen sollten. Er fürchtete wohl, dass die Kirche so in eine gefährliche Abhängigkeit vom Kaiser geriete.[415]

Nicht bereit war Lucius schließlich auch, dem Wunsch Friedrichs zu entsprechen und Heinrich VI. bereits zu Lebzeiten seines Vaters zum Mitkaiser zu krönen. Friedrich ging es vermutlich darum, Schwierigkeiten, auf die sein Sohn zu Beginn seiner Alleinherrschaft beim Erwerb der Kaiserwürde eventuell stoßen konnte, frühzeitig aus dem Weg zu räumen. Lucius jedoch blieb strikt bei seiner Auffassung, im Römischen Reich könne es nicht gleichzeitig zwei Kaiser geben. Vielleicht beschäftigte Papst wie Kaiser bereits die nach Heinrichs bevorstehender Hochzeit denkbare Situation, dass das Königreich Sizilien einmal als Erbe seiner Frau zugleich ihm zufiel. Lucius mochte für diesen ihm kaum wünschenswerten Fall die Heinrich noch vorbehaltene Kaiserwürde als ein willkommenes Mittel betrachten, um den Staufer als Gegenleistung zum vollständigen Verzicht auf das sizilische Reich oder wenigstens zur Aufgabe bestimmter Vorrechte zu bewegen. Barbarossa aber drängte wohl eben, weil er derartige Folgen fürchtete,

5 Friedrich I. Barbarossa

auf den raschen Vollzug der Kaiserkrönung, den die päpstliche Blockade jedoch verhinderte. Um den faktisch schon eigenen kaiserlichen Rang seines Sohnes Heinrich dennoch in aller Öffentlichkeit zu dokumentieren, erhob er ihn während seiner Hochzeitsfeier immerhin zum *Caesar*, was allerdings keine weiteren Konsequenzen hatte.[416]

Waren 1173 die ersten Kontakte Barbarossas mit Wilhelm II. von Sizilien erfolglos geblieben, so verbesserte sich vier Jahre später nach dem Frieden, den Kaiser und König damals in Venedig schlossen, ihre Beziehungen merklich, und beide Seiten kamen überein, dieses gute Verhältnis durch eine Ehe zu bekräftigen. König Heinrich sollte die elf Jahre ältere Konstanze heiraten, die jüngste Tochter König Rogers II. von Sizilien. Spätestens im Lauf des Sommers 1184 klärte man letzte Einzelheiten und besiegelte ihre Verlobung. So konnte Heinrich am 29. Oktober, also eben während ihm sein Vater in Verona die Kaiserkrone zu erkämpfen suchte, zu Augsburg die Verlobung durch einen Eid bekräftigen.[417]

Einige Monate danach machte sich Konstanze auf den Weg nach Norden. 150 Pferde sollen zum Transport ihrer reichen Mitgift nötig gewesen sein. Gesandte Heinrichs empfingen sie Ende August in Rieti, wenig später begrüßte sie in Foligno der Kaiser selbst und geleitete sie nach Pavia. Zum Weihnachtsfest traf schließlich auch Heinrich am Hof seines Vaters ein. Mit dem gebührenden Glanz und Aufwand fand dann am 27. Januar 1186 die Hochzeit des Paares statt, auf Wunsch der Mailänder in ihrer Stadt. Vermutlich wollten sie ihren Frieden mit dem Kaiser wie ebenso gewiss die herausragende Bedeutung Mailands zur Geltung bringen. Die Trauung in Sant'Ambrogio nahm der Kardinalbischof von Ostia stellvertretend für Papst Urban III. vor, denn der Nachfolger des Lucius blieb nicht nur zugleich Erzbischof von Mailand, sondern auch ein überzeugter Gegner der Staufer. Anschließend traf sich die fast unübersehbare Menge der Gäste, die aus Ländern nördlich wie südlich der Alpen zusammengeströmt waren, zur mit allem denkbaren Aufwand ausgestalteten Hochzeitsfeier.[418]

Friedrich erwartete wohl, dass ihm die Ehe seines Sohnes Einflussmöglichkeiten im sizilischen Königreich eröffnete und damit gleichzeitig seine Stellung in Reichsitalien sowie dem Papst gegenüber weiter festigte. König Wilhelm nämlich beabsichtigte, nach dem Friedensschluss mit Barbarossa das alte Ziel, die Machterweiterung auf Kosten des byzantinischen Reiches, wieder ins Zentrum seiner Bemühungen zu rücken. Die Umstände schienen günstig. Nach dem Tod Manuels im Jahr 1180 herrschte in Byzanz seit 1183 Andronikos, ein Verwandter, und Aufstände wie militärische Niederlagen machten die Schwäche Ostroms offenkundig. Dazu gewährleistete das durch Konstanzes Heirat vertiefte Einverständnis mit dem Kaiser nun auch die für Wilhelms Unternehmen nötige Rückendeckung. Zudem lag ihm daran, die Königsherrschaft seiner Familie dauerhaft zu sichern. Er und seine Gattin Johanna, eine Tochter des englischen Königs, waren nach neun Ehejahren noch immer ohne Kinder, und Wilhelm hielt es für wichtig, für den Fall seines kinderlosen Todes, zu dem ja die geplanten Militäraktionen schnell führen konnten, die Nachfolge seiner Tante Konstanze als der einzigen legitimen Erbin der Königswürde sorgfältig vorzubereiten. Konstanzes Ehe mit dem künftigen Repräsentanten des Stauferhauses schien ihm diese Absicht offenbar am besten zu erfüllen. Um ganz sicher zu gehen, verlangte er wohl 1185 von den Großen des Königreiches, dass sie eidlich gelobten, Konstanze als ihre Königin anzunehmen und ihr wie ihrem Gatten treu zu dienen, sollte er, Wilhelm, ohne Kinder sterben.[419]

Noch ein weiteres Problem, das Kaiser und Papst im Herbst 1184 zu Verona beschäftigte, war die Wiederbesetzung des Trierer Bischofsstuhls, weil es dabei für beide Seiten zugleich um die Behauptung der Rechte und damit der Würde ihres Amtes ging. Nach dem Tod des Erzbischofs Arnold am 25. Mai 1183 hatte sich bei der Wahl seines Nachfolgers eine Partei für den Dompropst Rudolf, die andere für den Archidiakon Folmar entschieden. Der Kaiser lud darauf beide nach Konstanz und forderte die mit ihnen angereisten Wähler zu einem neuerlichen Wahlgang in seiner Anwesenheit auf. Folmar jedoch verließ die Versammlung und wandte sich an den Papst, der eine Untersuchung einleitete. Rudolf aber wurde erneut gewählt und von Friedrich mit den Regalien belehnt. Von ihrem Recht überzeugt, blieben Friedrich und Lucius in Verona bei ihren unterschiedlichen Auffassungen. Die Spannung zwischen ihnen wuchs noch, als König Heinrich Anfang 1185 in Trier energisch gegen die Anhänger Folmars vorging und von seinem Vater offenbar sogar verteidigt wurde.[420]

Auch mit Lucius' Nachfolger Urban III. führten die Verhandlungen nicht weiter, zumal er im Juni 1186 gegen seine Zusage Folmar weihte. Tief erbittert beklagte Friedrich im November auf einem Hoftag zu Gelnhausen das ungerechte Verhalten des Papstes und betonte vor allem, dass Urban mit der Weihe Folmars nicht nur sein eigenes Versprechen gebrochen, sondern überdies mit der Missachtung der Regalieninvestitur die Rechte des Reiches schwer geschädigt habe. Hochrangige Geistliche wandten sich darauf an den Papst und die Kardinäle mit der dringenden Bitte um päpstliches Einlenken.[421]

Trotzdem sorgte Urban dafür, dass der Bischof von Metz Folmar im Februar 1187 die Aufnahme seiner Amtsgeschäfte ermöglichte. Allerdings antwortete der Kaiser unverzüglich mit der Beschlagnahmung der Güter des Metzer Bistums und zwang die beiden Geistlichen so zur Flucht, die den Bischof nach Köln und den Erzbischof nach Frankreich führte. Zudem war sich Urban wohl bewusst, dass er anders als seine Vorgänger weder auf den Beistand der lombardischen Städte, noch den des sizilischen Königs hoffen konnte, und er begann nun möglicherweise an ein Nachgeben im Trierer Streit zu denken. Freilich starb er bereits im Oktober 1187.[422]

Eben damals gelang es dem Sultan Saladin, große Teile der Kreuzfahrerstaaten sowie schließlich auch Jerusalem zu erobern. Die Nachricht erschütterte die lateinische Christenheit zutiefst und veranlasste Gregor VIII., den Nachfolger Urbans, sofort zu einem neuen Kreuzzugsaufruf. Wie er, der bereits nach zwei Monaten starb, wünschte nach ihm Clemens III. den Kaiser zur Teilnahme an dem wichtigen Unternehmen zu gewinnen, und erklärte sich deshalb bereit, nicht nur König Heinrich zum Kaiser zu krönen, sondern auch den Trierer Streit beizulegen. Im Juni 1189 enthob er Folmar in der Tat seines Amtes.[423]

Als Barbarossa nach fast zwei Jahren der Präsenz in Ober- und Mittelitalien im Juni 1186 wieder nach dem Norden aufbrach, verließ er ein im Großen und Ganzen befriedetes Land, das ihn als seinen Herrscher anerkannte, freilich erst nach seinem Verzicht auf eine Reihe lange verteidigter Forderungen. Mit seiner Abreise fiel seine Stellung in Italien seinem Sohn Heinrich zu, der als Zwanzigjähriger durchaus bereits eine gewisse politische Erfahrung besaß. Er hatte die Zeit zwischen 1174 und 1178 mit seinen Eltern in Italien verbracht, 1182 in

5.21 Der letzte Italienaufenthalt

Lüttich zusammen mit Philipp von Köln versucht, den Streit Graf Philipps von Flandern mit dem französischen König zu schlichten, oder Anfang 1185 in Trier die Anhänger Folmars verfolgt.[424]

Im August darauf begab er sich nach Lüttich, um die Unterstützung des Grafen Philipp von Flandern in seinem Kampf gegen König Philipp von Frankreich vorzubereiten, nachdem der Graf ihn wie auch den Kölner Erzbischof Philipp erneut um militärischen Beistand gebeten hatte. Nun aber verweigerte Graf Balduin von Hennegau deren Heer den Durchmarsch durch sein Territorium, weil er davon schwere Verwüstungen befürchtete und seine eigenen Pläne gefährdet sah. Ähnlich scheint auch Kaiser Friedrich die Sache eingeschätzt zu haben, denn er forderte seinen Sohn offenbar auf, seine Kriegsvorbereitungen abzubrechen, versicherte zugleich indes, dass die Rechte des Grafen Philipp weiterhin seinen Schutz genossen. Nach wie vor ging es ihm wohl darum, durch Balduin ein Gegengewicht zum Erzbischof von Köln zu schaffen. Vermittelt von Englands König und Philipp von Köln kam es Anfang November 1185 dann mit kaiserlicher Zustimmung auch zu einem Waffenstillstand zwischen dem Grafen von Flandern und Frankreichs König.[425]

König Heinrich jedoch reiste nach Italien, um in Mailand Hochzeit zu feiern. Im Frühjahr darauf zog er mit seinem Heer in die Toskana, bemüht, den üblichen herrscherlichen Pflichten nachzukommen, also Streit zu schlichten, gerechte Urteile herbeizuführen, die Geistlichkeit zu schützen. Wo er indessen auf Missachtung seiner Herrscherstellung stieß, scheute er sich genauso wenig wie sein Vater vor der Anwendung militärischer Gewalt, was etwa die Bürger von Siena spürten.[426]

Eben damals erfuhr Barbarossa, dass Papst Urban Folmar doch geweiht hatte, und sah sich nun ihm gegenüber offenbar gleichfalls nicht mehr an seine frühere Zusage gebunden. Stattdessen befahl er seinem Sohn, das Patrimonium Petri unverzüglich seiner Herrschaft zu unterwerfen. Dem König gelang es daraufhin tatsächlich recht rasch, den Wunsch seines Vaters zu erfüllen.[427]

Heinrich verdankte seinen Erfolg nicht zuletzt dem Umstand, dass wichtige Adlige Roms auf der Seite des Kaisers standen und seinen Sohn tatkräftig unterstützten. Zu ihnen gehörte Petrus II. Di Vico, der Präfekt Roms, oder Oddo Frangipane aus jener Familie, die aus Sorge um ihre dominante Stellung in der Hafenstadt Terracina ins kaiserliche Lager überwechselte. Besonders hohes Ansehen am Kaiserhof genoss anscheinend Leo de Monumento, ein Mann von großem politischen Geschick, den Barbarossa so sehr schätzte, dass er ihm das eigentlich päpstliche Sutri als kaiserliches Lehen übergab.[428] Diese wie manch andere begleiteten Heinrich bei seinem Marsch durch das Patrimonium und blieben zum Teil noch an seinem Hof, als er sich Ende August wieder dem Norden zuwandte. Erneut besuchte er die Toskana, danach das Herzogtum Spoleto sowie die wichtigen Kommunen der Poebene und lernte so Reichsitalien gründlich kennen. Am Ende führte er seine Truppen noch gegen den Grafen Humbert von Savoyen, der dem Kaiser seit einiger Zeit Sorgen bereitete. Heinrich gelang es immerhin, die Burg Avigliana (westlich von Turin), eine wichtige Basis des Grafen, zu zerstören, ehe er Ende 1187 nach Deutschland zurückkehrte.[429] Nicht selten hielt er sich nun wieder am kaiserlichen Hof auf, aber natürlich agierte er auch selbständig, so im Juli 1188 etwa in Burgund.[430]

5.22 Kaiser Friedrichs letzten Jahre in Deutschland

Auch in den 1180er Jahren bemühte sich Friedrich um die Mehrung des allodialen Besitzes wie des Reichsguts. So erwarb er Vogteirechte in Mülhausen und richtete dort einen Markt ein, und bereits zuvor erhielt sein Sohn Heinrich als Lehen des Baseler Bischofs die Hälfte von Breisach. Vor allem jedoch gingen 1181 die Pfullendorfer Güter endgültig auf den Kaiser über, und im Januar 1189 übernahmen seine Söhne die Bamberger Lehen des Grafen Gebhard von Sulzbach. Einen großen Teil des restlichen Sulzbacher Erbes beanspruchte Friedrich unmittelbar für sich, so etwa die Regensburger Domvogtei.[431]

Sicher hielt der Kaiser den Gewinn der Bamberger Lehen für besonders wertvoll, weil er sich davon eine Erleichterung des Verkehrs mit dem Pleißen- und Egerland versprach. Gerade diese Gebiete nämlich fanden in jenen Jahren sein wachsendes Interesse. Seine Besuche dort galten in erster Linie Altenburg, wo er im August 1179 Halt machte, im Frühherbst des nächsten Jahres sogar fast fünf Wochen blieb. Ein mehrtägiger Aufenthalt folgte im November 1181, währenddessen Friedrich für das in der Stadt geplante Hospital einen Hof in Altenburg stiftete. Als er dort im Januar 1183 wieder einige Tage verbrachte, stellte er das nun offenbar fertige Hospital unter seinen Schutz.[432]

Nach Eger kam Friedrich zum ersten Mal im Juni 1179. Auf dem Hoftag dort gelang es ihm, zwischen den Herzögen von Österreich und von Böhmen eine Einigung über den Verlauf ihrer Landesgrenze herbeizuführen, und am letzten Tag des Treffens begab er sich mit den übrigen Teilnehmern zu dem nahen Zisterzienserkloster Waldsassen, um dort die Weihe der Klosterkirche zu feiern. Möglicherweise veranlasste der Kaiser damals auch die Umgestaltung der über dem Ufer der Eger errichteten Burg, während Friedrich II. dann um 1215 den Neubau der Anlage befahl. Ein weiterer kaiserlicher Hoftag in Eger folgte im Mai 1183, und sein letztes Weihnachtsfest vor dem Aufbruch zum Kreuzzug feierte Friedrich im Dezember 1188 gleichfalls dort, was vielleicht doch als Zeichen einer besonderen Bindung gelten darf.[433]

Mit dem Territorialbesitz des Kaisers wuchs der Bedarf an sachkundigen Verwaltern, die es verstanden, seine Güter zu bewirtschaften, den Landesausbau voranzutreiben, dazu Städte und Märkte zu gründen und überdies das Land gegen Feinde zu verteidigen. Friedrich vertraute diese Aufgaben mit Vorliebe Fachleuten aus dem Kreis seiner Ministerialen an, die aufgrund ihrer unfreien Herkunft von ihm abhängig waren, sich jedoch durch ihre besonderen Kenntnisse und Leistungen zu einer Art Elite emporgearbeitet hatten. Auf ihre Zuverlässigkeit konnte er sich in der Regel verlassen, zumal sich ihnen als Reichsministerialen besonders attraktive Aufstiegschancen boten. Sie leiteten als Schultheißen die Verwaltung königlicher Städte oder sorgten als Vögte für die korrekte Bewirtschaftung und den Schutz des Reichsgutes. Höheres Ansehen besaßen natürlich jene Reichsministerialen, die sich regelmäßig am Kaiserhof einfanden und zur engeren Umgebung des Herrschers gehörten. Die Beachtung, die sie in den letzten Jahrzehnten der Herrschaft Friedrich Barbarossas am Hof erfuhren, zeigt sich etwa da-

Abb. 12: Friedrich I. in einer Miniatur der Handschrift »Historia Hierosolymitana« (Vat. Lat. 2001, ca. 1188).

rin, dass uns ihre Namen nun in den Zeugenlisten von annähernd 80 Prozent aller Kaiserurkunden begegnen.

Nur die Angehörigen außerordentlich begüterter und erfolgreicher Ministerialenfamilien, die des Kaisers besonderes Vertrauen genossen, erlangten indessen echten Anteil an der Gestaltung der herrscherlichen Politik. Aus ihrer Mitte stammten die Inhaber der Hofämter, die Truchsessen, Kämmerer, Schenken und Marschälle. Dem Herrscher meist nahe stehend, gewährleisteten sie mit ihrer Präsenz und Erfahrung den Bestand des Hofes, des zentralen Herrschaftsorgans des Stauferreiches.

Ein Spitzenplatz unter den Ministerialengeschlechtern kam damals wohl den Herren von Bolanden zu, die, westlich von Worms beheimatet, inmitten des ausgedehnten, wirtschaftlich wie strategisch gleich bedeutsamen rheinpfälzischen Reichsgutsbezirkes saßen und als versierte Sachwalter der dortigen staufischen Interessen fast unentbehrlich waren. Werner II., der Repräsentant des Hauses zu Friedrich Barbarossas

Zeit, wirkte im kaiserlichen Auftrag als Akteur in politischen Angelegenheiten von höchster Bedeutung. Friedrich schätzte sein Urteil, belohnte ihn reichlich für seine Dienste und nannte ihn auch seinen *procurator*.

Eine kaum weniger herausragende Rolle spielte die Reichsministerialenfamilie von Pappenheim (westlich von Eichstätt), welcher die Verwaltung des wichtigen Königsgutes an der Nahtstelle zwischen Schwaben, Franken und Bayern oblag. Ihre eigentliche Bedeutung verdankte sie jedoch den außergewöhnlichen militärischen Fähigkeiten ihrer Repräsentanten, die deshalb früh ein geradezu erbliches Anrecht auf das Amt des königlichen Marschalls besaßen. Heinrich Testa von Pappenheim, der Marschall Barbarossas, führte 1186 bis 1187 das Heer König Heinrichs auf dessen Zug durch Ober- und Mittelitalien sowie bei der Unterwerfung des Kirchenstaates. Ihm folgte im Amt des Marschalls sein Sohn, der sich nach seiner Burg Heinrich von Kalden nannte. Bereits seit etwa 1185 am Hof aktiv, gehörte er zu den wichtigsten Mitarbeitern Kaiser Heinrichs wie noch König Philipps. Ohne aus einer einflussreichen Familie zu stammen, errang Markward von Annweiler (unterhalb der Burg Trifels) doch mindestens ebenso eindrucksvolle militärische und politische Erfolge. Seiner Verdienste wegen entließ ihn Heinrich VI. in die Freiheit und belehnte ihn unter anderem mit dem Herzogtum Ravenna.[434]

Kaiser Friedrich kümmerte sich nach wie vor sehr engagiert um den Frieden und die Geltung des Rechts in seinem Reich. So wies er die Bemühungen Herzog Bernhards von Sachsen um Mehrung seines Einflusses in Lübeck zurück und vermochte Lübecks Bürger, die sich bei ihm über die unberechtigten Zölle und Abgaben beklagten, die Graf Adolf von Schauenburg ihnen aufzwang, im September 1188 zu einer einvernehmlichen Lösung zu bewegen. Ein kaiserliches Privileg bestätigte die Rechte der Bürgerschaft Lübecks. Im Juni und Juli davor zerstörte der Herrscher im Gebiet der Weser Burgen, deren Bewohner von ihrer Feste aus Raubzüge unternahmen.[435]

Wohl bereits im September 1182 erneuerte Friedrich die Privilegien der Juden zu Regensburg, insbesondere ihr Recht, Handel zu treiben, und betonte dabei seine Verpflichtung, für alle Juden des Reiches Sorge zu tragen, da sie alle zur kaiserlichen Kammer gehörten. Als dann nach dem Fall Jerusalems im Zusammenhang mit dem »Hoftag Jesu Christi« in Mainz die jüdischen Gemeinden wieder wie vor dem Kreuzzug Konrads III. Raub und Gewalt erdulden mussten, erinnerte er die Öffentlichkeit sehr deutlich an den besonderen Friedensschutz, unter dem diese standen, und an die strengen Strafen für dessen Missachtung. Deren Bedrückung vermochte er so wenigstens zu mildern.[436]

Als ein wichtiges Instrument zur Sicherung von Recht und Frieden galt Friedrich seit seinem Regierungsantritt die Gesetzgebung. Den sogenannten rheinfränkischen Landfrieden verkündete er im Februar 1179 in Weißenburg mit deutlicher Betonung seiner kaiserlichen Amtsgewalt und der damit verbundenen Verantwortung für den Frieden. Das Gesetz erneuerte zu einem guten Teil ältere Bestimmungen. Es sprach bestimmten Personengruppen, Frauen, Geistlichen und Dorfbewohnern etwa, doch auch Kaufleuten oder Juden ein Recht auf ständigen Frieden zu, gestattete die Fehde lediglich an drei Wochentagen und bestimmte die dabei zu beachtende Vorgehensweise. Dazu legte es Strafen für Verbrechen wie Totschlag oder Raub fest, sah zudem vor, dass jeder, der trotz dreimaliger Ladung nicht vor Gericht erschien, der Acht verfiel, und dass jeder, der ein Jahr in der Acht blieb, alle Rechte verlor. Weitere Vorschriften behandelten neben dem Waffentragen die Rechte und Pflichten der Richter, denen ja parallel zur Zurückdrängung der Fehde eine wachsende Bedeutung zukommen sollte. Am Ende verschaffte der Kaiser dem fast vergessenen Urteilsspruch, nach dem ein nächtlicher Brandstifter sein Eigentum, seine Lehen und alle seine Rechte verlor, neue gesetzliche Geltung.[437]

Ende Dezember 1186, vielleicht auch erst 1188, verkündete Friedrich auf seiner Burg zu Nürnberg sein letztes, bald »Friedebrief« genanntes und im ersten Teil erneut gegen die Brandstifter gerichtetes Gesetzesdokument. Seine Regeln verboten die Brandstiftung generell, auch wenn sie im Rahmen einer Fehde geschah. Der Brandstifter verfiel der kaiserlichen Acht und zudem der Exkommunikation durch den zuständigen Bischof. Versäumte er, sich innerhalb eines Jahres mit dem Geschädigten über die Höhe des Schadenersatzes zu einigen, der Brandstiftung abzuschwören und die Lösung von Acht und Kirchenbann zu erwirken, verlor er alle seine Rechte. Auf die Klärung spezieller Brandstiftungsfälle folgten Vorschriften zur Fehde. Diese musste künftig mindestens drei Tage im Voraus durch einen Boten förmlich angesagt werden. Hatten zwei Männer einander eine bestimmte Friedenszeit geschworen, so durfte keiner von ihnen diesen Frieden vorzeitig aufkündigen. Wer dennoch so vorging, galt als Friedensbrecher. Weiter sollten die Zerstörer von Wein- und Obstgärten wie Brandstifter bestraft und Grafen, die Unterrichter einsetzten, zu einer hohen Geldstrafe verurteilt werden. Schließlich bestimmte der Kaiser, dass das vorliegende, für alle Bewohner des Reiches verbindliche Gesetzeswerk für alle Zukunft Gültigkeit besitze. Deutlich zeigt der Friedebrief noch einmal die Tendenz, die Fehde einzuschränken und zunehmend durch schriftlich niedergelegte, dauerhafte Gesetze und eine an diese gebundene Gerichtsbarkeit zu ersetzen.[438]

Selbstverständlich ließen sich Enttäuschungen auch jetzt nicht vermeiden. So weigerte sich Knut, der Sohn König Waldemars von Dänemark, nach dessen Tod im Mai 1182 vor Friedrich den Lehnseid abzulegen. Als dieser etwas später dem zwischen ihm und Waldemar geschlossenen Vertrag entsprechend eine Delegation an den dänischen Hof sandte, damit sie die mit Herzog Friedrich von Schwaben verlobte Schwester Knuts nach Deutschland geleite sowie den ersten Teil der vereinbarten Mitgift abhole, bereitete Knut ihr einen äußerst unfreundlichen Empfang, und seine Schwester stattete er beschämend kärglich aus. Schließlich verweigerte er 1187 die spätestens jetzt fällige Auszahlung der restlichen Mitgift, worauf der Kaiser die bedauernswerte Königstochter samt ihres Gutes wieder nach Hause schickte.[439]

Von seinen Bemühungen um eine Eheabsprache mit König Alfons VIII. von Kastilien versprach sich Friedrich wohl, dass sie Alfons von einer allzu engen Zusammenarbeit mit seinem Schwiegervater Heinrich von England abhalte und ihm selbst einen gewissen Einfluss auf ihn verschaffe. Im Mai 1187 führte ein Gesandter des Kaisers am kastilischen Hof Verhandlungen über die Heirat Konrads, des fünfzehnjährigen Kaisersohnes und Herzogs von Rothenburg, und Berenguelas, Alfons' sieben Jahre alter Tochter. Ein knappes Jahr darauf erschienen Legaten Alfons' in Seligenstadt am Main und schlossen mit Friedrich den Ehevertrag. Konrad begleitete sie auf ihrer Rückreise, im Juli 1188 fand die Hochzeit statt und danach verbrachte er noch einige Monate am kastilischen Hof. Im April 1189 hielt er sich dann wieder am Hof seines Vaters in Hagenau auf. Eben damals wurde Alfons VIII. indes ein Sohn geboren, worauf sein Interesse an Konrad offenbar stark nachließ. Jedenfalls schickte er Berenguela nicht nach Deutschland, und nach dem Tod des Kaisers veranlasste er die Scheidung der Ehe, anscheinend ohne auf Widerstand der staufischen Seite zu stoßen. Diese bedrängten damals wichtigere Probleme, und Konrad unterstützte in jenen Monaten aktiv seinen Bruder Heinrich. Ob ihn Alfons' Verhalten noch lange beschäftigte, lässt sich leider nicht sagen.[440]

Kaiser Friedrichs Verhältnis zu Heinrich II. von England blieb nach den Vereinbarungen vom Herbst 1184 einigermaßen störungsfrei, obwohl es zur damals beschlossenen Heirat des Königssohnes Richard Löwenherz mit einer Tochter Friedrichs nicht kam, weil das Mädchen bereits Ende 1184 starb.[441] Zu Heinrichs festländischem Rivalen Philipp II. Augustus indes, dem seit 1180 regierenden, jugendlichen König von Frankreich, unterhielt der Kaiser zunächst eher lockere Beziehungen.

Philipp Augustus suchte damals Nutzen daraus zu ziehen, dass Heinrich II. und seine Söhne fast ständig in Streit um das französische Erbe lagen. Allerdings sah er in dem aggressiven Expansionsstreben, mit dem im Herbst 1186 etwa Richard Löwenherz in Südfrankreich vorging, eine große Gefahr. So schlug er Friedrich einen Freundschaftsvertrag vor, der im Mai 1187 auch tatsächlich zustande kam. Im Dezember darauf trafen sich die beiden Herrscher dann persönlich bei Mouzon an der Maas und bekräftigten ihr Freundschaftsabkommen, das erstaunlich lange Bestand haben sollte. Friedrichs Wunsch, dass Philipp mit ihm zusammen zum Kreuzzug aufbreche, mochte dieser allerdings wegen Heinrichs II. Unruhe nicht erfüllen. Nach Heinrichs Tod im Juli 1189 einigten sich dann Richard, sein Nachfolger, und Philipp darauf, die Fahrt nach Jerusalem miteinander im Juli 1190 anzutreten.[442]

Friedrichs Annäherung an König Philipp brachte manche Erleichterung, führte jedoch indirekt auch zu einer Verschärfung des Konfliktes, den er gegen Ende der 1180er Jahre mit Erzbischof Philipp von Köln ausfocht. Was zur Feindschaft zwischen beiden führte, lässt sich nur vermuten. Philipp setzte seine Bemühungen um die Sicherung und Erweiterung der erzbischöflichen Herrscherstellung nach der Belehnung mit dem Herzogtum Westfalen durch den Kaiser gerade auch östlich des Rheins sehr intensiv fort, und bald gerieten die Adligen auch dort stark in Abhängigkeit von ihrem erzbischöflichen Lehnsherrn. Doch der Kaiser dürfte ebenfalls bald erkannt haben, dass Philipps Aktivitäten seine Einflussmöglichkeiten im erzbischöflichen Herrschaftsbereich deutlich zu schmälern drohten.[443]

So hoffte Friedrich wahrscheinlich, mit der Gründung und Förderung der Markgrafschaft Namur ein beachtenswertes und dazu ihm verbundenes Zentrum zu schaffen, dessen gewichtige Präsenz eine gewisse Zügelung des Kölner Expansionsstrebens ermöglichte. Der Kölner Erzbischof jedoch sah in dem gemeinsam mit König Heinrich im Herbst 1185 geplanten Zug gegen Philipp von Frankreich vermutlich eine günstige Gelegenheit, zugleich den Aufstieg Balduins von Hennegau, des Verbündeten König Philipps, schon frühzeitig zu bremsen. So hatte er wahrscheinlich doppelten Anlass, sich über des Kaisers erfolgreichen Einspruch gegen den Kriegszug zu empören. Als Graf Philipp von Flandern mit König Heinrich nach Mailand reiste, um an dessen Hochzeitsfeier teilzunehmen, mochte er sich ein wenig isoliert gefühlt haben.

Jedenfalls entschloss sich der Erzbischof nun offenbar, sich von dem als Gegner betrachteten Kaiser abzuwenden und auf Papst Urbans Seite überzuwechseln. Urban hatte mit der Weihe Folmars von Trier endgültig Friedrichs Zorn auf sich gezogen. Deshalb war er gewiss erfreut, in Philipp von Köln einen deutschen Mitstreiter gewonnen zu haben, und er erhob ihn zum päpstlichen Legaten in der Kölner Erzdiözese. Philipp bekannte sich denn auch sehr klar zu seiner Entscheidung gegen den Kaiser, etwa indem er im Frühjahr 1187 den Bischof von Metz aufnahm, den Friedrich seiner Unterstützung Folmars wegen zur Flucht gezwungen hatte.[444]

Die Lage spitzte sich weiter zu, als Philipp von Frankreich den Kaiser kurz nach ihrem Freundschaftspakt um seine Hilfe gegen den bedrohlich agierenden Richard Löwenherz bat. Ihrer Abmachung gemäß veranlasste Friedrich die nötigen militärischen Vorbereitungen, was Richard bewog, eilends schon am 23. Juni Frieden zu schließen. Doch inzwischen verbreitete sich in Köln das Gerücht, der Kaiser gebe nur vor, nach Frankreich zu ziehen, er plane in Wahrheit, Köln selbst anzugreifen. Die Kölner und offenbar auch Erzbischof Philipp hielten dies für durchaus glaubwürdig und begannen rasch, ihre Stadt zu befestigen. Friedrich indes, der allem Anschein nach nichts Derartiges vorhatte, beklagte sich im August auf einem Hoftag zu Worms bitter darüber, dass der Erzbischof und die Bürger Kölns sich nicht gescheut hätten, ihm auf dem Boden des Reiches den Durchmarsch zu verbieten und eine ihn derart entehrende Geschichte im ganzen Römischen Reich zu verbreiten. Offensichtlich hatte er Philipp, damit er sich rechtfertige, nach Worms geladen, und sandte ihm nun, da er nicht erschien, eine neue Ladung zum Straßburger Hoftag im Dezember. Vor allem aber ließ er den Rhein für die Kölner oberhalb ihrer Stadt sperren, was ihre Aktivitäten sehr behinderte, zumal örtliche Kämpfe den Schiffsverkehr unterhalb von Köln gleichfalls lahmlegten.[445]

Der Hoftag, den Friedrich Anfang Dezember 1187 in Straßburg abhielt, stand bereits ganz unter dem Eindruck des Verlustes von Jerusalem, und eine Predigt des Straßburger Bischofs veranlasste offenbar viele Anwesende, sofort das Kreuz zu nehmen. Friedrich, den diese Einsatzbereitschaft anscheinend sehr beeindruckte, sah es gewiss als seine kaiserliche Pflicht an, sich an dem unvermeidlichen Kreuzzug an führender Stelle zu beteiligen. Er lehnte es jedoch ab, sich öffentlich festzulegen, solange das kriegerische Verhältnis zu Philipp bestehen blieb. Der Erzbischof hatte seine Ladung nämlich wieder ignoriert, der Kaiser also Grund genug, sich an Weihnachten in Trier einmal mehr über den »Kölner Kleriker«, wie er sich anscheinend ausdrückte, zu beklagen.[446]

Gleichzeitig forderte Friedrich in einer als letzte Mahnung bezeichneten Ladung Philipp auf, sich am 2. Februar in Nürnberg einzufinden, und jetzt endlich kam der Erzbischof seinem Befehl nach, vor allem wohl, weil er mit dem Fall Jerusalems den päpstlichen Rückhalt verlor. Gregor VIII. und seit dem Dezember 1187 dann vor allem Clemens III. hielten die Teilnahme des Kaisers an dem von ihnen für vordringlich erachteten Kreuzzug für so wichtig, dass sie sich ihm gegenüber zu großen Zugeständnissen bereitfanden. Der päpstliche Legat Heinrich von Albano schilderte ihre Position im persönlichen Gespräch mit Philipp gewiss ausführlich und drängte ihn vermutlich, seine kaiserfeindliche Haltung aufzugeben. Mit seinem Erscheinen in Nürnberg tat Philipp dann den ersten Schritt auf den Kaiser zu. Man einigte sich über die Bedingungen, unter denen Friedrich bereit war, dem Erzbischof wie den Kölner Bürgern ihr feindliches Verhalten zu verzeihen, und Ende März 1188 kam es auf dem Mainzer Hoftag in der Tat zur Versöhnung des Kaisers mit seinen Gegnern, nachdem Philipp sich mit einer dreifachen Eidesleistung von seinem groben Fehlverhalten distanzierte und die Kölner dem Kaiser eine ansehnliche Geldsumme übergeben hatten.[447]

Im Mittelpunkt des Mainzer Hoftages stand freilich der geplante Kreuzzug. Kaiser Friedrich hatte die feierliche Zusammenkunft gemeinsam mit Heinrich von Albano auf den 27. März 1188, den Sonntag Laetare, festgelegt, Heinrich zudem die Großen Deutschlands leidenschaftlich zum Kommen aufgefordert, sollte der Tag doch als Hoftag Jesu Christi allein ihm gewidmet sein. Die Zahl der Besucher war denn auch groß: Jubelnd erlebten sie, wie der Kaiser das Kreuz nahm, und begeistert folgten viele seinem Vorbild. Dazu veranlasste das Empfinden besonderer Gottesnähe offenbar nicht wenige, ihre Streitigkeiten beizulegen.[448]

Friedrich indessen sah den Frieden im Reich noch immer gefährdet durch den hartnäckigen Kampf Heinrichs des Löwen um die ihm seiner Meinung nach gebührende Stellung, demzufolge insbesondere zwischen ihm und Bernhard, dem Herzog von Sachsen, tiefe Feindschaft herrschte. Der Kaiser warnte deshalb Erzbischof Philipp offenbar eindringlich davor, Heinrich bei seinen Gewalttaten gegen das Reich zu unterstützen. Freilich folgte Heinrich dann Ende Juli der kaiserlichen Ladung zu einem Hoftag nach Goslar und gelobte dem Kaiser, der ihn wohl dort vor die Wahl zwischen Kreuznahme und neuerlichem Exil stellte, unter Eid, dass er noch einmal für drei Jahre außer Landes gehen werde.[449]

Schon vordem hatte Friedrich mit der praktischen Vorbereitung des Kreuzzugs begonnen. Wie einst König Konrad wählte er den Landweg statt der Fahrt zur See mit ihren kaum vorhersehbaren Gefahren. Freilich brachte auch der Marsch durch fremde Reiche erhebliche Probleme mit sich. Er bedurfte der Zustimmung der jeweiligen Herrscher, die zudem die Sicherheit der Kreuzfahrer und die Bereitstellung ausreichend großer Märkte gewährleisten sollten. Der wegen dieser Forderungen zu König Bela von Ungarn gesandte Erzbischof Konrad von Mainz konnte bald am Kaiserhof berichten, dass der König sich ohne besondere Vorbehalte bereit erklärt habe, alle kaiserlichen Wünsche zu erfüllen. Auf außerordentlich positive Resonanz stieß Friedrich mit seinem Anliegen auch bei Kiliç Arslan von Iconium, dem Sultan der Seldschuken, der sich von ihm seit langem Rückhalt gegen den byzantinischen Kaiser erhoffte. Umso enthusiastischer bekannte er nun dem kaiserlichen Boten Gottfried von Wiesenbach, dem seiner Kenntnis des Türkischen wegen auch künftig eine wichtige Rolle zufiel, es gebe für ihn keine größere Freude, als den bevorstehenden Besuch des römischen Kaisers.[450]

Friedrichs Brief an Kaiser Isaak II. Angelos von Byzanz blieb freilich zunächst ohne Wirkung. Ende 1188 erschien dann doch Isaaks Kanzler Johannes Dukas mit hochgestellten Begleitern. Um den von ihnen geschilderten Verdacht Isaaks auszuräumen, der geplante Jerusalemzug richte sich in Wirklichkeit gegen das byzantinische Reich, ließ Friedrich drei Fürsten schwören, dass das Kreuzheer keinen derartigen Angriff vornehmen werde. Darauf sahen sich die Byzantiner befugt, im Namen Isaaks eidlich Freundschaft, sicheres Geleit, ausreichende Märkte sowie die Überfahrt nach Kleinasien zuzusichern, und die drei genannten Fürsten bekräftigten anschließend mit neuerlichen Eiden die friedlichen Absichten der Kreuzfahrer. Auf Friedrichs Wunsch reiste Bischof Hermann von Münster zusammen mit einigen Grafen nach Konstantinopel voraus, um für die Realisierung der versprochenen Maßnahmen zu sorgen.[451]

Neben den Boten Isaaks fand sich in Nürnberg auch eine Delegation des Sultans Kiliç ein, die noch einmal eindringlich des Sultans große Hilfsbereitschaft ins Gedächtnis rufen sollte. Legaten sandte damals überdies Serbiens Großžupan Stephan Nemanja. Er hatte die Schwäche des byzantinischen Reiches nach 1180 genützt, um sein Land aus dessen Verband zu lösen, und suchte nun wohl die Nähe des Kaisers. Jedenfalls meldeten seine Vertreter, dass ihr Herr für des Kaisers festlichen Empfang die vornehmste seiner Städte vorbereiten wolle.[452]

Schien so die Marschroute der Kreuzfahrer einigermaßen gesichert, blieb Jerusalem selbst in Saladins Hand. Immerhin hatte Friedrich bereits im Mai 1188 den Grafen Heinrich von Diez zu ihm gesandt, um ihm klar zu machen, dass er ihren Pakt breche und die Feindschaft des ganzen römischen Imperiums auf sich ziehe, wenn er nicht sofort Jerusalem wieder verlasse. Möglicherweise betrachtete er diesen Schritt auch als einen letzten Versuch, den Sultan doch noch umzustimmen. In erster Linie jedoch ging es ihm gewiss um die Ansage des bevorstehenden Kampfes.[453]

Natürlich ließ sich das Kreuzzugsprojekt kaum ohne die Zusammenarbeit von Kaiser und Papst verwirklichen, und der Fall Jerusalems hatte ja in der Tat rasch zu ihrer Annäherung geführt. Das päpstlich-kaiserliche Einvernehmen wuchs unter Clemens III., was schon deshalb nicht verwundert, weil der am Stauferhof hoch geschätzte römische Adlige Leo de Monumento dessen Wahl im Dezember 1187 maßgebend beeinflusste. Unterstützt von Leo und vermutlich mit kaiserlicher Zustimmung konnte Clemens sehr schnell in Rom einziehen. Der Senat anerkannte die Stadtherrschaft des Papstes und schwor ihm Treue und Schutz, der Papst akzeptierte die Befugnisse des Senats, verpflichtete sich zur finanziellen Unterstützung der Verwaltungsorgane und tolerierte die Ansprüche der Römer besonders Tusculum gegenüber.

Die Verhandlungen des Papstes mit Friedrich und seinem Sohn Heinrich kamen im April 1189 zum erfolgreichen Abschluss. Clemens bekannte sich zu seinem Entschluss, die Trierer Frage im Sinn des Kaisers zu lösen, wie zu seiner Bereitschaft, Heinrich unverzüglich zum Kaiser, Konstanze zur Kaiserin zu krönen. Freilich musste das Paar den Empfang dieser hohen Würde nun angesichts des bevorstehenden Kreuzzugaufbruchs Friedrichs zunächst aufschieben. Im Gegenzug befahl König Heinrich, die 1186 von ihm besetzten Städte des Kirchenstaates wieder dem Papst zurückzugeben. Deutlich betonte er allerdings, dass sie weiterhin *proprietas*, Eigentum des Reiches seien, also grundsätzlich zum Imperium gehörten, dass der Kirche demnach zwar ihre *possessio*, ihr Besitz gebühre, das Reich sich jedoch vorbehalte, neben seinem Eigentumsrecht auch ihm etwa zustehende Besitzrechte geltend zu machen. Ganz offensichtlich sollte der Anspruch des Reiches auf eine übergeordnete Zuständigkeit für den Kirchenstaat gewahrt bleiben und durchaus auch Rom einschließen, dessen Präfekten

5 Friedrich I. Barbarossa

nach wie vor vom Kaiser ernannt und in das Amt eingeführt wurden. Friedrich dachte offenkundig nicht daran, auf die ihm gebührende Mitsprache in der Stadt zu verzichten, die ihm als Ursprung und Basis seiner Kaiserwürde galt.[454]

Im Dezember 1188 erinnerte der Kaiser die Großen des Reiches, die sich zur Teilnahme am Kreuzzug verpflichtet hatten, an den 23. April des kommenden Jahres und forderte sie auf, sich spätestens an diesem Tag in Regensburg zum Aufbruch ins Heilige Land einzufinden. Wohl bereits im Frühjahr hatte er bestimmt, dass am Zug nur derjenige teilnehmen dürfe, der eine genügende Zahl von Pferden besitze und über das nötige Silber verfüge, um sich zwei Jahre hindurch zu versorgen. Geleitet von langer Erfahrung suchte er sicherzustellen, dass ein schlagkräftiges Heer erfahrener Ritter zustande kam.[455]

Zu Friedrichs Kreuzzugsvorbereitungen gehörte es auch, dass er Anfang 1189 seinen Söhnen ihr Erbe zuteilte oder, wie im Fall König Heinrichs, bestätigte. Auch Friedrich, sein Begleiter in den Osten, war bereits Herzog von Schwaben, und er sollte dazu das welfische Erbe sowie die von Rudolf von Pfullendorf stammenden Gebiete erhalten. An Otto fiel die Grafschaft Burgund, das Erbe seiner Mutter, die sich, wohl um einen derartigen Übergang vorzubereiten, in den letzten Jahren vor ihrem Tod intensiv um ihre Heimat gekümmert hatte. Im Februar und April 1189 erschien Otto in kaiserlichen Urkunden erstmals als Graf wie auch Pfalzgraf von Burgund. Dem Sohn Konrad freilich wies sein Vater anscheinend bereits vor seiner kastilischen Ehe die einst König Konrads Sohn Friedrich gehörenden Eigengüter und Lehen samt dem Titel des Herzogs von Rothenburg zu. Philipp schließlich, seinen jüngsten, wohl zwölf Jahre alten und zum Kleriker bestimmten Sohn, sandte der Kaiser nach Köln, damit ihm dort eine seiner zu erwartenden glanzvollen geistlichen Karriere angemessene Ausbildung zuteil werde. In der Tat begegnet er schon kurz darauf in zwei Diplomen seines Vaters als Propst des Marienstifts zu Aachen.[456]

5.23 Des Kaisers Kreuzzug

Kaiser Friedrich verbrachte das Osterfest im April 1189 in Hagenau, um sich in der besonders geschätzten Pfalz im Kreis seiner Söhne auf das in seinem Alter besonders gewagte Kreuzzugsunternehmen einzustellen, und wohl im Bewusstsein der unsicheren Zukunft stiftete er zu seinem und seiner Eltern Gedächtnis ein Hospital samt einer dem Prämonstratenserorden zugedachten Kapelle. Am 15. April brach er dann in Begleitung der Söhne und zahlreicher Fürsten auf.

Zehn Tage später machte er sehr wahrscheinlich in Lorch Halt, und sein Sohn Friedrich bestätigte dort dem in unmittelbarer Nähe gelegenen, 1178 gegründeten Prämonstratenserkloster Adelberg urkundlich, dass er ihm alle Rechte so wie sein Vater gewähre. Der Kaiser hatte zusammen mit Friedrich und Philipp am 1. Mai 1188 an der von Bischof Hermann von Münster vorgenommenen Weihe des Adelberger Hauptaltars teilgenommen und möglicherweise eben damals Philipp zum Unterricht nach Adelberg geschickt. So nützte er nun wohl die Gelegenheit, das Lorcher Kloster, die Gründung und Grabstätte seines Großvaters, zu besuchen und Boten aus Adelberg zu treffen.[457] Vermutlich kurz vor dem 10. Mai traf er in Regensburg ein, wo sich bereits eine offenbar kaum übersehbare Menge von Kreuzfahrern versammelt hatte. Auf einem Hoftag suchte er die noch offenen Fragen zu klären und ließ eine Zählung der anwesenden Kreuzzugsteilnehmer durchführen, deren Ergebnis die zeitgenössischen Berichterstatter allerdings leider sehr unterschiedlich wiedergeben.[458]

Am 11. Mai brachen die Kreuzfahrer auf. In Wien empfing sie Herzog Leopold und begleitete sie bis zur ungarischen Grenze. Nahe Pressburg (Bratislava) schlugen sie dann bis zum Pfingstfest am 28. Mai ihr Lager auf, und der Kaiser nutzte die Zeit, um die zur Wahrung des Heeresfriedens nötigen Gesetze zu verkünden.

Auf der Weiterreise fanden Friedrich und sein Heer dann in Gran (Esztergom) eine überaus glanzvolle und großzügige Aufnahme bei Ungarns König Bela III. und seiner Gemahlin. Sie überreichten dem Kaiser wertvolle Geschenke, und Bela achtete darauf, dass das Kreuzheer bei seinem Weitermarsch durch Ungarn aufs Beste mit allem

5 Friedrich I. Barbarossa

Abb. 13: Friedrich Barbarossa mit seinen Söhnen König Heinrich und Herzog Friedrich. Miniatur aus der Welfenchronik (Kloster Weingarten, 1179–1191), heute Landesbibliothek Fulda.

5.23 Des Kaisers Kreuzzug

Nötigen versorgt wurde, bis es zur bereits außerhalb Ungarns gelegenen byzantinischen Grenzfestung Brani evo (heute Kostolac) gelangte. Nicht wenige ungarische Ritter entschlossen sich damals zur Teilnahme am Zug ins Heilige Land, und gleichzeitig traf eine Reihe von Nachzüglern aus dem Westen beim kaiserlichen Heer ein.[459]
War das Kreuzheer bisher kaum auf nennenswerte Schwierigkeiten gestoßen, so sollte sich dies nun deutlich ändern. Zwar begrüßte der für die Region um Brani evo zuständige byzantinische Statthalter den Kaiser freundlich, zu mehr jedoch war er offenbar nicht imstande. Im Übrigen erwartete man am Kaiserhof ohnehin den Empfang durch eine vom Basileus Isaak Angelos persönlich gesandte Delegation, die verlässlich für sicheres Geleit durch ihr Land zu sorgen vermochte, wie dies zugesagt war. Doch nichts dergleichen geschah, womöglich deshalb, weil Gesandte Isaaks nicht in der Lage gewesen wären, des Kanzlers Versprechungen zu erfüllen. Große Teile Serbiens und Bulgariens standen ja unter der Herrschaft einheimischer Fürsten, und auf den Rest hatte Byzanz ebenfalls keinen nennenswerten Einfluss mehr.

Unter wenig erfreulichen Bedingungen also brachen die Kreuzfahrer am 11. Juli auf zur Durchquerung des großen, nicht allzu dicht von Griechen, Serben, Bulgaren und Walachen bewohnten, unwegsamen Bulgarenwaldes. Tag und Nacht mussten sie auf Hinterhalte und Überfälle, auf tödliche Schüsse mit Giftpfeilen, auf Raub, Diebstahl und Plünderung gefasst sein. Unmittelbar hatten sie sich dabei der Attacken der Waldbewohner zu erwehren. Doch sie alle waren offenbar überzeugt, dass die verhassten Griechen, genauer byzantinische Große oder gar der byzantinische Kaiser selbst zu den gegen sie gerichteten Untaten und Verbrechen anstifteten.

Ihr Unmut wuchs noch, als der byzantinische Kanzler Friedrich brieflich mitteilte, sein kaiserlicher Herr sei sehr erstaunt darüber, dass man ihm die Ankunft des Kreuzheeres nicht rechtzeitig angesagt habe, sodass er nicht für dessen Geleit und ausreichende Verpflegung habe sorgen können. In einer kurzen Antwort erinnerte Friedrich an seine längst nach Konstantinopel gesandte Delegation und wies Isaaks Vorwurf als untauglichen Versuch zurück, den wahren Sachverhalt zu vertuschen. Doch danach verschlechterte sich das Verhältnis der Kreuzfahrer zu Byzanz rasch weiter.[460]

Eine Ende Juli in Niš eingelegte Pause sollte der Erholung wie auch der Ergänzung der Vorräte auf dem dortigen Markt dienen. Zudem erschien hier Stephan Nemanja, der Großžupan und Herr Serbiens, mit seinem Gefolge, um den Kaiser und die Fürsten des Reiches nun persönlich zu begrüßen, ihnen großzügige Geschenke zu übergeben und ihnen seine Dienstbereitschaft zu bekunden. Er erklärte überdies, sein Wunsch sei es, das von ihm eroberte Land von Kaiser Friedrich als Lehen zu empfangen. Natürlich hoffte er, in Friedrich einen Verbündeten gegen Byzanz zu gewinnen. Friedrich sah freilich rasch, dass eine derartige Einmischung die Kreuzfahrt zu gefährden drohe, und er konnte Nemanja offenbar zu einem gewissen Verständnis für deren Priorität bewegen. Jedenfalls gab dieser ihm Truppen mit auf den Weg.

Mit ähnlichen Zusagen und Wünschen wandten sich in Niš und noch mehrmals später auch Gesandte des Theodor Petros, des den Zarentitel führenden Beherrschers Bulgariens, an Friedrich, der sie ebenfalls mit Wohlwollen empfing, ohne sich indessen auf ihr Anliegen einzulassen. Schließlich traf sogar noch ein Verwandter des byzantinischen Kaisers in der Stadt ein, um in dessen Auftrag den Kreuzfahrern Schutz und Versorgung bei ihrem Marsch durch Griechenland zuzusagen und ihnen zu versichern, dass sein bei Sofia stehendes Heer sich allein gegen die Serben richte. Seine Zuhörer freilich nahmen seine Ankündigungen mit Skepsis auf, nicht zu Unrecht, wie sich zeigen sollte.[461]

In vier selbständige Einheiten aufgeteilt, setzte das Kreuzheer seinen Marsch fort. Wieder führte sein Weg auf zuweilen kaum benützbaren Pfaden durch wenig erschlossenes Waldgebiet, und überdies galt es nun, Pässe zu überwinden und Hindernisse aus Holz oder Stein wegzuräumen, die vermutlich von feindlich gesinnten Einheimischen stammten. Dass Kaiser Isaak selbst die ansässigen Griechen oder Bulgaren zu den wieder einsetzenden Überfällen und Angriffen aufgefordert hatte, des immerhin glaubten die Kreuzfahrer sicher sein zu können. Da diese gefährlichen Übergriffe stark zunahmen, beschloss man, energisch dagegen vorzugehen, was freilich zu erbitterten und viele Opfer fordernden Kämpfen zwang.

Nach zwei Wochen, am 13. August, erreichte das Heer die Stadt Sofia. Es fand dort allerdings, da sämtliche Bewohner geflohen waren, entgegen allen Zusagen keine Märkte vor, und so blieb ihm nichts anderes übrig, als seinen Marsch durch anstrengendes Gebirgsgelände fortzusetzen. Große Schwierigkeiten bereitete erneut, dass gerade an den schwierigen Passagen noch zusätzliche Sperren aus Bäumen und Felsen errichtet worden waren. Die Kreuzfahrer überwanden jedoch auch diese Hindernisse und gelangten schließlich zu der im fruchtbaren Maricatal gelegenen Stadt Philippopel (Plovdiv).[462]

Dort erfuhren sie, dass Kaiser Isaak die von Friedrich nach Konstantinopel gesandte, von Hermann von Münster geleitete Delegation hatte gefangen nehmen lassen, was alle mit Entsetzen als noch nie dagewesenen Bruch des überall geltenden Rechtes verurteilten. Zudem erhielt Friedrich fast gleichzeitig einen einhellig als arrogant betrachteten Brief des Basileus, der dort angab, er wisse nun sicher, dass Friedrich die Griechen aus Konstantinopel vertreiben und dort für seinen Sohn ein neues Königreich gründen wolle. Nur wenn er zusage, ihm, Isaak, die Hälfte des vom Kreuzheer eroberten Landes zu überlassen, sei er seinerseits bereit, die Überfahrt über den Hellespont (Dardanellen) zu ermöglichen. Natürlich heizte dieses Schreiben die allgemeine Wut noch weiter an. Dennoch sahen sich der Kaiser und seine fürstlichen Berater zu Zurückhaltung genötigt. Friedrich erinnerte in seiner Antwort deshalb lediglich daran, dass man seine Boten in ihrer Ehre schwer verletzt und am Ende in den Kerker geworfen habe, und erklärte, er werde Isaak erst entgegenkommen, wenn diese Boten zu ihm zurückgekehrt seien.[463]

Da der Basileus darauf nicht reagierte, drohte der Kreuzzug ernstlich ins Stocken zu geraten. So beschloss man, sich in Philippopel für einen längeren Aufenthalt einzurichten, und lebte dort von den Vorräten der geflüchteten Einwohner. Zugleich wies der Kaiser seinen Sohn Friedrich und einige Heerführer an, eine Reihe von Städten zu erobern, wohl nicht zuletzt um Druck auf Isaak auszuüben.[464]

In der Tat kamen die Verhandlungen schleppend wieder in Gang, und Ende Oktober konnten die Kreuzfahrer den endlich entlassenen kaiserlichen Gesandten in Philippopel einen feierlichen Empfang bereiten. Außerdem erschien eine byzantinische Delegation und überreichte Kaiser Friedrich einen Brief, in dem der Basileus Schiffe für die Überfahrt versprach. Freilich erregte er den Zorn aller Anwesenden schon deshalb, weil er sich selbst als Kaiser der Römer titulierte, seinen Adressaten jedoch nur als König von Deutschland. Friedrich verurteilte dieses Verhalten Isaaks scharf und kündigte dessen Legaten an, wenn ihr Herr für das seinen Gesandten am Hof zu Konstantinopel widerfahrene Unrecht nicht die geschuldete Genugtuung leiste und seine Zusagen hinsichtlich der Überfahrt nicht durch die Stellung angesehener Geiseln bekräftige, sei das Kreuzheer entschlossen, seinen Weg mit Waffengewalt freizukämpfen.

Das Misstrauen der Kreuzfahrer wuchs noch weiter, als sie von den Rückkehrern aus Konstantinopel Einzelheiten über deren Gefangenschaft erfuhren und überdies hörten, Isaak plane, ihnen für ihre Überfahrt über den Hellespont nur wenige Schiffe zur Verfügung zu stellen, damit sie leichter angreifbar wären. Da er ihre Überfahrt absichtlich bis zum Winter verzögerte, schien es nun das Beste, damit bis zum Frühling zu warten.

Eine ausgewählte Truppe hielt nach dem Willen des Kaisers Philippopel weiterhin besetzt, die große Mehrzahl der Kreuzfahrer aber brach am 5. November auf und erreichte zweieinhalb Wochen später das vorgesehene Ziel Adrianopel (Edirne). Auch dessen Bewohner waren geflohen, sodass sich die Neuankömmlinge rasch einrichten konnten.[465]

Friedrich informierte in jenen Tagen seinen Sohn König Heinrich ausführlich über das bisherige Geschehen und kam am Ende auf die im neuen Jahr anzutretende Fahrt über den Hellespont zu sprechen. Seiner Meinung nach konnte sie nur gelingen, wenn das Kreuzheer zuvor Konstantinopel eroberte, weshalb er seinen Sohn dringend bat, er möge die großen Seestädte auffordern, Schiffe zur Verfügung zu stellen, damit das Heer von der See aus Unterstützung erhalte.[466] Bereits jetzt verstärkte sich indessen der militärische Druck auf Isaak und sein Reich. Voller Empörung über das Verhalten der Griechen und bereit, ihre kämpferische Überlegenheit unter Beweis zu stellen, erstürmten Einheiten der Kreuzritter, geleitet von Führern wie dem besonders aktiven Herzog Friedrich von Schwaben, die Städte und Burgen der weiteren Umgebung, wobei sie die besiegten Gegner oft gnadenlos töteten, vor allem aber reiche Beute machten.[467]

Friedrich ging es schwerlich um die dauerhafte Eroberung des byzantinischen Reiches, vielmehr noch immer darum, Jerusalem zu befreien. Diesem Ziel hoffte er näher zu kommen, indem er den Basileus in eine ständig prekärere Situation drängte und schließlich zum Einlenken zwang. Freilich war dessen rasches Nachgeben auch deshalb wünschenswert, weil die kriegerische Auseinandersetzung die Kreuzritter vom eigentlichen Sinn ihres Kreuzzugsunternehmens abzulenken drohte. Zudem verbreiteten sich Verrohung, Missgunst und Zügellosigkeit trotz aller kaiserlichen Strafen.[468]

Da zunehmend dringender auch Isaak an der Weiterreise der Kreuzfahrer lag, kam es gegen Ende des Jahres 1189 erneut zu Kontakten zwischen beiden Parteien, und am Heiligen Abend legten Boten Isaaks im gegenerischen Lager sogar einen perfekten Friedensvertrag vor. Bei dessen näherer Prüfung stieß man freilich auf die bekannten Meinungsverschiedenheiten, sodass Friedrich und die Fürsten das ganze Angebot verärgert zurückwiesen.[469]

In den fortdauernden Verwüstungszügen seiner Gegner sah der Basileus nun aber offenbar eine so ernste Gefahr, dass er sich endlich entschloss, die Forderungen der Kreuzfahrer zu erfüllen. Zwar stießen die entsprechenden Vorschläge noch nicht auf Friedrichs volles Vertrauen. Seine darauf nach Konstantinopel reisenden Gesandte sahen jedoch keinen Grund, am guten Willen Isaaks zu zweifeln, und gelangten mit ihm rasch zu einer Vereinbarung. Diese sah vor, dass der Kaiser von Konstantinopel genügend Schiffe für die Überfahrt der Kreuzfahrer bereitstelle und diesen achtzehn vornehme Geiseln mitgebe, dass er außerdem für gute Märkte und gerechte Preise sorge und eine von Friedrich festgelegte Sühne für die schändliche Behandlung des Bischofs von Münster und seiner Begleiter leiste. 500 hochrangige Repräsentanten des byzantinischen Reiches schworen, die Bestimmungen des Vertrages einzuhalten.

Am 14. Februar trafen die Gesandten Friedrichs und Isaaks in Adrianopel ein, wo sich das ganze Kreuzheer versammelt hatte. Das Abkommen fand einhellige Zustimmung und am 22. Februar trat es nach seiner Beeidigung durch 500 Kreuzritter förmlich in Kraft. Als sehr erfreulich empfand man wohl, dass eben damals Botschafter des Seldschukensultans Kılıç Arslan wie seines Sohnes Kutbeddin Briefe überbrachten, in denen ihre Herren noch einmal versprachen, das Kreuzheer zu versorgen und zu unterstützen.[470]

Am 2. März machten sich die Kreuzfahrer auf den Weg nach Gallipoli am Hellespont, und da der Basileus tatsächlich für genügend Schiffe gesorgt hatte, begann sofort die Überfahrt. Ohne größere Pause setzte das Heer danach seine Reise fort. Es wandte sich zunächst nach Osten, dann, in südliche Richtung schwenkend, nach Philadelphia (Ala ehir) und am 25. April in die Ebene von Laodikeia (Eskihisar nördlich von Denizli) und damit an die Grenze zum seldschukischen Gebiet. Enge Gebirgspfade und Überfälle von Räuberbanden erschwerten das Vorankommen und immer wieder vermissten die Kreuzfahrer die versprochenen Märkte. In Philadelphia verursachte dieser Mangel regelrechte Tumulte, und erst der Kaiser vermochte Schlimmeres zu verhindern.[471]

Allerdings standen dem Heer noch größere Belastungen bevor. Der Marsch, den es am 27. April wieder aufnahm, führte am Anavasee (Acigöl) vorbei durch ein Wüstengebiet. Rasch fehlte es deshalb an Futter für die Tiere. Doch auch die Menschen litten bald Hunger und vor allem Durst, da von Märkten nichts zu sehen war. Zudem begannen die Turkmenen das Kreuzheer immer wieder unter Beschuss zu nehmen. In eine besonders bedrohliche Lage gerieten die Kreuzfahrer Anfang Mai, als sie nördlich von Myriokephalon auf einem überaus engen und steilen Pass das Sultan-Da lari genannte Gebirge überqueren mussten. Ein großes turkmenisches Heer suchte sie nämlich zu überraschen. Nicht zuletzt dank des mutigen Eingreifens ihrer Fußtruppen gelangten sie schließlich dennoch auf einem kaum begangenen Weg hinab ins Tal.

Auf der weiteren Reise blieben indes neue turkmenische Angriffe nicht aus, und die zunehmend feindliche Haltung der seldschukischen Führer, die sich bereits ankündigte, als ihre Boten den verdienten Ritter Gottfried von Wiesenbach als Gefangenen mit sich nahmen, trat nun deutlich zu Tage. Erstmals nämlich kämpften jetzt an der Seite der Turkmenen seldschukische Reiter.

Vom Hunger gepeinigt, zog das Kreuzheer weiter, und vor allem unter den Fußsoldaten wuchs die Zahl derer, die erschöpft zurückblieben, um am Wegrand ihren Tod zu erwarten. Zwar gelang es den Kreuzfahrern dennoch immer wieder aufs Neue, die mit starken Streitkräften angreifenden Gegner zum Rückzug zu zwingen und dabei dringend benötigte Beute zu machen. Aber der Zwang zu ständiger Wachsamkeit, die gewiss auch unter ihnen erhebliche Verluste fordernden Kämpfe, dazu der unerträgliche Mangel an Wasser, Nahrung und Pferdefutter – dies alles nährte doch Unmut und Ängste und ließ daran zweifeln, dass die Fortsetzung des Unternehmens ratsam sei.[472]

Die Situation der Kreuzfahrer spitzte sich zudem bald weiter zu. Kutbeddin verlangte von ihnen als Gegenleistung für ihren ungestörten Marsch durch seldschukisches Gebiet nun nämlich eine Menge Gold sowie das Land der Armenier, was der Kaiser sofort als rechtswidrige Zumutung zurückwies. Zugleich kündigte er an, er und seine Mitstreiter seien entschlossen, sich ihren Weg mit dem Schwert freizukämpfen.

Der Gefahren durchaus bewusst, zog das Kreuzheer auf Iconium (Konya), das Zentrum des Seldschukenreiches, zu. Zwar kam ihm, als es in zwei große Einheiten geteilt, vor der Stadt erschien, ein Bote entgegen, der im Namen von Kiliç und Kutbeddin um Frieden bat, jedoch sehr unglaubwürdig wirkte. Friedrich forderte von ihm die Freilassung Gottfrieds von Wiesenbach, sah in seinem Erscheinen freilich bloße Hinhaltetaktik und befahl seinem Sohn, weiter gegen Iconium vorzurücken. Diesem kam dann tatsächlich als freier Mann der Ritter Gottfried entgegen, dem allerdings der Sultan mit einem großen Heer folgte. Nach erbitterten Kämpfen gelang es Herzog Friedrich, mit seiner Heeresabteilung in die Stadt einzudringen und sie schließlich ganz zu erobern. Offenbar erschlugen die Sieger danach einen großen Teil der dort gebliebenen feindlichen Krieger.

In eine fast aussichtslose Lage gerieten indessen der Kaiser und seine Mitstreiter, die eine kaum zu überschauende Zahl gegnerischer Kämpfer unmittelbar vor der Stadt mit ganzer Kraft bestürmte. Erst nach geraumer Zeit gingen die überraschten kaiserlichen Truppen zum Gegenangriff über und erreichten dann doch noch, dass ihre Feinde die Flucht ergriffen. Voller Freude versammelte sich darauf das wieder vereinigte Kreuzheer in der Stadt und blieb dort eine Woche lang.

Dem Sultan lag natürlich daran, dass seine beschämende Situation rasch ein Ende fand, und er meldete dem Kaiser deshalb seine Bereitschaft, ihm alles zu gewähren, was er als Genugtuung verlange. Auf baldige Fortsetzung des Kreuzzugs bedacht, erklärte sich Barbarossa zum Frieden bereit, wenn der Sultan den Kreuzfahrern Geiseln als Garanten ihrer künftigen Sicherheit stelle. Der Sultan ging darauf sofort ein, und so traten die Kreuzfahrer am 26. Mai, begleitet von 20 hochrangigen Geiseln, gut erholt und ausgestattet, die Weiterreise an.[473] Ihr Weg führte sie an den Fuß des Taurusgebirges, von wo sie mit viel Mühe bis zu dessen Kamm aufstiegen. Damit erreichten sie zugleich die Grenze zwischen dem Seldschukenreich und dem Gebiet der christlichen Armenier, in dem seit 1187 Leo II. aus der Familie der Rupeniden herrschte. Kaiser Friedrich hatte ihm offenbar bereits vor dem Antritt der Kreuzfahrt zugesagt, er werde seinen Wunsch erfüllen und ihn zum König krönen. Spannungen mit dem byzantinischen Kaiser bewogen Leo, diese Erhöhung lieber vom fernen Stauferkaiser vornehmen zu lassen, und Friedrich, ebenfalls kein Freund des Basileus, erwartete als Dank für sein Entgegenkommen armenische Unterstützung während des Kreuzzugs. Das kaiserliche Heer wurde denn auch noch auf der Höhe des Gebirges von dem für die Grenzsicherung verantwortlichen Fürsten Oschin von Sibilia (Burg Mavga Kalesi, nördlich von Mut) feierlich begrüßt.

Nach dem Abstieg durch steile Gebirgswände gelangte das Kreuzheer an den Fluss Saleph (Göksu) und errichtete etwas südlich von Mut sein Lager. Dort trafen am 7. Juni Gesandte Leos ein, die Friedrich im Namen ihres Herrn die volle Verfügungsgewalt über dessen Reich anboten, was wohl gedacht war als ernst gemeinte Bestätigung der mit Leos Krönung verbundenen Lehnsbindung an den Kaiser. Dieser bediente sich zunächst jedoch der Landeskenntnis seiner Gäste und besprach mit ihnen die weitere Marschroute.[474]

Die zu bewältigenden Anstrengungen und Gefahren zeigten sich freilich schnell. Der schmale Weg, der über dem steil abfallenden Ufer des Saleph zu der gleichnamigen, am Meer liegenden Stadt (heute Silifke) führte, ließ sich an zahlreichen abschüssigen Stellen nur mit äußerster Vorsicht benutzen. Die einzelnen Gruppen suchten denn auch jeweils selbständig nach dem am günstigsten erscheinenden Pfad. Grundsätzlich entschloss sich dabei ein beachtlicher Teil des Heeres, den das Flussufer überragenden Berg zu durchsteigen, also eine anstrengendere, aber etwas weniger gefährliche Strecke zu erproben. Am Tag darauf, dem 10. Juni, wählte dann offenbar die ganz überwiegende Mehrheit die Bergroute, und die meisten erreichten noch am Abend die lang ersehnte Ebene von Silifke.[475]

Friedrich zog es an jenem Tag vor, dem Rat der ortskundigen Einheimischen zu vertrauen und zusammen mit einem Kreis enger Vertrauter weiterhin dem Flussufer zu folgen. Allerdings erwies sich das Vorankommen zwischen dem Fluss und der steil aufragenden Bergwand immer wieder als ebenso mühsam wie gefährlich. Wohl während einer Ruhepause fasste der Kaiser offenbar den Entschluss, den Saleph zu durchschwimmen, um sich in dem kühlen Wasser zu erfrischen. Er stieg in den Fluss und ging anscheinend sofort unter. Seine Begleiter versuchten ihn zu retten, vermochten ihn jedoch nur noch tot zu bergen.

Die Kreuzfahrer nahmen die Nachricht von dem ebenso überraschenden wie ungewöhnlichen Tod des Kaisers ohne vorherige Beichte oder den Empfang der Sakramente mit tiefer Trauer auf. Manche begannen an Gottes Gerechtigkeit zu zweifeln. Andere sahen darin die verdiente Bestrafung aller Beteiligten für ihre Sünden oder trösteten sich damit, dass Gottes Absichten den Menschen verborgen blieben und ein so verdienter Ritter Christi wie Kaiser Friedrich Aufnahme in das Reich Gottes fand.[476]

Außerordentlich viele Quellen berichten von Friedrichs Tod oder erwähnen ihn immerhin. Nicht wenige Autoren teilen sogar Details mit, erzählen etwa, dass Friedrich noch ans Ufer gerettet wurde und vor dem Tod die Sterbesakramente empfing. Doch keiner von ihnen erlebte das Geschehen selbst, und vermutlich schilderte auch kein Augenzeuge einem von ihnen dessen Hergang. Jedenfalls lässt sich kaum sicher feststellen, welche ihrer Aussagen Vertrauen verdienen.[477]

Eine besondere Schwierigkeit liegt darin, dass die Zeitgenossen der Kreuzfahrer versuchten, für sich Klarheit zu gewinnen über Sinn und Bedeutung von Friedrichs Tod und das bedeutete, über das damit von Gott über den Kaiser gesprochene Urteil. Dabei neigten auch die Geschichtsschreiber unter ihnen dazu, das göttliche Wollen so zu deuten und den Ablauf der letzten Stunde des Kaisers so zu schildern, dass beides mit ihrer eigenen Beurteilung des Kaisers in Einklang stand. Englische Geistliche beispielsweise, die Friedrich seine schroffe Behandlung Papst Alexanders nicht verziehen hatten, warfen ihm vor, während des Kreuzzugs bis zu seinem Ende allein an sein eigenes Wohlbefinden gedacht zu haben, und sahen deshalb in seinem schmählichen Tod die gerechte Strafe Gottes. Anhänger des Kaisers oder ihm doch Wohlgesinnte dagegen erinnerten daran, dass die Menschen nicht imstande seien, Gottes Ratschlüsse zu begreifen, weshalb sich also auch an eine positive Deutung von Friedrichs Tod durchaus denken ließ. Vorsichtig in diese Richtung bewegte sich der Verfasser der Kölner Königschronik, der eindringlich die aus menschlicher Sicht äußerst negativen Folgen dieses Todes für die Kirche und das Heilige Land, vor allem jedoch für das Kreuzheer schilderte. Der Autor überließ die Beurteilung des Geschilderten zwar seinen Lesern, legte aber doch die Annahme nahe, dass er selbst es für kaum möglich hielt, dass Gott die beschriebenen Leiden allein der Bestrafung des Kaisers wegen geduldet hätte. Die überragende Tapferkeit Friedrichs und seine Bereitschaft, das Leben für das Heilige Grab zu opfern, rühmte ganz ähnlich auch Otto von St. Blasien. Er nahm die Entscheidung Gottes, weitere kaiserliche Erfolge nicht zuzulassen, jedoch ohne Kritik, doch auch ohne an eine Bestrafung Friedrichs zu denken, hin und richtete an Gott die Bitte, des Kaisers Seele in das himmlische Jerusalem aufzunehmen.[478] Dem gleicht die wörtlich von einem namentlich unbekannten Autor übernommene Darstellung Burchards von Ursberg, die Friedrich als einen sehr christlichen Mann und den siegreich triumphierenden Führer des Kreuzheeres preist, der starb, wie dies alle Menschen ihrer Sünden wegen verdienen.[479]

Nach Tagen der Trauer und Ungewissheit erklärten die Kreuzfahrer Friedrich, den Sohn des Kaisers, zu ihrem Führer und machten sich wieder auf den Weg, ein Teil von ihnen zu Schiff, die meisten jedoch entlang des Meerufers. Sie führten des Kaisers einbalsamierten Leichnam mit sich und hofften wohl, ihn in Jerusalem zu Grabe tragen zu können. Der sommerlichen Hitze wegen fanden jedoch bereits in Tarsus die Eingeweide ihre letzte Ruhe. Mitte Juli traf das Heer dann in Antiochia (Antakya) ein und wohnte nun dem zweiten Teil der Grablegung des Kaisers in der Kathedrale der Stadt bei. Friedrichs Gebeine gelangten indes nicht wie beabsichtigt nach Jerusalem. Sein Sohn Friedrich sorgte in Tyrus (Sur, südlich von Beirut) für ihr vielleicht als vorläufig gedachtes Grab.

Wie manch anderer Kreuzfahrer war Herzog Friedrich schon Ende Juni an Malaria erkrankt, von der er sich während einer Ruhepause bei Leo von Armenien nur oberflächlich erholte. Zudem verbreitete sich die Krankheit schnell weiter, in Antiochia brach auch noch eine schwere Ruhrepidemie aus, und die Seuche riss Bischöfe und hohe Adlige ebenso in den Tod wie unzählige einfache Kreuzfahrer. So begleitete den Herzog nur noch ein verhältnismäßig kleines Heer zu Guido von Lusignan, dem König von Jerusalem, der die Stadt Akkon belagerte und dessen Truppen zum Teil aus Deutschland direkt dorthin gereist waren. Anfang Oktober trafen Friedrich und seine Mitstreiter vor der Stadt ein. Freilich litten nicht wenige bereits bei ihrer Ankunft an Malaria, bei anderen trat sie jetzt erst auf, und erneut starb eine kaum übersehbare Zahl von Kreuzfahrern. Am 20. Januar 1191, wenige Wochen vor seinem 24. Geburtstag, war auch Herzog Friedrich unter ihnen, der letzte Führer des kaiserlichen Kreuzzuges, will man von Herzog Leopold von Österreich absehen, der nun an der Spitze der vor Akkon gebliebenen Deutschen stand.[480]

Wie vereinbart hatten Philipp von Frankreich und Richard von England ihre Kreuzfahrt im Juli 1190 begonnen. Sie verbrachten den Winter in Sizilien, wo es zum ersten Streit zwischen ihnen kam, und erschienen 1191 vor Akkon. Richard Löwenherz ergriff die Initiative und im Juli erreichte er, dass sich Akkon ergab. Leopold von Österreich freilich fühlte sich von ihm übergangen, was Folgen haben sollte. Zudem reiste Philipp noch im Juli nach Paris zurück, um Richards Abwesenheit zu nützen. Dennoch blieb Richard noch bis zum Oktober 1192 im Osten. Er eroberte Jaffa und sicherte die christliche Herrschaft über das Küstengebiet von Jaffa bis Tyrus. Auch ihm gelang indessen nicht, was schon dem Kaiser versagt geblieben war, auch er vermochte Jerusalem nicht wiederzugewinnen.[481]

5.24 Friedrich I. – ein Rückblick

Friedrich I. hielt zeitlebens am Glauben an die überragende Würde seines Herrscheramtes als König und Kaiser fest. Streng beanspruchte er die ihm nach seiner Überzeugung zustehenden Rechte und die ihm gebührende besondere Hochachtung, ebenso aufmerksam bemühte er sich um die Erfüllung der ihm zufallenden Pflichten, um Frieden, Schutz und Gerechtigkeit. Schon aus seiner Zeit als Herzog von Schwaben wusste er allerdings auch, welche Bedeutung den Reichsfürsten zukam. Ihre Beteiligung am Reichsregiment galt ihm als selbstverständlich und er war sich darüber im Klaren, dass er ohne ihre tatkräftige Unterstützung weder seine herrscherlichen Aufgaben in Deutschland erfüllen, noch etwa die Reichsrechte in Italien durchsetzen konnte. Seiner Auffassung nach empfing er sein königliches wie kaiserliches Amt denn auch allein von Gott durch die Wahl der Fürsten. In der Praxis führte diese Konstellation natürlich immer wieder zu Schwierigkeiten. Friedrich besaß wohl großes Geschick und Ansehen als Streitschlichter und Friedensstifter, und diese Gabe kam ihm im Umgang mit den Fürsten sehr zugute.

Neben den Schlichtungs- und Schiedsverfahren sowie den vom Kaiser auf seinen Hoftagen geleiteten und durch Fürstenurteil entschiedenen Prozessen bediente sich Friedrich des noch neuen Herrschaftsinstruments der Gesetzgebung. Von der Niederschrift seiner Gesetze erhoffte er, dass sie zu einer gerechteren Urteilsfindung führen werde. Inhaltlich suchte er mit besonderem Nachdruck das Fehderecht auf wenige, klar definierte Konflikte einzuschränken und so die Entscheidung von Streitfällen vor Gericht allmählich zur Normalität werden zu lassen. Freilich gelang dies nur sehr bedingt, schon weil der Adel äußerst ungern darauf verzichtete, sich sein Recht selbst zu verschaffen.

Ganz ähnlich konnte Friedrich die im Rahmen seiner lehnrechtlichen Gesetze besonders eindrücklich festgehaltene Pflicht zur Heerfolge bei seinen wichtigsten Lehnsleuten, den Fürsten, nur mit Einschränkungen durchsetzen. Da er grundsätzlich auf deren militärische Unterstützung angewiesen war, musste er vor allem jenen, die er ihrer Qualitäten wegen möglichst oft bei seinen Feldzügen zu sehen wünschte, auch selbst entgegenkommen.

Friedrich belohnte verdiente Mitstreiter in der Tat und er nutzte dabei unter anderem die Gestaltungsmöglichkeiten, die ihm das Lehnrecht bot. Zu ihnen gehörte die Teilung von Herzogtümern und die

Neuvergabe der so entstandenen Territorialherzogtümer. Gewiss hoffte der Kaiser die so Ausgezeichneten besonders dauerhaft an sich zu binden, und diese hielten sich, nicht zuletzt da sie in ihrer neuen Position seinen Rückhalt suchten, tatsächlich meist an ihn. Da die Lehen der weltlichen Großen erblich waren, konnte der Herrscher ihre Wiederbesetzung nur selten beeinflussen, und auch die hohe Geistlichkeit verdankte ihre Ämter der Wahl durch kirchliche Gremien. Doch besaß der Herrscher hier Einflussmöglichkeiten, die Friedrich äußerst großzügig nutzte. So handhabe er etwa sein Recht auf die Regalieninvestitur der hohen Geistlichen sehr streng.

Problematisch, ja von tiefer Feindschaft bestimmt, blieb über viele Jahre hinweg Friedrichs Verhältnis zum Papst. Hadrians IV. Äußerung über die Kaiserwürde wertete er als Zeichen dafür, dass dieser das Kaisertum als ein Geschenk des Papstes betrachte, und Papst Alexander hielt er von Anfang an für einen äußerst gefährlichen Gegner, der beabsichtige, ihn seiner Kontrolle zu unterwerfen. Überzeugt von diesem Ziel Alexanders beanspruchte Friedrich, der päpstliche Einmischung in sein Regiment so vehement abwies, bei seinem eigenen Vorgehen gegen den Papst längst überholte Aufsichts- und Leitungsbefugnisse. Ihre Wiedereinführung stieß denn auch beim Klerus Englands wie Frankreichs auf heftigste Ablehnung und wurde von der hohen Geistlichkeit Deutschlands meist ohne besondere Freude hingenommen. Gegner gab es im Übrigen auch hier von Beginn an.

Anders als im Umgang mit dem Papst bestimmten den Kaiser bei seinem Vorgehen in Reichsitalien durchaus seiner Zeit gemäße Ansprüche und Ziele. Beraten von Bologneser Kennern des an Aktualität stetig zunehmenden römischen Rechts, sorgte er für die Erfassung und Anerkennung der hoheitlichen Rechte oder Regalien, die Bischöfe, Adlige oder Kommunen künftig nicht anders als aus seiner Hand zu Lehen empfangen sollten. Friedrich Barbarossa begann ganz offenbar, ein in wesentlichen Punkten zentral gelenktes Gemeinwesen zu schaffen.

Freilich passte die Wirklichkeit Oberitaliens nur sehr bedingt zu solchen Absichten. Zumindest die großen Städte lebten seit bald einem Jahrhundert frei und unabhängig, regiert von Konsuln, die die Bürger selbst wählten. Ihnen galten die herrschenden Verhältnisse als legitimiert durch lange Gewohnheit, und sie wandten sich denn auch sehr energisch gegen die Maßnahmen des Kaisers.

Die römische Katastrophe vom August 1167 und vor allem die Niederlage seines Heeres bei Legnano im Mai 1176 ließen Barbarossa dann deutlicher denn je zuvor erkennen, dass er militärische Unterstützung in Zukunft nicht in dem Umfang erwarten konnte, den er zur Verwirklichung seiner Vorstellungen benötigte. Entschlossener als in ähnlichen Situationen zuvor suchte er nun auf dem Weg von Verhandlungen zum Frieden mit seinen Gegnern zu gelangen, die dabei kaum vermeidbaren Opfer jedoch so stark wie möglich einzuschränken.

Nach langwierigen Unterredungen erkannte Friedrich im Juli 1177 Alexander als den rechtmäßigen Papst an, gestand also seine jahrelang beharrlich verteidigte Position öffentlich als Fehler ein. Das fiel ihm gewiss außerordentlich schwer. Dass seine Autorität deshalb jedoch Schaden genommen hätte, lässt sich, auch etwa dem Papst gegenüber, nicht erkennen.

Mit dem Lombardischen Städtebund kam er im Juni 1183 in Konstanz zum Abschluss eines Friedensvertrages. Die Mitglieder des Bundes akzeptierten Friedrich als ihren kaiserlichen Herrscher, und dieser betrachtete ihren Bund in Gnaden als Vertragspartner. Die Bundesstädte blieben gegen eine jährliche Zahlung im Besitz ihrer Regalien sowie berechtigt, ihre Konsuln selbst zu wählen. Diese hatten dem Kaiser freilich einen Treueid zu leisten, alle Bürger ihm bei der Verteidigung der dem Reich zustehenden Güter und Rechte in der Lombardei beizustehen. Der Städtebund behielt also seine Eigenständigkeit und war zugleich in das Reich integriert, dem Kaiser zur Hilfe verpflichtet.

Die Niederlage von 1176 veranlasste Friedrich offenbar, sich vertieft mit der Frage nach dem weiteren Vorgehen zu beschäftigen und sich zu einem gewissen Verhaltenswandel zu entschließen, der die durchaus hoch zu schätzende Bereitschaft forderte, sich zu den eigenen Fehlern zu bekennen. Er bescherte Friedrich Barbarossa allerdings zugleich eine Reihe von Erleichterungen, Erfolgen und neuen Möglichkeiten. Dazu gehörte seine in Reichsitalien nun unbestrittene kaiserliche Oberhoheit, sein dank der Versöhnung mit Alexander gefestigtes Ansehen bei den geistlichen Reichsfürsten oder die feierliche Anerkennung seiner Herrscherstellung auch im südlichen Burgund. Als wichtigster Verteidiger der Kirche stand der Kaiser schließlich an der Spitze des Kreuzzuges. Besondere Bedeutung erlangte indes das jetzt enge Zusammenwirken Friedrichs mit Wilhelm II. von Sizilien, das zur Übernahme der sizilischen Königswürde durch seinen Sohn Heinrich führen sollte.

Des Kaisers deutliche Intensivierung seiner Aktivität in Deutschland darf gewiss als Folge der römischen Katastrophe vom Sommer 1167 gelten. Sicher nicht zufällig schloss sich daran sein fast sechseinhalb Jahre dauernder Deutschlandaufenthalt an, und vor seinem letzten Italienbesuch verbrachte er dort noch einmal fast sechs Jahre. Umsichtig nützte er die Möglichkeiten, die sich ihm nach dem Untergang seines Heeres boten, um seinen Territorialbesitz erheblich zu vergrößern.

Friedrich kümmerte sich damals besonders um die innere Ordnung und das Gedeihen der Städte. So erhielten beispielsweise die Bewohner Hagenaus ein Privileg, das ihre Rechte sicherte und die Kaufleute besonders begünstigte, die Besetzung der führenden städtischen Ämter jedoch dem Herrscher überließ. Ganz ähnlich verhielt es sich mit dem außerordentlich geschätzten Frankfurt oder dem neu gegründeten Gelnhausen. Verhältnismäßig große Beachtung widmete Friedrich seit 1168 dem Pleißenland, seit 1179 auch Eger mit seinem Umland, er förderte dort die Erschließung des Landes wie ebenso den Ausbau der Marktorte zu Städten.

In der Verwaltung des kaiserlichen Territoriums nahmen während der letzten Jahrzehnte der Regierung Friedrichs Zahl und Einfluss der Ministerialen stark zu. Offensichtlich schätzte der Kaiser ihre Sachkenntnis und Verlässlichkeit sehr, und die Erfolgreichsten und Angesehensten unter ihnen standen ihm als Inhaber der Hofämter oder als Verwalter großer Reichsgutsbezirke zum Teil sehr nahe. Zu Recht stellte man fest, dass die Präsenz insbesondere der weltlichen Reichsfürsten am Hof Barbarossas in den 1180er Jahren deutlich zurückging.[482] Es gilt freilich zu bedenken, dass der fürstliche Besucherkreis auch zuvor sich erst vergrößerte, wenn es um Unternehmen von allgemeinem Interesse ging. Anlass zu derartigen Großvorhaben jedoch fand sich nach dem kaiserlichen Friedensschluss mit dem Papst und erst recht nach dem Sturz des Löwen und der Übereinkunft mit den Lombarden kaum noch. Wie die Fürsten widmete sich Friedrich nun desto intensiver seinem Territorialbesitz. Sein herrscherlicher Rang blieb davon unberührt, sein Gewicht bei den Fürsten ungeschmälert, wie etwa der festliche Hoftag vom Mai 1184 zeigte. Doch auch zu anderen wichtigen Hoftagen, zum Hoftag Jesu Christi und zum Regensburger Kreuzzugsaufbruch etwa, kamen neben zahlreichen geistlichen relativ viele weltliche Fürsten. Nach wie vor galt Friedrich den Reichsfürsten als Garant des Friedens im Reich, als Schützer und Förderer der Kirchen und Klöster.

Gewiss gelang Friedrich I. nicht alles wie gewünscht. Dem Reich freilich kam von seiner Seite dennoch vieles zugute, und vielleicht darf man dazu auch die Tatsache rechnen, dass er seinen Söhnen sehr früh ihr Erbe zugeteilt hatte, sodass es unter ihnen, anders als unter den Söhnen König Heinrichs II., zu keinem Streit um Rang und Güter kam und Heinrich, der älteste von ihnen, nach des Vaters Tod das ihm schon gut vertraute Königsamt ohne weiteres ganz übernehmen konnte. Wie einst sein Vater erlangte er bald auch die Kaiserwürde und schließlich glückte es ihm, allerdings nicht ohne Schwierigkeiten, zudem das seiner Gattin als Erbe zustehende Königreich Sizilien zu erobern. Die staufischen Herrscher verfügten künftig also, wenngleich mit gewissen Unterbrechungen, über ein noch einmal gewachsenes Herrschaftsgebiet von außerordentlich großem Umfang und damit gewissermaßen über ein unübersehbares Zeichen ihrer überragenden Stellung.

Anmerkungen

1 Die Staufer und die Geschichtswissenschaft unserer Zeit

1 Hechberger, Staufer und Welfen S. 311.

2 Die Staufer als Grafen, Herzöge von Schwaben und Gefolgsleute der salischen Kaiser

1 Dazu und zum Folgenden: Hechberger, Staufer und Welfen S. 105–183, bes. S. 110–112; Seibert, Die frühen Staufer S. 3–13, bes. S. 6f.; Schieffer, Friedrich Barbarossa, bes. S. 578–580.
2 Text: Wibald Nr. 385, S. 812f. Dazu Hlawitschka, Weshalb Auflösung möglich? S. 509–536, Ders., Die Ahnen S. 13–15. Chroniken: Seibert, Die frühen Staufer S. 7.
3 Brief Friedrichs: HB 6, S. 515. Etwa gleichzeitig versehen einzelne Geschichtsschreiber den Namen Friedrichs II. mit dem Zusatz *de Stoupha*, und die Bezeichnung »von Staufen« beginnt sich auch auf seine Vorfahren in männlicher Linie auszudehnen, also die staufische Familie im heutigen Sinn zu erfassen, Hechberger, Staufer und Welfen S. 112 mit Anm. 27, vgl. dazu etwa noch den Hinweis auf Konradins und seiner Mutter Abstammung von *Fredericus de Stuffa*, Herzog Friedrich I., bei Saba Malaspina I 4, S. 100, Z. 9–11, und IV 3, S. 181, Z. 11–14. Dem entspricht das Festhalten am Namen Friedrich vom 11. Jahrhundert bis zum Ende der Dynastie, vgl. Weller, Die Heiratspolitik S. 11f.
4 MGH Const. 2, Nr. 274 (18), S. 387.

Anmerkungen

5 Otto, Gesta II 2, S. 284–286.
6 Otto, Chronica VI 28, S. 472, VI 32, S. 480; vgl. Burchard von Ursberg S. 106, 146. Zu Waiblingen: Lorenz, Waiblingen S. 41–52, 78–92, 104–120.
7 Herde, Guelfen und Gibellinen; Ders., Guelfen und Neoguelfen S. 11–60.
8 Hlawitschka, Die Ahnen S. 13–36, bes. Nr. 4 Friedrich von Büren, Nr. 5 Hildegard (von Schlettstadt), Nr. 8 (Graf) Friedrich im Ries. Text: Wibald Nr. 385, S. 812f.
9 Wipo c. 20, S. 40.
10 Lorenz, Herzog Friedrich I. S. 17–33; vgl. Hlawitschka, Die Ahnen S. 13–21. Zu Wäschenbeuren: Ziegler, Philipp, Adelberg S. 96–104.
11 Hlawitschka, Hildegard von Schlettstadt; Ders., Zu den Grundlagen S. 31–53; Ders., Die Ahnen S. 22–24; Seiler, Frühstaufische Territorialpolitik S. 59–62.
12 Hlawitschka, Die Staufer S. 63–79; Legl, Territorial- und Machtpolitik, bes. S. 52 mit Anm. 7 (S. 60). Das Elsass als Heimat der Staufer: Ziemann, Die Staufer.
13 Otto, Gesta I 8f., S. 144–146. Zey, Frauen und Töchter S. 75f.; zu Friedrich I.: Lorenz, Herzog Friedrich I. S. 9–17 (mit ausführlichen Belegen).
14 Berthold von Reichenau S. 248; vgl. Wibald S. 812f.; Burchard von Ursberg S. 110–112. Hlawitschka, Die Ahnen S. 7–12, Ders., Zu den Grundlagen S. 55–83; Lorenz, Waiblingen S. 116f. Ausführliche Analyse der Heiraten der Staufer: Weller, Die Heiratspolitik S. 11–226.
15 Althoff, Heinrich IV.; Struve, Rezension; Ders., Salierzeit im Wandel; Boshof, Die Salier S. 141–264; Weinfurter, Das Jahrhundert S. 115–161; Heinrich IV.; Die Salier, das Reich und der Niederrhein; Krieg, Adel, Reform und Rebellion.
16 Hartmann, Der Investiturstreit; Goez, Kirchenreform; Jakobs, Kirchenreform.
17 Blumenthal, Gregor VII.; Cowdrey, Pope Gregory VII; Schieffer, Papst Gregor VII.
18 Stürner, Peccatum S. 131–141, zur Gregors Einfluss auf die Stauferzeit S. 143–185.
19 Vollrath, Lauter Gerüchte?; Fried, Canossa, Entlarvung; Hoffmann, Canossa; Weinfurter, Canossa, die Entzauberung.
20 Berthold von Reichenau S. 248–252 (auch zum Folgenden). Zotz, Die Zähringer.
21 Ulm: Maurer, Der Herzog S. 91–100.
22 Zum Ganzen: Ann. Augustani S. 130; Berthold von Reichenau S. 268–276; Bernold von Konstanz S. 316–318; Brunos Sachsenkrieg S. 122–124, 388–394 (Friedrich: S. 392).
23 Schneidmüller, Die Welfen S. 130–149.
24 Ann. Augustani S. 130–131; Bernold von Konstanz S. 318–338.
25 Zu Otto: Ziemann, Die Staufer S. 120–122.
26 DH.IV. 356, S. 470 Z. 11f. (Rom); vgl. zur Anwesenheit am Kaiserhof (zusammen mit Herzog Friedrich): DH.IV. 424, S. 569, Z. 26, und 426, S. 572, Z. 1f.; DH.IV. 464, S. 627, Z. 23.
27 Hlawitschka, Die Ahnen S. 33.

28 Legl, Studien S. 215–224; Ders., Territorial- und Machtpolitik S. 56–58; Seiler, Frühstaufische Territorialpolitik S. 56f., 63–67, 96–105.
29 Ann. Augustani S. 131–133; Bernold von Konstanz S. 338–372. Althoff, Heinrich IV. S. 196–209.
30 DH.IV. 424, S. 569, Z. 26; 426, S. 572, Z. 1f.
31 Ann. Augustani S. 133–135; Bernold von Konstanz S. 372–424. Althoff, Heinrich IV. S. 209–226.
32 Otto, Gesta I 8f., S. 144–148. Maurer, Der Herzog S. 218–231.
33 DH.IV. 473, S. 643, Z. 21f., vgl. Z. 18. Zu Franken: Lubich, Auf dem Weg S. 133–135, vgl. S. 127–133, Ders., Der Besitz der frühen Staufer.
34 Ekkehard von Aura S.128 und S. 162.
35 Text (nach MGH Const. 1 Nr. 74, S. 125f.) und Übersetzung: AQMA 32, Nr. 44, S. 166f.; zum Landfrieden von 1093: Bernold von Konstanz S. 398. Wadle, Heinrich IV. S. 49–74, Ders., Frühe Landfrieden S. 88–91, 96.
36 DH.IV. 463, S. 625, Z. 34f.; 464, S. 627, Z. 24; 468, S. 633, Z. 39; 469, S. 635, Z. 20; 471, S. 640, Z. 42; 473, S. 643, Z. 18, 21f.; 479, S. 654, Z. 17.
37 Text (nach MGH Const. 1 Nr. 430, S. 614f.) und Übersetzung: AQMA 32, Nr. 45, S. 168–171. Maurer, Der Herzog S. 228, 231f.; Wadle, Frühe Landfrieden S. 88–91, 96.
38 Ziemann, Die Staufer S. 117–120 (Anm. 85: Text der Urkunde von 1094, vgl. Anm. 90f.); Hlawitschka, Hildegard von Schlettstadt S. 13f.; Seiler, Frühstaufische Territorialpolitik S. 62f., 67–83.
39 De fundatione S. Fidis S. 997f.
40 Bernold von Konstanz S. 418, S. 426 und S. 432. DH.IV. 464, S. 627, Z. 23. Vgl. zum Kreuzzug De fundatione S. Fidis S. 999.
41 WUB 1, Nr. 264, S. 334f., vgl., auch zum Folgenden, die vielleicht noch im 12. Jahrhundert entstandene Lorcher Gründungserzählung: Graf, Stauferüberlieferungen S. 217–219 (zur Datierung S. 219f.).
42 Ekkehard von Aura S. 178–180.
43 WUB 1, Nr. 303, S. 383–385.
44 Zum Ganzen: Maurer, Herzog Friedrichs Klostergründung S. 112–123; Ders., Zu den Anfängen S. 1–15; Graf, Stauferüberlieferungen S. 212–223.
45 Lorcher Gründungserzählung bei Graf, Staufer-Überlieferung S. 219; vgl. Otto, Gesta I 9, S. 148 (legt Beisetzung im Kloster 1105 nahe), im Dezember 1139 Konrad III. und wohl Friedrich in Lorch, DK.III. 38, S. 61–63; Todesdatum Friedrichs I.: Hlawitschka, Die Ahnen S. 10f., zu Heinrich ebd. S. 77–81.
46 Maurer, Herzog Friedrichs I. Klostergründung S. 125–129; Ders., Zu den Anfängen S. 17–20; Graf, Staufer-Überlieferungen S. 223–228, bes. S. 228.
47 Konrad III.: Gründungsbericht nach Graf, Staufer-Überlieferungen S. 218f.; DK. III. 38, S. 61–63; 113, S. 202f. Friedrich I.: DF.I. 77, 1 S. 128–130. Friedrich II.: DF.II. 306, 2 S. 270–272.
48 Ekkehard von Aura S. 184–186, 188–200, 270–290, vgl. Anonymi Chronica S. 236–244; Ep. Heinrici IV., Nr. 34, 37–42, S. 106–110, 112–140; vgl. Vita Heinrici IV., c. 9–13, S. 440–466; Otto, Chronica VII 8–12, S. 510–518. Alt-

hoff, Heinrich IV. S. 228–253; Weinfurter, Reformidee S. 289–310, Ders., Das Jahrhundert S. 163–173; zu Berengar I. und Diepold III. Dendorfer, Adelige Gruppenbildung S. 48–58, 322–341, 388–403.

49 Ann. Hildesheimenses S. 52; Ekkehard von Aura S. 192.
50 Otto, Chronica VII 9, S. 512–516, vgl. Ders., Gesta I 10, S. 148; Anonymi Chronica S. 236; Ekkehard von Aura S. 194–196.
51 Heirat der Agnes: BUB 4,1, Nr. 597, S. 37f. Zey, Frauen und Töchter S. 82f.; zu Friedrich II.: Waldecker, Friedrich II.; Schwarzmaier, Pater imperatoris. Friedrichs Bestätigung der Schlettstadter Klostergründung mit dem Datum 21.7.1105 ist eine Fälschung: Hlawitschka, Die Ahnen S. 10f. Das Gleiche gilt wohl von der undatierten Urkunde WUB 1, S. 412 (»um 1106«), Rückert, Alles gefälscht S. 56.
52 Hlawitschka, Die Ahnen S. 86, 88f., 91f.; Weller, Die Heiratspolitik S. 21–29: vgl. Schneidmüller, Die Welfen S. 158f.
53 Dendorfer, Fidi milites S. 230–234. Die häufig angeführte Urkunde DH.V. 39 (Preßburg, 29.9.1108), die den »dux Fridericus« als Zeugen nennt, ist offenbar unecht.
54 Dazu wie überhaupt zu Heinrich V.: Boshof, Die Salier S. 265–303; Heinrich V. in seiner Zeit. Zur Urkunde DH.V. 39, siehe Anm. 53.
55 Weinfurter, Reformidee S. 310–321; Dendorfer, Heinrich V. S. 115–139.
56 Anonymi Chronica S. 238–240, 244–246, 248; Ekkehard von Aura S. 272–276, 290–292, 294–296.
57 Ann. Hildesheimenses S. 61. Zey, Frauen und Töchter S. 83–89.
58 Anonymi Chronica S. 252–256, vgl. MGH Const. 1, Heinrichs Enzyklika, Nr. 100, S. 150f. Weinfurter, Reformidee S. 321–326.
59 MGH Const. 1, Nr. 83–101, S. 137–152 (Papstprivilegien Nr. 90 und Nr. 96 »Privileg«, mit Übers. auch in: AQMA 32, Nr. 47 b-c, S. 174–179); Anonymi Chronica S. 256–260; Ann. Hildesheimenses S. 61f.; Otto, Chronica VII 14, S. 520–524; Vita Mathildis, lib. II vv. 1241–1259, S. 97f. Dendorfer, Fidi milites S. 234f.; Weinfurter, Das Jahrhundert S. 175–177; Goez, Zwischen Reichszugehörigkeit S. 228.
60 MGH Const. 1, Nr. 399f., S. 570–574 (Laterankonzil); Ekkehard von Aura S. 304–308; DH.V. 90 (Speyer). Schulz, Denn sie lieben S. 94–96.
61 Maurer, Der Herzog S. 99, 113–115, 237f. (mit TA 13).
62 DH.V. 87, 90, 92, 94f., 102, 106, 108, 111, 117, 123–126, 132, 147, 150. Dendorfer, Fidi milites S. 223–230.
63 Dendorfer, Heinrich V. S. 132–139; mit Betonung des bischöflichen Reformbewusstseins Weinfurter, Reformidee S. 322f., 325f.
64 DH.V. 87, 90, 92; Anonymi Chronica S. 260 (= Ekkehard von Aura S. 306).
65 Otto, Chronica VII 14, S. 522; vgl. Vita Chunradi c. 9, S. 68, (entstanden um 1170), wo Konrad den Papst allerdings leidenschaftlich tadelt, weil er dem König die Vollmacht zur Einsetzung der Bischöfe zugestanden habe.
66 Ehlers, Die Kapetinger S. 97–111; Lohrmann, Ludwig VI.

2 Die Staufer als Grafen, Herzöge von Schwaben und Gefolgsleute

67 Dazu und zum Folgenden: Ekkehard von Aura S. 308–314; Ann. Hildesheimenses S. 62f.; Annalista Saxo S. 546–551; Anonimi Chronica S. 260–264. Dendorfer, Heinrich V. S. 140–152.
68 DH.V. 110 (Dezember 1112). Dendorfer, Fidi milites S. 235–237.
69 Otto, Chronica VII 15, S. 524.
70 Weinfurter, Reformidee S. 328–330; Dendorfer, Heinrich V. S. 152–156.
71 Ekkehard von Aura S. 314–316; Ann. Hildesheimenses S. 63f.
72 Ekkehard von Aura S. 316; Ann. Hildesheimenses S. 64; Otto, Chronica VII 15, S. 524, vgl. Ders., Gesta I 12, S. 150f. Zur Stellvertretung: Dendorfer, Fidi milites S. 238 mit Anm. 102; zur staufischen Stellung in Franken: Lubich, Auf dem Weg S. 149–156, 160–168 (S. 163–168: nicht überzeugende Umkehrung der Darstellung Ekkehards von Konrads Herzogserhebung), Ders., Der Besitz (überzeugend zu Niederkorn, Die Erwerbung).
73 Welf V.: Ann. Patherbrunnenses S. 130, DH.V. 153; Berthold III.: DH.V. 147; Heinrich der Schwarze, Heinrich von Kärnten: DH.V. 155, 157–159, 162–164, 168. Schneidmüller, Die Welfen S. 152–155; Goez, Zwischen Reichszugehörigkeit S. 228–232.
74 DH.V. 185 (Juni 1116), 196 (Dezember 1116).
75 Otto, Gesta I 12–14, S. 150–156; zur vermutlich schubweisen Entstehung von Gesta I: Hageneier, Die frühen Staufer, bes. S. 371–376, 395f. Limburg a. d. Haardt: Schenk, Kloster Limburg S. 155–172 (bes. S. 162).
76 Seiler, Frühstaufische Territorialpolitik S. 121–160, zur schwierigen Identifizierung von Friedrichs Burggründungen ebd. S. 151–154, vgl. Biller – Metz, Anfänge S. 262f., 266, 271–279; Metz, Hagenau S. 213–219, 224f.
77 Ann. Patherbrunnenses S. 133, 134 (Dux Alsatie); vgl. Annalista Saxo S. 557, 560; DK.III. 37, S. 61, 90, 161, vgl. 182, 188, 330, 342.
78 Ann. Patherbrunnenses S. 132–134, 136; vgl. Annalista Saxo S. 557f., 560f.
79 Ekkehard von Aura III S. 324–326, IV S. 334–336. Dendorfer, Fidi milites S. 240f.; Lubich, Auf dem Weg S. 168–178.
80 Ekkehardt von Aura III S. 316, Z. 27–318, Z. 4, S. 324, Z. 18–326, Z. 10, IV S. 334–338; Brief des Gelasius MPL 163, Sp. 492f.; Ann. Patherbrunnenses S. 134f. (Bannung des Kaisers). Boshof, Die Salier S. 286–292.
81 Ekkehardt von Aura S. 340; Ann. Patherbrunnenses S. 135f.; letzte in Italien ausgestellte Urkunde: DH.V. 215 (17.8.1118). Dendorfer, Fidi milites S. 239–242.
82 Vgl. DH.V. 217 (Aachen, 26.4., Datierung auf 1119 unsicher), 218 (Juli/August 1119, doch Echtheit unsicher), beide ohne Intervenienten- oder Zeugenlisten.
83 Ekkehard von Aura S. 340–342; Ann. Patherbrunnenses S. 136f. Zu Calixt II.: Schilling, Guido von Vienne.
84 DH.V. 219 (Straßburg, 1119; wohl Sept./Anf. Okt.).
85 Hessonis relatio; vgl. Ekkehard von Aura S. 342; Ann. Patherbrunnenses S. 137. Schilling, Guido von Vienne S. 404–426, Dies., Ist das Wormser Konkordatbes. S. 127f., 143–148; Zey, Der Romzugsplan, bes. S. 458–461.

86 Text: Hessonis relatio S. 23f., sowie MGH Const. 1, Nr. 104–105, S. 157f.; vgl. DH.V. 222.
87 Liste der Gebannten: Holtzmann, Bannsentenz S. 318f., vgl. S. 301–303; Hessonis relatio S. 23, Z. 10 bzw. 25–27.
88 DH.V. 223 (Maastricht, 21.11.1119), 224 (Goslar, 21.1., wohl 1120); Ann. Patherbrunnenses S. 137, vgl. Ann. Hildesheimenses S. 65.
89 Konrad: RI IV 1,2, Nr.12. Dendorfer, Fidi milites S. 246–248 (auch zum Folgenden).
90 DH.V. 225 (Würzburg). Lubich, Auf dem Weg S. 179–189.
91 DH.V. 219, 253, 257. Dendorfer, Fidi milites S. 224 Anm. 38.
92 Ann. Patherbrunnenses S. 138.
93 Ekkehard von Aura S. 344, Z. 30–346, Z. 3, S. 346–350; Ann. Patherbrunnenses S. 139.
94 Annalista Saxo S. 570 (= DH.V. 230; MGH Const. 1, Nr. 106). Freie Zusammenfassung: Ekkehard von Aura S. 350–352.
95 Vgl. Vollrath, Überforderte Könige S. 39f. Anders Weinfurter, Das Jahrhundert S. 185, Ders., Reformidee S. 331f., Dendorfer, Heinrich V. S. 166–168, Ders., Fidi milites S. 250–252.
96 Ekkehard von Aura S. 354–356. Rugger hielt sich bis zu seinem Tod (1125) vorwiegend im staufisch beherrschten Teil des Bistums auf.
97 Dendorfer, Fidi milites S. 252–257; Lubich, Auf dem Weg S. 192–203.
98 Ekkehard von Aura S. 356; DH.V. 239 (Straßburg, wohl Juli 1122; »Friderich dux Allemannie« als Zeuge).
99 Ekkehard von Aura S. 356–360; Text der beiden Urkunden (nach MGH Const. 1, Nr. 107f., S. 159–161) und Übersetzung: AQMA 32, Nr. 49a-b, S. 182–185. Schilling, Guido von Vienne S. 500–546.
100 Schilling, Guido von Vienne S. 511–515; Geltung: Zey, Der Romzugsplan; überzeugend Schilling, Ist das Wormser Konkordat.
101 Dendorfer, Das Wormser Konkordat.
102 Brief Adalberts von Mainz an Calixt II. (nach 23.9.1122): Annalista Saxo S. 573f. Der apologetischen Tendenzen ungeachtet, dürfte Adalbert den fürstlichen Einsatz für die Belange von Kaiser und Reich grundsätzlich zutreffend beschrieben haben.
103 WUB 12, Nr.5734; Historia Welforum, c. 5, S. 40. Schwarzmaier, Pater imperatoris, S. 314; Schneidmüller, Die Welfen S. 23f., 110, 164.
104 Die Viten Gottfrieds, Vita I c. 54, S.159–161, vgl. die Einleitung (Ehlers-Kisseler), bes. S. 4f., 7–10, 15, 32f.; DF.I. 333, 2 S. 162, DF.I. 963, 4 S. 239. Görich, Friedrich S. 28–31, 642–648; vgl. Schwarzmaier, Pater imperatoris S. 315 (die Nachricht, Herzog Friedrichs Reliquienkreuz sei von Judith in die Ehe gebracht worden, taucht erst 1622 auf und ist kaum zu beurteilen, Text: MGH SS 12, S. 529f., dazu Die Viten Gottfrieds S. 39 mit Anm. 159, 161).
105 DH.V. 253, 266, 273, 274, 275.
106 Ann. Patherbrunnenses S. 142–144; Annalista Saxo S. 575–578, 580; Ekkehard von Aura S. 360–362, 364–368.

107 Suger, Vie c. 28, S. 218–231; Ekkehard von Aura S. 368. Ehlers, Die Kapetinger S. 105–107; Große, Scire S. 243–250.
108 Ekkehard von Aura S. 368; Ann. Patherbrunnenses S. 144f.; Otto, Chronica VII 16, S. 526.
109 Dendorfer, Fidi milites S. 258–262; Lubich, Statt einer Zusammenfassung S. 303–312.
110 DH.V. 273–275.
111 Nur die Gesta archiep. Magdeburg. S. 412, melden irrtümlich seine Präsenz.
112 Ekkehard von Aura S. 364; DH.V. 257; Rückkehr: Cronica S. Petri Erford., S. 165, vgl. Otto, Gesta I 17–18, S. 158.
113 Ekkehard von Aura S. 374, vgl. S. 372–376; Ann. Patherbrunnenses S. 146; Otto, Gesta I 15, S. 156, Ders., Chronica VII 16, S. 528.
114 DK.III. 45f. (1140) S. 76–78: Heinricus comes palatinus; DK.III. 66 (1142) S. 116: marchio. Hanko, Heinrich II. S. 42–45, 48–51, vgl. Lechner, Die Babenberger S. 143, 147 mit Anm. 18.

3 Der Kampf um die Königswürde. Friedrichs Scheitern und Lothars Wirken als Herrscher

1 Vgl. zum Folgenden Haverkamp, Zwölftes Jahrhundert, bes. S. 27–55, 77–110; Stürner, Dynamische Vielfalt.
2 Text (nach MGH Const. 1, Nr. 112, S. 165f.) mit Übersetzung: AQMA 32, Nr. 50, S. 186–189. Zur Wahl Schmidt, Königswahl S. 34–59.
3 Quellenüberblick: RI IV 1,1, Nr. 92; Otto, Chronica VII 17, S. 528, Gesta I 16f., S. 156–158; Narratio de electione S. 510–512. Dazu Schneidmüller, 1125-Unruhe S. 41–48.
4 Petke, Kanzlei S. 269–281; Vones, Der gescheiterte Königsmacher S. 85–106.
5 RI IV 1,1, Nr. 115, Nr. 124; vgl. Nr. 139 (Hochzeit).
6 Dendorfer, Fidi milites S. 262–265; Hechberger, Staufer und Welfen S. 135–138.
7 Ann. S. Disibodi S. 23; RI IV 1,1, Nr. 101, vgl. Nr. 98. Wadle, Reichsgut S. 51–57, vgl. S. 100–123 zur grundsätzlichen Bedeutung des Regensburger Spruchs.
8 Annalista Saxo S. 585; RI IV 1,1, Nr. 106, Nr. 115.
9 Otto, Gesta I 17–19, S. 158–160; RI IV 1,1, Nr. 132, Nr. 141, Nr. 145, Nr. 149. Wadle, Reichsgut S. 78–85.
10 Otto, Chronica VII 17, S. 528; RI IV 1,1, Nr. 150; RI IV 1,2, Nr. 26.

11 Erste Nachricht über Friedrichs Blindheit auf einem Auge relativ spät in dem um 1180–83 entstandenen Geschichtswerk des über die deutschen Verhältnisse nicht allzu gut unterrichteten byzantinischen Historikers Johannes Kinnamos (Kinnamos II 20, Sp. 416, Brand S. 73), danach erst wieder um 1229–30 und mit gewisser Distanz bei Burchard von Ursberg S. 112. Siehe Wilhelm Bernhardi, Lothar von Supplinburg (Jahrbücher der deutschen Geschichte. Leipzig 1879) S. 3 Anm. 7; vgl. Schwarzmaier, Pater imperatoris S. 304–306, S. 323f.
12 Wadle, Reichsgut S. 58f.; Lubich, Auf dem Weg S. 205–208; Hechberger, Staufer und Welfen S. 222f.
13 Otto, Gesta I 18, S. 158f.; RI IV 1,1, Nr. 155, vgl. Nr. 173, Nr. 202; RI IV 1,2, Nr. 30.
14 Otto, Chronica VII 17f., S. 528–530; RI IV 1,2, Nr. 32–43, Nr. 51f. Niederkorn, Konrad III., S. 589–598; Schwarzmaier, Pater imperatoris S. 327–329.
15 Otto, Gesta II 50, S. 380–382 (vgl. I 9, S. 148); RI IV 1,1, Nr. 147. Heinemann, Rector.
16 Ann. Patherbrunnenses S. 151; RI IV 1,1, Nr. 151, Nr. 153f. Petke, Kanzlei S. 17–19, 235f.; Lubich, Auf dem Weg S. 208–216.
17 RI IV 1,1, Nr. 173, Nr. 202, 208, 211, 212; Judith: Ann. Patherbrunnenses S. 153; Hlawitschka, Die Ahnen S. 92f.
18 RI IV 1,1, Nr. 280–282 (Juni 1131, Straßburg, Elsassfeldzug). Landgrafschaft: RI IV 1,1 Nr. 259, Nr. 267 (29.3.1131) (Thüringen); Petke, Kanzlei S. 217f., 298f., Petersohn, De ortu, bes. S. 599f., Seiler, Frühstaufische Territorialpolitik S. 170–175; zu den süddeutschen Landgrafschaften vgl. Schaab, Landgrafschaft.
19 Historia Welforum c. 20f., S.62–64; RI IV 1,2, Nr. 53. Schneidmüller, Die Welfen S. 164f.
20 RI IV 1,1, Nr. 248.
21 Historia Welforum c. 16–19, 22, S. 56–62, 64–66. Zum Werk: Historia Welforum, bes. S. 7f. (Becher, Einleitung); Haverkamp, Zwölftes Jahrhundert S. 7.
22 Berthold von Zwiefalten, c. 29–31, S. 232–238. Zum Werk: ebd. Einleitung, bes. S. 6–11; Schmale, Berthold.
23 Otto, Gesta I 20, S. 160–164. Zum Ganzen: Schwarzmaier, Pater imperatoris S. 321–323; Schneidmüller, Die Welfen S. 169f.
24 RI IV 1,1, Nr. 215, vgl. Nr. 218–221, 230; Haverkamp, Zwölftes Jahrhundert S. 60f.; Houben, Roger S. 52–59; Dinzelbacher, Bernhard S. 132–138.
25 RI IV 1,1, Nr. 252, vgl. Nr. 256. Petke, Kanzlei S. 303–322, bes. 311–314, S. 220–222.
26 Deutinger, Sutri, bes. S. 116–120.
27 Suger, Vie c. 32, S. 260–262; Otto, Chronica VII 18, S. 528–530; RI IV 1,1, Nr. 266. Dinzelbacher, Bernhard S.141–143.
28 Otto, Chronica VII 18, S. 530; RI IV 1,1, Nr. 310, 312, 316f., 321, 327, 338f., 345.
29 MGH Const. 1, Nr. 116, S. 168f.; RI IV 1,1, Nr. 346. Petke, Kanzlei S. 316–318.

30 MGH Const, 1, Nr. 117, S. 169f.; RI IV 1,1, Nr. 353. Petke, Kanzlei S. 387f. Lateranfresken: Deutinger, Sutri S. 113–116, Ders., Kaiser und Papst S. 332–337.
31 RI IV 1,1, Nr. 343, Nr. 344. Petke, Kanzlei S. 313, 318; Haverkamp, Zwölftes Jahrhundert S. 64.
32 Annalista Saxo S. 597–599; Cronica S. Petri Erford. S. 171f.; RI IV 1,1, Nr. 408, 411–415, 417, 429, 456. Petke, Kanzlei S. 200f., 286.
33 Quem (sc. Conradum) imperator benigne suscipiens omnia quae illius ante fuerant restituit, Cronica S. Petri Erford. S. 172.
34 Annalista Saxo S. 600, vgl. RI IV 1,1, Nr. 457 (Innozenz' Drängen); Otto, Chronica VII 19, S. 530, vgl. Dinzelbacher, Bernhard S. 162, RI IV 1,1, Nr. 429; Nr. 417 (Dietwin).
35 Wadle, Reichsgut, bes. S. 97–100, vgl. S. 257–260; Lubich, Auf dem Weg S. 216–218.
36 Otto, Gesta I 22, S. 166. Hlawitschka, Die Ahnen S. 89f., 92f.; Weller, Die Heiratspolitik S. 26–29, 37–46; Petke, Kanzlei S. 296–302 (zu Adalbert).
37 Hlawitschka, Die Ahnen S. 1–6, 53, 55–59, 77–81; Weller, Die Heiratspolitik S. 29–34, Ders., Auf dem Weg S. 49–51; Dendorfer, Adelige Gruppenbildung S. 64–69, 91–95, 361–377; Goez, Königin Gertrud S. 31–36.
38 Gertrud: WUB 3, N 6 (30.3.1147), S. 466f. (dazu Maurer, Herzog Friedrichs Klostergründung S. 121f.), N 8 (1143), S. 469f.; Hermann als Pfalzgraf: DK.III. 88, S. 157. Weller, Die Heiratspolitik S. 34–37, 196–220, Ders., Auf dem Weg S. 51, 56–63.
39 Annalista Saxo S. 602–611; Otto, Cronica VII 19–20, S. 530–534, vgl. Historia Welforum, c. 23. RI IV 1,1, Nr. 469, 494, 503–654.
40 RI IV 1,2, Nr. 62, Nr. 63–79, bes. 71–73. Zeuge: DL.III. 97, S. 155, 101, S. 163, 117, S. 187, 120, S. 202, DRich 4, in: DL.III., S. 232. Albero von Trier: Balderich, c. 15, S. 252.
41 Mailand-Cremona: RI IV 1,1, Nr. 512; vgl. Dinzelbacher, Bernhard S. 163–168. Roncaglia: DL.III. 105, S. 168–170.
42 RI IV, 1,1, Nr. 554 (Imola), Nr. 584,1–17 (Heinrich), Nr. 585 (Bari).
43 Annalista Saxo S. 608–610. RI IV, 1,1, Nr. 593, Nr. 588, 598f., 615, 619, 621f., 626–633. Houben, Roger S. 68–73; Petke, Kanzlei S. 415–419 (Wibald).
44 RI IV 1,1, Nr. 653–656.
45 Wadle, Reichsgut, bes. S. 277–290. RI IV 1,1, Nr. 506 (Garda), Nr. 584–1, 634 (Tuszien).
46 Houben, Roger S. 73–76.

4 Konrad III., der erste Stauferkönig

1 Dazu wie zum Folgenden: Annalista Saxo S. 611f. (vgl. Ann. Magdeburgenses S. 186); Otto, Chronica VII 22, S. 538. RI IV 1,2, Nr. 80–86. Pauler, War König Konrads Wahl S. 135–159; vgl. Seibert, Die frühen Staufer, S. 19 mit Anm. 108.
2 Balderich, c. 15, S. 252, der Alberos Führungsrolle offensichtlich überbetont. Ziegler, König Konrad S. 40–67, 157–171, 122–130.
3 RI IV 1,1, Nr. 596 (vgl. Nr. 648), DK.III. 26, S. 43. Petke, Kanzlei S. 254–257 (Albero), 241f., 379–389 (Pfalzgrafen); Heinrichs Unbeliebtheit: Berthold von Zwiefalten, c. 29, S. 232, c. 30, S. 234; Otto, Chronica VII 23, S. 540, Gesta I 23, S. 168. Lubich, Beobachtungen S. 320–329.
4 Vgl. dazu Hechberger, Staufer und Welfen S. 218–222 (mit der einschlägigen Literatur).
5 Anders Engels, Die Staufer S. 32f., Petke, Kanzlei S. 257, Schmidt, Königswahl, bes. S. 81–90; vgl. Schneidmüller, Die Welfen S. 174.
6 RI IV 1,2, Nr. 86, Nr. 89; DK.III. 2–7, S. 3–14; Wibalds Verdienste: DK.III. 5, S. 9, Ziegler, König Konrad S. 295–313; zu Embricho: Ziegler, König Konrad S. 109–122.
7 RI IV 1,2, Nr. 97; DK.III. 8f., S. 15–17; Ann. S. Disibodi S. 25.
8 Ziegler, König Konrad S. 68–78; Schütte, König Konrad S. 65f., 75, 81f.
9 Otto, Chronica VII 22f., S. 538–540; Annalista Saxo S. 612; DK.III. 10, S. 19; RI IV 1,2, Nr. 100.
10 Albero an Konrad von Salzburg, Ep. Bambergenses Nr. 32, S. 528f.; Fürsten an Konrad, ebd. Nr. 33, S. 529f.; DK.III. 11, S. 19f. Schütte, König Konrad S. 42f., 97f.; Ziegler, König Konrad S. 655–658.
11 Vita Chunradi c. 5, S. 66. Görich, Wahrung des honor S. 288f. Gegen eine Inszenierung des Geschehens spricht, dass dessen Ausgang weder den König ganz befriedigen konnte, noch vor allem den Herzog von Zähringen.
12 Otto, Chronica VII 23, S. 540; Historia Welforum, c. 24, S. 70; Annalista Saxo S. 612. RI IV 1,2, Nr. 105.
13 *Rex enim non aliter compositionem fieri voluit, nisi dux quedam de his quae Lothario imperatore susceperat ac possederat resignaret*, Historia Welforum, c. 24, S. 70.
14 Otto und Historia Welforum wie Anm. 12. DK.III. 13 (Quedlinburg), S. 22. RI IV 1,2, Nr. 106, Nr. 108–110.
15 RI IV 1,2, Nr. 111; DK.III. 14 (Nürnberg), S. 24; Helmold c. 54, S. 202, vgl. c. 72, S. 252. Schneidmüller, Die Welfen S. 175–178.
16 DK.III. 15 (Nürnberg, Dez. 1138).
17 Otto, Chronica VII 23, S. 540, VII 24, S. 542.
18 RI IV 1,2, Nr. 113, 116.
19 Otto, Chronica VII 23, S. 540, VII 25, S. 542–544; Historia Welforum, c. 25, S. 72; Annalista Saxo S. 613. RI IV 1,2, Nr. 125f., 128, 130–138, 142f., 146.

20 RI IV 1,2, Nr. 151–153. Ann. Palidenses S. 80; Albert von Stade S. 323; Annalista Saxo S. 613; Ann. Pegavienses S. 258; Cronica S. Petri Erford. S.174; Balderich, c. 15, S. 584–586. RI IV 1,2, Nr. 156. Görich, Wahrung des honor S. 290–294; dass sich, wie dort S. 293f. angenommen, beide Seiten schon in Creuzburg auf die Belehnung Heinrichs mit Sachsen geeinigt hatten, dass der König den sächsischen Fürsten das Herzogtum dann aber sowohl in Worms wie im April in Frankfurt verweigerte, lässt sich aus Albert von Stade S. 324, Z. 7–10, allerdings kaum ableiten: Klar heisst es dort, dass die Fürsten zu keinem der beiden Treffen erschienen, weil Konrad sich weigerte, ihnen *ducatum praebere*. Dies ist nicht nur die gebräuchliche Wendung für »Geleit gewähren« (vgl. etwa Niermeyer – Van De Kieft, Mediae Latinitatis Lexicon Minus S. 473, ducatus 2.), Konrad hätte zudem das Herzogtum allenfalls einer Person wie etwa Heinrich dem Löwen, doch nicht den Fürsten gewähren oder verweigern können.
21 RI IV 1,2, Nr. 160f.; Nr. 169 (Worms, vgl. DK.III. 40), Nr.179–183 (Frankfurt, vgl. DK.III. 44, 46f.). Ehlers, Heinrich S. 47–49.
22 Ann. Patherbrunnenses S. 167; Historia Welforum, c. 25, S. 72. Hechberger, Staufer und Welfen S. 202–211; RI IV 1,2, Nr. 222.
23 Otto, Chronica VII 25, S. 544; Historia Welforum, c. 25, S. 72. Weinsberg: Ann. Patherbrunnenses S. 168f., Chron. reg. Colon. S. 77; RI IV 1,2, Nr. 199. Ehlers, Heinrich S. 54–56.
24 Ann. Palidenses S. 80; DK.III. 60, S. 106.
25 RI IV 1,2, Nr. 216, 220. Seiler, Frühstaufische Territorialpolitik S. 177–179; Ziegler, König Konrad S. 216–219; Schütte, König Konrad S. 69, 75f.
26 Ann. Palidenses S. 80; DK.III. 65 (Regensburg, 20.1.1142), S. 115.
27 BUB 4,1, Nr. 730, S. 109 (Heinrich), vgl. DK.III. 45f., S. 77f., Nr. 66, S. 116; DK.III. 88, S. 157 (Hermann); DK.III. 81, S. 144 (Bayern *in manu regis*). Welf VI.: Cod. dipl. Salem. 1, Nr. 4; vgl. DF.I. 129, 1 S. 217; Feldmann, Herzog Welf S. 16f.
28 Chron. reg. Colon. S. 78; RI IV 1,2, Nr. 240.
29 Otto, Cronica VII 26, S. 544–546. RI IV 1,2, Nr. 247–249.
30 Ziegler, König Konrad S. 223–229; Schütte, König Konrad S. 45, 55, 80.
31 Ann. Palidenses S. 81; Otto, Chronica VII 26, S. 546. RI IV 1,2, Nr. 265.
32 Vgl. zu Gertrud: Ehlers, Heinrich S. 57f.
33 Otto, Chronica VII 26, S. 546, vgl. VII 25, S. 544, VII 34, S. 558; RI IV,1,2, Nr. 271f.
34 Ann. Patherbrunnenses S. 170 (= Chron. reg. Colon. S. 79).
35 DK.III. 89–92 (Straßburg), DK.III. 95 (Ulm).
36 Ehlers, Heinrich S. 65–70; RI IV 1,2, Nr. 316f., 319, 329, 346f., 357.
37 RI IV 1,2, Nr. 141.
38 Lilie, Byzanz (mit der einschlägigen Literatur).
39 Otto, Gesta I 25–26, S. 168–180 (DK.III. 39, 69, 126; vgl. zur Adoption Nr. 229, S. 405), Chronica VII 28, S. 548; RI 1,2, Nr. 168, 206, 228f., 236, 253, 331–334; RI 1,1, Nr. 453 (1135). Weller, Die Heiratspolitik S. 57–63;

Dendorfer, Konrad S. 60–67, Ders., Adelige Gruppenbildung S. 98–102 (zu Bertha/Irene); Houben, Roger S. 94f.
40 Dazu Houben, Roger S. 83–87, 89–91, 93, 95.
41 Historia Welforum, c. 26, S. 74.
42 RI IV 1,2, Nr. 362f. Weller, Die Heiratspolitik S. 47–52.
43 Otto von Freising, Chronica VII 21, S. 536f., VII 34, S. 558, Gesta I 32, S.190, I 34, S. 196–198; RI 1,2, Nr. 370, vgl. Nr. 239.
44 Ann. Magdeburgenses S. 187f. RI IV 1,2, Nr. 378, 389, 399–402.
45 DK.III. 196, S. 355f., Nr. 175, S. 315f. Dendorfer, Adelige Gruppenbildung S. 366–370, 407–412; vgl. Niederkorn, Der Übergang S. 613–622; Hlawitschka, Die Ahnen S. 135–138; Weller, Die Heiratspolitik S. 84–86. – Wibald Nr. 404, 406f., 409, 413, 416–418.
46 DK.III. 8, S. 16.
47 DK.III. 38, S. 61–63. Maurer, Herzog Friedrichs Klostergründung S. 121f., 125f.
48 Cod. dipl. Salem. 1, Nr. 1 (1134–1137). Maurer, Der Herzog S. 117–120, 239–243, 256–258; Schwarzmaier, Die monastische Welt S. 63–65.
49 DK.III. 72 (Konstanz, 19.3.1142), S. 127–129.
50 DK.III. 260, S. 451f., vgl. Nr. 208, S. 373–376, Nr. 270, S. 467–470. Ziegler, König Konrad S. 313–318; Schwarzmaier, Die monastische Welt S. 65f.
51 Neuburg: DF.I. 136, 1 S. 228–230; 206, 1 S. 345f. Seiler, Frühstaufische Territorialpolitik S. 135–143.
52 DK.III. 21, S. 35–37; Nr. 91, S. 161f., vgl. Nr. 90, S. 160f.
53 DF.I. 447, 2 S. 346–349, Übers.: AQMA 34, Nr. 28, S. 207–216; von Herzog Friedrich stammen wohl c. 1–3, wirklich sicher läßt sich das jedoch nicht bestimmen; erste sichere Erwähnung Hagenaus: WUB 3, N8, S. 469 (Friedrich II. 1142). Seiler, Frühstaufische Territorialpolitik S. 125–134, 181–190, Metz, Hagenau S. 213–227; Schwarzmaier, Pater imperatoris S. 330–333.
54 Otto, Gesta I 27f., S. 180–182 (vgl. jedoch I 31, S. 188, wo Otto Friedrichs Fehde durchaus kritisch beurteilt). Görich, Fürstenstreit, vgl. Ders., Friedrich S. 67–71.
55 Otto, Chronica VII 27, S. 546–548, VII 31, S. 552–554, VII 33, S. 556, VII 34, S. 558; Ders., Gesta I 29, S. 182; RI IV 1,2, Nr. 347, Nr. 373 (Wibald Nr. 124, S. 228–230), Nr. 383. Dinzelbacher, Bernhard S. 260–263, 270–275; Thumser, Die frühe Kommune S. 111–115.
56 Otto, Chronica VII 30, S. 550–552, Ders., Gesta I 36–38, S. 200–206. Mayer, Kreuzzüge S. 118–125; Dinzelbacher, Bernhard S. 284–289; Ehlers, Die Kapetinger S. 117f.
57 Otto, Gesta I 39–41, S. 206–208. Dinzelbacher, Bernhard S. 289–294; zum geringen Einfluss von Endkaiser-Erwartungen: Möhring, Der Weltkaiser S. 169–171.
58 RI IV 1,2, Nr. 412, Nr. 421 (Welf). Schwarzmaier, Bernhard, bes. S. 65–72; Bischof Hermann: Ziegler, König Konrad S. 171–178.

59 RI IV 1,2, Nr. 414; Schwarzmaier, Bernhard S. 64. Otto, Gesta I 42, S. 208–210.
60 Corvey: Ziegler, König Konrad S. 301–304. St. Maximin: DK.III. 26, S. 42–44, Nr. 164, S. 295–298; Balderich, c. 20, S. 590–592, vgl. c. 16–19, S. 586–590. Ziegler, König Konrad S. 573–575.
61 RI IV 1,2, Nr. 422; DK.III. 184, S. 333; Otto, Gesta I 41, S. 208.
62 Otto, Gesta I 42, S. 208–210; Herzog Friedrichs II. Anwesenheit nach DF.I. 156 (6.1.1157), 1 S. 268, vgl. RI IV 1,2, Nr. 424.
63 DK.III. 184 (Frankfurt), S. 332f.; Otto, Gesta I 46, S. 216, I 43, S. 210–212. RI IV 1,2, Nr. 446, 458 (Krönung), 466 (Regentschaft). Schmidt, Königswahl S. 109–122; Ziegler, König Konrad S. 78–83, bes. 82.
64 Otto, Gesta I 46, S. 216. Ehlers, Heinrich S. 72f. Welf VI. unterstützte die Forderung seines Neffen wohl nicht, vgl. Hechberger, Staufer und Welfen S. 24–26, anders Feldmann, Herzog Welf S. 14f., 17f., 22 mit Anm. 75.
65 Otto, Gesta I 43, S. 212; RI 1,2, Nr. 459. Dinzelbacher, Bernhard S. 301–304.
66 DK.III. 176 (Frankfurt), S. 318, Nr. 177, S. 320, Nr. 178, S. 321, vgl. Nr. 175 (dux iunior), S. 316; Nr. 182, S. 330, Z. 10 (dux Svevie et Alsatie), ebenso Nr. 188, S. 342.
67 Otto, Gesta I 42, S. 208–210. Hlawitschka, Die Ahnen S. 90–93.
68 Otto, Gesta I 47, S. 216–218; Helmold c. 62–65, S.220–228; RI IV 1,2, Nr. 486, 489, vgl. Nr. 474, 484. Ehlers, Heinrich S. 73–75; Haverkamp, Zwölftes Jahrhundert, S. 72–74.
69 Weller, Die Heiratspolitik S. 260–263; Ziegler, König Konrad S. 411–420, bes. 419f.
70 Otto, Gesta I 47f., S. 218–222; Helmold c. 60, S. 216–220. RI IV 1, 2, Nr. 474, 493f., 497–499.
71 Kinnamos II 14–16, Sp. 396–401 (Brand S. 63–67); Odo von Deuil c. 3, S. 38f. RI IV 1,2, Nr. 501, 507, 509, vgl. Nr. 503 zu den von Kinnamos zitierten, vielfach fiktiven oder verfälschten Schreiben. Mayer, Kreuzzüge S. 128, Görich, Friedrich S. 73–76, 82–84.
72 Dazu und zum Folgenden bes. DK.III. 195, S. 354f.; Odo von Deuil c. 3, S. 40, c. 5–7, S. 54–79; Kinnamos II 16–19, Sp. 401–412 (Brand S. 67–71); Ann. Palidenses S. 82f. Mayer, Kreuzzüge S. 128–130.
73 DK.III. 195; Odo von Deuil c. 5f., S. 58–61; Kinnamos II 18, Sp. 408f., 412 (Brand S. 70f.); Wilhelm von Tyrus 16,23, S. 748f. Görich, Wahrung des honor S. 278–282.
74 DK.III. 195; Kinnamos II 19, Sp. 412 (Brand S. 71); Wilhelm von Tyrus 16,28, S. 755. Görich, Wahrung des honor S. 286f. – DK.III. 224, S. 397, Z. 23–26 (*gravis terciana febris*), dazu Herde, Die Katastrophe S. 89 mit Anm. 82, Wagner, Die Seuchen S. 191–196.
75 Kinnamos II 19, Sp. 412f. (Brand S. 71f.); vgl. Ann. Palidenses S. 83; DK.III. 229 (an Eirene), S. 405f. RI IV 1,2, Nr. 538; Weller, Die Heiratspolitik S. 63–67.

76 DK.III. 197, S. 83; Otto, Gesta I 63f., S. 262–264; Ann. Palidenses S. 83. Mayer, Kreuzzüge S. 130–132; Ehlers, Die Kapetinger S. 119f.; Möhring, Saladin. Der Sultan, S. 26–30.
77 Otto, Gesta I 64, S. 264, Z. 15f., vgl. I 66, bes. S. 270. Mayer, Kreuzzüge S. 133f.; Dinzelbacher, Bernhard S. 305–307, 328–332.
78 Otto, Gesta I 65, S. 264; Kinnamos II 19, Sp. 412f. (Brand S. 71f.); Ann. Palidenses S. 83; DK.III. 229, S. 405, Z. 29–34. RI IV. 1,2, Nr. 580. Weller, Die Heiratspolitik S. 357–361.
79 Houben, Roger S. 98–102.
80 DK.III. 229, S. 405f.; Wibald Nr. 233, S. 497-499; Historia Welforum, c.27, S.76. Feldmann, Herzog Welf S. 26f.; Hechberger, Staufer und Welfen S. 34f. RI IV. 1,2, Nr. 579.
81 Otto, Gesta I 65, S. 266. Ann. Palidenses S. 84; DK.III. 208, S. 376; Wibald Nr. 185, S. 393.
82 DK.III. 210, S. 379; Balderich, c. 26, S. 604–606; RI IV.1,2, Nr. 613–620.
83 Wibald Nr. 214, S. 452f., vgl. Nr. 213, S. 450–452, Nr. 145, S. 312f.; Ziegler, König Konrad S. 761–765.
84 DK.III. 210, S. 377–397, Wibald Nr. 180, S. 382.
85 DK.III. 212, S. 381f., vgl. Nr. 207, S. 372; RI IV 1,2, Nr. 634. Ziegler, König Konrad S. 302–307.
86 DK.III. 213, S. 382f., vgl. Nr. 225, S. 399f.; RI IV 1,2, Nr. 624, 631. DK.III. 214, S. 384f., Nr. 216, S. 386f.; Wibald Nr. 180, S. 382, Nr. 184, S. 389; RI IV 1,2, Nr. 616, 627.
87 Wibald Nr. 192, S. 406–408; Nr. 145, S. 312f., Nr. 184, S. 389, vgl. Nr. 254, S. 541–544. Thumser, Die frühe Kommune S. 116f.; Houben, Roger S. 99.
88 Otto, Gesta I 29–30, S, 182–188. Thumser, Die frühe Kommune S. 117–126.
89 Wibald Nr. 198f., S. 419–422, vgl. Nr. 341, S. 715–717, Nr. 215, S. 455. Thumser, Die frühe Kommune S. 126–130.
90 DK.III. 229, S. 406, vgl. Nr. 222–224, S. 395–397. Wibald Nr. 188, S. 399f.; Ziegler, König Konrad S. 308f.
91 Historia Welforum, c. 28, S. 76; Ann. Palidenses S. 84.
92 DK.III. 224, S. 397, Nr. 229, S. 405f., Heinrich (VI.) Nr. 10–11, in: DK.III. S. 530–532; Wibald Nr. 204, S. 432, Nr. 207, S. 438f.
93 DK.III. 222, S. 395; Nr. 230f., S. 407f.; Nr. 236, S. 414, Nr. 240, S. 418f.; Wibald Nr. 206f., S. 435–439, Nr. 254f., S. 541–546, Nr. 258–261, S. 550–558. Ziegler, König Konrad S. 36–38, 176f., 337f.
94 Wibald Nr. 223, S. 476–479 (mit Verweis auf Briefe des Kanzlers Guido = Wibald Nr. 192, S. 406–408; Bernhards RI IV 1,2, Nr. 659; Dietwins RI IV 1,2, Nr. 669); Wibald Nr. 253 (Antwort Guidos), S. 539–541; Nr. 251, S. 535–538. Houben, Roger S. 99–101; Dinzelbacher, Bernhard S. 331–333.
95 Wibald Nr. 192 (Kanzler Guido an Wibald), S. 406–408.
96 DK.III. 229, bes. S. 406, Z. 27–44, Heinrich (VI.) 10f.; dazu Wibald Nr. 219, S. 465–467.
97 DK.III. 229, S. 406, Z. 36f.; vgl. Wibald Nr. 219, S. 466f.

98 RI IV 1,2, Nr. 670; Weller, Die Heiratspolitik S. 67–74 (mit Forschungsüberblick); Vollrath, Konrad S. 357–363; Hiestand, Neptis tua S. 501–530.
99 Hiestand, Neptis tua S. 534–543.
100 Hiestand, Neptis tua S. 517–519; Hlawitschka, Die Ahnen S. 78f.
101 Wibald Nr. 254, S. 542f.
102 Wibald Nr. 387, S. 816–818; Ann. Palidenses S. 86; vgl. Wibald Nr. 317, S. 670–673. RI IV 1,2, Nr. 764; Ziegler, König Konrad S. 276–278.
103 Wibald Nr. 209, S. 441–444, vgl. Nr. 234, S. 500f.
104 Historia Welforum, c. 28, S. 76, vgl. Ann. Palidenses S. 84; DF.I. 173, 1, S. 294f. Feldmann, Herzog Welf S. 28f.; RI IV 1,2, Nr. 698 (mit Datierung des Ausgleichs auf 24.9.1150, doch überzeugen Feldmanns Argumente für den späteren Termin).
105 Vgl. Hechberger, Staufer und Welfen S. 215–217.
106 Helmold c. 69f., S. 240–248. Ehlers, Heinrich S. 75–77; Ziegler, König Konrad S. 100–102.
107 Vgl. Hechberger, Staufer und Welfen S. 288–290.
108 DHL 14, S. 22f. (= Wibald Nr. 264, S. 564f.), vgl. DHL 16 (an Wibald), S. 23f., DHL 18, S. 26f.
109 Wibald Nr. 284, S. 603–605 (= DK.III. 243, S. 423f.); Helmold c. 70, 72, S. 248, 252–254; RI IV. 1,2, Nr. 744, 754.
110 Otto, Gesta I 68–70, S. 274–278; RI IV 1,2, Nr.731.
111 DK.III. 261, 262 (= Wibald Nr. 340, S. 713–715), 263, S. 452–456; Wibald Nr. 317, S. 670–673; Otto, Gesta I 70f., S. 278; Ann. Palidenses S. 86; RI IV 1,2, Nr. 744, 754; Wibald Nr. 323, S. 683–686. Thumser, Die frühe Kommune S. 130–133 (Konrads Römerbrief).
112 Otto, Gesta I 71, S. 278–280; Ann. Palidenses S. 86. DK.III. 267, S. 462f., Nr. 268, S. 463–465, Nr. 269, S. 465–467.
113 DK.III. 167, S. 302–304; Otto, Gesta I 69, S. 276. Ziegler, König Konrad, S. 625–637, 741–752; Schütte, König Konrad S. 93–110; Seibert, Der erste staufische Herrscher S. 79–92; Lubich, Auf dem Weg S. 221–225.

5 Friedrich I. Barbarossa

1 Wibald Nr. 339, S. 709–713, Nr. 319, S. 676–678, Nr. 322, S. 682f.; Otto, Gesta I 71, S. 280, vgl. II 1, S. 284. Görich, Friedrich S. 93–115; Schmidt, Königswahl S. 123–144; Hechberger, Staufer und Welfen S. 239–269; Niederkorn, Friedrich von Rothenburg, S. 51–59; Althoff, Friedrich S. 307–311. – »Barbarossa« wird Friedrich erstmals erst Ende des 13. Jahrhunderts in Florenz genannt, Belege bei O. Holder-Egger, NA 17 (1892) S. 511f., 515, siehe dazu Görich, Friedrich S. 348.

Anmerkungen

2 Wibald Nr. 339, S. 709–713; Chron. reg. Colon., Rez. II, S. 89, vgl. Ziegler, König Konrad S. 82f. Görich, Friedrich S. 104f., Schmidt, Königswahl S. 126–129.
3 Chron. reg. Colon. S. 88. Csendes, Philipp S. 65f., 114f. (zu Friedrich II.).
4 Görich, Friedrich S. 107.
5 RI IV 1,2, Nr. 790 ermittelt den 18.2.1152 aufgrund DF.I. 5, 1 S. 11 (= Wibald Nr. 337, vgl. Nr. 339); Beerdigung am 17.2.: Niederkorn, Friedrich von Rothenburg S. 55.
6 RI IV 2, Nr. 61.
7 DF.I. 38, 1 S. 63–66, zur Entstehung: Vorbemerkung S. 64f., Zeugen S. 65f.; RI IV 2, Nr. 63, vgl. Nr. 147. Appelt, Heinrich S. 39–48, nicht überzeugend Laudage, Friedrich S. 41. Zu Konrad von Hagen: Rübsamen, Münzenberg S. 551, vgl. Stürner, Friedrich II., 1 S. 201f. mit Anm. 22.
8 Vgl. den dezenten Spott Wibalds (Nr. 339, S. 711f.) über die durch Erfüllung aller Wünsche erreichte *concordia*.
9 Wibald Nr. 339, S. 709–713; Otto, Gesta II 1, S. 284; DF.I. 5, 1 S. 9–11 (= Wibald Nr. 337, S. 703–706); RI IV 2, Nr. 64.
10 Otto, Gesta II 2, S. 284–286.
11 DF.I. 5, 1 S. 11; Otto, Gesta II 3, S. 286–288; Anwesende: DF.I. 1–4 (Zeugen).
12 DF.I. 1, 1 S. 1–3, Nr. 11, 1 S. 20f.; DF.I. 3, 1 S. 6f.
13 Wibald Nr. 350f., S. 731f., 733–736.
14 DF.I. 5, 1 S. 9–11 (Vorbemerkung S. 9f.); Wibald Nr. 338 (an Eberhard), S. 707f.
15 DF.I. 5, 1 S. 10f. (Übersetzung: AQMA 32, Nr. 56a, S. 209–213).
16 Schmidt, Königswahl S. 146f., vgl. S. 95–98, 110.
17 Text (nach MGH Const. 1 Nr. 139, S. 193f.) mit Übersetzung: AQMA 32, Nr. 56b, S. 212–215.
18 RI IV 2, Nr. 74–153 (Reiseweg).
19 DF.I. 20, S. 34–36, Nr. 54, S. 92–94, Nr. 157, S. 270f. (Gerichtsurkunde, von einem nicht zur Kanzlei gehörenden Notar verfasst, von dem wohl auch der Zusatz *et dux Suevorum* stammt; Friedrich konnte den Streit um die Zugehörigkeit der Grafschaft Chiavenna nur als Kaiser, nicht als Herzog von Schwaben entscheiden). Maurer, Der Herzog S. 258–264.
20 Text (nach DF.I. 25) mit Übersetzung: AQMA 32, Nr. 57, S. 214–223; Annales Ottenburani Isingrimi maiores, MGH SS 17, S. 313; RI IV 2, Nr. 110, 125, vgl. Nr. 111–118.
21 Skeptischer Görich, Friedrich S. 112; vgl. Wadle, Die Wahrung, bes. S. 48–53, 57–63, Ders., Frühe Landfrieden, bes. S. 91–101, Ders., Zur Delegitimierung, 115f., 122.
22 Utrecht: Otto, Gesta II 4, S. 288–290, vgl. I 68f., S. 274–278; Wibald Nr. 350, S. 731f. Augsburg: RI IV 2, Nr. 108, vgl. Nr. 106.
23 Otto, Gesta II 6, 8–10, S. 290–300 (Eugens Brief, S. 294–298); RI IV 2, Nr. 211.
24 Ehlers, Wichmann S. 60–62; Görich, Friedrich S. 118–121.

5 Friedrich I. Barbarossa

25 Otto, Gesta II 9, S. 298; RI IV 2, Nr. 178 und Nr. 187a. Zur erzbischöflichen Herrschaft in Köln und Mainz zur Zeit Friedrichs I.: Burkhardt, Mit Stab, zu Arnold bes. S. 251–278, 539–547.
26 Otto, Gesta II 5, S. 290, S. 82 (Friedrichs Brief an Otto); Helmold c.73, S. 254, c. 85, S. 298–302; RI IV 2, Nr. 88, vgl. Nr. 9.
27 Otto, Gesta II 6, S. 292; Wibald Nr. 369, S. 772–774; RI IV 2, Nr. 95.
28 DF.I. 30, 1 S. 50–52; zu DF.I. 14 siehe die Vorbemerkung S. 26; Historia Welforum, c. 28f., S. 76–78; RI IV. 2, Nr. 100, Nr. 135. Feldmann, Herzog Welf, S. 30–63.
29 DF.I. 10, 1 S. 19. Ehlers, Heinrich S. 83.
30 Helmold c. 73, S. 254–256; Ann. Palidenses S. 86. RI IV 2, Nr. 88, 135.
31 DF.I. 80, S. 132–134; Helmold c. 88, S. 310; RI IV 2, Nr.223.
32 DF.I. 12, S. 22–24.
33 Wibald Nr. 369, S. 772–774; Colmar: DF.I. 46, RI IV 2, Nr. 158; Besançon: RI IV 2, Nr. 160–163 (Wilhelm von Mâcon: Nr. 160, 162 = DF.I. 48, 50).
34 Hlawitschka, Weshalb Auflösung möglich? S. 509–536, Ders., Die Ahnen S. 135–138; Weller, Die Heiratspolitik S. 86–90; RI IV 2, Nr. 167. Dendorfer, Adelige Gruppenbildung S. 412–420.
35 DHL 18, S. 26f.; DF.I. 13f. (Regensburg).
36 Otto, Gesta II 7, S. 292–294, II 9, S. 298 (vgl. zu Worms DF.I. 58–62, S. 98–108), II 11–12, S. 300–302 (vgl. zu Goslar DF.I. 80, S. 132–134, DHL 27, S. 36–39).
37 Otto, Gesta II 7, S. 294; Wibald Nr. 382, S. 800–803.
38 Wibald Nr. 383, S. 803–809. Thumser, Frühe Kommune S. 133–147.
39 Konstanzer Vertragstext nach DF.I. 52, 1 S. 87–89 mit Übersetzung: AQMA 32, Nr. 58, S. 222–227; der mit dem Papst ausgehandelte Text: DF.I. 51, 1 S. 85f., vgl. die Vorbemerkungen zu D 51–52. Zum Eid *in anima regis*: Goez,»... iuravit«, bes. S. 527f.
40 Görich, Friedrich S. 224–226; Petersohn, Kaisertum S. 138–147; Laudage, Alexander S. 62–74.
41 Wibald Nr. 386f. (Friedrich bzw. Wibald), S. 814–818, Nr. 411 (Manuel), S. 857, Nr. 412 (Wibald), S. 858f.; Otto, Gesta II 11, S. 300.
42 Otto Morena S. 44. Malaria: RI IV 2, Nr. 229; Herde, Die Katastrophe S. 88–90.
43 Otto, Gesta II 12, S. 302–304; RI IV 2, Nr. 239–245. Heeresstärke: Otto, Gesta S. 82 bzw. 88 (Friedrichs Brief). Heinrich: Ehlers, Heinrich S. 89–91.
44 Otto Morena S. 34–46. Kampf um Lodi sonst nur sehr kurz in Chron. reg. Colon. S. 91, nicht z. B. in De Ruina S. 144.
45 De Ruina S. 147–149; RI IV 2, Nr. 217, 250.
46 Zum Ganzen vgl. Laudage, Friedrich S. 45–49; anders Görich, Friedrich S. 226–231.
47 Otto, Gesta II 13, S. 304; Helmold c. 83, S.286; RI IV 2, Nr. 253–257. Ehlers, Heinrich S. 92f.

48 DF.I. Nr. 91, 1 S. 151-153 (Vorbemerkung S. 151f., vgl. Appelt: DF.I., Bd. 5, S. 126); De Ruina S. 144. Dendorfer, Roncaglia S. 111-125.
49 Dendorfer, Roncaglia S. 125-132 (zu S. 126: Otto, Gesta II 13, S. 304, spricht zunächst ausdrücklich von Laien, die Barbarossa bestrafte).
50 Carmen V. 452-503, S. 16-18; DF.I. 243, 2 S. 36-40; RI IV 2, Nr. 300.
51 Vgl. die Schilderung Ottos, Gesta II 14-16, S. 304-312.
52 Otto, Gesta II 17, S. 312-314, II 20, S. 316, dazu Friedrichs Brief, S. 84; Carmen V. 79-252, S. 3-9 (statt Roncaglia fälschlich Verona); Ruina S. 144; Narratio de obpressione S. 240; RI IV 2, Nr. 253.
53 Otto, Gesta II 18-19, S. 314-316, Friedrichs Brief, S. 84; Otto Morena S. 46-50; Carmen V. 261-281, S. 10; De Ruina S. 145; Narratio de obpressione S. 240-242.
54 Otto Morena S. 50-52.
55 Otto, Gesta II 19, S. 316; RI IV 2, Nr. 260-264.
56 Otto, Gesta II 20, S. 316-318, Brief Friedrichs, S. 84; Otto Morena S. 52.
57 Otto, Gesta II 21-28, S. 318-336; Otto Morena S. 52-60; Carmen V. 282-609, S. 10-21; De Ruina S. 146-157; Narratio de obpressione S. 242, vgl. S. 248-250.
58 Konrad: Otto, Gesta II 21, S. 318; Heinrich: Otto Morena, S. 54.
59 Freier Abzug der Bewohner, Stadt zerstört: Otto, Gesta II 27f., S. 334-336, Otto Morena S. 54-56, Carmen V. 402-451, S. 14-16. Gebrochenes Versprechen Friedrichs, die sich unterwerfende Stadt (Narratio: nach dem freien Abzug der Bürger) nicht zu zerstören: De Ruina S. 154-156, Narratio de obpressione S. 242; Friedrich hatte eine solche List freilich wohl kaum mehr nötig.
60 Otto, Gesta II 26, S. 328-334, bes. S. 332-334. Vgl. Görich, Friedrich S. 237-241.
61 Otto, Gesta II 29, S. 336-338; DF.I. 98, 1 S. 165-167, Wibald Nr. 436, S. 904-906. RI IV 2, Nr. 285.
62 Otto, Gesta II 29, S. 338, vgl. Friedrichs Kontakte mit Venedig (RI IV 2, Nr.263) und Genua (RI IV 2, Nr. 287).
63 Otto, Gesta II 29, S. 338; DF.I. 116, 1 S. 198, vgl. D 111, 1 S. 189f., D 110, 1 S. 186.
64 DF.I. 95, 1 S. 160f.; Wibald Nr. 434, S. 901-903.
65 Otto, Gesta II 30, S. 338, bes. 342; Carmen, V. 828-860, S. 28f.; RI IV 2, Nr. 309.
66 Zum Ganzen überzeugend Deutinger, Sutri S. 97-133, vgl. Ders., Kaiser und Papst S. 329-331, Görich, Friedrich S. 241-246.
67 Otto, Gesta II 31-33, S. 342-352; RI IV 2, Nr. 316.
68 Otto, Gesta II 34, S. 352-354, Brief Friedrichs S. 86; RI IV 2, Nr. 319.
69 Rahewin, Gesta III 12, S. 416. Deutinger, Sutri S. 113-116, Ders., Kaiser und Papst 332-337; dass der Lateranvers mit den Worten *homo fit pape* den Eintritt in ein Vasallenverhältnis zum Papst bezeichnen wollte, scheint angesichts des seit Gregor VII. für den Papst beanspruchten Gehorsams der weltlichen Machthaber

(siehe dazu Stürner, Peccatum S. 143–185) eigentlich nicht unwahrscheinlich (anders Deutinger, Kaiser S. 337).
70 Otto, Gesta II 35–36, S. 354–356, Brief Friedrichs S. 86; RI IV. 2,1, Nr. 319, 322.
71 DF.I. 113, 1 S. 192f.; Otto, Gesta II 36, S. 356–358, Brief Friedrichs S. 87; RI IV, 2,1, Nr. 322–327. Görich, Friedrich S. 249f.; Petersohn, Kaisertum S. 160f.; Laudage, Alexander S. 67–83.
72 Otto, Gesta II 37, S. 358–360, Brief Friedrichs S. 86–88; RI IV,2,1, Nr. 337. Kurz darauf sah Friedrich auf Einspruch des verehrten Bischofs Ubald von der Bestrafung Gubbios ab und versicherte der Stadt seine Gnade, RI IV 2, Nr. 340.
73 Otto, Gesta II 39, S. 362; Otto von St. Blasien c. 7, S. 28; RI IV 2, Nr. 333f. Houben, Roger S. 170f.
74 Otto, Gesta II 38–40, S. 360–362, Brief Friedrichs S. 88; Mailand: DF.I. 120, 1 S. 202–204. Der Konstanzer Vertrag verpflichtete Friedrich nicht zum Feldzug gegen das Reich Wilhelms I.; anders Houben, Roger S. 171, Ehlers, Heinrich S. 96, Goez, Lebensbilder S. 307.
75 Otto, Gesta II 40–43, S. 362–370, 47, S. 374–376, Brief Friedrichs S. 88; RI IV 2, Nr. 355.
76 Otto, Gesta II 51f., S. 382–384. Weller, Die Heiratspolitik S. 77–84; Houben, Roger S. 171f.
77 Otto, Gesta II 44f., S. 370–374; Datum des Hoftags: RI IV 2, Nr. 362, 365; Titel Heinrichs: DF.I. 138, 1 S. 232f., noch ohne Bayern: D 134–136, 1 S. 226, 228, 230.
78 Otto, Gesta II 49, S. 378–380.
79 Otto, Gesta II 57, S. 388–390; DF.I. 151, 1 S. 255–260 (Text S. 259f., danach mit Übersetzung auch in: AQMA 32, Nr. 61, S. 232–237). RI IV 2, Nr. 415, vgl. Nr. 414.
80 Die Geburt Österreichs (bes. die Beiträge von K. Görich, F. Opll, W. Maleczek, R. Schieffer, R. Deutinger), Lechner, Die Babenberger S. 153–168; Appelt, Privilegium minus.
81 DF.I. 218, 1 S. 363–365 (Text mit Übers.: AQMA 34, Nr. 27, S. 202–207), D 798, 3 S. 366–368. Schieffer, Heinrich S. 67–77; Deutinger, Conventio S. 125–139; Thoma, Interessen S. 64–83; Ehlers, Heinrich S. 99f., 162–164, vgl. S. 164–171; Schneidmüller, Die Welfen S. 212–217.
82 Rahewin, Gesta III 16, S. 428; RI IV 2, Nr. 517, vgl. zum Bistum Passau RI IV 2, Nr. 1374; BUB 4,1, Nr. 809, S. 159. Lechner, Die Babenberger S. 164f.
83 Otto, Gesta II 58, S. 390.
84 Wibald Nr. 416, S. 864–867, Nr. 422f., S. 876–879, Nr. 443–445, S. 918–923.
85 Otto, Gesta II 45, S. 372–374, II 48, S. 378; Wibald Nr. 439, S. 909–911; DF.I. 140f., 1 S. 234–238, DF.I. 151f., 1 S. 255–262.
86 Otto, Gesta II 46, S. 374.
87 Otto, Gesta II 49, 54, 56, 58, S. 378, 386–390; RI IV 2, Nr. 390.
88 DF.I. 147, 1 S. 246–250 (Text mit Übers.: AQMA 34, Nr. 25, S. 188–201).

89 DF.I. 165, 1 S. 282–284; RI IV 2, Nr. 367, 376, 447. Vgl. Die Staufer und Italien, Bd. 2, S. 296f. (M. Rothmann).
90 Otto, Gesta II 50, S. 380–382; RI IV 2, Nr. 398 (mit weiteren Quellen). Hlawitschka, Die Ahnen S. 195–200; Weller, Die Heiratspolitik S. 91–99.
91 Beatrix als *carissima* neben DF.I. 466 und 470, 2 S. 377, 382, auch: D 194, 1, S. 325,30, dazu D 614, 3 S. 103,30; als *illustrissima* D 279, 2 S. 90,28; als *nobilissima* D 515, 2 S. 452,1. Ablehnung eines Wunsches durch Friedrich trotz Fürsprache der Beatrix: D 540, 2 S. 488. Vgl. Görich, Kaiserin Beatrix S. 43–58; Fößel, Die Königin 109–111.
92 Assmann, Friedrich S. 436–447, 457–459; Weller, Die Heiratspolitik S. 101–180.
93 Fößel, Die Königin S. 112–114, 179f., 356–358.
94 Wibald Nr. 430, S. 894f.; Rahewin, Gesta III 7f., S. 404–408. Zum Ganzen Mayer, Staufische Weltherrschaft S.184–207.
95 Rahewin, Gesta III 14, S. 422. RI IV 2, Nr. 508f.
96 Otto von St. Blasien c. 21, S. 64; Otto, Gesta II 50, S. 380–382; DF.I. 149, 1 S. 253, D 154, 1 S. 265; RI IV 2, Nr. 424; vgl. Krieg, Die Zähringer S. 50–54.
97 Otto, Gesta II 51–52, S. 382–384, II 54–55, S. 388; DF.I. 162, 1 S. 279, D 163, 1 S. 280.
98 Rahewin, Gesta III 6, S. 404, vgl. Otto, Gesta I 71, S. 278–280, Burchard von Ursberg S. 140; Titelzusatz *et Alsacie*: DF.I. 61f., S. 106, 108. Kritisch gegenüber Barbarossa Zotz, Friedrich S. 290–296, Görich, Friedrich S. 137f., Dendorfer, Adelige Gruppenbildung S. 414f., Althoff, Friedrich S. 311f.
99 DF.I. 179, 1 S. 302f., D 181, 1 S. 304f.; RI IV 2, Nr. 486; Rahewin, Gesta IV 24, S. 568.
100 MGH Const. 1, Nr. 413f., S. 588–591. Houben, Roger S. 171–173; Enzensberger, Der böse Wilhelm S. 396–402.
101 RI IV 2, Nr. 409; Wibald Nr. 442, S. 916f.
102 MGH Const. 1, Nr. 164, S. 229f.; Rahewin, Gesta III 10–11, S. 408–414; DF. I. 209, 1 S. 350f. Goez, Lebensbilder, bes. S. 300–302, 305, 309–311; Ehlers, Heinrich S. 101.
103 Rahewin, Gesta III 12, S. 414–418. Kluger, Friedrich und Rainald S. 26–35; Stürner, Peccatum S. 131–141, 143–185.
104 DF.I. 186, 1 S. 313–315 (= Rahewin, Gesta III 13, S. 418–420).
105 Rahewin, Gesta III 19, S. 430–434 (= MGH Const. 1, Nr. 166, S. 232f.).
106 Rahewin, Gesta III 20, S. 434–438 (= MGH Const. 1, Nr. 167, S. 233f.).
107 Rahewin, Gesta III 21, S. 438, III 24–27, S. 446–452 (Hadrians Brief III 26).
108 Rahewin, Gesta III 27, S. 452. Struve, Vorstellungen S. 288–311.
109 Rahewin, Gesta III 1–5, S. 398–404; DF.I. 179, 1 S. 302f. (= Wibald Nr. 446, S. 923f.), D 181, 1 S. 304f. (= Wibald Nr. 451, S. 930–932); Vinzenz von Prag S. 666f.; RI IV 2, Nr. 482 (Quellen).
110 Nach Vinzenz von Prag S. 666 verlangten zwar Friedrichs Legaten die Rückgabe der Herzogswürde an Wladyslaw, er selbst stellte den besiegten Boleslaw dann jedoch als eine seiner Friedensbedingungen nur vor die Wahl, den Bruder

wieder aufzunehmen oder sich vor dem Hofgericht für dessen Behandlung zu verantworten. Der Mönch von Sázava bestätigt, dass Friedrich mit der Unterwerfung der Polenfürsten den Sieg, wie gewünscht, erlangte; Vladislavs, des Böhmenherzogs, weitere Kampfbereitschaft sei also unnötig gewesen, eben weil der Kaiser die gewünschte Ehre bereits erlangt hatte. Vgl. mit anderer Bewertung Görich, Friedrich S. 261–265.

111 Vinzenz von Prag S. 666–668; Rahewin, Gesta III 15–16, S. 424–428; DF.I. 201, 1 S. 335–338.

112 Rahewin, Gesta III 15, S. 442–444; DF.I. 332, 2 S. 161, Nr. 372, 2 S. 236. Zu 1162–1163: RI IV 2, Nr. 1101, Nr. 1226 (Online jeweils Quellennachträge), Nr. 1239. Zu 1172: Cronica S. Petri Erford. S. 186; Chron. reg. Colon. S. 124; RI IV 2, Nr. 1995.

113 Seiler, Frühstaufische Territorialpolitik S. 207–210, 217–223, 227–241, 245–250.

114 DF.I. 199, 1 S. 332f. Seiler, Frühstaufische Territorialpolitik S. 250–253; Ehlers, Heinrich S. 124–126.

115 DF.I. 153, 1 S. 264. Trier: Nr. 156, 1 S. 267–269, Nr. 338, 2 S. 173–175, RI IV 2, Nr. 432, 982f.; Schulz, Denn sie lieben S. 167–172. Köln: Chron. reg. Colon. S. 115f.; RI IV 2, Nr. 1430, vgl. 970f., 1579, 1640; Schaab, Die Anfänge Heidelbergs, bes. S. 191–197.

116 Ann. Palidenses S. 89; RI IV 2, Nr. 393.

117 DF.I. 176–178, 1 S. 298–302, D 199–200, 1 S. 332–335; D 208–210, 1 S. 347–353; D 219, 1 S. 365f.

118 DF.I. 162, 1 S. 278f. (= Wibald Nr. 429), D 163, 1 S. 279f. (= Otto, Gesta II 52); Worms: RI IV 2, Nr. 445. Klagen: Carmen V. 1117–1122, S. 38, V. 1321–1481, S. 44–49, V. 1762–1776, S. 58f.; Otto Morena S. 64–78; vgl. Otto II 53, S. 386, Narratio de obpressione S. 250–256; RI IV 2, Nr. 445, 446. Zum erstmals in D 163, S. 280, erscheinenden Begriff *sacrum imperium* siehe Weinfurter, Wie das Reich S. 361–383, Petersohn, Kaisertum, S.336–343.

119 Rahewin, Gesta III 18, S. 428–430.

120 Rahewin, Gesta III 22–24, S. 440–448; Chron. reg. Colon. S. 95–97; MGH Const. 1, Nr. 172, S. 238f.; RI IV 2, Nr. 546, 549.

121 Rahewin, Gesta III 21, 29–31, S. 438, 452–460, Heeresordnung auch DF.I. 222, 2 S. 4f., dazu Wadle, Zum Recht der Heerfahrt, S. 136–152; Vinzenz von Prag S. 668f., S. 673; RI IV 2, Nr. 556, 558f. Görich, Friedrich S. 283–287.

122 Rahewin, Gesta III 32–35, S. 460–470; Vinzenz von Prag S. 669–671; RI IV 2, Nr. 565–569.

123 DFI. 246, 2 S. 42–44; Otto Morena S. 82–84, vgl. S. 74–78; Rahewin, Gesta III 56, S. 506.

124 DF.I. 224, 2 S. 7–10 (= Rahewin, Gesta III 50, S. 494–500); Otto Morena S. 84–88; Narratio de obpressione S. 256–260; Vinzenz von Prag S. 671–674; Rahewin III 36–50, S. 470–500; RI IV 2, Nr. 576, 580. Berwinkel, Verwüsten, bes. S. 34–117; Dilcher, Die staufische Renovatio S. 624–630.

Anmerkungen

125 Vinzenz von Prag S. 674f.; Rahewin, Gesta III 51–53, 55, S. 500–504; Narratio de obpressione S. 260. Vgl. Görich, Friedrich S. 296–301.
126 Rahewin, Gesta III 57, S. 506, IV 1–6, S. 510–520; RI IV 2, Nr. 606f.
127 DF.I. 242, 2 S. 34–36 (= Rahewin, Gesta IV 10, S. 522–528; mit Übersetzung: AQMA 32, Nr. 66, S. 252–257). Dendorfer, Roncaglia, bes. S. 114–118; Dilcher, Das staufische Herrschaftskonzept S. 24–37.
128 DF.I. 241, 2 S. 32–34 (= Rahewin, Gesta IV 10, S. 528–530; mit Übersetzung: AQMA 32, Nr. 65, S. 250–253). Wadle, Die Wahrung S. 49f., 53f., 58–63.
129 DF.I. 237, 2 S. 27–29, vgl. die Vorbemerkung mit Hinweis auf D 257, 259, sowie D 459; mit Übersetzung: AQMA 32, Nr. 64a, 246–249; Otto Morena S. 88–90; Rahewin, Gesta IV 7, S. 520–522. Colorni, Die drei Gesetze S. 2–8.
130 DF.I. 238–240, 2 S. 29–32 (mit Übersetzung: AQMA 32, Nr. 64b-d, S. 248–249). Colorni, Die drei Gesetze S. 26–50; Dilcher, Die staufische Renovatio S. 630–633.
131 Dilcher, Das staufische Herrschaftskonzept S. 35–37, Ders., Die staufische Renovatio S. 634–636, vgl. S. 640f.; Haverkamp, Herrschaftsformen S. 85–102; Struve, Die Rolle, bes. S. 88–95.
132 Rahewin, Gesta IV 8, S. 522; IV 11, S. 530–532, vgl. IV 31, S. 580–582; IV 13, S. 536, vgl. IV 23, S. 566; Otto Morena S. 92; Carmen V. 2617–2629, S. 87; DF.I. 247, 2 S. 44, vgl. D 253, 2 S. 52–54. Haverkamp, Herrschaftsformen S. 164–182, vgl. S. 155–164; Feldmann, Herzog Welf S. 56–59
133 Rahewin, Gesta IV 12, S.534; DF.I. 247, 2 S. 44, D 260, S. 66; RI IV 2, Nr. 625, 632, 634, 635.
134 Narratio de obpressione S. 260–262; Otto Morena S. 92; Rahewin, Gesta IV 58, S. 618, vgl. III 50, S. 494, 500. Haverkamp, Herrschaftsformen S. 182–188.
135 Carmen V. 2630–2772, S. 87–91, bes. V. 2698–2710, 2715–2719, V. 2741–2744, 2746–2749, 2753–2772, dazu V. 2786–2788, S. 92. Vgl. Görich, Friedrich S. 315f., Ders., Die Ehre Barbarossas S. 240f.
136 Vinzenz von Prag S. 675f.
137 Rahewin, Gesta III 50, S. 496–498. Zu den Parallelen zwischen Friedensvertrag und ronkalischen Gesetzen: Dilcher, Die staufische Renovatio S. 628–630.
138 Rahewin, Gesta IV 23, S. 566–568; Otto Morena S. 92–94; Vinzenz von Prag S. 676; Narratio de obpressione S. 262; Carmen V. 2773–2788, S. 91f. Haverkamp, Herrschaftsformen S. 166–170.
139 Rahewin, Gesta IV 25f., S. 570–572, IV 47, S. 604; Narratio de obpressione S. 260; Carmen V. 2896–2899, S. 95; DF.I. 261 (22.2.1159), 2 S. 66–68.
140 Rahewin, Gesta IV 26f., S. 572–578; Vinzenz von Prag S. 676.
141 Burchard von Ursberg S. 160.
142 Rahewin, Gesta IV 28–33, S. 578–582, IV 37, S. 592–594; Carmen V. 2789–2880, S. 92–95; Vinzenz von Prag S. 676f.; Otto Morena S. 94; Narratio de obpressione S. 262.
143 Rahewin, Gesta IV 38–43, S. 594–598, IV 47f., 51, 53, S. 604–612; Burchard von Ursberg S. 162; Otto Morena S. 94–100, Narratio de obpressione S. 262–264; RI IV 2, Nr. 706f., 711, 714, 716f., 740.

5 Friedrich I. Barbarossa

144 Rahewin, Gesta IV 46, S. 602–604; Otto Morena S. 102; Chron. reg. Colon. S. 101, Rec. II, S. 102; RI IV 2, Nr. 742.
145 Rahewin, Gesta IV 48, S. 606, IV 53–57, S. 612–618, IV 67–72, S. 650–660, IV 73, S. 660 (Brief = DF.I. 295, 2 S. 108); Otto Morena S. 102–124; Vinzenz von Prag S. 667f.; Carmen V. 2900–3153, S. 95–103; Narratio de obpressione S. 264–266.
146 Rahewin, Gesta 18–20, S. 552–556; RI IV 2, Nr. 577f., 628, 645–647. Boesch Gajano, Biandrate S. 274f.
147 Rahewin, Gesta IV 18, S. 550; Haverkamp, Herrschaftsformen S. 171–178.
148 Rahewin, Gesta IV 18, S. 550, Z 25–552, Z 3, IV 21, S. 556, IV 22, S. 562; Carmen V. 957–1029, S. 33–35, V. 1117–1320, S. 38–44.
149 Rahewin, Gesta IV 22, S. 558–566. Görich, Die Ehre Barbarossas S. 118–122.
150 Rahewin, Gesta IV 34–36, S. 584–590. RI IV 2, Nr. 701, 723, 738f.
151 DF.I. 274, 2 S. 83f. Haverkamp, Herrschaftsformen S. 175–177; Petersohn, Kaisertum S. 173–183, zur Familie Monticelli: S. 156, 158f., 168–170, 174–177, 190f., vgl. Kehr, Geschichte S. 54–56, 59–66.
152 Rahewin, Gesta IV 34, S. 586, IV 36, S. 590, IV 49, S. 606–608.
153 Rahewin, Gesta IV 50, S. 608, vgl. IV 62, S. 634–636, IV 79, S. 684; Narratio de obpressione S. 266; Burchard von Ursberg S. 166, 170.
154 Rahewin, Gesta IV 52, S. 610, IV 59–63, S. 620–644; Boso S. 397–400; RI IV 2, Nr. 753. Petersohn, Kaisertum S. 183–194; Laudage, Alexander S. 103–118.
155 D F.I. 281, 2 S. 92f., vgl. Rahewin, Gesta IV 24, S. 568–570.
156 Rahewin, Gesta IV 64, 65 (= DF.I. 285, 2 S. 96–98), 66 (= DF.I. 284, 2 S. 95); DF.I. 292, S. 106; MGH Const. 1, Nr. 183, S. 254f.
157 MGH Const. 1, Nr. 185, S. 256f.; Otto Morena S. 124–126; RI IV 2, Nr. 780, 783.
158 Rahewin, Gesta IV 74–77 S. 660–680, IV 80, S. 686–696, IV 79, S.682–686, IV 81–82, S. 696–702; Otto Morena S. 126–130.
159 Rahewin, Gesta IV 82, S. 702, 81, S. 698.
160 Rahewin, Gesta IV 64, S. 644.
161 Johannes von Salisbury, Letters Nr. 124, 1 S. 206.
162 Rahewin, Gesta IV 78, S.680–682, IV 80, S. 690–692, IV 82, S. 700, IV 84, S. 704; Vinzenz von Prag S. 678f.; zu Alexander RI IV 2, Nr. 858, vgl. Nr. 846, 856.
163 Rahewin, Gesta IV 85, S. 706; Otto Morena S. 130–154; Narratio de obpressione S. 268–272. Ann. S. Petri Erphesfurt. S. 57f., Cronica S. Petri Erford. S. 180; DF.I. 317f., S. 139–141.
164 Otto und Acerbus Morena S. 154–172; Narratio de obpressione S. 272–276. – Mailandkontakte: Otto Morena S. 166–168, Chron. reg. Colon. S. 103f.
165 Chron. reg. Colon. Rec. I, S. 109–110; Acerbus Morena S. 172–174.
166 Chron. reg. Colon., Rec. I, S. 110–111; Acerbus Morena S. 174–180; Narratio de obpressione S. 276–278; vgl. DF.I. 351f., 2 S. 190–193.
167 Acerbus Morena S. 180–184; DF.I. 362, 2 S. 212–214.

168 Zum Folgenden Haverkamp, Herrschaftsformen, bes. 154–164, 187–234, 286–311; vgl. Görich, Friedrich S. 349–359.
169 Acerbus Morena S. 182; RI IV 2, Nr. 1076.
170 Cremona: DF.I. 369, 2 S. 228–230, D 895, 4 S. 146; Ravenna: DF.I. 372, 2 S. 233–236; Acerbus Morena S. 182.
171 DF.I. 375, 2 S. 239–241. Goez, Möglichkeiten, bes. S. 100–108; Feldmann, Welf S. 59–63. Siehe etwa noch D 455, 2 S. 357–359, für Pavia.
172 Ann. Pisani S. 23–25; DF.I. 356, 2 S. 198–203, D 357, S. 204. RI IV 2, Nr. 1055, 1063.
173 Ann. Ianuenses S. 32–35; Ann. Pisani S. 27f. DF.I. 367, 2 S. 220–225; RI IV 2, Nr. 1103, 1111, 1118, 1121.
174 Haverkamp, Herrschaftsformen S. 182–285.
175 Jährliche Einnahmen: Rahewin, Gesta IV 8, S. 522 (Robert von Torigny, Cronica SS 6, S. 514), Regalienübersicht: ebd. IV 13, S. 536; kaiseriche Münze: Acerbus Morena S. 192. Dazu Haverkamp, Herrschaftsformen, bes. S. 699–728, siehe auch S. 590–613, 620–699. Kaiserliche Legaten: Acerbus Morena S. 186; vgl. RI IV 2, Nr. 1176f., 1179f., 1207f. oder 1210. Dazu Goez, Möglichkeiten S. 104–111.
176 Narratio de obpressione S. 278–284.
177 Otto Morena S. 162–164; RI IV 2, Nr. 962f., vgl. Nr. 939f., 953.
178 Admonter BS, Nr. 64, S. 117f., vgl. Nr. 56, S. 109, Nr. 71, S.128, Nr. 60–62, S. 113–116; DF.I. 355, 2 S. 196–197, vgl. D 318, 2 S. 141, D 327, S. 154f., D 341, S. 177f., D 346, S. 184.
179 Boso S. 403–405; Admonter BS, Nr. 84, S. 142f. Haverkamp, Herrschaftsformen S. 178–182.
180 Admonter BS, Nr. 70, S. 125–127, vgl. Nr. 68, S. 123f.; RI IV 2, Nr. 892.
181 Admonter BS, Nr. 82, S. 140.
182 Berg, Die Anjou-Plantagenets, bes. S. 29–35; vgl. Ehlers, Die Kapetinger S. 120–125.
183 RI IV 2, Nr. 1005, 1007 (Heinrich II.); Nr. 1051 (Brief an Hugo).
184 Dazu und zum Folgenden: Boso S. 405–408; Hugo von Poitiers S. 524–526; Helmold c. 91, S. 316–318; Saxo XIV 28, S. 442–444; Chron. reg. Colon. S. 112f.; Acerbus Morena S. 184–186; RI IV 2, Nr. 1082. Görich, Friedrich S. 397–402; Laudage, Alexander S. 128–149; Ehlers, Heinrich S. 180–183; Petersohn, Kaisertum S. 197–200, 330–332.
185 MGH Const. 1, Nr. 207, S. 289; DF.I. 363–365, 2 S. 214–218.
186 Boso S. 405f.; Hugo von Poitiers S. 526f.
187 Saxo XIV 28, S. 443; Teilnehmer: DF.I. 388, 2 S. 259.
188 Boso S. 407; Hugo von Poitiers S. 526–528.
189 Brief Alexanders an Ludwig, RHF 15, Nr. 54, S. 784f.
190 Saxo XIV 28, S. 443–444.
191 So etwa Görich, Friedrich S. 401; Ehlers, Das Kaisertum S. 307f.; Petersohn, Kaisertum S. 200.
192 Hugo von Poitiers S. 528f. RI IV 2, Nr. 1204, 1226. Görich, Friedrich S. 402f.

193 Ann. Marbacenses S. 162–164; Rappoltstein: DF.I. 371, 2 S. 232f. (Egenolf: DF.I. 356, 400, 472, 504, 517, 566, 628 oder 777, vgl. Schubring, Herzoge S. 24f.). Seiler, Frühstaufische Territorialpolitik S. 253–257.
194 Dazu und zum Folgenden: Vita Arnoldi, bes S. 625–658. Schulz, Denn sie lieben S. 173–182; Görich, Die Ehre des Erzbischofs, bes. S. 97–119.
195 RI IV 2, Nr. D 584; Dendorfer, Roncaglia S. 128–130.
196 DF.I. 289 (Dez. 1159), 2 S. 101–103. RI IV 2, Nr. 591,643, 693, 779, 789, 810, 854.
197 Cronica S. Petri Erford. S. 180f.; Ann. S. Disibodi S. 29f.
198 Ann. S. Disibodi S. 30; RI IV 2, Nr. 1197 (mit weiteren Quellen).
199 DF.I. 388, 2 S.257–259, vgl. D 389, 2 S. 260.
200 Ann. Welfici S. 94; Helmold c. 106, S. 368; RI IV 2, Nr. 1170 (mit weiteren Quellen). Ehlers, Heinrich S. 183f. – Brief an Ludwig: Parlow, Nr. 435, S. 276f.
201 Vgl. etwa Görich, Friedrich S. 137.
202 Allein Giselbert von Mons, S. 65, behauptet, wohl der Zähringer Sicht der Jahre 1161–1162 folgend, Friedrich habe Heinrichs Scheidung aus Furcht vor einem starken welfisch-zähringischen Bündnis betrieben, ohne freilich zu erklären, warum ihn diese Furcht erst nach 15 Ehejahren Heinrichs befiel.
203 Berthold: DF.I. 400, 2 S. 276–278, vgl. etwa D 532, 534, D 537. Rudolf: D 546, 3 S. 3–7; RI IV 2, Nr. 1798.
204 Acerbus S. 192–196; Narratio de obpressione S. 282–284; RI IV 2, Nr. 1314f., 1378, 1380. Raccagni, The Lombard League S. 29–36.
205 Acerbus S. 196; RI IV 2, Nr. 1350; zu Rainald Nr. 1334, 1338f., DF.I. 445, 2 S. 344f. Laudage, Alexander S. 151–154.
206 RI IV 2, Nr. 1271f., 1311, 1320–1325.
207 Ann. Ianuenses S. 58f., vgl. mit Übers.: Obert S. 296–307; Ann.Pisani S. 32–34.
208 Ann. Ianuenses, S. 59f., vgl. Obert S. 306f.
209 Bernwieser, Ex consilio S. 211–217.
210 Sarzana: DF.I. 405, 2 S. 283f.; Haverkamp, Herrschaftsformen S. 294 mit Anm. 17.
211 Absage: Ann. Pisani S. 31, vgl. Ann. Ianuenses S. 57, Z. 50–52; RI IV 2, 1334 (Rainald; Sarzano).
212 Ann. Pisani S. 31.
213 DF.I. 441, 2 S. 338–340, vgl. D 442, 2 S. 340–342.
214 DF.I. 445, 2 S. 344f. Narratio de obpressione S. 284; Chron. reg. Colon. S. 115; Otto von St. Blasien c.16, S. 48; RI IV 2, Nr. 1368f., 1371. Kluger, Friedrich und Rainald S. 35–40.
215 Lodeser Anonymus S. 196–198; Narratio de obpressione S. 284–286. Hägermann, Die Urkunden Christians, bes. S. 217–219 (Nr. 1f.), S. 284 (Itinerar). RI IV 2, Nr. 1426, vgl. Nr. 1448–1453.
216 Assmann, Friedrich S. 438, vgl. S.454f.; RI IV 2, Nr. 1381.
217 Ann. Ianuenses S. 60–64; Ann. Pisani S. 33f.

218 Ann. Ianuenses S. 31, vgl. S. 32.
219 DF.I. 477, 2 S. 389-392, siehe die Vorbemerkung S. 390; Ann. Pisani S. 34f.
220 Ann. Ianuenses S. 71-73, bes. S. 71, Z. 10-13, siehe dazu Opll, Friedrich Barbarossa S. 92 mit Anm. 38.
221 Ann. Pisani S. 35-39; Ann. Ianuenses S. 65-75.
222 RI IV 2, Nr. 1400.
223 Goez, Lebensbilder, bes. S. 316-318; vgl. Burkhardt, Mit Stab, S. 403-413.
224 Ann. Reichersperg., MGH SS 17, S. 471; DF.I. 471, 2 S. 383. RI IV 2, Nr. 1430.
225 Vollrath, Lüge S. 150-157 (mit weiterer Literatur).
226 Ehlers, Heinrich S. 185-195; Schneidmüller, Die Welfen S. 219-221. RI IV 2, Nr. 1466, 1470, vgl. 1471.
227 DF.I. 481-483 (Würzburg), 2 S. 395-402; Epistola amici cuiusdam ad Alexandrum papam: Materials 5, Nr. 98, S. 184-188 (längere Fassung), Nr. 99, S. 188-191 (kürzere Fassung). Dazu und zum Folgenden Vollrath, Lüge S. 162-170, vgl. S. 157-162; Laudage, Alexander S. 155-167. RI IV 2, 1472f., 1475.
228 Rainalds Bischofsweihe am 2. Okt. 1165: Chron. reg. Colon. S. 116.
229 Goez, »... iuravit«, bes. S. 527-531.
230 Materials 5, Nr. 98, S. 187, bzw. Nr. 99, S. 189, 190f. – Dass es in den von der *Epistola* geschilderten Eiden der Legaten um Heinrichs künftiges Verhalten im Schisma ging, ergibt sich klar aus dem Kontext; anders Vollrath, Lüge S. 170, doch vgl. S. 164.
231 Materials 5, Nr. 101, S. 194f.; vgl. Vollrath, Lüge S. 168, mit anderer Beurteilung.
232 MPL 200, Nr. 350 (Alexander an Heinrich II.), Sp. 375, Nr. 357 (an Ludwig VII.), Sp. 382, Nr. 349 (an Gilbert von London = Materials 5, Nr. 93, bes. S. 176), Sp. 374C.
233 Materials 5, Nr. 182, S. 352f. (Alexander an Rotrodus von Rouen).
234 Materials 6, Nr. 255, S. 78-81 (Heinrich an die Kardinäle).
235 DF.I. 481, S. 399, Z. 26-42, vgl. 480, S. 397, Z. 30-36; Epistola amici, Materials 5, S. 185 (Langversion), S. 191 (Kurzversion).
236 Ann. Reichersperg. S. 472.
237 Ann. S. Petri Erphesfurt. S. 58f., Cronica S. Petri Erford. S. 183; Ann. Reichersperg. S. 472; DF.I. 491, 2 S. 414; Vinzenz von Prag S. 683. Goez, Lebensbilder S. 318-323.
238 Ann. Reichersperg. S. 472f.; vgl. DF.I. 488, 2 S. 407, D 508, 2 S. 442.
239 Historia Welforum c. 30-31, S. 80-84; Otto von St. Blasien c. 18, S.50-52; Burchard von Ursberg S. 184-186.
240 Siehe dazu Zotz, Friedrich S. 296-305; Althoff, Friedrich S. 313-315; Feldmann, Herzog Welf S. 64-69; vgl. Maurer, Der Herzog S. 248f
241 DF.I. 470, 2 S. 382, D 472, 2 S. 385; D 477, 2 S. 391 (zur Echtheit siehe S. 390, bes.: »die Zeugenreihe ist einwandfrei«).
242 Materials 5, Nr. 98, S. 188.

243 DF.I. 478, 2 S. 392f.; vgl. die Urkunde Herzog Friedrichs WUB 2, Nr. 386 (*Fridericus dux*. ... *ego Fridericus, illustris regis Cuonradi filius* ...), S. 151f., dazu Zotz, Friedrich S. 299f.
244 Friedrich als Zeuge DF.I. 506, 507, 2 S. 439, 441, D 509, S. 444, D 513, S. 448, D 516, S. 454, D 523, S. 465, D 529, S. 472, D 532, S. 477, D 534, S. 481; zweimal als Herzog von Rothenburg, viermal als Herzog von Staufen und dreimal als Herzog, Sohn König Konrads. Seine Ehe: Chronicon Montis S. 152.
245 Chron. reg. Colon. S. 116. Binding, Deutsche Königspfalzen S. 245–252.
246 DF.I. 502, 2 S. 432f., vgl. D 500, 2 S. 428; Chron. Reg. Colon. S. 116; RI IV 2, Nr. 1526, 1530. Petersohn, Saint-Denis S. 420–436; Görich, Karl S. 122–124, 143–149; Nilgen, Bildpropaganda S. 90–93; Saurma-Jeltsch, Rom S. 282–306.
247 Görich, Karl S. 124–155; vgl. Petersohn, Saint-Denis S. 433–454.
248 DF.I. 501, 2 S. 429f. Zu Otto: Schütz, Das Geschlecht S. 63–68.
249 Karl der Große D 295, MGH Die Urkunden der Karolinger 1 (Hannover 1906), S. 439–443. Der Fälschungstext wurde vollständig in Friedrichs Urkunde D 502 (freilich nicht in deren MGH-Edition) übernommen. Er entstand wohl erst 1158, da seine Verfasser die dort Karl zugesprochene Regelung, wonach der in Aachen rechtmäßig gekrönte König in Rom ohne jede Behinderung die Kaiserwürde erlangen solle (S. 442, Z 29–31), aller Wahrscheinlichkeit nach von Friedrich übernahmen, der sie Anfang 1158 erstmals so strikt formulierte. Siehe Petersohn, Kaisertum S. 333–349, anders Görich, Karl S. 132f.
250 DF.I. 502, 2 S. 432f., D 503, 2 S. 434f.
251 DF.I. 502, 2 S. 432 Z 23–43, 433 Z 4–10. Görich, Karl S. 124–129, 138–155.
252 DF.I. 502, 2 S. 433 Z 1f. Dazu Petersohn, Saint-Denis S. 433–454, der Saint-Denis für Aachens bestimmendes Vorbild hält.
253 Vinzenz von Prag S. 682f.; Chron. Reg. Colon. S. 116f.; vgl. RI IV 2, Nr. 1545, 1593.
254 RI IV 2, Nr. 1537, 1549, 1555f., 1576.
255 Lodeser Anonymus S. 198–202; Narratio de obpressione S. 286–288.
256 MPL 200, Nr. 373f., Sp. 398–401; Boso S. 412f. Petersohn, Kaisertum S. 204–209.
257 Boso S. 414f., 419f.; Petersohn, Kaisertum S. 269–273; vgl. Laudage, Alexander S. 171–180; Lodeser Anonymus S. 202.
258 Lodeser Anonymus S. 202–204, Narratio de obpressione S. 288; Vinzenz von Prag S. 683; Boso S. 414; vgl. DF.I. 526, 2 S. 467f., D 527, 2 S. 469, D 529, 2 S. 471f. Konrad: Tolosanus, c. 55, S. 57. Welf VI.: Historia Welforum, c. 32, S. 84–86, vgl. D 532 und 534, 2 S. 477/481; dazu Feldmann, Herzog Welf S. 70f.
259 Ann. Pisani S. 41.
260 Lodeser Anonymus S. 204 (vgl. DF.I. 531, 2 S. 475); Ann. Ianuenses S. 74; Vinzenz von Prag S. 683; Chron. Reg. Colon. S. 117; Rahewin, Gesta Appendix S. 349 (auch zum Folgenden).

261 Lodeser Anonymus S. 222–224.
262 Ann. Pisani S. 42; vgl. zur Haltung Genuas Ann. Ianuenses S. 74f.
263 Chron. Reg. Colon. S. 117; Lodeser Anonymus S. 218–222; Ann Pisani S. 42–44; Boso S. 415.
264 So Boso S. 416, vgl. Ann. Pisani S. 42, Lodeser Anonymus S. 224.
265 Lodeser Anonymus S. 224–226; Chron. reg. Colon. S. 117f.; Ann. Pisani S. 42–44; Boso S. 416. Petersohn, Kaisertum S. 210–219.
266 Boso S. 417. Petersohn, Kaisertum S. 217f.
267 Chron. reg. Colon. S. 118 (mit Text der Abmachungen); Lodeser Anonymus S. 226–228; Ann. Pisani S. 44. Petersohn, Kaisertum S. 219–222, 225–241.
268 Petersohn, Kaisertum S. 235–242, zur Zeit nach 1167 S. 243–275.
269 Lodeser Anonymus S. 228–230; Chron. reg. Colon. S. 118f.; Boso S. 418. Grundlegend Herde, Die Katastrophe S. 69–88, bes. S. 79ff.
270 Umfassende Quellenliste (mit Sterbedaten der namentlich bekannten Opfer, Opferzahlen): RI IV 2, Nr. 1697; zu Acerbus Morena: Lodeser Anonymus S. 226–230.
271 Boso S. 418; Historia Welforum, c. 32, S. 86 (Dass Welf VI., wie der Autor unmittelbar zuvor berichtet, auf der Rückreise von Jerusalem das kaiserliche Heerlager bei Rom voller Abscheu über die Untaten von Kaiser und Heer verließ, passt wenig für den erfahrenen Krieger Welf. Jedenfalls verrät Welfs künftiges Verhalten nicht gerade ernste Vorbehalte gegen seinen staufischen Neffen).
272 DF.I. 534, 2 S. 479–481, vgl. D 532, 2 S. 476f.; D 535, 2 S. 481f., dazu Chron. reg. Colon. S. 119–120; vgl. zu Barbarossas Einflussnahme auf die Bischofswahl in Cambrai D 539–541, 2 S. 486–489, dazu RI IV 2, Nr. 1820f., zu Regensburg D 542, 2 S. 489f.
273 DF.I. 536 (Pisa), 2 S. 482f.; Ann. Pisani S. 42–43 (Ergänzungs- Text je auf unterer Seitenhälfte); Lodeser Anonymus S. 230. Opll, Barbarossa in Bedrängnis S. 196–200.
274 Boso S. 419–421, 422–224; RI IV 2, Nr. 1838, 1843. Petersohn, Kaisertum S. 257–269.
275 Lodeser Anonymus S. 204. Zu Cremona: Haverkamp, Herrschaftsformen S. 432f., 520.
276 Lodeser Anonymus S. 204–206; Narratio de obpressione S.288–290. RI IV 2, Nr. 1643. Raccagni, The Lombard League S. 36–53; Haverkamp, Herrschaftsformen S. 353f.
277 Lodeser Anonymus S. 206–218.
278 Raccagni, The Lombard League bes. S. 55–74.
279 Lodeser Anonymus S. 234–238; Narratio de obpressione S. 276, 290.
280 Boso S. 418f. Raccagni, The Lombard League S. 113–118; Haverkamp, Herrschaftsformen S. 317f.
281 Vinzenz von Prag S. 683 (Hermann); Ann. Pisani, Ergänzungstext S. 42, Z. 23–25, S. 43, Z. 25–29. Opll, Barbarossa in Bedrängnis S. 198f., 201.

282 Lodeser Anonymus S. 230–232; Boso S. 418. DFI. 538, 2 S. 485f., dazu Rahewin, Gesta Appendix S. 350.
283 Lodeser Anonymus S. 232–234; Narratio de obpressione S. 290; Gottfried von Viterbo, Gesta V. 763–808, S. 324f. RI IV 2, Nr. 1755–1760, 1767f., 1772–1780.
284 Ehlers, Heinrich S. 149–171.
285 Ehlers, Heinrich S. 115–141, zu Lübeck S. 155.
286 Helmold c. 103–105, S. 356–364, c. 106–107, S. 368–370; Ann. Palidenses S. 93f.; Chron. reg. Colon. S. 119f.; Albert von Stade S. 346; Cronica Reinhardsbrunnensis S. 538; Cronica S. Petri Erford. S. 184f.; Brief Alberts von Freising, Aug./Sept. 1163, Salzburger BS, Nr. 33, S. 195. Ehlers, Heinrich S. 141–149; Groten, Köln und das Reich, S. 242–246.
287 Ann. Pegavienses S. 260; Ann. Palidenses S. 94; Magnus von Reichersberg S. 489f. Schmidt, Königswahl S. 180–194; Csendes, Heinrich VI., S. 35–41. Zu Friedrichs Wahlvorbereitung vgl. die Zeugen in D 549–552 und D 553, 3 S. 10–16. Todesdatum des Kaisersohns: Assmann, Friedrich S. 455.
288 Otto von St. Blasien S. 62. Kaisersohn Friedrich als Herzog: DF.I. 547, 3 S. 8.
289 DF. I. 546, 3 S. 3–7 (mit Übersetzung: AQMA 32, Nr. 71, S. 278–297). Lubich, Auf dem Weg S. 228–235.
290 Otto von St. Blasien S. 62–64; Burchard von Ursberg S. 190. DF.I. 566, 3 S. 35f.; D 596, D 597, 3 S. 77–80. Maurer, Der Herzog S. 278f.
291 DF.I. 625, vgl. D 624, 3 S. 117–120; D 989, 4, S. 278. RI IV 2, Nr. 2086f., Nr. 3224–3227, 3262f.
292 Historia Welforum, Steingadener Fortsetzung, S. 86–90; Otto von St. Blasien S. 62, 74; Ann. Pegavienses S. 262. DF.I. 772 (Welf Zeuge), 3 S. 325f.; WUB 2, Nr. 419. Feldmann, Herzog Welf S. 73–78, 86–94; Maurer, Der Herzog S. 250–252; Zotz, Heinrich der Löwe S. 337–340.
293 DF.I. 447, 2 S. 446–449. Metz, Hagenau S. 227–230, vgl. 230–232; Seiler, Frühstaufische Territorialpolitik S. 190–205.
294 Gottfried von Viterbo, De castro, siehe auch RI IV 2, Nr. 1853; Otto von St. Blasien S. 64. Binding, Deutsche Königspfalzen S. 293–303; Assmann, Gunther, Einleitung, bes. S. 79, 84–102; Huth, Staufische Reichshistoriographie, bes. S. 5–8, 36f., 40–43, 187–189, 238–242, 253f.
295 DF.I. 631, 3 S. 126f.; D 947–950, 4 S. 217–220; RI IV 3, Nr. 4 (Heinrich). Seiler, Frühstaufische Territorialpolitik S. 230–233, 253, 257–263; Huth, Staufische Reichshistoriographie S. 95–101.
296 Biller, Die Pfalz Wimpfen; Hildebrandt – Knauer, Neue Erkenntnisse; Binding, Deutsche Königspfalzen S. 348–367, zur Pfalz Kaiserslautern siehe ebd. S. 253–261.
297 Burchard von Ursberg, S. 256. Maurer, Der Herzog S. 291.
298 DF.I. 571f., 3 S. 42f., siehe etwa noch D 794, 3 S. 359f. Binding, Deutsche Königspfalzen S. 262–292 (Gelnhausen), S. 335–347 (Saalhof).
299 DF.I. 473f., 2 S.385–387; D 594, 3 S. 73–75. Thieme, Herrschaftliche Grundlegung S. 181–205; Blaschke, Pleißenland S. 18.

300 RI IV 2, Nr. 1852; Nr. 2041 (siehe Nr. 2077f.; Nr. 1937); Nr. 2048; Nr. 2049. DF.I. 577, 3 S. 48–50; RI IV 2, Nr. 1925. Vgl. zu den Abtswahlen RI IV 2, Nr. 1856f., Nr. 2011.
301 Görich, Friedrich S. 420f.; vgl. RI IV 2, Nr. 1762, 1910.
302 Boso S. 421f.; Rahewin, Gesta Appendix S. 351; Johannes von Salisbury, Letters Nr. 289, 2 S. 657f.; Chron. reg. Colon. S. 120; DF.I. 480, 2, S. 397, Z 7–9. Görich, Friedrich S. 421–426; Laudage, Alexander S. 187–191; Schmidt, Königswahl S. 173–179.
303 Chron. reg. Colon. S. 120; Rahewin, Gesta Appendix S. 350–351, RI IV 2, Nr. 1845.
304 Magnus von Reichersberg S. 489f., 497–501, vgl. S. 503–506; Salzburger BS, Nr. 3–5, S. 154–159, Nr. 8, S. 161–163, Nr. 11–14, S. 166–172. RI IV 2, Nr. 1832, 1839, 1846, 1874, 1943, 1956, 1962, 1964, 2081. Görich, Die Ehre Barbarossas S. 79–90. – Zum Sturz Vladislavs: Gerlach S. 685f. RI IV 2, Nr. 2002f., 2038.
305 Rahewin, Gesta Appendix S. 530; Chron. reg. Colon. S. 120. RI IV 2, Nr. 1811, 1813–1815, 1818, 1898, 1954. Ehlers, Heinrich S. 194–197.
306 DF.I. 575, 3 S. 46f. RI IV 2, Nr. 1917–1919, 2035.
307 Chron. reg. Colon., S. 121. RI IV 2, Nr. 1891, 1930f.
308 Huth, Staufische Reichshistoriographie S. 128–140; vgl. RI IV 2, Nr. 1931, sowie Nr. 2528.
309 Arnold von Lübeck, I c.1–12, S. 10–31; Chron. reg. Colon. S. 123f.; Romuald S. 261. Ehlers, Heinrich S. 197–211; vgl. Ohnsorge, Byzanzpolitik, bes. S. 126–144.
310 Chron. reg. Colon. S. 125; Romuald, S. 265f.
311 Möhring, Saladin. Der Sultan S. 33–72.
312 Wagendorfer S. 582–584; Chron. reg. Colon. S. 124f., 140; Annales Aquenses SS 24 S. 38; Arnold von Lübeck, VII c. 8, S. 264–277. Wagendorfer S. 565–568, 576–579; Möhring, Saladin und Kreuzzug S. 125–135, Ders., Saladin. Der Sultan S. 54f.; Huth, Staufische Reichshistoriographie Anm. 370 (S. 111), Anm. 435 (S. 133), Anm. 855 (S. 259).
313 Chron. reg. Colon. S. 121f., 125; Ann. Plac. Gib., S. 462. RI IV 2, Nr. 2100.
314 RI IV 2, Nr. 2093–2095, DF.I. 623, 3 S. 116f.; RI IV 2, Nr. 2081; Ehlers, Heinrich S. 215, 218.
315 RI IV 2, Nr. 1946f., 1958, 1963, 1968–1974, 1981, 1983–1986, 1992–1994, 1999–2000, 2005f., 2017–2021, 2050, 2055, 2070–2072, 2122f.
316 Chron. rer. Colon. S. 125f.; Otto von St. Blasien, c. 22f., S. 66–68; Gottfried von Viterbo, Gesta V. 853–885, 901–958, S. 326–328; Narratio de obpressione S. 290–292; Boso S. 427–429; Romuald S. 262–264; Ann. Plac. Cod. S. 8–11. RI IV 2, Nr. 2104, 2110.
317 DF.I. 638, 3 S. 135–138; Chron. reg. Colon. S. 126f.; Otto von St. Blasien, c. 23, S. 68; Boso S. 429; Romuald S. 264. RI IV 2, Nr. 2135f. (weitere Quellen). Görich, Die Ehre Barbarossas S. 266–270; Heinemeyer, Der Friede S. 101–139.

318 MGH Const. 1, Nr. 244, S. 342f., vgl. Nr. 243, S. 341f.
319 Boso S. 430f., vgl. Romuald S. 264.
320 Scheitern von Barbarossa verursacht: Görich, Friedrich S. 427f., Ders., Die Ehre S. 270–272; Heinemeyer, Der Friede S. 129–132.
321 MGH Const. 1, Nr. 245, S. 344f.
322 Ann. Pisani S. 61–62. DFI. 645, 3 S. 146f.; Chron. reg. Colon. S. 127f.; Ann. Magdeburgenses S. 193f.; Romuald, S. 264f.
323 Ehlers, Heinrich S. 220–227 (mit überzeugender Interpretation der Quellen); RI IV 2, Nr. 2171 (Online wichtige Ergänzungen zur Forschungslage, Opll); anders Görich, Friedrich S. 483–485.
324 DHL 106, S. 161–163; Otto von St. Blasien c. 23, S. 70, vgl. Burchard von Ursberg S. 196.
325 Vgl. dazu Ehlers, Heinrich S. 224–227.
326 DF.I. 648, 3 S. 149–152. RI IV 2, Nr. 2176f.
327 Chron. reg. Colon. S. 128f.; Ann. Magdeburgenses S. 193f.; Otto von St. Blasien c. 23, S. 70–72; Narratio de obpressione S. 292; Boso S. 432f.; Romuald, S. 266f.; RI IV 2, Nr. 2182.
328 Ann. Pegavienses S. 261; Ann. Magdeburgenses S. 194; Chron. reg. Colon. S. 129; Romuald, S. 267; Boso S. 433 (mit überspitzter Behauptung).
329 RI IV 2, Nr. 2197 (Christian). DF.I. 652, 3 S. 156f. (Como); D 653, 3 S. 157–159, D 650, 3 S. 154f., MGH Const. 1, Nr. 247, S. 347–349 (Cremona).
330 DF.I. 654f., 3 S. 159f.; DF.I. 690, 3 S. 208f.; MGH Const. 1, Nr. 406, S. 582f.
331 Georgi, Wichmann, bes. S. 46–60, vgl. S. 81–84; DF.I. 653, 3 S. 158.
332 So Görich, Friedrich S. 431f., Ders., Die Ehre Barbarossas S. 163f.; Georgi, Wichmann S. 67f.
333 Brief Ulrichs, Tegernseer BS, Nr. 40, S. 59–61, bes. S. 60 Z. 38–61 Z. 1; dazu Georgi, Wichmann S. 67–71. Von Wichmanns die kaiserliche Einwilligung in Verhandlungen erst durchsetzender Rolle schreibt Ulrich nichts, und von einer derart durch ihn erzwungenen politischen Wende (so Georgi S. 67, 70) kann auch nicht die Rede sein, wurde doch bereits seit August verhandelt, DF.I. 655, 3 S. 160, vgl. Alexander MGH Const. 1, Nr. 405, S. 581, Z 32f.
334 Boso S. 433f. Goez, iuravit in anima, bes. S. 527–532, 541–544, 548f.
335 DF.I. 658, 3 S. 161–165; vgl. MGH Const. 1, Nr. 250, S. 353f.; Boso S. 433f.; Romuald, S. 267.
336 Görich, Friedrich S. 432–435; Laudage, Alexander S. 202–213; Petersohn, Kaisertum, S. 276–279.
337 Boso S. 434f.; Romuald S. 267. Konzil: DF.I. 658, 3 S. 165 Z 7–9; vgl. Tegernseer BS, Nr. 44, S. 66f.
338 Friedrich: Tegernseer BS, Nr. 66, S. 89f., Nr. 65, S. 87f. (= DF.I. 659, 3 S. 165f., D 662, 3 S. 170); Alexander: MGH Const. 1, Nr. 404f., S. 580–582; Romuald S. 273, Z. 23–41; Narratio de obpressione S. 292, 294. Laudage, Alexander S. 214f.; vgl. Görich, S. 435.
339 Romuald S. 269–271; Boso S. 435–437; Ann. Pegavienses S. 261. RI IV 2, Nr. 2231, 2223, 2239.

340 RI IV 2, Nr. 2234f. (DF.I. 665; Tortona), RI, Nr. 2213 (D 660); RI, Nr. 2237f. (Leopold).
341 Boso S. 437f.; Romuald S. 271f., 274f.
342 Romuald S. 275–277; vgl. Boso S. 438, De Pace Veneta S. 462.
343 Romuald S. 277–279.
344 DF.I. 673 (an Ulrich von Aquileia), 3 S. 189f. Dazu Georgi, Wichmann S. 77–81; Laudage, Alexander S. 216–219; Romualds Darstellung folgt Görich, Friedrich S. 437–440.
345 Letzte datierte Urkunde aus Cesena: DF.I. 676 (8.7.1177), 3 S. 192f.
346 Romuald S. 279–282.
347 DF.I. 687, 3 S. 202–206; vgl. D 689, 3 S. 206–208. Boso S. 438f.; Romuald S. 283f.; De Pace Veneta S. 462. Petersohn, Kaisertum S. 279–283; Laudage, Alexander S. 213f., 219–224.
348 Boso S. 439f.; Romuald S. 284f.; De Pace Veneta S. 462f.; Alexanders Briefe: MGH Const. 1, Nr. 406, S. 582f. = MPL 200, Nr. 1308, Sp. 1132f., ebd. Nr. 1304, Sp. 1130f., Nr. 1305, Sp. 1131f., Nr. 1310, Sp. 1135f., Nr. 1314, Sp. 1140.
349 Überzeugend Görich, Friedrich S. 442–455, 459f.; vgl., etwas abweichend, Scholz, Symbolik, bes. S. 146–148. Alexander-Briefe: siehe Anm. 348.
350 Boso S. 440; Romuald S. 286–288; Alexander-Brief Nr. 1314; RI IV 2, Nr. 2291. Dazu Görich, Friedrich S. 455–457.
351 Romuald S. 288f.; Magnus von Reichersberg S. 503–506 (die Briefe von Papst und Kaiser auch MPL 200, Nr. 1315, Sp. 1141f. bzw. DF.I. 693, 3 S. 214–216).
352 Boso S. 443f. Konrad von Lützelhardt als Markgraf: DF.I. 695f., 3 S. 222f., vgl. Burchard von Ursberg S. 188–190; Alexanders Klage: MGH Const. 1, Nr. 409 S. 585. Urslingen: Schubring, Herzoge S. 28–31; Bertinoro: Haverkamp, Herrschaftsformen S. 649f.
353 Boso S. 441; Romuald S. 293.
354 DF.I. 695, 3 S.218–222, D 708, 3 S. 242f.
355 Romuald S. 290–292 (Urkunde S. 291f. = DF.I. 694, 3 S. 216–218), S. 295f.
356 DF.I. 707, 3 S. 241f.
357 Boso S. 443f.; Romuald S. 294f.; DF.I. 715, 3 S. 249f., D 719, 3 S. 255f. RI IV 2, Nr. 2350–2354.
358 Boso S. 445f. Petersohn, Kaisertum S. 283–286.
359 Petersohn, Kaisertum S. 286–295; Haverkamp, Herrschaftsformen S. 388–392, 415–418,426–428, 430f., 714f.
360 RI IV 2, Nr. 2368, 2375, 2378, 2382, 2385–2398.
361 RI IV 2, Nr. 2401–2405. DF.I. 436, 2 S. 331–333. D 187f., 1 S. 315f., vgl. RI IV 2, Nr. 1899–1904. Opll, Friedrich Barbarossa S.107, 269.
362 Krönungen: DF.I. 742, S. 287–289; Gottfried von Viterbo, Gesta V. 1093–1107, S. 331; Ann. Pegavienses S. 262; RI IV 2, Nr. 2409, 2426. Friedrichs Aktivität: D 741, 3 S. 285, D 746, 3 S.293, D 752, 3 S. 300–303; vgl. RI IV 2, Nr. 2406–2413, 2416–2431, 2436–2448, 2452–2454. Zum Ganzen Opll,

5 Friedrich I. Barbarossa

Friedrich Barbarossa S. 123, S. 198–200; Fried, Friedrich S. 347–371; Fößel, Die Königin S. 356–358.
363 DF.I. 767, 3 S. 285, D 771, S. 285–287. Ann. Pegavienses S. 262; Arnold von Lübeck, II c. 10, S. 47.
364 Groten, Köln und das Reich, S. 247–249.
365 Nach DF.I. 703, 3 S. 235, nächste Nennung als Zeuge D 772, 3 S. 326.
366 Ann. Pegavienses S. 261–262; Chron. reg. Coloniensis S. 129; Cronica S. Petri Erford. S. 188; Ann. S. Petri Erphesfurt. S. 62; Arnold von Lübeck, II c. 10, S. 47. RI IV 2, Nr. 2390. Ehlers, Heinrich S. 324–329.
367 DF.I. 658, 3 S. 164, Z. 7–14, D 687, 3 S. 204 Z. 23–29; Arnold von Lübeck, II c. 8–9, S. 45–47. Dazu Georgi, Wichmann S. 72–77.
368 Dazu Haverkamp, Herrschaftsformen, bes. S. 430f. – Sollte Friedrich (wohl im Spätherbst 1178, vgl. RI IV 2, Nr. 2464) den Weiterbau von Ulrichs Burg auf dem Hoppelberg untersagt haben (wie nur die Ann. Pegavienses S. 262, Z. 17f., berichten), so tat er dies wohl weniger, um sich »den Anstrich eines unparteiischen Vermittlers« (so Ehlers, Heinrich S. 329) zu geben, sondern um eine Gefährdung des bevorstehenden Verfahrens durch erneut ausbrechende Kämpfe zu vermeiden.
369 Otto von St. Blasien S. 72–74; Burchard von Ursberg S. 196.
370 Ann. Pegavienses S. 262; Chron. reg. Coloniensis S. 130; RI IV 2, Nr. 2476f. – Die Verschwörung gegen den Kaiser, zur der sich Herzog Heinrich damals offenbar mit schwäbischen Adligen verband (Buchard von Ursberg, S. 196; er nennt freilich nur die Grafen von Zollern und Veringen), gewann offenbar keine weitere Bedeutung; siehe dazu DF.I. 779, 3 S. 337 (auch die beiden genannten Grafen erscheinen als Zeugen), D 783, S. 343f. (an Manegold von Veringen). Maurer, Der Herzog S. 250f.; Zotz, Heinrich der Löwe S. 340f.
371 Arnold von Lübeck, II c. 10, S. 48.
372 DF.I. 795, 3 S. 362, Z. 26–32 (mit Übers.: AQMA 32, Nr. 74, S. 298–303); Ann. Magdeburgenses S. 194; Ann. Pegavienses S. 262. RI IV 2, Nr. 2500.
373 Chron. reg. Colon. S. 130. Dazu Görich, Friedrich S. 472–477; Hechberger, Staufer und Welfen S. 318–324.
374 Vgl. Laudage, Friedrich S. 280–289; anders Görich, Friedrich S. 477–482, Ehlers, Heinrich S. 332, Schneidmüller, Die Welfen S. 225–227, Weinfurter, Erzbischof Philipp S. 354–358.
375 Arnold von Lübeck, II c. 22, S. 67. – Arnolds Information, Heinrich habe im November 1181 in Erfurt sein Allod vollständig zurückerhalten, ist zumindest hinsichtlich seines süddeutschen Allodialbesitzes unzutreffend, vgl. Burchard von Ursberg, S. 198; dazu Zotz, Heinrich der Löwe, S. 341–343.
376 Panzer, Die Chronik Arnolds, bes. S. 54–57, vgl. 70f.; Schütte, Staufer und Welfen, bes. S. 132–148. Vgl. Althoff, Die Historiographie bewältigt, S. 177–181, bes. S. 180f.
377 Goez, iuravit in anima, S. 527–532, 548f.
378 Arnold von Lübeck, III c. 9, S. 88–90. Freund, Symbolische Kommunikation, S. 73–111.

379 Arnold von Lübeck, IV c. 7, S. 128.
380 Vgl. Laudage, Friedrich S. 286-290. Anders Engels, Zur Entmachtung S. 122-129; Weinfurter, Erzbischof Philipp S. 353-355, Hechberger, Staufer und Welfen S. 326f., Görich, Friedrich S. 477f., 512-514.
381 Ehlers, Heinrich S. 363-366. Zum angeblichen Umweg des Kaisers über Mailand nach Verona siehe unten Anm. 409.
382 DF.I. 872, 4 S. 111 (RI IV 2, Nr. 2794). Anders Engels, Zur Entmachtung S. 125; Weinfurter, Erzbischof Philipp S. 353f.
383 Hildesheimer BS, Nr. 54f., S. 101-103, Nr. 65, S. 113f., Nr. 70, S. 120-122, Nr. 75, S. 127f. Ehlers, Heinrich S. 375-377.
384 DF.I. 795, 3 S. 362, Z. 34-39. Ann. Pegavienses S. 262-263; vgl. D 785, 3 S. 344-346, D 788, 3 S. 348-350, D 791, 3 S. 354-356.
385 Arnold von Lübeck, II c. 13, S. 50-52.
386 Arnold von Lübeck, II c. 14, S. 52f. c. 15, S. 54f.; Ann. Pegavienses S. 262f.; Ann. Palidenses S. 95; Ann. S. Petri Erphesfurt. S. 63f.
387 Ann. Pegaviensis S. 262, Z. 37-39, S. 263; Ann. Palidenses S. 95; Ann. Magdeburgenses S. 194; Arnold von Lübeck, II 11, S. 49f.
388 DF.I. 795, 3 S. 362, Z. 32-39; Ann. S. Petri Erphesfurt. S. 64.
389 Ann. Pegavienses S. 263, Z. 22f.; Ann. S. Petri Erphesfurt. S. 64, Z. 28-32. – Dass die Beteiligten gegen das zunehmend prägende Lehnrecht protestieren wollten (so Weinfurter, Erzbischof Philipp S. 337f., 347f.), leuchtet nicht ein, hatte doch gerade der unter ihnen eine Führerstellung einnehmende Landgraf Ludwig von Thüringen die fragliche Entwicklung mit getragen und tat dies weiterhin.
390 RI IV 2, Nr. 2522, 2535.
391 DF.I. 795, 3 S. 360-363, zu Philipp S. 362, Z. 39-363 Z. 16; Ann. Pegavienses S. 263; Chron. reg. Colon. S. 130.
392 Ann. Pegavienses S. 263; Ann. S. Petri Erphesfurt. S. 65; Arnold von Lübeck, II c. 16, S. 55f. Zu Frankreich und Flandern: RI IV 2, Nr. 2547, 2585, vgl. 2606, 2653, dazu Ehlers, Heinrich S. 340f.
393 Magnus von Reichersberg S. 506f.; Ann. Pegavienses S. 263.
394 Ann. Pegavienses S. 263f.; Ann. Palidenses S. 95; Arnold von Lübeck, II c. 17f., S. 58.
395 Ann. Pegavienses S. 264; Cronica S. Petri Erford., S. 190; RI IV 2, Nr. 2562f. Zu Andechs: Schütz, Das Geschlecht S. 65f.
396 Ann. Pegavienses S. 264; Cronica S. Petri Erford. S. 190. DF.I. 803-810, 4 S. 1-9; D 811 (*in castro Stovfen*), 4 S. 9f. Arnold von Lübeck, II 20, S. 62.
397 Ann. Pegavienses S. 264f.; Arnold von Lübeck, II c. 20f., S. 61-66, zur Verlobung II 21, S. 63, III 2, S. 70; Ann. S. Petri Erphesfurt. S. 65f.; Ann. Palidenses S. 95f.; zur dänischen und slawischen Hilfe auch Saxo XV 5, S. 532f.
398 Arnold von Lübeck, II c. 22, S. 66-68; Ann. S. Petri Erphesfurt. S. 66f.; Cronica S. Petri Erford. S. 190f.; Chron. reg. Colon. S. 132; Ann. Palidenses S. 96. DF.I. 814, 4 S. 14f. Für siebenjährige Dauer von Heinrichs Exil einleuchtend Engels, Zur Entmachtung S. 120-122.

399 DF.I. 842, 4 S. 54; D. 841, 4 S. 51–53.
400 DF.I. 843, 844, 4 S. 54–64; zu den Eidleistungen: MGH Const. 1, Nr. 290, S. 403f., Nr. 291, S. 404–406.
401 DF.I. 848, 4 S. 68–77 (Vorwort S. 70f.; für die Authentizität von c. 3 spricht, dass auch c. 6 den Regalienzins voraussetzt, vgl. c. 5); MGH Const. 1, Nr. 290, c. 3, S. 404 (Zahlung, vgl. RI IV 2, Nr. 2737); Otto von St. Blasien, c. 27, S. 78; Burchard von Ursberg S. 200. RI IV 2, Nr. 2719.
402 Dazu Görich, Friedrich S. 495–502; Dilcher, Das staufische Herrschaftskonzept S. 37–44, Ders., Die staufische Renovatio S. 633–639; Haverkamp, Herrschaftsformen S. 355–359, 495f., 699–703.
403 Giselbert von Mons, S. 155–160; Chron. reg. Colon. S. 133; Otto von St. Blasien, c. 26, S. 76–78; Arnold von Lübeck, III c. 9, S. 87f., c. 10, S. 94. RI IV 2, Nr. 2762.
404 Anders Görich, Friedrich S. 511–514. Wie Philipp suchten zwischen dem Mai 1182 und dem Mai 1184 auch viele andere Fürsten den Hof des Kaisers nicht auf, vermutlich weil dieser vorwiegend regionale Probleme behandelte; auf eine Verstimmung Philipps lässt seine Abwesenheit jedenfalls nicht schließen. Dass Friedrich auf Heinrichs II. Bitte versprochen habe, dem Löwen wieder seine frühere Stellung zuzuweisen, behaupten nur die gerade an dieser Stelle auch sonst schlecht informierten Gesta Henrici, S. 105.
405 Ann. Pegavienses S. 265; Cronica S. Petri Erford. S. 192. Ehlers, Heinrich S. 361f.
406 DF.I. 857, 4 S. 90f. Giselbert von Mons, S. 150–152f., 155–163.
407 MGH Const. 1, Nr. 326, S.465, vgl. DF.I. 971, 4 S. 251. Giselbert von Mons, S. 201–203, 208f., 228–234, 249–255.
408 Ehlers, Heinrich S. 363f. RI IV 2, Nr. 2781.
409 DF.I. 866, 4 S. 102f., D 867–871, 4 S. 103–110; RI IV 2, Nr. 2782–2791. – Dass Friedrich auf dem Weg nach Verona eigens einen erheblichen Umweg über Mailand machte, um dort zunächst von den Gesandten Heinrichs II. die Ergebnisse der englischen Mission Philipps von Köln zu erfahren (so Engels, Zur Entmachtung S. 124, ihm folgend Weinfurter, Erzbischof Philipp S. 353, Ehlers, Heinrich S. 364), ist ganz unwahrscheinlich. Nichts spricht gegen Friedrichs Anreise direkt nach Mailand. Vor allem jedoch bedurften der gut besuchte Mailänder Hoftag wie der anschließende zweiwöchige Aufenthalt des Kaisers und seines Gefolges in Pavia gewiss einer vorsorglichen Planung und Abstimmung. Im Übrigen traf der Kaiser die Engländer ohne nennenswerte Eile erst Mitte Oktober in Verona.
410 DF.I. 895, 4 S. 147; Ann. Cremonenses S. 6. RI IV 2, Nr. 2792; Nr. 2851, 2854. Görich, Friedrich S. 515f.
411 DF.I. 896, 4 S. 147–151.
412 DF.I. 895, 4 S. 145–147; D 941–942, 4 S. 208–211; MGH Const.1, Nr. 308, S. 436f. Ann. Plac. Gib. S. 465f.: Ann. Plac. Cod. S. 12–14; Ann. Cremonenses S. 6f. RI IV 2, Nr. 2995–2997.
413 Gesta Henrici S. 107. RI IV 2, Nr. 2793, 2801f.

Anmerkungen

414 Continuatio Zwetlensis S. 542; Ann. Marbacenses S. 170. Ketzer: RI IV 2, Nr. 2810, 2811, vgl. RI IV 4,4,2, Nr. 1247, 1517; Hl. Land: RI IV 2, Nr. 2809.
415 Arnold von Lübeck, III c. 11, S. 94f.; MGH Const. 1, S. 420f., Nr. 296. RI IV 4,4,2, Nr. 1250, 1252; RI IV 2, Nr. 2722, 2801.
416 Arnold von Lübeck, III c. 11, S. 97; Chron. reg. Colon. S. 134; Ex Radulfi de Diceto Ymaginibus Historiarum, MGH SS 27, S. 274, Ann. Romani, SS 5, S. 479. Schmidt, Königswahl S. 198–224.
417 Otto von St. Blasien, c. 28, S. 78–80; Ann. Augustani minores, MGH SS 10, S. 9; Ann. Marbacenses S. 170; Ann. Casinenses S. 313. Konstanze: Stürner, Friedrich II. 1, S. 42–57, 80–85, Kölzer, Urkunden S. 8–30, Ders., Costanza S. 346–356.
418 Ann. Plac. Gib. S. 465; Ann. Plac. Cod. S. 13; Otto von St. Blasien, c. 28, S. 80; Burchard von Ursberg S. 202; RI IV 2, Nr. 2891, 2912f., 2941, 2953.
419 Richard von San Germano, S. 6; Ann. Casinenses S. 314. Csendes, Heinrich VI., S. 53–55, 61f.; Stürner, Friedrich II., 1 S. 14f., 32; Houben, Roger S. 174f.
420 Dazu und zum Folgenden: Gesta Treverorum S. 383–389; Chron. reg. Colon. S. 133f., 135; Arnold von Lübeck, III. c. 11, S. 95–97, c. 17, S. 103–105, c. 19, S. 106–109.
421 Briefe und päpstliche Antwort: MGH Const. 1, Nr.315–317, S. 444–448.
422 Ann. Magdeburgenses S. 195; Papst Clemens, Brief an das Trierer Domkapitel, RI IV 4,4,4, Nr. 663; anders etwa Ann. Marbacenses S. 174.
423 Gesta Treverorum S. 388f.; MGH Const. 1, Nr. 323 (Friedrich an Clemens), S. 461f.; Gesta Henrici S. 112f. (Folmars Ende). RI IV 4,4,4, Nr. 663. Möhring, Saladin. Der Sultan S. 77–84, Ders., Saladin und Kreuzzug S. 12–35.
424 RI IV 2, Nr. 2641, 2647; Cronica S. Petri Erford. S. 192f., vgl. RI IV 2, Nr. 2775, 2780.
425 Giselbert von Mons, S. 162f., 185, 187–190, 193. RI IV 2, Nr. 2926, 2933.
426 MGH Const. 1, Nr. 313, S. 440f. RI IV 3, Nr. 7–8.
427 Gesta Treverorum S. 385; MGH Const. 1, Nr. 314 (Urban an Friedrich), S. 442 (3), vgl. S. 443 (7); RI IV 3, Nr. 9–12. Petersohn, Kaisertum S. 298f.
428 Petersohn, Kaisertum S. 300–307.
429 Ann. Plac. Gib. S. 466. RI IV 3, Nr. 14–65. Humbert verfiel Anfang 1189 der Reichsacht, starb jedoch bereits am 4.3.1189. Seinen Nachfolger Thomas nahmen Kaiser und König wieder in Gnaden auf, RI IV 2, Nr. 3232, 3257.
430 RI IV 3, Nr. 68–71.
431 Regensburg: RI IV 2, Nr. 3226, vgl. 3224.
432 1179: RI IV 2, Nr. 2513a–b; 1180: Nr. 2562f., 2564–2566; 1181: Nr. 2626f., DF.I. 820, 4 S. 21f., dazu RI IV 2, Nr. 2637; 1183: D 836, 4 S. 47f., Nr. 2685–2687; 1188: Nr. 3195.
433 1179: RI IV 2, Nr. 2493–2495, 1183: 2706–2709; 1188: RI IV 2, Nr. 3212f. Binding, Deutsche Königspfalzen S. 368–388.

434 Keupp, Dienst und Verdienst, bes. S. 315–470, zu den Herren von Bolanden S. 106–151, von Pappenheim-Kalden S. 177–215, Markward von Annweiler S. 250–285; Stürner, Unfrei und doch Ritter, bes. S. 49–57.
435 Arnold von Lübeck, III c. 4, S. 75, III c. 20, S. 109f.; DF.I. 981, 4 S. 263–267. Chron. reg. Colon. S. 140.
436 DF.I. 833 (Regensburg), 4 S. 43f., vgl. D 166, 1 S. 284–286 (Bestätigung der Rechte der Juden zu Worms). RI IV 2, Nr. 3118, 3147.
437 DF.I. 774, 3 S. 328–330, Text (nach MGH Const. 1, Nr. 277, S. 380–383) und Übersetzung: AQMA 32, Nr. 73, S. 290–297. Wadle, Die Wahrung, bes. S. 45–48, 54–56, 58f., Ders., Frühe Landfrieden S. 91–99.
438 DF.I. 988, 4 S. 273–277, Text (nach MGH Const. 1, Nr. 318, S. 449–452) mit Übersetzung: AQMA 32, Nr. 77, S. 308–315. Wadle, Die Wahrung, bes. S. 41f., 47f., 52, 55f., 58f., 61f., Ders., Der Nürnberger Friedebrief S. 153–181. – Für das Datum 29./30.12.1186 spricht, dass es in sämtlichen Handschriften wiederkehrt. Das Gesetz behandelt Probleme, die keinen Bezug zum Kreuzzug haben. Umgekehrt findet sich in den Berichten über Friedrichs Nürnberger Hoftag von Ende 1188 kein Hinweis auf ein dort verkündetes Gesetz.
439 Arnold von Lübeck, III c. 2, S. 70f., III c. 21, S. 110f.
440 DF.I. 970, 4 S. 247–251, D 993, 4 S. 282. Schwarzmaier, Konrad von Rothenburg S. 352–356; Opll, Friedrich Barbarossa S. 296f.
441 Assmann, Friedrich S. 456f.
442 Chron. reg. Colon. S. 140; Gesta Treverorum S. 387; Ann. Marbacenses S. 178; RI IV 2, Nr. 3133, 3144. Dazu Ehlers, Die Kapetinger S. 137–139; Mayer, Kreuzzüge S. 171f., 177f.
443 Chron. reg. Colon. S. 140.
444 Arnold von Lübeck, III c. 17, S. 103, S. 104, c. 18, S. 105; Gesta Treverorum S. 387f.; Chron. reg. Colon. S. 135.
445 Chron. reg. Colon. S. 135f.; Ann. Marbacenses S. 174.
446 Ann. Marbacenses S. 176; Chron. reg. Colon. S. 138.
447 Chron. reg. Colon. S. 138f.; Ann. Magdeburgenses S. 195. – Aus den guten Beziehungen Heinrichs VI. zu Philipp von Köln im Jahr vor dessen Tod (13.8.1191) kann man wohl nicht wie Görich, Friedrich S. 535, schließen, dass keineswegs territorialpolitische Gegensätze den Konflikt zwischen Barbarossa und Philipp verursacht hätten, da diese Gegensätze nach wie vor bestanden. Für Heinrich besaß das Problem, nachdem er eben die Markgrafschaft Namur geschaffen hatte, und vor allem angesichts des Geschehens im Osten wie in Sizilien vermutlich keine große Bedeutung mehr, und Philipp scheute nach dem misslungenen Aufstand gegen den Kaiser wohl einen ähnlichen Konflikt, zumal er vom Papst dabei keine Hilfe mehr erwarten durfte.
448 Historia de exped. S. 12f., 14f. (Übers. S. 72f., 75f.); Chron. reg. Colon. S. 139; Otto von St. Blasien, c. 31, S. 88; Ann. Magdeburgenses S. 195. RI IV 2, Nr. 3145.
449 Chron. reg. Colon. S. 140; Arnold von Lübeck, IV c. 7, S. 128; Hildesheimer BS, Nr. 75, S. 127f.

450 Chron. reg. Colon. S. 139, 141, Türkisch: S. 149; Ann. Marbacenses S. 178.
451 Chron. reg. Colon. S. 141; Historia de exped. S. 15f. (Übers. S. 76f.).
452 Chron. reg. Colon. S. 142; Otto von St. Blasien, c.31, S. 90.
453 Chron. reg. Colon. S. 140. Skeptisch Möhring, Saladin. Der Sultan S. 92, Ders., Saladin und Kreuzzug S. 93–98 (zum gefälschten Briefwechsel Friedrich – Saladin 1188: S. 98–125).
454 MGH Const. 1, Nr. 322, S. 460f., Nr. 323 (Friedrich), S. 461f., Nr. 324 (Heinrich), S. 462f.; Gesta Treverorum S. 389. Petersohn, Kaisertum S. 308–319, Friedrichs Romidee ebd. S. 320–349.
455 Chron. reg. Colon. S. 141f.; Ann. Marbacenses S. 178, vgl. Otto von St. Blasien, c. 31, S. 88.
456 Otto von St. Blasien, c. 21, S. 64–66, vgl. c. 32, S. 90; Hugonis Chronici Continuatio Weingartensis, Cod. 1, MGH SS 21, S. 477 (= AQMA 18b, S. 98f. mit Übers.), Cod. 2, S. 478; Philipp als Propst: DF.I. 996, 4 S. 286,33, D. 998, 4 S. 289,25, dazu Csendes, Philipp S. 21–23.
457 DF.I. 995, 4 S. 284f.; WUB 2, Nr. 459, S. 263f. Ziegler, Philipp, Adelberg S. 64–68; RI IV 2, Nr. 3072, vgl. Nr. 3156a, 3238–3245.
458 Chron. reg. Colon. S. 144; Historia de exped., S. 16 (Übers. S. 78). RI IV, Nr. 3259. Zum Kreuzzug: Görich, Friedrich S. 549–600; Mayer, Kreuzzüge S. 169–185; Opll, Friedrich Barbarossa S. 163–170; Eickhoff, Friedrich Barbarossa.
459 Historia de exped., S. 17–27 (Übers. S. 78–83); Chron. reg. Colon. S. 144f. RI IV 2, Nr. 3274, 3276, 3367–3369.
460 Historia de exped., S. 27–29 (Übers. S. 84–86); Chron. reg. Colon. S. 145.
461 Historia de exped., S. 29–31, 33f. (Übers. S. 86f., 88f.), zu Theodor Petros auch S. 58, 69 (Übers. S. 113, 124). RI IV 2, Nr. 3385.
462 Historia de exped., S. 34–38 (Übers. S. 90–94); Magnus von Reichersberg S. 509f. RI IV 2, Nr. 3386–3390.
463 Magnus von Reichersberg S. 510; Historia de exped., S. 38f. (Übers. S. 94).
464 Historia de exped., S. 39f., 44–46 (Übers. S. 94f., 100f.), dazu Friedrichs Briefe an Heinrich VI. DF.I. 1008, 4 S. 301f. (Übers. S. 169), D 1009, 4 S. 302–304 (Historia S. 40f., Übers. S. 95–97); Chron. reg. Colon. S. 145f.; Otto von St. Blasien S. 92.
465 Historia de exped., S. 46–53 (Übers. S. 102–108). DF.I. 1009 (Friedrich an Heinrich), 4 S. 304 (Historia S. 41f., Übers. S. 97f.), D 1010 (Friedrich an Herzog Leopold), 4 S. 306f. (Übers. S. 170).
466 DF.I. 1009, 4 S. 304f. (Historia de exped., S. 42, Übers. S. 98).
467 Historia de exped., S. 53–57, 58f., 62–64 (Übers. S. 109–112, 113–115,117–119); Chron. reg. Colon. S. 146f.
468 Historia de exped., S. 57 (Übers. S. 112), S. 59f. (Übers. S. 115).
469 Historia de exped., S. 57f. (Übers. S. 112f.).
470 Historia de exped., S. 60f. (Übers. S. 116), S. 62 (Übers. 117), S. 64–67 (Übers. S. 119–122); Friedrich an Heinrich, Edition: Hiestand, Barbarossas letztes

Schreiben, S. 575f.; Magnus von Reichersberg S. 512f.; Chron. reg. Colon. S. 148; Otto von St. Blasien S. 94–96. RI IV 2, Nr. 3431.
471 Historia de exped., S. 69–75 (Übers. S. 124–129); Magnus von Reichersberg S. 513; Chron. reg. Colon. S. 148f. RI IV 2, Nr. 3442, 3454 (weitere Quellen).
472 Historia de exped., S. 76–84 (Übers. S. 131–138, 140); Epistola de exped., S. 374–380; Chron. reg. Colon. S. 149f.
473 Historia de exped., S. 83, 84–88 (Übers. S. 138f., 140–144); Magnus von Reichersberg S. 513–515; Epistola de exped., S. 380; Chron. reg. Colon. S. 150f.; Otto von St. Blasien S. 96–98; Chronicon Montis S. 162.
474 Historia de exped., S. 88–90 (Übers. S. 144–147); Magnus von Reichersberg S. 515. Halfter, Die Staufer, bes. S. 192–197.
475 Historia de exped., S. 90f. (Übers. S. 147f.); Magnus von Reichersberg S. 515f.
476 Historia de exped. S. 91f. (Übers. S. 148f.); Epistola de exped. S. 382; Otto von St. Blasien S. 98–100; Magnus von Reichersberg S. 516; Chronicon Montis S. 162.
477 Ausführliche Quellenübersicht: RI IV 2, Nr. 3740.
478 Chronica reg. Colon. S. 151; Otto von St. Blasien S. 100–102. Zum Ganzen Görich, Friedrich S. 591–597.
479 Burchard von Ursberg S. 208, Quelle: Historia brevis occupationis et amissionis terrae sanctae, hg. von Georg Martin Thomas, in: SB der Münchener Akademie der Wissenschaften 2 (1865) S. 164 (zum Autor: Burchard, hg. von O. Holder-Egger, S. XVII–XX).
480 Historia de exped., S. 92f. (Übers. S. 149–152); Magnus von Reichersberg S. 516f.; Epistola de exped. S. 382; Chron. reg. Colon. S. 151f.; Otto von St. Blasien S. 100; Burchard von Ursberg S. 208.
481 Mayer, Kreuzzüge S. 178–183; Möhring, Saladin. Der Sultan, S. 96–105.
482 Kölzer, Der Hof Barbarossas, bes. S. 225–233; dazu siehe Görich, Friedrich S. 503–505.

Quellen- und Literaturverzeichnis

Abkürzungen

Ann.	Annales
AQMA	Ausgewählte Quellen zur deutschen Geschichte des Mittelalters. Freiherr-vom-Stein-Gedächtnisausgabe
BS	Briefsammlung
DA	Deutsches Archiv für Erforschung des Mittelalters
Ep.	Epistola(e)
LexMA	Lexikon des Mittelalters
MGH	Const. Monumenta Germaniae Historica Constitutiones
MGH DD	Monumenta Germaniae Historica Diplomata regum et imperatorum Germaniae
MGH SS	Monumenta Germaniae Historica Scriptores (in Folio)
MGH SS rer. Germ.	Monumenta Germaniae Historica Scriptores rerum Germanicarum in usum scholarum
MIÖG	Mitteilungen des Instituts für österreichische Geschichtsforschung
MPL	Patrologia Latina, hg. von J.-P. Migne (1844–1855)
NA	Neues Archiv der Gesellschaft für ältere deutsche Geschichtskunde
NDB	Neue deutsche Biographie
QFIAB	Quellen und Forschungen aus italienischen Archiven und Bibliotheken
RI	Regesta Imperii
RIS	Rerum Italicarum Scriptores, neue Ausgabe (1900ff.)

WUB	Württembergisches Urkundenbuch
ZGO	Zeitschrift für die Geschichte des Oberrheins
ZHF	Zeitschrift für Historische Forschung
ZRG	Germ. Abtl. Zeitschrift für Rechtsgeschichte, Germanistische Abteilung
ZWLG	Zeitschrift für Württembergische Landesgeschichte

Quellen

Admonter BS: Die Admonter Briefsammlung, hg. von Günther Hödl und Peter Classen. MGH Die Briefe d. dt. Kaiserzeit 6 (München 1983) S. 33–148.

Albert von Stade, Annales, hg. von J.M. Lappenberg. MGH SS16 (Hannover 1859) S. 271–379

Annales Augustani, hg. von Georg Heinrich Pertz. MGH SS 3 (Hannover 1839) S. 123–136.

Annales Casinenses, hg. von Georg Heinrich Pertz. MGH SS 19 (Hannover 1866) S. 303–320.

Annales Cremonenses, hg. von Oswald Holder-Egger. MGH SS 31 (Hannover 1903) S. 1–21.

Annales Hildesheimenses, hg. von Georg Waitz. MGH SS rer. Germ. 8 (Hannover 1878).

Annales Ianuenses: Cafari et continuatorum Annales Ianuenses A. 1099–1294, hg. von Georg Heinrich Pertz. MGH SS 18 (Hannover 1863) S. 1–356.

Annales Magdeburgenses, hg. von G. H. Pertz. MGH SS 16 (Hannover 1859) S. 107–196.

Annales Marbacenses: Die Marbacher Annalen, hg. und übers. von Franz-Josef Schmale. AQMA 18a (Darmstadt 1998) S. 159–253.

Annales Palidenses, hg. von Georg Heinrich Pertz. MGH SS 16 (Hannover 1859) S. 48–96.

Annales Patherbrunnens, hg. von Paul Scheffer-Boichorst. Eine Quellenschrift des zwölften Jahrhunderts aus Bruchstücken wiederhergestellt (Innsbruck 1870; Text S. 92–182).

Annales Pegavienses, hg. von G. H. Pertz. MGH SS 16 (Hannover 1859) S. 234–270.

Annales Pisani: Gli Annales Pisani di Bernardo Maragone, hg. von Michele Lupo Gentile. RIS 6/2 (Bologna 1936) S. 1–74.

Annales Plac. Cod.: Annales Placentini Iohannis Codagnelli, hg. von Oswald Holder-Egger. MGH SS rer. Germ. 23 (Hannover, Leipzig 1901).

Annales Plac. Gib.: Annales Placentini Gibellini, hg. von Georg Heinrich Pertz. MGH SS 18 (Hannover 1863) S. 457–581.

Annales Reicherspergenses, hg. von Wilhelm Wattenbach. MGH SS 17 (Hannover 1861) S. 439–476.

Annales S. Disibodi, hg. von Georg Waitz. MGH SS 17 (Hannover 1861) S. 4–30.

Annales S. Petri Erphesfurtenses maiores, hg. von Oswald Holder-Egger. MGH SS rer. Germ. 42 (Hannover, Leipzig 1899) S. 49–67.

Annalista Saxo: Die Reichschronik des Annalista Saxo, hg. von Klaus Naß. MGH SS 37 (Hannover 2006).

Anonymi Chronica imperatorum Heinrico V. dedicata, hg. und übers. von Franz-Josef Schmale und Irene Schmale-Ott. AQMA 15 (Darmstadt, 1972) S. 211–265.

Arnold von Lübeck, Chronica Slavorum, hg. von Johann Martin Lappenberg. MGH SS rer. Germ. 14 (Hannover 1868).

Balderich: Gesta Alberonis Archiepiscopi Treverensis Auctore Balderico, hg. und übers. von Hatto Kallfelz. AQMA 22 (Darmstadt 1973) S. 543–617.

Bernold von Konstanz, Chronik, in: Bertholds und Bernolds Chroniken, hg. und übers. von Ian Stuart Robinson. AQMA 14 (Darmstadt 2002) S. 279–433.

Berthold von Reichenau, Chronik, in: AQMA 14 (wie Bernold von Konstanz) S. 35–277.

Berthold von Zwiefalten: Die Zwiefalter Chroniken Ortliebs und Bertholds, neu hg., übers. und erl. von Luitpold Wallach, Erich König und Karl Otto Müller. Schwäbische Chroniken der Stauferzeit, Bd. 2 (Sigmaringen, 2. Aufl. 1978) S. 136–286.

Boso, Vita Alexandri III, hg. von Louis Duchesne. Le Liber Pontificalis, Bd. 2 (Paris 1892) S. 397–446.

Brunos Sachsenkrieg, hg. und übers. von Franz-Josef Schmale. AQMA 12 (Darmstadt 1974) S. 191–405.

BUB: Urkundenbuch zur Geschichte der Babenberger in Österreich, hg. von Heinrich Fichtenau und Erich Zöllner, 4 Bde. (Wien 1950–1997).

Burchard von Ursberg, Chronik, hg. und übers. von Matthias Becher. AQMA 18b (Darmstadt 2007).

Carmen de gestis Frederici I. imperatoris in Lombardia, hg. von Irene Schmale-Ott. MGH SS rer. Germ. 62 (Hannover 1965).

Chron. Mont. Ser: Chronicon Montis Sereni, hg. von Ernst Ehrenfeuchter. MGH SS 23 (Hannover 1874) S. 130–226.

Chron. reg. Colon.: Chronica regia Coloniensis, hg. von Georg Waitz. MGH SS rer. Germ. 18 (Hannover 1880) S. 1–196.

Cod. dipl. Salem.: Codex diplomaticus Salemitanus Bd. 1, hg. von Friedrich von Weech (Karlsruhe 1883).

Continuatio Zwetlensis altera, hg. von Wilhelm Wattenbach. MGH SS 9 (Hannover 1851) S. 541–544.
Cronica Reinhardsbrunnensis, hg. von Oswald Holder-Egger. MGH SS 30,1 (Hannover 1896) S. 490–656.
Cronica S. Petri Erfordensis moderna, hg. von Oswald Holder-Egger. MGH SS rer. Germ. 42 (Hannover, Leipzig 1899) S. 117–364.
De fundatione monasterii S. Fidis Sletstatensis, hg. von Oswald Holder-Egger. MGH SS 15,2 (Hannover 1888) S. 996–1000.
De Pace Veneta Relatio, hg. von Wilhelm Arndt. MGH SS 19 (Hannover 1866) S. 461–463.
De Ruina: Adolf Hofmeister, Eine neue Quelle zur Geschichte Friedrich Barbarossas. De Ruina civitatis Terdonae, in: NA 43 (1922) S. 87–157, Textedition S. 143–157.
Die Urkunden Friedrichs I., hg. von Heinrich Appelt. MGH DD 10 (Hannover 1975–1990).
Die Viten Gottfrieds von Cappenberg, hg. von Gerlinde Niemeyer und Ingrid Ehlers-Kisseler. MGH SS rer. Germ. 74 (Hannover 2005).
Ekkehard von Aura, Chronik, hg. und übers. von Franz-Josef Schmale und Irene Schmale-Ott. AQMA 15 (Darmstadt 1972) S. 123–377.
Epistola de exped.: Epistola de Frederici I. imperatoris expeditione sacra, hg. und übers. von Franz-Josef Schmale. AQMA 17a (Darmstadt 1986) S. 372–383.
Epistolae Heinrici IV., hg. und übers. von Franz-Josef Schmale. AQMA 12 (Darmstadt 1974) S. 51–141.
Gerlach (von Mühlhausen): Gerlaci Abbatis Milovicensis Continuatio (Vincentii) hg. von Wilhelm Wattenbach. MGH SS 17 (Hannover 1861) S. 683–710.
Gesta archiepiscoporum Magdeburgensium, hg. von Wilhelm Schumm. MGH SS 14 (Hannover 1883) S. 361-484.
Gesta Henrici: Ex Gestis Henrici II. et Ricardi I., hg, von Felix Liebermann. MGH SS 27 (Hannover 1885) S. 81–132.
Gesta Treverorum Continuata, hg. von Georg Waitz. MGH SS 24 (Hannover 1879) S. 368–488.
Giselbert von Mons, Chronicon Hanoniense (La chronique de Gislebert de Mons), hg. von Léon Vanderkindere (Brüssel 1904).
Gottfried von Viterbo, De castro hoginova, hg. von Leopold Delisle, Littérature latine et histoire du moyen âge (Paris 1890) S. 48f.
Gottfried von Viterbo, Gesta Friderici, hg. von GeorgWaitz. MGH SS 22 (Hanover 1872) S. 307–334.
HB: Huillard-Bréholles, Jean-Louis-Alphonse: Historia diplomatica Friderici secundi sive Constitutiones, privilegia, mandata, hg. von J.-L.-A. H.-B., 6 Bde. (Paris 1852–1861).
Heinrich V. in seiner Zeit: Herrschen in einem europäischen Reich des Hochmittelalters, hg. von Gerhard Lubich (Köln 2013).

Helmold von Bosau, Slawenchronik, hg. und übers. von Heinz Stoob. AQMA 19 (Darmstadt, 2000).
Hessonis scholastici relatio de Concilio Remensi, hg. von Wilhelm Wattenbach. MGH Libelli de lite 3 (Hannover 1897) S. 21–28.
Hildesheimer BS: Die Jüngere Hildesheimer Briefsammlung, hg. von Rolf De Kegel. MGH Die Briefe der deutschen Kaiserzeit 7 (München 1995).
Historia de expeditione Friderici imperatoris, hg. von Anton Chroust. MGH SS rer. Germ. N.S. 5 (Berlin 1928) S. 1–115; Übers.: Der Kreuzzug Friedrich Barbarossas 1187–1190. Bericht eines Augenzeugen, eingel., übers., komment. von Arnold Bühler (Stuttgart 2002).
Historia Welforum cum continuatione Steingademensi, hg. und übers. von Matthias Becher. AQMA 18b (Darmstadt 2007) S. 34–91.
Hugo von Poitiers: Chronique de L'Abbaye de Vézelay par Hugues le Poitevin, hg. von Robert B. C. Huygens. CCM 42 (Turnhout 1976) S. 395–607.
Johannes von Salisbury: The Letters of John of Salisbury, 1: 1153–1161, 2: 1163–1180, hg. von William J. Millor u. a. (1: London 1955, 2: Oxford 1979).
Kinnamos: Joannis Cinnami Historiarum Libri VII. Patrologiae cursus completus, Series Graeca, hg. von J.-P. Migne, Bd. 133 (Paris 1864), Sp. 309–694; engl. Übers.: Brand: Deeds of John and Manuel Comnenus by J. Kinnamos, transl. by Ch. M. Brand (New York 1976).
Magnus von Reichersberg: Chronica collecta a Magno presbytero, hg. von Wilhelm Wattenbach. MGH SS 17 (Hannover 1861) S. 476–523.
Materials for the History of Thomas Becket, Archbishop of Canterbury, 7 Bde., hg. von James C. Robertson. RBS 67, 1–7 (London 1875–1885).
MGH Constitutiones et acta publica imperatorum et regum, Bd. 1 (911–1197), Bd. 2 (1198–1272), hg. von Ludwig Weiland (Hannover 1893–1896).
Narratio de electione Lotharii in regem Romanorum, hg. von Wilhelm Wattenbach. MGH SS 12 (Hannover 1856) S. 509–512.
Narratio de Longobardie obpressione et subiectione (Eines unbekannten Mailänder Bürgers Erzählung), hg. und übers. von F.-J. Schmale. AQMA 17a (Darmstadt 1986) S. 240–295.
Obert: Aus Oberts Genueser Annalen, hg. und übers. von Franz-Josef Schmale. AQMA 17a (Darmstadt 1986) S. 296–307.
Odo von Deuil: Eudes de Deuil, La Croisade de Louis VII, Roi de France, hg. von Henri Waquet (Paris 1949).
Otto, Chronica : Otto von Freising, Chronica sive Historia de duabus civitatibus, hg. von Walther Lammers, übers. von Adolf Schmidt. AQMA 16 (Darmstadt 1960).
Otto, Gesta: Otto von Freising und Rahewin, Gesta Frederici seu rectius Cronica, hg. von Franz-Josef Schmale, übers. von Adolf Schmidt. AQMA 17 (Darmstadt 1965).
Otto Morena und seine Fortsetzer [Acerbus, Lodeser Anonymus], Buch über die Taten Kaiser Friedrichs, hg. und übers. von Franz-Josef Schmale. AQMA 17a (Darmstadt 1986) S. 34–239.

Otto von St. Blasien, Chronik, hg. und übers. von Franz-Josef Schmale. AQMA 18a (Darmstadt 1998) S. 15–157.

Rahewin, Gesta Appendix: Rahewini Gesta Friderici imp. Appendix, hg. von Georg Waitz und Bernhard von Simon. MGH SS rer. Germ. 46 (Hannover 1912) S. 347–351.

RI IV 1,1 und 2: Regesta Imperii IV 1,1 und 2: Die Regesten des Kaiserreichs unter Lothar III. und Konrad III. Erster Teil: Lothar III. 1125–1137, hg. von Wolfgang Petke (Köln 1994). Zweiter Teil: Konrad III. 1138–1152, hg. von Jan Paul Niederkorn und Karel Hruza (Köln 2008).

RI IV 2: Regesta Imperii IV 2: Die Regesten des Kaiserreiches unter Friedrich I. 1152 (1122)–1190 (4 Bände), hg. von Ferdinand Opll (Wien 1980–2011).

Richard von San Germano: Ryccardi de Sancto Germano Notarii Chronica, hg. von Carlo Alberto Garufi. RIS 7,2 (Bologna 1936–1938).

Romuald: Romualdi Salernitani Chronicon, hg. von Carlo Alberto Garufi. RIS 7,1 (Città di Castello 1935).

Saba Malaspina: Die Chronik des Saba Malaspina, hg. von Walter Koller und August Nitschke. MGH SS 35 (Hannover 1999).

Salzburger BS: MGH Die Briefe der deutschen Kaiserzeit 6 (München 1983) S. 149–197.

Saxo: Saxonis Gesta Danorum, hg. von Jorgen Olrik und Hans Ræder (Kopenhagen 1931).

Suger, Vie de Louis VI le Gros – Vita Ludovici VI Grossi, hg. und übers. von Henri Waquet. Les classiques de l'histoire de France au moyen âge 11 (Paris 1929).

Tolosanus: Magistri Tolosani Chronicon Faventinum, hg. von Giuseppe Rossini. RIS 28,1 (Bologna 1936–1938).

Vinzenz von Prag: Vincentii Pragensis Annales, hg. von Wilhelm Wattenbach. MGH SS 17 (Hannover 1861) S. 658–683.

Vita Arnoldi archiepiscopi Moguntini, hg. von Philipp Jaffé. Bibliotheca rer. Germ. 3, S.675– 604

Vita Chunradi archiepiscopi Salisburgensis, hg. von Wilhelm Wattenbach. MGH SS 11 (Hannover 1854) S. 62–77.

Vita Heinrici IV. imperatoris, hg. von Franz-Josef Schmale, übers. von Irene Schmale-Ott. AQMA 12 (Darmstadt 1974) S. 407–467.

Vita Mathildis carmine scripta a Donizone presbytero, hg. von Luigi Simeoni. RIS 5,2 (Bologna 1931–1940).

Wibald: Das Briefbuch Abt Wibalds von Stablo und Corvey, hg. von Martina Hartmann. MGH Die Briefe der deutschen Kaiserzeit 9,1–3 (Hannover 2012).

Wilhelm von Tyrus, Chronicon, 2. Bde., hg. von Robert B.C. Huygens, Corpus Christ., Continuatio Mediaevalis 63f. (Turnhout 1986).

Wipo: Die Werke Wipos, hg. von Harry Bresslau. MGH SS rer. Germ. 61 (Hannover 1915).

WUB: Württembergisches Urkundenbuch, Bde. 1–11 (Stuttgart 1849–1913).

Literatur

Althoff, Gerd: Die Historiographie bewältigt. Der Sturz Heinrichs des Löwen in der Darstellung Arnolds von Lübeck, in: Die Welfen und ihr Hof, S. 163–182.
Althoff, Gerd: Friedrich von Rothenburg. Überlegungen zu einem übergangenen Königssohn, in: Festschrift für Eduard Hlawitschka, hg. von Karl Rudolf Schnith und Roland Pauler (Kallmünz Opf. 1993) S. 307–316.
Althoff, Gerd: Heinrich IV. (Darmstadt 2006).
Althoff, Gerd: Konrad III. (1138–1152), in: Die deutschen Herrscher des Mittelalters. Historische Porträts, hg. von Bernd Schneidmüller und Stefan Weinfurter (München 2003) S. 217–231.
Appelt, Heinrich: Heinrich der Löwe und die Wahl Friedrich Barbarossas, in: Festschrift für Hermann Wiesflecker zum 70. Geburtstag, hg. von Alexander Novotny und Othmar Pickl (Graz 1973) S. 39–48.
Appelt, Heinrich: Privilegium minus. Das staufische Kaisertum und die Babenberger in Österreich 3. erg. Aufl. (Wien 2006).
Assmann, Erwin: Friedrich Barbarossas Kinder, in: DA 33 (1977) S. 435–472.
Assmann, Gunther: Gunther der Dichter, Ligurinus, hg. von Erwin Assmann. MGH SS rer. Germ. 63 (Hannover 1987), Einleitung S. 1–137.
Barbarossa Bilder. Entstehungskontexte, Erwartungshorizonte, Verwendungszusammenhänge, hg. von Knut Görich und Romedio Schmitz-Esser (Regensburg 2014).
Berg, Dieter: Die Anjou-Plantagenets. Die englischen Könige im Europa des Mittelalters (1100–1400) (Stuttgart 2003).
Bernwieser, Johannes: Ex consilio principum curie. Friedrich Barbarossa und der Konflikt
zwischen Genua und Pisa um Sardinien, in: Staufisches Kaisertum im 12. Jahrhundert: Konzepte, Netzwerke, politische Praxis, hg. von Stefan Burkhardt et al. (Regensburg 2010) S. 205–227.
Berwinkel, Holger: Verwüsten und Belagern. Friedrich Barbarossas Krieg gegen Mailand (1158–1162) (Tübingen 2007).
Biller, Thomas: Die Pfalz Wimpfen – Anmerkungen zum Forschungsstand, in: Die Pfalz Wimpfen und der Burgenbau in Südwestdeutschland, hg. von Thomas Biller und Christine Müller (Petersberg 2013) S. 66–77.
Biller, Thomas, Metz, Bernhard: Anfänge der Adelsburgen im Elsaß in ottonischer, salischer und frühstaufischer Zeit, in: Burgen der Salierzeit, hg. von Horst Wolfgang Böhme, Bd. 2 (Sigmaringen 1991) S. 245–284.
Binding, Günther: Deutsche Königspfalzen. Von Karl dem Großen bis Friedrich II. (765–1240) (Darmstadt 1996).
Blaschke, Karlheinz: Pleißenland, in: LexMA 7 (1995) S. 18.
Blumenthal, Uta-Renate: Gregor VII. Papst zwischen Canossa und Kirchenreform (Darmstadt 2001).

Boesch Gajano, Sofia: Biandrate, Guido di, in: DBI 10 (1968) S. 274f.

Boshof, Egon: Die Salier (Stuttgart, 5. Aufl. 2008).

Burkhardt, Stefan: Mit Stab und Schwert. Bilder, Träger und Funktionen erzbischöflicher Herrschaft zur Zeit Kaiser Friedrich Barbarossas. Die Erzbistümer Köln und Mainz im Vergleich (Ostfildern 2008).

Cardini, F.: Il Barbarossa. Vita, trionfi e illusioni di Federico I imperatore (Mailand 1985).

Colorni, Vittore: Die drei verschollenen Gesetze des Reichstages bei Roncaglia (Aalen 1969).

Cowdrey, Herbert E. J.: Pope Gregory VII. 1073–1085 (Oxford 1998).

Csendes, Peter: Heinrich VI., (Darmstadt 1993).

Csendes, Peter: Philipp von Schwaben (Darmstadt 2003).

Dendorfer, Jürgen: Fidi milites? Die Staufer und Kaiser Heinrich V., in: Grafen, Herzöge, Könige: der Aufstieg der frühen Staufer und das Reich (1079–1152), hg. von Hubertus Seibert und Jürgen Dendorfer (Ostfildern 2005) S. 213–265.

Dendorfer, Jürgen: Adelige Gruppenbildung und Königsherrschaft. Die Grafen von Sulzbach und ihr Beziehungsgeflecht im 12. Jahrhundert (München 2004).

Dendorfer, Jürgen: Heinrich V. König und Große am Ende der Salierzeit, in: Die Salier, das Reich und der Niederrhein, hg. von Tilman Struve (Köln 2008) S. 115–170.

Dendorfer, Jürgen: Konrad III. und Byzanz, in: Die Staufer und Byzanz, hg von der Gesellschaft für staufische Geschichte (Göppingen 2013) S. 58–73.

Dendorfer, Jürgen: Roncaglia: Der Beginn eines lehnrechtlichen Umbaus des Reiches?, in: Staufisches Kaisertum im 12. Jahrhundert: Konzepte, Netzwerke, politische Praxis, hg. von Stefan Burkhardt et al. (Regensburg 2010) S. 111–132.

Dendorfer, Jürgen: Das Wormser Konkordat – ein Schritt auf dem Weg zur Feudalisierung der Reichsverfassung?, in: Das Lehnswesen im Hochmittelalter: Forschungskonstrukte – Quellenbefunde – Deutungsrelevanz, hg. von Jürgen Dendorfer und Roman Deutinger (Ostfildern 2010) S. 299–328.

Deutinger, Roman: Conventio und sententia principum. Der Rechtsstreit um München und Föhring 1158 und 1180, in: München, Bayern und das Reich im 12. und 13. Jahrhundert: lokale Befunde und überregionale Perspektiven, hg. von Hubertus Seibert (München 2008) S. 125–139.

Deutinger, Roman: Kaiser und Papst: Friedrich I. und Hadrian IV., in: Das Lehnswesen im Hochmittelalter: Forschungskonstrukte – Quellenbefunde – Deutungsrelevanz, hg. von Jürgen Dendorfer und Roman Deutinger (Ostfildern 2010) S. 329–345

Deutinger, Roman: Sutri 1155. Mißverständnisse um ein Mißverständnis, in: DA 60 (2004) S. 97–133.

Die Chronik Arnolds von Lübeck. Neue Wege zu ihrem Verständnis, hg. von Stephan Freund und Bernd Schütte (Frankfurt am Main 2008).

Die Geburt Österreichs. 850 Jahre Privilegium minus, hg. von Peter Schmid und Heinrich Wanderwitz (Regensburg 2007).
Die Pfalz Wimpfen und der Burgenbau in Südwestdeutschland, hg. von Thomas Biller und Christine Müller (Petersberg 2013).
Die Salier, das Reich und der Niederrhein, hg. von Tilman Struve (Köln 2008).
Die Staufer und Byzanz, hg von der Gesellschaft für staufische Geschichte (Göppingen 2013).
Die Staufer und Italien. Drei Innovationsregionen im mittelalterlichen Europa. 2 Bde. hg. von Alfried Wieczorek, Bernd Schneidmüller und Stefan Weinfurter (Darmstadt 2010).
Die Staufer im Süden. Sizilien und das Reich, hg. von Theo Kölzer (Sigmaringen 1996).
Dilcher, Gerhard: Das staufische Herrschaftskonzept in der roncalischen Gesetzgebung und im Konstanzer Frieden: Tragende Prinzipien und innere Widersprüche, in: Gli inizi, Bd. 1, S. 19–44.
Dilcher, Gerhard: Die staufische Renovatio im Spannungsfeld von traditionalem und neuem Denken, in: HZ 276 (2003) S. 613–646.
Dinzelbacher, Peter: Bernhard von Clairvaux. Leben und Werk des berühmten Zisterziensers (Darmstadt 1998).
Ehlers, Joachim: Heinrich der Löwe. Eine Biographie (München 2008).
Ehlers, Joachim: Das Kaisertum Barbarossas und seine Folgen für das Reich, in: Staufisches Kaisertum im 12. Jahrhundert: Konzepte, Netzwerke, politische Praxis, hg. von Stefan Burkhardt et al. (Regensburg 2010) S. 295–319.
Ehlers, Joachim: Die Kapetinger (Stuttgart 2000).
Ehlers, Joachim: Wichmann, in: LexMa 9, S. 60–62.
Eickhoff, Ekkehard: Friedrich Barbarossa im Orient. Kreuzzug und Tod Friedrichs I. (Tübingen 1977).
Engels, Odilo: Zur Entmachtung Heinrichs des Löwen, in: Ders., Stauferstudien. Beiträge zur Geschichte der Staufer im 12. Jahrhundert, hg. von Erich Meuthen und Stefan Weinfurter (Sigmaringen 1982).
Engels, Odilo: Die Staufer (Stuttgart, 9. Aufl. 2010).
Enzensberger, Horst: Der »böse« und der »gute« Wilhelm. Zur Kirchenpolitik der normannischen Könige von Sizilien nach dem Vertrag von Benevent (1156), in: DA 36 (1980) S. 385–432.
Feldmann, Karin: Herzog Welf VI. und sein Sohn. Das Ende des süddeutschen Welfenhauses (Tübingen 1971).
Fößel, Amalie (Hg.): Frauen der Staufer (Göppingen 2006).
Fößel, Amalie: Die Königin im mittelalterlichen Reich (Darmstadt 2000).
Fried, Johannes: Canossa, Entlarvung einer Legende. Eine Streitschrift (Berlin 2012).
Fried, Johannes: Friedrich Barbarossas Krönung in Arles (1178), in: HJb 103 (1983) S. 347–371.
Fried, Johannes: Friedrich I. (1079–1105) (Göppingen 2007).

Georgi, Wolfgang: Wichmann, Christian, Philipp und Konrad: Die »Friedensmacher« von Venedig?, in: Stauferreich im Wandel. Ordnungsvorstellungen und Politik in der Zeit Friedrich Barbarossas, hg. von Stefan Weinfurter (Stuttgart 2002) S. 41–84.

Gli inizi del diritto pubblico – Die Anfänge des öffentlichen Rechts, hg. von Gerhard Dilcher und Diego Quaglioni. Bd.1–2: Von Friedrich Barbarossa zu Friedrich II. (Bologna 2007f.).

Goez, Elke: Kirchenreform und Investiturstreit. 910–1122, 2. Aufl. (Stuttgart 2008).

Goez, Elke: Königin Gertrud – Die Gemahlin Konrads III., in: Frauen der Staufer, hg. von Amalie Fößel (Göppingen 2006) S. 28–42.

Goez, Elke: Lebensbilder aus dem Mittelalter. Die Zeit der Ottonen, Salier und Staufer (Darmstadt 1998).

Goez, Elke: Möglichkeiten und Grenzen des Herrschens aus der Ferne in Deutschland und Reichsitalien (1152–1220), in: Die Staufer im Süden. Sizilien und das Reich, hg. von Theo Kölzer (Sigmaringen 1996) S. 93–111.

Goez, Elke: Zwischen Reichszugehörigkeit und Eigenständigkeit, in: Heinrich V. in seiner Zeit: Herrschen in einem europäischen Reich des Hochmittelalters, hg. von Gerhard Lubich (Köln 2013) S. 215–232.

Goez, Werner: »... iuravit in anima regis«: Hochmittelalterliche Beschränkungen königlicher Eidesleistungen, in: DA 42 (1986) S. 517–554.

Görich, Knut: Die Ehre des Erzbischofs. Arnold von Selenhofen (1153–1160) im Konflikt mit Mainz, in: Archiv für mittelrheinische Kirchengeschichte 53 (2001) S. 93–123.

Görich, Knut: Die Ehre Friedrich Barbarossas. Kommunikation, Konflikt und politisches Handeln im 12. Jahrhundert (Darmstadt 2001).

Görich, Knut: Friedrich Barbarossa. Eine Biographie (München 2011).

Görich, Knut: Fürstenstreit und Friedensstiftung vor dem Aufbruch Konrads III. zum Kreuzzug, in: ZGO 158 (2010) S. 117–136.

Görich, Knut: Kaiserin Beatrix, in: Frauen der Staufer, hg. von Amalie Fößel (Göppingen 2006) S. 43–58.

Görich, Knut: Karl der Große – ein »politischer Heiliger« im 12 Jahrhundert?, in: Religion und Politik im Mittelalter, hg. von Ludger Körntgen und Dominik Waßenhofen (Berlin 2013) S. 117–155.

Görich, Knut: Wahrung des honor. Ein Grundsatz im politischen Handeln König Konrads III., in: Grafen, Herzöge, Könige: der Aufstieg der frühen Staufer und das Reich (1079–1152), hg. von Hubertus Seibert und Jürgen Dendorfer (Ostfildern 2005) S. 267–297.

Graf, Klaus: Staufer-Überlieferungen, in: Von Schwaben bis Jerusalem, hg. von Sönke Lorenz und Ulrich Schmidt (Sigmaringen 1995) S. 209–240.

Grafen, Herzöge, Könige. Der Aufstieg der frühen Staufer und das Reich (1079–1152), hg. von Hubertus Seibert und Jürgen Dendorfer (Ostfildern 2005).

Große, Rolf: Scire et posse. Ludwig VI. von Frankreich, in: Heinrich V. in seiner Zeit: Herrschen in einem europäischen Reich des Hochmittelalters, hg. von Gerhard Lubich (Köln 2013) S. 233–251.

Groten, Manfred: Köln und das Reich. Zum Verhältnis von Kirche und Stadt zu den staufischen Herrschern 1151–1198, in: Stauferreich im Wandel. Ordnungsvorstellungen und Politik in der Zeit Friedrich Barbarossas, hg. von Stefan Weinfurter (Stuttgart 2002) S. 237–252.

Hageneier, Lars: Die frühen Staufer bei Otto von Freising oder Wie sind die Gesta Friderici entstanden?, in: Grafen, Herzöge, Könige: der Aufstieg der frühen Staufer und das Reich (1079–1152), hg. von Hubertus Seibert und Jürgen Dendorfer (Ostfildern 2005) S. 363–396.

Hägermann, Dieter: Die Urkunden Christians I. von Mainz als Reichslegat Friedrich Barbarossas in Italien, in: ADipl 14 (1968) S. 202–301.

Halfter, Peter: Die Staufer und Armenien, in: Von Schwaben bis Jerusalem, hg. von Sönke Lorenz und Ulrich Schmidt (Sigmaringen 1995) S. 187–208.

Hanko, Helmut: Herzog Heinrich II. Jasomirgott. Pfalzgraf bei Rhein, Herzog von Bayern, Herzog von Österreich (Darmstadt 2012).

Hartmann, Wilfried: Der Investiturstreit (3. Aufl., München 2007).

Haverkamp, Alfred: Herrschaftsformen der Frühstaufer in Reichsitalien, 2 Bde. (Stuttgart 1970–1971).

Haverkamp, Alfred: Zwölftes Jahrhundert 1125–1198. Gebhardt Handbuch der deutschen Geschichte, Bd. 5 (10. Aufl.; Stuttgart 2003).

Hechberger, Werner: Staufer und Welfen 1125–1190. Zur Verwendung von Theorien in der Geschichtswissenschaft (Köln 1996).

Heinemann, Hartmut: Rector, in: LexMa 7 (1995) S. 531f.

Heinemeyer, Walter: Der Friede von Montebello (1175), in: DA 11 (1954/55) S. 101–139.

Herde, Peter: Die Katastrophe von Rom im August 1167. Eine historischepidemiologische Studie zum vierten Italienzug Friedrichs I. Barbarossa, in: Ders., Gesammelte Abhandlungen und Aufsätze, Bd. 2,1 (Stuttgart 2002), S. 69–95 (Erstdruck 1991)

Hiestand, Rudolf: Barbarossas letztes Schreiben vom Kreuzzug, in: De litteris, manuscriptis, inscriptionibus... Festschrift zum 65. Geburtstag von Walter Koch, hg. von Franz-Albrecht Bornschlegel et. al. (Wien 2007) S. 561–576.

Hiestand, Rudolf: ›Neptis tua' und ›fastus Graecorum'. Zu den deutsch-byzantinischen Verhandlungen um 1150, in: DA 49 (1993), S. 501–555.

Hildebrandt, Ludwig H., Knauer, Nicolai: Neue Erkenntnisse zu Anfang und Ende der Kaiserpfalz Wimpfen, in: Die Pfalz Wimpfen und der Burgenbau in Südwestdeutschland, hg. von Thomas Biller und Christine Müller (Petersberg 2013) S. 45–65.

Hlawitschka, Eduard: Die Ahnen der hochmittelalterlichen deutschen Könige, Kaiser und ihrer Gemahlinnen. Ein kommentiertes Tafelwerk, Bd. 2: 1138–1197. MGH Hilfsmittel 26 (Hannover 2009).

Hlawitschka, Eduard: Weshalb war die Auflösung der Ehe Friedrich Barbarossas und Adelas von Vohburg möglich?, in: DA 61(2005), S. 509–536.
Hlawitschka, Eduard: Die Staufer – kein schwäbisches, sondern ein elsässisches Adelsgeschlecht?, in: ZWLG 66 (2007), S. 63–79.
Hlawitschka, Eduard: Hildegard von Schlettstadt. Ihre Bedeutung für die Stellung der Staufer im Elsass, in: Frauen der Staufer, hg. von Amalie Fößel (Göppingen 2006) S. 12–27.
Hlawitschka, Eduard: Zu den Grundlagen der staufischen Stellung im Elsaß: Die Herkunft Hildegards von Schlettstadt, in: Sudetendeutsche Akademie der Wissenschaften und Künste, SB, Geisteswiss. Kl., Jg. 1991, Heft 9 (München 1991).
Hoffmann, Hartmut: Canossa – eine Wende?, in: DA 66 (2010) S. 535–568.
Holtzmann, W.: Eine Bannsentenz des Konzils von Reims 1119, in: NA 50 (1935) S. 301–319.
Houben, Hubert: Roger II. von Sizilien. Herrscher zwischen Orient und Okzident (Darmstadt 1997).
Huth, Volkhard: Staufische ›Reichshistoriographie' und scholastische Intellektualität. Das elsässische Augustinerchorherrenstift Marbach im Spannungsfeld (Ostfildern 2004).
Jakobs, Hermann: Kirchenreform und Hochmittelalter. 1046–1215 (3. Aufl., München 1994).
Kehr, Paul: Zur Geschichte Victors IV. (Octavian von Monticelli), in: NA 46 (1926) S. 53–85.
Keupp, Jan Ulrich: Dienst und Verdienst. Die Ministerialen Barbarossas und Heinrichs VI. (Stuttgart 2002).
Kluger, Helmuth: Friedrich Barbarossa und sein Ratgeber Rainald von Dassel, in: Stauferreich im Wandel. Ordnungsvorstellungen und Politik in der Zeit Friedrich Barbarossas, hg. von Stefan Weinfurter (Stuttgart 2002) S. 26–40.
Kölzer, Theo: Costanza d'Altavilla, in: Dizionario Biografico degli Italiani 30 (1984) S. 346–356.
Kölzer, Theo: Der Hof Friedrich Barbarossas und die Reichsfürsten, in: Stauferreich im Wandel. Ordnungsvorstellungen und Politik in der Zeit Friedrich Barbarossas, hg. von Stefan Weinfurter (Stuttgart 2002) S. 220–236.
Kölzer, Theo: Urkunden und Kanzlei der Kaiserin Konstanze, Königin von Sizilien (1195–1198) (Köln, Wien 1983).
Krieg, Heinz: Adel, Reform und Rebellion in Schwaben, in: Friedrich I. (1079–1105). Der erste Herzog von Schwaben, bearb. von Karl-Heinz Rueß (Göppingen 2007) S. 78–111.
Krieg, Heinz: Die Zähringer in der Darstellung Ottos von St. Blasien, in: »in frumento et vino optima«. Festschrift für Thomas Zotz, hg. von Heinz Krieg und Alfons Zettler (Ostfildern 2004) S. 39–58.
Laudage, Johannes: Alexander III. und Friedrich Barbarossa (Köln 1997).
Laudage, Johannes: Friedrich Barbarossa (1152–1190). Eine Biographie (Regensburg 2009).

Lechner, Karl: Die Babenberger. Markgrafen und Herzoge von Österreich 976–1246 (Wien 1992).

Legl, Frank: Studien zur Geschichte der Grafen von Dagsburg-Egisheim (Saarbrücken 1998).

Legl, Frank: Territorial- und Machtpolitik der frühen Staufer im Elsaß bis zum Tod von Herzog Friedrich I., in: Friedrich I. (1079–1105). Der erste Herzog von Schwaben, bearb. von Karl-Heinz Rueß (Göppingen 2007) S. 52–65.

Lilie, Ralph-Johannes: Byzanz – Staat, Wirtschaft und Gesellschaft im 12. Jahrhundert, in: Die Staufer und Byzanz, hg von der Gesellschaft für staufische Geschichte (Göppingen 2013), S. 10–42.

Lohrmann, Dietrich: Ludwig VI. (1108–1137), in: Die französischen Könige des Mittelalters (888-1498), hg. von Joachim Ehlers, Heribert Müller und Bernd Schneidmüller (München 2006) S. 115–125.

Lorenz, Sönke: Herzog Friedrich I. von Schwaben, in: Friedrich I. (1079–1105). Der erste Herzog von Schwaben, bearb. von Karl-Heinz Rueß (Göppingen 2007) S. 8–51.

Lorenz, Sönke: Waiblingen – Ort der Könige und Kaiser (Waiblingen 2000).

Lubich, Gerhard: Auf dem Weg zur »Güldenen Freiheit«. Herrschaft und Raum in der Francia orientalis von der Karolinger- zur Stauferzeit. Historische Studien 449 (Husum 1996).

Lubich, Gerhard: Beobachtungen zur Wahl Konrads III. und ihrem Umfeld, in: Historisches Jahrbuch 117/II (1997) S. 311–339.

Lubich, Gerhard: Der Besitz der frühen Staufer in Franken – ein »Erbe auf Umwegen«?, in: ZWLG 59 (2000) S. 403–412.

Lubich, Gerhard: Statt einer Zusammenfassung: Worms, das Reich und Europa – Dimensionen eines gescheiterten Kreuzzugs, in: Heinrich V. in seiner Zeit: Herrschen in einem europäischen Reich des Hochmittelalters, hg. von Gerhard Lubich (Köln 2013) S. 301–337.

Maurer, Hans-Martin: Zu den Anfängen Lorchs als staufisches Hauskloster, in: 900 Jahre Kloster Lorch. Eine staufische Gründung, hg. von Felix Heinzer, Robert Kretschmar und Peter Rückert (Stuttgart 2004) S. 1–28.

Maurer, Hans-Martin: Herzog Friedrichs I. Klostergründung in Lorch, in: Friedrich I. (1079–1105). Der erste Herzog von Schwaben, bearb. von Karl-Heinz Rueß (Göppingen 2007) S. 112–133.

Maurer, Hans-Martin: Der Herzog von Schwaben. Grundlagen, Wirkungen und Wesen seiner Herrschaft in ottonischer, salischer und staufischer Zeit (Sigmaringen 1978).

Mayer, Hans Eberhard: Geschichte der Kreuzzüge (Stuttgart, 10. Aufl. 2005).

Mayer, Hans Eberhard: Staufische Weltherrschaft?, in: Friedrich Barbarossa, hg. von Gunter Wolf (Darmstadt 1975) S. 184–207.

Metz, Bernhard: Hagenau als staufische Stadtgründung, in: Staufische Stadtgründungen am Oberrhein, hg. von Eugen Reinhard (Sigmaringen 1998), S. 213–234.

Möhring, Hannes: Der Weltkaiser der Endzeit. Entstehung, Wandel und Wirkung einer tausendjährigen Weissagung (Stuttgart 2000).

Möhring, Hannes: Saladin. Der Sultan und seine Zeit 1138-1193 (München 2005).

Möhring, Hannes: Saladin und der Dritte Kreuzzug (Wiesbaden 1980).

Niederkorn, Jan Paul: Die Erwerbung des Erbes der Grafen von Komburg-Rothenburg durch Konrad von Staufen, in: ZWLG 57 (1998) S. 11-19.

Niederkorn, Jan Paul: Friedrich von Rothenburg und die Königswahl von 1152, in: Von Schwaben bis Jerusalem, hg. von Sönke Lorenz und Ulrich Schmidt (Sigmaringen 1995) S. 51-59.

Niederkorn, Jan Paul: Konrad III. als Gegenkönig in Italien, in: DA 49 (1993) S. 589-600.

Niederkorn, Jan Paul: Der Übergang des Egerlandes an die Staufer, in: ZBLG 54 (1991) S. 613-622.

Nilgen, Ursula: Staufische Bildpropaganda: Legitimation und Selbstverständnis im Wandel, in: Die Staufer und Italien. Drei Innovationsregionen im mittelalterlichen Europa. Bd. 1. hg. von Alfried Wieczorek, Bernd Schneidmüller und Stefan Weinfurter (Darmstadt 2010) S. 87-96.

Ohnsorge, Werner: Die Byzanzpolitik Friedrich Barbarossas und der »Landesverrat« Heinrichs des Löwen, in: DA 6 (1943) S. 118-149.

Opll, Ferdinand: Barbarossa in Bedrängnis: Zur uneinheitlichen Datierung eines Diploms aus dem Spätsommer 1167, in: DA 43 (1987) S. 194-201.

Opll, Ferdinand: Friedrich Barbarossa (Darmstadt 1990, 4. Aufl. 2009).

Panzer, Stephan: Die Chronik Arnolds von Lübeck - Darstellungsabsicht und Adressaten, in: Die Chronik Arnolds von Lübeck. Neue Wege zu ihrem Verständnis, hg. von Stephan Freund und Bernd Schütte (Frankfurt am Main 2008), S. 45-71.

Parlow, Ulrich: Die Zähringer. Kommentierte Quellendokumentation (Stuttgart 1999).

Pauler, Roland: War König Konrads III. Wahl irregulär?, in: DA 52 (1996) S. 135-159.

Petersohn, Jürgen: Kaisertum und Rom in spätsalischer und staufischer Zeit. Romidee und Rompolitik von Heinrich V. bis Friedrich II. (Hannover 2010).

Petersohn, Jürgen: Saint-Denis - Westminster - Aachen. Die Karls-Translatio von 1165 und ihre Vorbilder, in: DA 31 (1975) S. 420-454.

Petke, Wolfgang: Kanzlei, Kapelle und königliche Kurie unter Lothar III. (1125-1137) (Köln 1985).

Raccagni, Gianluca: The Lombard League, 1167-1225 (Oxford 2010).

Rübsamen, Dieter: Münzenberg, in: NDB 18 (1997) S. 551f.

Rückert, Peter: Alles gefälscht? Verdächtige Urkunden aus der Stauferzeit (Stuttgart 2003).

Saurma-Jeltsch, Lieselotte E.: Rom und Aachen in der staufischen Reichsimagination, in: Verwandlungen des Stauferreichs: drei Innovationsregionen im mittelalterlichen Europa, hg. von Bernd Schneidmüller und Stefan Weinfurter (Stuttgart 2010) S. 268–307.

Schaab, Meinrad: Die Anfänge Heidelbergs. Alte Zeugnisse und neue Befunde, in: Staufische Stadtgründungen am Oberrhein, hg. von Eugen Reinhard (Sigmaringen 1998), S. 185–212.

Schaab, Meinrad: Landgrafschaft und Grafschaft im Südwesten des deutschen Sprachgebiets, in: ZGO 132 (1984) S. 31–55.

Schenk, Walter: Kloster Limburg an der Haardt. Untersuchungen zu Überlieferung und Geschichte (Neustadt an der Weinstraße 2002).

Schieffer, Rudolf: Friedrich Barbarossa und seine Verwandten, in: De litteris, manuscriptis, inscriptionibus... Festschrift zum 65. Geburtstag von Walter Koch, hg. von Franz-Albrecht Bornschlegel et. al. (Wien 2007) S. 577–589.

Schieffer, Rudolf: Heinrich der Löwe, Otto von Freising und Friedrich Barbarossa am Beginn der Geschichte Münchens, in: Staufer und Welfen. Zwei rivalisierende Dynastien im Hochmittelalter, hg. von Werner Hechberger und Florian Schuller (Regensburg 2009) S. 67–77.

Schieffer, Rudolf: Papst Gregor VII. Kirchenreform und Investiturstreit (München 2010).

Schilling, Beate: Guido von Vienne– Papst Calixt II. MGH Schriften 45 (Hannover 1998).

Schilling, Beate: Ist das Wormser Konkordat überhaupt nicht geschlossen worden? in: DA 58 (2002) S. 123–191.

Schmidt, Ulrich: Königswahl und Thronfolge im 12. Jahrhundert (Köln 1987).

Schneidmüller, Bernd: Die Welfen. Herrschaft und Erinnerung (819–1252) (Stuttgart 2000).

Schneidmüller, Bernd: 1125– Unruhe als politische Kraft im mittelalterlichen Reich, in: Staufer und Welfen. Zwei rivalisierende Dynastien im Hochmittelalter, hg. von Werner Hechberger und Florian Schuller (Regensburg 2009) S. 30–49.

Scholz, Sebastian: Symbolik und Zeremoniell bei den Päpsten in der zweiten Hälfte des 12. Jahrhunderts, in: Stauferreich im Wandel. Ordnungsvorstellungen und Politik in der Zeit Friedrich Barbarossas, hg. von Stefan Weinfurter (Stuttgart 2002) S. 131–148.

Schubring, Klaus: Die Herzoge von Urslingen. Studien zu ihrer Besitz-, Sozial- und Familiengeschichte (Stuttgart 1974).

Schulz, Knut: »Denn sie lieben die Freiheit so sehr...« Kommunale Aufstände und Entstehung des europäischen Bürgertums im Hochmittelalter (Darmstadt 1992).

Schütte, Bernd: König Konrad III. und der deutsche Reichsepiskopat (Hamburg 2004).

Schütte, Bernd: Staufer und Welfen in der Chronik Arnolds von Lübeck, in: Die Chronik Arnolds von Lübeck. Neue Wege zu ihrem Verständnis, hg. von Stephan Freund und Bernd Schütte (Frankfurt am Main 2008) S. 113–148.

Schütz, Alois: Das Geschlecht der Andechs-Meranier im europäischen Hochmittelalter, in: Herzöge und Heilige, hg. von Alois Schütz und Josef Kirmeier (Regensburg 1993) S. 21–185.

Schwarzmaier, Hansmartin: Bernhard von Clairvaux am Oberrhein. Begegnungen und Zeugnisse aus den Jahren 1146/47, in: ZGO 147 (1999) S. 61–78.

Schwarzmaier, Hansmartin: Konrad von Rothenburg, Herzog von Schwaben, in: Württembergisch Franken 86 (2002) S. 13–36.

Schwarzmaier, Hansmartin: Pater imperatoris. Herzog Friedrich II. von Schwaben, der gescheiterte König, in: Mediaevalia Augiensia, hg. von Jürgen Petersohn (Stuttgart 2001) S. 247–284.

Schwarzmaier, Hansmartin: Die monastische Welt der Staufer und Welfen im 12. Jahrhundert, in: Von Schwaben bis Jerusalem, hg. von Sönke Lorenz und Ulrich Schmidt (Sigmaringen 1995) S. 241–259.

Seibert, Hubertus: Der erste staufische Herrscher – ein Pfaffenkönig? Konrads III. Verhältnis zur Kirche, in: Konrad III. (1138–1152), Herrscher und Reich, Gesellschaft für staufische Geschichte (Göppingen 2011) S. 79–114.

Seibert, Hubertus: Die frühen Staufer: Forschungsstand und offene Fragen, in: Grafen, Herzöge, Könige: der Aufstieg der frühen Staufer und das Reich (1079–1152), hg. von Hubertus Seibert und Jürgen Dendorfer (Ostfildern 2005) S. 1–39.

Seiler, Thomas: Die frühstaufische Territorialpolitik im Elsaß (Hamburg1995).

Staufer und Welfen. Zwei rivalisierende Dynastien im Hochmittelalter, hg. von Werner Hechberger und Florian Schuller (Regensburg 2009).

Stauferreich im Wandel. Ordnungsvorstellungen und Politik in der Zeit Friedrich Barbarossas, hg. von Stefan Weinfurter (Stuttgart 2002).

Struve, Tilman: Salierzeit im Wandel. Zur Geschichte Heinrichs IV. und des Investiturstreites (Köln 2006).

Struve, Tilman: Rezension von G. Althoff, Heinrich IV. (2006), in: ZRG Germ. Abtl. 125 (2008) S. 641–647.

Struve, Tilman: Vorstellungen von »König« und »Reich« in der zweiten Hälfte des 12. Jahrhunderts, in: Stauferreich im Wandel. Ordnungsvorstellungen und Politik in der Zeit Friedrich Barbarossas, hg. von Stefan Weinfurter (Stuttgart 2002) S. 288–311.

Stürner, Wolfgang: Friedrich II. 1194–1250 (Darmstadt, 3. Aufl. 2012).

Stürner, Wolfgang: Staufisches Mittelalter. Ausgewählte Aufsätze zu Herrschaft und Persönlichkeit Friedrichs II., hg. von Folker Reichert (Köln 2012).

Stürner, Wolfgang: Peccatum und potestas. Der Sündenfall und die Entstehung der herrscherlichen Gewalt im mittelalterlichen Staatsdenken (Sigmaringen 1987).

Stürner, Wolfgang: Unfrei und doch Ritter? Die Ministerialen der Stauferzeit, in: Ders., Staufisches Mittelalter Ausgewählte Aufsätze zu Herrschaft und Persönlichkeit Friedrichs II., hg. von Folker Reichert (Köln 2012) S. 41–57.

Stürner, Wolfgang: Dynamische Vielfalt – Europa zur Zeit der Staufer, in: Ders., Staufisches Mittelalter S. 1–19.

Thieme, André: Die herrschaftliche Grundlegung der hohen Kolonisation. Bemerkungen zu den Strukturen des mittelalterlichen agrarischen Landesausbaus im Gebiet östlich der Saale, in: Ostsiedlung und Landesausbau in Sachsen: die Kührener Urkunde von 1154 und ihr historisches Umfeld, hg. von Enno Bünz (Leipzig 2008) S. 161–208.

Thoma, Gertrud: Interessen und Herrschaftsrechte der Bischöfe von Freising im Raum um München, in: München, Bayern und das Reich im 12. und 13. Jahrhundert: lokale Befunde und überregionale Perspektiven, hg. von Hubertus Seibert (München 2008) S. 61–83.

Thumser, Matthias: Die frühe römische Kommune und die staufischen Herrscher in der Briefsammlung Wibalds von Stablo, in: DA 57 (2001) S. 111–147.

Vollrath, Hanna: Konrad III. und Byzanz, in: Archiv für Kulturgeschichte 59 (1977) S. 321–365.

Vollrath, Hanna: Lauter Gerüchte? Canossa aus kommunikationsgeschichtlicher Sicht, in: Päpstliche Herrschaft im Mittelalter. Funktionsweisen – Strategien – Darstellungsformen, hg. von Stefan Weinfurter (Ostfildern 2012) S. 153–198.

Vollrath, Hanna: Überforderte Könige. Die Salier in ihrem Reich, in: Heinrich V. in seiner Zeit: Herrschen in einem europäischen Reich des Hochmittelalters, hg. von Gerhard Lubich (Köln 2013) S. 11–41.

Vollrath, Hanna: Lüge oder Fälschung? Die Überlieferung von Barbarossas Hoftag zu Würzburg im Jahr 1165 und der Becket-Streit, in: Stauferreich im Wandel. Ordnungsvorstellungen und Politik in der Zeit Friedrich Barbarossas, hg. von Stefan Weinfurter (Stuttgart 2002) S. 149–171.

Von Schwaben bis Jerusalem, hg. von Sönke Lorenz und Ulrich Schmidt (Sigmaringen 1995).

Vones, Ludwig: Der gescheiterte Königsmacher. Erzbischof Adalbert I. von Mainz und die Wahl von 1125, in: Historisches Jahrbuch 115 (1995) S. 85–124.

Wadle, Elmar: Zur Delegitimierung der Fehde durch die mittelalterliche Friedensbewegung, in: Ders., Landfrieden, Strafe, Recht. Zwölf Studien zum Mittelalter (Berlin 2001) S. 103–122.

Wadle, Elmar: Frühe deutsche Landfrieden, in: Ders., Landfrieden, Strafe, Recht. Zwölf Studien zum Mittelalter (Berlin 2001) S. 75–102.

Wadle, Elmar: Heinrich IV. und die deutsche Friedensbewegung, in: Ders., Landfrieden, Strafe, Recht. Zwölf Studien zum Mittelalter (Berlin 2001) S. 41–74.

Wadle, Elmar: Landfrieden, Strafe, Recht. Zwölf Studien zum Mittelalter (Berlin 2001).

Wadle, Elmar: Der Nürnberger Friedebrief Kaiser Friedrich Barbarossas und das gelehrte Recht, in: Ders., Landfrieden, Strafe, Recht. Zwölf Studien zum Mittelalter (Berlin 2001) S. 153–181.

Wadle, Elmar: Zum Recht der Heerfahrt jenseits der Grenze: Friedrich Barbarossas Heerfrieden von 1158, in: Ders., Landfrieden, Strafe, Recht. Zwölf Studien zum Mittelalter (Berlin 2001) S. 137–152.

Wadle, Elmar: Reichsgut und Königsherrschaft unter Lothar III. (1125–1137) (Berlin 1969).

Wadle, Elmar: Die Wahrung des Landfriedens als Aufgabe des Herrschers, in: Gli inizi, Bd. 2, S. 37–64.

Wagendorfer, Martin: Eine bisher unbekannte (Teil-)Überlieferung des Saladinbriefes an Kaiser Friedrich I. Barbarossa, in: DA 65 (2009) S. 565–584.

Wagner, Thomas Gregor: Die Seuchen der Kreuzzüge. Krankheit und Krankenpflege auf den bewaffneten Pilgerfahrten ins Heilige Land (Würzburg 2009).

Waldecker, Christoph: Friedrich II., Herzog von Schwaben, in: Biographisch-Bibliographisches Kirchenlexikon 25 (2005) Sp. 447–458.

Weinfurter, Stefan: Canossa. Die Entzauberung der Welt (München 2006).

Weinfurter, Stefan: Erzbischof Philipp von Köln und der Sturz Heinrichs des Löwen, in: Ders., Gelebte Ordnung – Gedachte Ordnung. Ausgewählte Beiträge zu König, Kirche und Reich (Ostfildern 2005) S. 335–359.

Weinfurter, Stefan: Wie das Reich heilig wurde, in: Ders., Gelebte Ordnung – Gedachte Ordnung. Ausgewählte Beiträge zu König, Kirche und Reich (Ostfildern 2005) S. 361–381.

Weinfurter, Stefan: Das Jahrhundert der Salier (1024–1125) (Ostfildern 2004).

Weinfurter, Stefan: Gelebte Ordnung – Gedachte Ordnung. Ausgewählte Beiträge zu König, Kirche und Reich (Ostfildern 2005).

Weinfurter, Stefan: Reformidee und Königtum. Überlegungen zu einer Neubewertung Kaiser Heinrichs V., in: Ders., Gelebte Ordnung – Gedachte Ordnung. Ausgewählte Beiträge zu König, Kirche und Reich (Ostfildern 2005) S. 289–333.

Weller, Tobias: Die Heiratspolitik des deutschen Hochadels im 12. Jahrhundert (Köln 2004).

Weller, Tobias: Auf dem Weg zum »staufischen Haus«. Zu Abstammung, Verwandtschaft und Konnubium der frühen Staufer, in: Grafen, Herzöge, Könige: der Aufstieg der frühen Staufer und das Reich (1079–1152), hg. von Hubertus Seibert und Jürgen Dendorfer (Ostfildern 2005) S. 41–63.

Zey, Claudia: Frauen und Töchter der salischen Herrscher. Zum Wandel salischer Heiratspolitik, in: Die Salier, das Reich und der Niederrhein, hg. von Tilman Struve (Köln 2008) S. 47–98.

Zey, Claudia: Der Romzugsplan Heinrichs V. 1122/23. Neue Überlegungen zum Abschluss des Wormser Konkordats, in: DA 56 (2000) S. 447–504.

Ziegler, Walter: Philipp, Adelberg und der Hohenstaufen, in: Philipp von Schwaben, Gesellschaft für staufische Geschichte (Göppingen 2008) S. 62–121.

Ziegler, Wolfram: König Konrad III. (1138–1152). Hof, Urkunden und Politik (Wien 2008).

Ziemann, Daniel: Die Staufer – Ein elsässisches Adelsgeschlecht?, in: Grafen, Herzöge, Könige: der Aufstieg der frühen Staufer und das Reich (1079–1152) hg. von Hubertus Seibert und Jürgen Dendorfer (Ostfildern 2005) S. 99–133.

Zotz, Thomas: Friedrich Barbarossa und Herzog Friedrich (IV.) von Schwaben, in: Mediaevalia Augiensia, hg. von Jürgen Petersohn (Stuttgart 2001) S. 285–306.

Zotz, Thomas: Heinrich der Löwe und Schwaben. Nähe und Distanz, in: Heinrich der Löwe. Herrschaft und Repräsentation, hg. von Johannes Fried und Otto Gerhard Oexle. (Ostfildern 2003) S. 311–345.

Zotz, Thomas: Die Staufer. Dynastie und Herrschaft (Stuttgart 2018).

Abbildungsverzeichnis

Abb. 1: Wiki Commons: https://commons.wikimedia.org/wiki/File:Gregor_VII..jpg?uselang=de (letzter Zugriff am 31.07.2019) 17

Abb. 2: Wiki Commons: https://commons.wikimedia.org/wiki/File:Friedrich1212.jpg (letzter Zugriff am 31.07.2019) 28

Abb. 3: Wiki Commons: https://upload.wikimedia.org/wikipedia/commons/3/3e/Heinrich_im_Evangeliar_von_St._Emmeram.jpg (letzter Zugriff am 31.07.2019) 29

Abb. 4: Wiki Commons: https://upload.wikimedia.org/wikipedia/commons/2/2b/Grabkrone_Heinrich_4.jpg (letzter Zugriff am 31.07.2019) 30

Abb. 5: Wiki Commons: https://commons.wikimedia.org/wiki/File:Siegel_Lothar_III.jpg (letzter Zugriff am 31.07.2019) 60

Abb. 6: Wiki Commons: https://commons.wikimedia.org/wiki/File:Konrad_III_Miniatur_13_Jahrhundert.jpg (letzter Zugriff am 31.07.2019) 77

Abb. 7: Wiki Commons: https://upload.wikimedia.org/wikipedia/commons/3/38/Albrecht_der_B%C3%A4r.jpg (letzter Zugriff am 31.07.2019) 81

Abb. 8: Wiki Commons: https://commons.wikimedia.org/wiki/File:AIMG_8313_Lorch_Kloster_Zoom.jpg (letzter Zugriff am 31.07.2019) 93

Abb. 9: Wiki Commons: https://commons.wikimedia.org/wiki/File:Obernzell_Schloss_-_Festsaal_Wappen_Papst.7.jpg (letzter Zugriff am 31.07.2019) 128

Abb. 10: Wiki Commons: https://commons.wikimedia.org/wiki/
File:Friedrich_I._Barbarossa.jpg (letzter Zugriff am
31.07.2019) 179

Abb. 11: Wiki Commons: https://commons.wikimedia.org/wiki/
File:Heinrich_der_L%C3%B6we_und_Mathilde_von_
England.jpg (letzter Zugriff am 31.07.2019) 246

Abb. 12: Wiki Commons: https://commons.wikimedia.org/wiki/
File:Barbarossa.jpg (letzter Zugriff am 31.07.2019) ... 296

Abb. 13: Wiki Commons: https://upload.wikimedia.org/wiki
pedia/commons/0/07/Friedrich-barbarossa-und-soehne-
welfenchronik_1-1000x1540.jpg (letzter Zugriff am
31.07.2019) 308

Namensregister

A

Abt von Fulda 284
Acerbus Morena 227
Adalbero, Erzbischof von Bremen 87
Adalbert II., Erzbischof von Mainz 79, 84
Adalbert von Löwenstein 66
Adalbert, Erzbischof von Mainz 36–40, 44–47, 60–62, 71, 75
Adalbert, Erzbischof von Salzburg 243 f., 265
Adam von Ebrach 94
Adela von Vohburg 11, 92, 131
Adelheid von Kiew 22
Adolf von Holstein 233
Adolf von Schauenburg 280, 297
Agnes von Babenberg 108
Agnes von Rheinfelden 18
Agnes von Saarbrücken 71
Agnes von Waiblingen 11, 15, 26, 30 f., 53
Albero, Erzbischof von Trier 72, 75 f., 78 f., 99, 108
Albert von Freising 150
Albert, Bischof von Meißen 113
Albert, Notar Konrads III. 89
Albrecht der Bär 51, 55, 75, 80, 82, 84, 108, 128, 130, 234
Albrecht III. von Habsburg 236
Alexander III. 183–185, 195 f., 200, 203, 206, 210, 213, 215, 222, 226, 230, 242, 245, 251, 253, 255, 257, 259, 261, 263, 265, 268, 321
Alexander von Cîteaux 242
Alexander von Gravina 112
Alfons VIII. von Kastilien 299 f.
Anaklet II 68
Anastasius IV. 127
Andronikos von Byzanz 291
Anno von Heimburg 130
Anselm von Asti 138
Anselm, Bischof von Havelberg 142
Anselm, Erzbischof von Ravenna 142, 167, 180
Arducius, Bischof von Genf 203
Arnold von Brescia 97, 133
Arnold von Köln 78, 122
Arnold von Lübeck 272 f., 280, 284
Arnold von Rothenburg 118
Arnold von Selenhofen 129
Arnold von Wied 109, 111, 115, 117
Arnold, Erzbischof von Köln 75, 115 f., 123
Arnold, Erzbischof von Mainz 151, 201
Arnold, Erzbischof von Trier 291

B

Balduin III. von Jerusalem 105
Balduin von Hennegau 285, 293, 301

385

Balduin, Propst Halberstadts 235
Bareso von Arborea 207, 209
Beatrix von Burgund 153 f., 177 f., 186, 219, 225, 232, 257, 268 f., 284
Bela II. von Ungarn 88
Bela III. von Ungarn 304, 307
Berengar I. von Sulzbach 27
Berenguela von Kastilien 299
Bernhard von Anhalt 277, 279
Bernhard von Clairvaux 68, 70, 72, 97, 99, 101, 106, 111
Bernhard von Sachsen 303
Bernold von Konstanz 26
Bertha von Savoyen 20
Bertha von Schwaben 31
Bertha von Sulzbach 89
Berthold II. von Zähringen 22, 24
Berthold III. von Zähringen 35, 38
Berthold IV. von Andechs 278
Berthold IV. von Zähringen 130, 155, 165, 202, 204, 228, 232, 234
Berthold von Hochkönigsburg 268
Berthold von Kärnten 16
Berthold von Rheinfelden 18, 22
Berthold von Zwiefalten 66
Bogislav von Pommern 280
Boleslaw von Böhmen 162 f.
Boris, Vetter Belas II. von Ungarn 91
Boso, Kardinal 228, 257
Burchard von Ursberg 271, 318
Burchard, Bischof von Straßburg 84
Burchard, Bischof von Worms 76
Burchard, Vitztum von Straßburg 249

C

Calixt II. 42 f., 47
Calixt III. 229, 257
Cappenberger Grafen 94
Christian von Buch 193, 202, 209, 216

Christian von Mainz 221, 224, 228, 234, 245, 248, 250, 254 f., 257, 259, 261, 265, 267, 276
Clemens III. 20, 26, 292, 302, 305
Clementia von Zähringen 103, 203

D

Daniel von Prag 164, 169, 227
Degenhard von Hellenstein 240
Diepold III. von Vohburg 27
Diepold, Markgraf des bayrischen Nordgaus 91, 118
Dietrich, Bischof von Münster 45
Dietrich, Kartäuserkonverse 242, 256
Dietwin, Kardinallegat 70, 76

E

Eberhard, Bischof von Bamberg 121, 124, 160, 169, 181, 184, 195, 214, 242 f.
Eberhard, Bischof von Regensburg 216
Eberhard, Erzbischof von Salzburg 195 f.
Eduard der Bekenner 221
Egenolf von Urslingen 201
Eirene von Byzanz 90, 105, 107, 110, 112, 118, 156
Ekkehard von Aura 40 f., 52 f.
Eleonore von Aquitanien 106, 196
Embricho, Bischof von Würzburg 65, 78, 89
Erlung, Bischof von Würzburg 38, 40, 44, 46
Ernst II. von Schwaben 14
Eskil, Erzbischof von Lund 158
Eugen III. 97, 99, 109, 111, 124, 127, 131, 133

Namensregister

F

Folmar, Erzbischof von Trier   291, 293, 301
Friedrich I. Barbarossa   153, 180, 237, 290
Friedrich I. von Schwaben   11, 24–26, 30, 93
Friedrich II. von Schwaben   11, 26, 31 f., 34, 37–39, 42 f., 45–47, 49, 51, 61 f., 65, 69, 75, 78, 82, 86, 92, 95, 99, 101
Friedrich II., Enkel Friedrichs I. Barbarossa   27, 295
Friedrich III. von Schwaben   31, 49, 86, 92, 96, 99–101, 103, 105, 107, 114, 116 f.
Friedrich V. von Schwaben   224, 236, 280, 284
Friedrich VI. von Schwaben   153, 236, 299, 306 f., 311 f., 315, 318
Friedrich von Böhmen   244
Friedrich von Büren   14 f.
Friedrich von Rothenburg   71, 94, 116, 156 f., 186, 214, 217 f., 221, 227, 236
Friedrich von Staufen   15, 18 f., 21 f.
Friedrich, 1. Sohn Friedrichs I. Barbarossa   153, 210
Friedrich, Erzbischof von Köln   37, 152
Friedrich, Stammvater der Staufer   14

G

Galdinus de la Sala   230
Galdinus, Erzbischof von Mailand   230
Gebhard von Henneberger   46
Gebhard von Sulzbach   71, 91, 156, 237, 294
Gebhard, Bischof von Konstanz, Legat Papst Urbans   22
Gebhard, Bischof von Würzburg   122
Gelasius II.   41
Gerhard von Egisheim   14
Gertrud von Babenberg   91
Gertrud von Holland   50
Gertrud von Sachsen   62, 69, 83, 85 f., 118
Gertrud von Schwaben   71
Gertrud von Sulzbach   71, 94, 118
Gertrud, Tochter Heinrichs des Löwen   219
Geza II. von Ungarn   90
Geza von Ungarn   164
Gilbert von London   215
Gisela von Schwaben   13
Godebald von Utrecht   50
Gottfried von Calw   38, 42 f., 66
Gottfried von Cappenberg   50
Gottfried von Viterbo   239
Gottfried von Wiesenbach   304, 314
Gottfried Wilhelm Leibniz   47
Gottfried, Kanzler   260 f.
Gregor Papareschi   67
Gregor VII.   15 f., 18–20, 58, 160
Gregor VIII.   41, 292, 302
Guido Guerra   145
Guido von Biandrate   169, 180, 182, 194
Guido von Crema   206
Guido von Lusignan   319
Guido, Kardinallegat   108, 112
Gunther, Bischof von Speyer   122
Gunther, Kaplan Friedrichs I. Barbarossa   239
Guntram von Adelsreute   93

H

Hadrian IV.   142–144, 158–161, 180–182, 321
Hartmann, Bischof von Brixen   167
Hartwig von Bremen   137
Hartwig von Stade   114

Hartwig, Bischof von Regensburg 38, 152
Hartwig, Erzbischof von Bremen 87, 114, 166, 235
Heinrich der Löwe 55, 83, 85–87, 100, 103, 114, 122, 130, 132, 135, 141, 148 f., 165 f., 177 f., 203, 212, 232, 235, 237, 245, 247, 250, 253 f., 270 f., 274 f., 279, 284, 286, 288, 303, 323
Heinrich der Schwarze 31, 38, 49
Heinrich der Starke 77, 82
Heinrich der Stolze 62 f., 69, 72 f., 75, 80
Heinrich I. von England 51
Heinrich II. von England 154, 183, 196, 212, 214, 220, 245, 274, 284–286, 300, 324
Heinrich III. von Kärnten 38
Heinrich IV. 15 f., 18–22, 24–27, 40, 259
Heinrich Jasomirgott 53, 85 f., 105, 107, 114, 131 f., 147–149, 259
Heinrich V. 13, 24, 27, 31, 34, 37 f., 41, 44 f., 47, 49, 52, 154, 259
Heinrich VI. 12, 153, 219, 235, 238, 242, 257, 282, 284, 287, 289, 291, 293, 301, 305, 312, 323
Heinrich von Albano 302
Heinrich von Bayern 61, 66, 91
Heinrich von Berchtesgaden 245
Heinrich von Brabant 285
Heinrich von Champagne 285
Heinrich von der Champagne 197
Heinrich von Diez 229, 265, 305
Heinrich von Namur 99, 285
Heinrich von Österreich 216
Heinrich von Regensburg 76
Heinrich von Wiesenbach 111, 116
Heinrich von Wiesental 124
Heinrich, Bischof von Lüttich 188 f., 193, 205
Heinrich, Erzbischof von Mainz 100, 121 f., 128
Heinrich, Erzbischof von Reims 196
Heinrich, Sohn Konrads III. 71, 88, 91, 99 f., 110, 112, 118
Heinrichs II. 116
Helmold von Bosau 81
Hermann II. von Schwaben 13
Hermann von Salm 20
Hermann von Stahleck 72, 85, 122, 151, 165, 201
Hermann von Verden 227
Hermann von Winzenburg 130
Hermann, Bischof von Konstanz 98
Hermann, Bischof von Münster 241, 304, 307, 311, 313
Hermann, Bischof von Utrecht 127
Herold, Bischof von Würzburg 236
Hesso 43
Hesso, Leiter der Straßburger Domschule 42
Hildegard von Egisheim 25
Hildegard von Schlettstadt 14
Hillin, Erzbischof von Trier 166
Honorius II. 65
Hugo VI. von Egisheim 21
Hugo von Bonnevaux 256
Hugo von Dagsburg-Egisheim 200
Hugo von Honau 247
Hugo von Soissons 197
Hugo von Tübingen 217 f.
Humbert von Savoyen 232, 294

I

Innozenz II. 27, 67–69, 72 f.
Irene von Byzanz 27, 336
Isaak Angelos von Byzanz 304, 309 f., 313

J

Johanna von England 291
Johannes Di Vico 229

Namensregister

Johannes Dukas 304
Johannes Komnenos von Byzanz 88
Johannes von Salisbury 185, 242
Judith Welf 31, 49, 65, 71
Jutta von Schwaben 71

K

Karl der Große 100, 123, 185, 219
Kiliç Arslan von Iconium 247, 304, 313, 315
Kinnamos 107
Knut von Dänemark 129, 299
Konrad der Staufer 71, 140, 165, 186, 202
Konrad I., Erzbischof von Salzburg 36, 61, 79
Konrad II. 13 f.
Konrad II. von Hagen-Arnsburg 118, 122
Konrad II. von Schwaben 27
Konrad II., Erzbischof von Salzburg 61, 211, 213, 217
Konrad III. 26 f., 30, 38, 40, 42, 44, 46, 49, 52, 63 f., 66, 70 f., 95
Konrad von Babenberg 86
Konrad von Konstanz 127
Konrad von Lützelhardt 265
Konrad von Montferrat 268, 281
Konrad von Rothenburg 299, 306
Konrad von Salzburg 68
Konrad von Staufen 22
Konrad von Urslingen 265
Konrad von Wettin 51, 128
Konrad von Wittelsbach 203, 225, 265
Konrad von Worms 256, 267
Konrad von Zähringen 65 f., 79, 96, 99–101, 103, 114, 116
Konrad, 3. Sohn Friedrichs I. Barbarossa 224, 236
Konrad, Bischof von Konstanz 49
Konrad, Bischof von Worms 247

Konrad, Erzbischof von Mainz 205, 208, 211, 214, 216, 257, 304
Konrad, Sohn Heinrichs IV. 22, 24
Konstanze von Sizilien 12, 290 f., 305
Kuno von Praeneste, Kardinalbischof 41
Kutbeddin von Iconium 313, 315

L

Leo de Monumento 294, 305
Leo II. von Armenien 316, 319
Leo IX. 14
Leopold (V.) von Österreich 259
Leopold III. von Österreich 31, 61
Leopold IV. von Österreich 82, 84
Leopold V. von Österreich 307, 319
Lothar III. 11, 59, 61, 63, 65, 68 f., 72, 76, 89, 121, 160
Lothar III. von Sachsen 36, 44 f.
Lothar von Süpplingenburg 31
Lucius III. 268, 274, 288 f., 291
Ludwig II. von Thüringen 71, 186, 202, 216, 234
Ludwig III. von Thüringen 276 f.
Ludwig VI. von Frankreich 36, 51
Ludwig VII. von Frankreich 97, 102, 105, 107, 155, 183, 196 f., 199, 203, 215, 245
Ludwig von Basel 239

M

Manuel von Byzanz 89, 104–106, 110, 113, 118, 134, 146, 155, 222 f., 246 f., 291
Markolf, Erzbischof von Mainz 84
Markward von Grumbach 209
Mathilde 129
Mathilde von England 154, 212
Mathilde von Tuszien 21 f.
Mathilde, Tochter Heinrichs I. von England 33 f., 37, 51 f.

Matthäus von Lothringen 31
Mieszko von Böhmen 164

N

Nikephoros 89
Niklot von Dobin 102
Niklot von Werle 280
Nikolaus von Verdun 209
Norbert von Xanten 68

O

Obert, Erzbischof von Mailand 171
Oddo Frangipane 293
Odo von Deuil 104
Oktavian von S. Cecilia 182
Oktavian, Kardinal 183
Opizo von Este 274
Ortlieb von Basel 200, 239
Oschin von Sibilia 316
Otakar von Steiermark 278
Otto Morena 136
Otto von Aachen 220
Otto von Brandenburg 277
Otto von Burgund 306
Otto von Cappenberg 50
Otto von Freising 12 f., 15, 37–39, 60, 67, 82, 86, 94, 96 f., 100, 103 f., 106, 117, 120, 122, 128, 132, 141, 144, 146, 150, 155
Otto von Rheineck 76, 78
Otto von St. Blasien 254, 271, 318
Otto von Wittelsbach 146, 161, 167, 182, 203, 278
Otto, Bischof von Straßburg 21 f., 25 f.
Otto, Pate Friedrichs I. Barbarossa 94
Otto, Pfalzgraf von Burgund 153

P

Paschalis II. 26, 32 f., 36, 41

Paschalis III. 206, 210, 213, 219, 221, 225, 228
Petrus de Cumino 193
Petrus Di Vico 168, 293
Petrus Pierleoni 68
Philipp von Flandern 277, 293, 301
Philipp von Frankreich 277, 293, 300 f., 319
Philipp von Heinsberg 216, 228
Philipp von Schwaben 27, 154, 268
Philipp, Erzbischof von Köln 235, 245, 257, 261, 270, 273–275, 277, 279, 284 f., 293, 300–302
Philipp, Probst von Aachen 306
Pontius von Clairvaux 242
Pontius von Clermont 256

R

Rahewin 154, 171, 173
Raimund von Antiochia 106
Raimund, Erzbischof von Arles 269
Rainald von Dassel 161
Rainald von Dassel, Kanzler 167
Rainald, Erzbischof von Köln 159, 166, 178, 186, 190 f., 193 f., 199 f., 205–209, 212, 219, 221, 224 f., 227 f., 234
Rainulf von Alife 73
Reinhard, Bischof von Halberstadt 44
Reinhold von Lützelburg 94 f.
Richard Löwenherz 286, 300 f., 319
Richardis 86
Richenza von Northeim 70, 75, 79, 83
Roger II. von Sizilien 68, 73, 90, 105, 107, 109, 111, 118, 134, 290
Roger III. von Apulien 72
Roger von Sizilien 90
Rolando Bandinelli 159
Romuald von Salerno 260
Rotrodus, Erzbischof von Rouen 215

Rudolf von Pfullendorf 236, 282
Rudolf von Rheinfelden 16, 18 f.
Rudolf von Stade 87
Rudolf von Zähringen 202, 205
Rudolf, Domprobst 291

S

Saladin 248 f., 289, 292, 304
Siegfried von Augsburg 21
Siegfried von Bremen 271
Siegfried, Bischof von Brandenburg 241, 277
Sobeslav von Böhmen 76
Sophia von Ungarn 88
Stephan Nemanja von Serbien 304, 310
Suger von St. Denis 51
Sven von Dänemark 129

T

Theodor Petros, Zar von Bulgarien 310
Theodora von Byzanz 107, 148
Thomas Becket 212, 245

U

Ulrich vom Kaiser, Bischof von Halberstadt 166
Ulrich von Aquileia 243, 256 f., 261
Ulrich von Halberstadt 137, 270 f., 275
Urban II. 21 f., 26
Urban III. 290 f., 293, 301
Uta von Calw 65

V

Viktor IV. 183, 185, 195, 198, 202, 222
Vinzenz von Prag 175

Vladislav 90
Vladislav II. von Böhmen 86, 163, 169, 243 f.
Vladislavs II. von Böhmen 91

W

Waldemar von Dänemark 129, 198, 280, 299
Wecel von Camino 257
Welf IV. 16, 19 f., 23
Welf V. 22, 24, 35, 38
Welf VI. 65, 67, 84, 86, 90, 103, 105, 107, 110, 114, 117 f., 129, 174, 178, 217, 224, 237, 271
Welf VII. 130, 186, 217, 224, 227
Werner II. von Bolanden 296
Wezel 133
Wibald von Stablo 11, 14 f., 78, 92, 97, 99, 104, 108, 110–112, 114–117, 120, 122–124, 130, 133–135, 146, 151, 155–158, 163, 338
Wibert, Erzbischof von Ravenna 20
Wichmann, Erzbischof von Magdeburg 127 f., 213 f., 234, 244, 256, 259, 270 f., 275
Wilhelm I. von Sizilien 145 f., 158, 190, 222
Wilhelm II. von Sizilien 224, 227, 248, 254, 260, 262, 266, 290 f., 323
Wilhelm von Mâcon 131, 153
Wilhelm von Montferrat 138, 231, 251, 267, 281
Wilhelm von Orlamünde 76, 78
Wladyslaw II. von Böhmen 108, 162 f.
Wortwin, Protonotar Friedrichs I. Barbarossa 256

Z

Zangi 97